경성대학교 한국한자연구소 번역총서 8
서양 선교사의 중국어 방언학 저작 목록 고찰(증보판)
西洋傳教士漢語方言學著作書目考述(增訂本)

본서 초판
"상하이시 제7회 철학 및 사회과학 우수성과(2002-2003)"
저작 부문 1등상 수상

西洋傳敎士漢語方言學著作書目考述(增訂本)
Xiyang Chuanjiaoshi Hanyu Fangyan Xue Zhuzuo Shumu Kaoshu (Zengding Ben)
Copyright ⓒ 2021 You Rujie(游汝杰)
Korean Translation Copyright ⓒ 2025 by Youkrack Publishing Co.
This Korean edition is published by arrangement with Shanghai Educational
Publishing House Co., Ltd
through Wuhan Loretta Media Agency Co., Ltd.& Bestun Korea Agency.
All rights reserved.

이 책의 한국어판 저작권은 중국의 우한 로레타 미디어 에이전시와
베스툰코리아 에이전시를 통해 중국 저작권자와 독점계약한 '도서출판 역락'에 있습니다.
저작권법에 의해 한국 내에서 보호를 받는 저작물이므로 무단전재나 복제,
광전자 매체 수록 등을 금합니다.

경성대학교 한국한자연구소 번역총서 ❽

증보판
서양 선교사의 중국어 방언학 저작 목록 고찰
西洋傳敎士漢語方言學著作書目考述(增訂本)

유루제[游汝杰] 지음
신아사(申雅莎) 옮김

역락

서문

"That is why it was called Babel
— because there the Lord confused the language of the whole world.
From there the Lord scattered them over the face of the whole earth."
(Genesis 11: 9, NIV)

Gabriel's oboe — Homo loquens — Bible — Babel

가브리엘 오보에(Gabriel's Oboe; [중] 加布里埃爾的雙簧管)는 영화 미션(The Mission; [중] 敎會, 1986)의 주제곡입니다. 이 선율로 예수회 신부 가브리엘과 원주민의 첫 만남이 시작합니다. 양쪽 모두 같은 하늘 아래에서 미지의 세계를 향한 절체절명의 탐색이었습니다. 엔니오 모리코네(Ennio Morricone)의 이 곡을 모티브로 한 넬라 판다지아(Nella Fantasia, 1998)가 사라 브라이트먼(Sarah Brightman)의 거듭된 간청과 엔니오 모리코네의 허락, 키아라 페라우(Chiara Ferraù)의 작사로 세상의 빛을 보게 됩니다.

호모로퀜스(Homo loquens; [중] 說話人). 인류는 언어를 사용하여 소통하며 교류합니다. 물론 몸짓언어[body language; [中] 身體語·肢體語言] 나 선율이 백 마디 말보다 강력한 경우를 경험하기도 하나, 인류 문명의 발생 및 발달이 언어와 불가분의 관계에 있다는 점은 자명한 사실입니다. 선천적이며 일시적인 음성언어가 후천적이며 영구적인 문자언어라는 형식을 통해 시간과 지역을 초월하여 전승되어 왔습니다(양자 간에 異同 공존). 그리고 이제는 호모 프롬프트(Homo promptus)로서 인공지능[AI: artificial intelligence] 시대에 발맞춰 살아 가고 있습니다.

성경[Bible]은 인류 역사상 가장 많은 언어로 번역되었습니다. 히브리어, 헬라어, 아람어, 라틴어, 독일어, 영어 등 수많은 언어로 번역되어 전 세계로 전파되어 왔는데, 상이한 문화 간의 소통은 언어 간의 소통(예를 들면, 음성언어는 통역, 문자언어는 번역)이 선결 조건이기 때문입니다. 언어에는 보편성과 개별성이 공존하며, 성경 또한 전체적인 맥락은 유지하되 각 언어별로 현지화한 부분이 존재합니다. 이는 각 언어에 적용될 뿐만 아니라 각 국가의 방언에도 예외 없이 적용됩니다. 중국어와 중국어 방언의 경우도 마찬가지입니다.

바벨탑(Babel塔) 사건에서, 하늘에 닿는 탑을 쌓아 언어를 하나로 함으로써 하나님보다 높아지고자 했던 인간의 욕망과 계획에 대해, 언어와 사람을 흩어 인간에게 혼란과 실패를 줌으로써 다른 차원, 다른 방식으로 새로운 길을 여신 하나님의 섭리를 엿볼 수 있습니다(창 11: 9). 말씀이 곧 하나님이시고(요한 1: 1), 말씀(로고스와 레마) 을 통해 하나님을 알 수 있으며, 인생을 주관하시는 분이 하나님이심을 알 수 있습니다.

키워드 '중국어, 방언, 선교사, 성경'으로 인해 본서를 번역하기로 결정했는데, 바로 이 키워드로 인해 다양한 언어와 방언, 인명과 지명과 서명, 음역과 의역이 많아 번역에 미흡함이 있습니다. 몇 년의 시간을 두고 꼼꼼한 검토, 보완, 수정 작업을 거쳐 개정판을 발간하도록 노력하겠습니다. 아울러 본 번역서의 선정, 번역, 발간 과정에서 도움 주신 여러 선생님들과 담당자분들께 깊이 감사드립니다.

"因爲耶和華在那裏變亂了全地的語言,
把人從那裏分散在全地面上,
所以那城名叫巴別."

(創世記 11: 9, 和合本(修訂版))

차례

서문   4

제1부   **고찰편**   15

제1장   서양 선교사의 방언 기록과 연구   17
  1.1. 서설   17
  1.2. 소장   32
  1.3. 서양 선교사의 중국어 방언학 저작 개설   42
      1.3.1. 『성경』 방언 역본 개설   43
      1.3.2. 기타 방언학 저작 개설   52
      1.3.3. 일반 간행물   61
  1.4. 병음 체계 및 가치에 관해   67
  1.5. 서지 목록에 관해   74
      1.5.1. 방언 『성경』 분야   74
      1.5.2. 기타 방언학 저작 분야   76
  1.6. 서양 선교사 방언학 저작 연구의 가치   77
  1.7. 대영도서관·일본동양문고·스위스바젤선교회 문헌센터 소개   85
      1.7.1. 대영도서관   85
      1.7.2. 일본동양문고   89
      1.7.3. 스위스바젤선교회 문헌센터   93

제2장 『성경』방언 역본 목록 고찰   96
  2.0. 머리말   96
  2.1. 우어[吳語]   97
      2.1.1. 쑤저우[蘇州] 토어(土語)   97
      2.1.2. 상하이[上海] 토어   100
      2.1.3. 닝보[寧波] 토어   108
      2.1.4. 항저우[杭州] 토어   114
      2.1.5. 진화[金華] 토어   115
      2.1.6. 타이저우[台州] 토어   115
      2.1.7. 원저우[溫州] 토어   118
  2.2. 민어[閩語]   119
      2.2.1. 샤먼[廈門] 토어   119
      2.2.2. 푸저우[福州] 토어   125
      2.2.3. 차오산[潮汕] 토어   140
      2.2.4. 차오저우[潮州] 백화(白話)   146
      2.2.5. 싱화(푸텐)[興化(莆田)] 평화(平話)   146
      2.2.6. 젠양[建陽] 토어   149
      2.2.7. 사오우[邵武] 토어   149
      2.2.8. 젠어우[建甌] 토어   149
      2.2.9. 하이난[海南] 토어   149
  2.3. 간어[贛語](젠닝[建寧] 토어)   151
  2.4. 하카어[客家話]   152
  2.5. 광둥어[廣東話]   160
      2.5.1. 양청[羊城] 토어   160
      2.5.2. 광둥[廣東] 서북부 롄저우[連州]·싼장[三江] 토어   174
  2.6. 관화(官話)(附)   175
      2.6.1. 즈리어[直隸話]   175
      2.6.2. 한커우어[漢口話]   175
      2.6.3. 자오둥어[胶東話]   175

2.6.4. 난징어[南京話]	176
2.6.5. 산둥어[山東話]	176

부록: 한·중·영『성경』편명 대조 목록　　　　　　　　　178

제3장　지역별 방언『성경』　　　　　　　　　182
3.1. 우[吳]어　　　　　　　　　182
　　3.1.1. 상하이[上海] 토어 역본(譯本)　　　　　　　　　182
　　3.1.2. 쑤저우[蘇州] 토어 역본　　　　　　　　　185
　　3.1.3. 닝보[寧波] 토어 역본　　　　　　　　　186
　　3.1.4. 항저우[杭州] 토어 역본　　　　　　　　　191
　　3.1.5. 진화[金華] 토어 역본　　　　　　　　　192
　　3.1.6. 타이저우[台州] 토어 역본　　　　　　　　　193
　　3.1.7. 원저우[溫州] 토어 역본　　　　　　　　　194
3.2. 민(閩)어　　　　　　　　　196
　　3.2.1. 푸저우[福州] 토어 역본　　　　　　　　　196
　　3.2.2. 샤먼[廈門] 토어 역본　　　　　　　　　198
　　3.2.3. 싱화[興化] 토어 역본　　　　　　　　　200
　　3.2.4. 젠양[建陽] 토어 역본　　　　　　　　　200
　　3.2.5. 샤오우[邵武] 토어 역본　　　　　　　　　201
　　3.2.6. 산터우[汕頭] 토어 역본　　　　　　　　　201
　　3.2.7. 하이난[海南] 토어 역본　　　　　　　　　202
3.3. 웨어[粵語]　　　　　　　　　203
　　3.3.1. 광저우[廣州] 토어 역본　　　　　　　　　203
　　3.3.2. 싼장[三江] 토어 역본　　　　　　　　　206
3.4. 하카[客家]어 역본　　　　　　　　　207
3.5. 간[贛]어 젠닝[建寧] 토어 역본　　　　　　　　　210

제4장   선교사의 중국어 방언학 저작 고찰   212
   4.0. 서문   212
   4.1. 방언 어음 연구   214
      4.1.1. 우[吳]어   214
      4.1.2. 민(閩)어   220
      4.1.3. 웨[粵]어   224
      4.1.4. 하카[客家]어   227
      4.1.5. 간[贛]어(젠닝[建寧] 토어)   228
      4.1.6. 샹어[湘語](창사[長沙] 토어)   229
      4.1.7. 난징[南京] 관화(附)   229
   4.2. 방언 어휘 및 사전   230
      4.2.1. 우[吳]어   230
      4.2.2. 민(閩)어   241
      4.2.3. 웨[粵]어   258
      4.2.4. 하카[客家]어   270
      4.2.5. 간[贛]어(젠닝[建寧])   275
   4.3. 방언 교과서   276
      4.3.1. 우[吳]어   276
      4.3.2. 하카[客家]어   299
      4.3.3. 웨[粵]어   304
      4.3.4. 민(閩)어   315
   4.4. 방언 어법   324
      4.4.1. 우[吳]어   324
      4.4.2. 민(閩)어(산터우[汕頭]어)   326
      4.4.3. 웨[粵]어   327
      4.4.4. 하카[客家]어   328

제5장 선교사의 일반 간행물 방언 목록 집록(輯錄)   334

   5.1. 우[吳]어   334

      5.1.1. 상하이[上海] 토어   334

      5.1.2. 닝보[寧波] 토어   343

      5.1.3. 쑤저우[蘇州] 토어   349

      5.1.4. 항저우[杭州] 토어   349

      5.1.5. 충밍[崇明] 토어   350

   5.2. 민(閩)어   350

      5.2.1. 푸저우[福州] 토어   350

      5.2.2. 샤먼[廈門] 토어   358

      5.2.3. 차오저우[潮州] 토어   364

   5.3. 웨[粵]어   365

   5.4. 하카어[客話] 토어   367

제6장 중국 소수민족 언어의 『성경』 역본 목록 집록(輯錄)   379

   6.1. 중국어-티베트어[漢藏]계 쫭퉁[壯侗]어족   379

      6.1.1. 중자[仲家]어   379

      6.1.2. 라카[拉咖]어(Laka)   379

      6.1.3. 다이야[傣雅]어   380

      6.1.4. 다이루(Tai Lu; 傣仂)어   380

      6.1.5. 산[撣]어   381

   6.2. 중국어-티베트어[漢藏]계 먀오야오[苗瑤]어족   381

      6.2.1. 화먀오[花苗]어   381

      6.2.2. 촨먀오[川苗]어   383

      6.2.3. 헤이먀오[黑苗]어   383

      6.2.4. 미엔[勉]어   384

   6.3. 중국어-티베트어[漢藏]계 티베트-버마[藏緬]어족   384

      6.3.1. 리쑤[傈僳]어(Lisu)   384

      6.3.2. 서부 리쑤[傈僳]어(Western Lisu)   385

6.3.3. 화리쑤[花傈僳]어(Hwa Lisu)   385
6.3.4. 눠쑤[諾蘇]어(Nosu)   386
6.3.5. 이[彝]어   386
6.3.6. Kopu어   387
6.3.7. 라후[拉祜]어   387
6.3.8. 나시[納西]어   388
6.3.9. 하니[哈尼]어(Kado)   388
6.3.10. 징포[景頗]어   388
6.3.11. Atsi어   389
6.3.12. Akha어   390
6.3.13. 티베트문[藏文]   390

6.4. 오스트로아시아[南亞]어계 몬크메르[孟高棉]어족   393
6.4.1. 와[佤]어   393

6.5. 알타이[阿爾泰]어계 몽골[蒙古]어족   394
6.5.1. 몽골문[蒙文]   394

6.6. 알타이[阿爾泰]어계 만주어-몽골[滿·蒙古]어족   397
6.6.1. 만주[滿]어   397

6.7. 알타이[阿爾泰]어계 튀르크[突厥]어족   399
6.7.1. 카자흐[哈薩克]어   399
6.7.2. 우즈벡[烏玆別克]어   400
6.7.3. 위구르[維吾爾]어   401

6.8. 어계 및 어족 미상   401
6.8.1. 모쒀[摩梭]어   401
6.8.2. Keh-deo어   401

6.9. 오스트로네시아[南島]어계 고산족 제 언어   402

부록1 일본 학자의 중국어 방언학 저작 목록   409
부록2 소장처 약칭과 정식 명칭   414
참고문헌   417

제2부 연구편	419
서양 선교사 저작 중의 상하이어 폐색음 운미	421
19세기 중반 상하이어의 후치 처소사	435
초기 서양 선교사의 중국어 방언 분류와 지역 구분 연구	460
『성경』화합본과 상하이 토어본 간의 비교	482
부록: 출판연도가 가장 이른 중국어 방언『聖經』단편 제1장 원문	502
『旅居上海手冊』중의 피진 영어 연구	507
서양 선교사가 편찬한 최초의 중국어 방언 교과서 —『廣東土話文選』	532
중국어 방언학에 대한 칼그렌의 공헌 및 관련 문제 연구	563
『溫州話入門』중의 선택의문문	589
흡슨의『廣東對話』에서 본 19세기 중엽 광둥의 언어·문화·사회	602
로마 소장 1602년 친필 원고본 민난[閩南]어-스페인어 사전 — 중국과 서양의 초기 언어접촉 一例	634
초판 후기	656
증보판 후기	658

일러두기

1. 국어 단어는 국립국어원 표준국어대사전의 정의 및 표기를 따르되 그 밖의 권위 있는 자료들도 참고했다.
2. 한자나 외래어·외국어의 한글 표기는, 한자음이나 국어의 외래어표기법에 부합하는 경우 소괄호(( ))로 표기했고 부합하지 않는 경우 대괄호([ ])로 표기했다.
3. 서적이나 매체 등에서 인용한 문구는 큰따옴표(" ")로, 강조 부분은 작은따옴표(' ')로 표기했다.
4. 원서의 영문 제목은 이탤릭체로 표기했다.
5. 문장에서 보충하는 부분은 소괄호를 사용했다.
6. 원서 편집 과정에서의 오탈자(특히 영문)를 수정했으나 철자나 부가기호 등 여전히 미비한 부분이 많다. 이후 개정 과정에서 바로잡기로 한다.
7. 원서에서 연도나 서명 등에 부가한 물음표가 300건이 넘는다. 이후 연구자들의 고찰을 통해 하나하나 규명될 것으로 기대한다. 본 번역서에서는 생략했다. 원서를 참고하라.

 고찰편

제1장 서양 선교사의 방언 기록과 연구

1.1. 서설

기독교가 중국에 전해지면서 『성경(聖經)』이 중문(中文)[1]으로 번역된 것은 당(唐)나라의 경교(景敎)부터이다. 경교는 기독교의 네스토리우스파로 창시자는 네스토리우스이다. 기독교사에서는 이를 이단의 하나로 간주한다. 635년(당 태종(太宗) 정관(貞觀) 9년)에 중국에 전래했으나, 애석하게도 네스토리우스파의 중문 『성경』 역본은 이미 망일(亡軼)됐고, 『大秦景敎流行中國碑(대진경교유행중국비)』에 그 사적(事績)이 기재됐을 뿐이다. 781년(당 덕종(德宗) 건중(建中) 2년)에 건립된 이 비는 비문에 경교 경전인 『尊經(존경)』이 중문으로 번역됐다고 언급한 바 있다.

원(元)나라에서는 천주교에 속하는 야리가온교파(也里可溫敎派)가 중국에 전래했는데, 프란체스코파[2]의 몬테코르비노[3] 신부가 1294년

---

1 [역자 주] 중문(中文): "중국 글자로 쓴 글".
2 [역자 주] 프란체스코파(Francesco派): "1209년 프란체스코(Francisco)가 세운 최초의 탁발(托鉢) 수도회. 청빈한 생활을 강조하며, 교육과 포교 따위의 사업을 통하여 그리스도의 사랑을 전한다. 정식 이름은 '작은 형제의 수도회'인데 수사, 수녀, 평신도의 3부가 있다." ≒프란체스코회. [方濟各會]
3 [역자 주] 몬테코르비노(Monte Corvino, Giovanni de): "이탈리아의 선교사·프란체스코 수도회의 수사(1247-1328). 13세기 말에 중국 원나라 수도에 가서 30여 년 동안 선교

에 대도(大都; 지금의 베이징[北京])에 온 이후 줄곧 베이징[北京]에서 선교하다가 1328년에 베이징[北京]에서 사망했다. 몬테코르비노 신부는 『詩篇(시편)』과 『新約全書(신약전서)』를 몽골어[蒙古語]4로 번역한 바 있다. 당(唐)나라와 원(元)나라에는 서양에서 온 선교사의 수가 매우 적었으며, 대부분 왕과 귀족 사이를 오가며 활동했을 뿐 일반 백성과는 교류가 많지 않았다. 서양 선교사들과 중국어[漢語] 방언(方言)과의 접촉에 대해서도 참고할 문헌상의 기록이 없다.

명(明)나라 초기에 중국인의 민족 우월주의와 외세 배척주의 경향이 갑자기 팽배해진 터에, 몽고인의 권토중래(捲土重來)5 및 해안가 왜구의 소란을 막기 위해 명(明)나라 조정은 쇄국 정책을 채택하고서 북방에는 만리장성을 중수(重修)하고 해안가에는 위소(衛所)6를 설치했다. 또한, 민족주의적 정서가 중국의 전통문화만을 귀하게 여기는 풍조를 초래하여 대외 문제에 관심을 두지 않았고, 이 때문에 외래 종교(혹은 기독교)7의 중국 전래를 금했다.

바다를 사이에 둔 인접국을 포함해 남방의 인접국들은 대부분 고

하였으며 신약 성경을 몽골어로 번역하였다." [夢特可維諾]

4 八思巴文

5 [역자 주] 원서의 "東山再起"를 번역했다. "권토중래(捲土重來)": 「명사」 「1」 땅을 말아 일으킬 것 같은 기세로 다시 온다는 뜻으로, 한 번 실패하였으나 힘을 회복하여 다시 쳐들어옴을 이르는 말. 중국 당나라 두목의 <오강정시(烏江亭詩)>에 나오는 말로, 항우가 유방과의 결전에서 패하여 오강(烏江) 근처에서 자결한 것을 탄식한 말에서 유래한다.

6 [역자 주] 명(明)나라 군대의 편제.

7 [역자 주] 외래 종교(혹은 기독교).

대로부터 조공을 바치던 국가로서 교류가 빈번한 편이었다. 서양 상인과 선교사 또한 장쑤[江蘇], 저장[浙江], 푸젠[福建], 광둥[廣東] 연해 지역[8]을 통로로 하여 중국인과 접촉했으나, 처음에는 중국 정부가 그들 배의 상륙을 허락하지 않고 광둥[廣東] 타이산[台山]의 상촨도[上川島]만 개방했다가 후에 마카오(Macao; 澳門)를 개방했다. 예수회 선교사인 스페인의 성 프란시스코 사비에르(Francisco Xavier; 1552년 46세에 사망)가 상촨도[上川島]에서 선교했다. 지금도 이곳에는 사비에르 선교사의 묘지와 교회가 있으며, 필자도 2005년 10월 16일에 이곳을 방문한 적이 있다. 그 후 많은 천주교 선교사가 내륙으로 들어가려 했으나 해안 지역에서만 머물 수 있다가 1582년이 되어서야 미카엘 루지에리(Michele Ruggieri; 1543-1607)와 마테오 리치(Matteo Ricci; 1552-1610)가 중국 내륙으로의 입국을 허가받았으며, 마테오 리치는 1601년에야 비로소 베이징[北京]에 들어갈 수 있게 됐다. 서양 선교사는 종교가 아닌 서양의 과학·기술·문화로 조정과 사대부의 환심을 사는 데에 성공함으로써 내륙으로 들어갈 수 있게 된 것이다.

명(明)나라의 천주교 선교사인 마테오 리치와 미카엘 루지에리는 선교의 수단으로 중국의 언어와 문자를 배웠으나, 그들이 어떤 방언을 배웠는지는 알 수 없다. 중국 관료들과 교류한 것으로 보면 관화(官話)를 말할 수 있었을 것이고, 처음에 마카오와 광저우[廣州]에 거주했던 것으로 보면 웨어[粵語]도 할 수 있었을 것이다. 명(明)나라의

---

8 [역자 주] 원서의 "南洋"을 풀어서 번역했다.

리르화[李日華]는 『紫桃軒雜綴(자도헌잡철)』에서 마테오 리치가 "광저우[廣州]에서 20년 이상 살아 중국의 언어와 문자에 모두 능통했다"고 언급했다. 능통한 것이 관화인지 웨(粤)어인지는 알 수 없다. 니콜라스 트리고(Nicholas Trigault; 1577-1629)의 『西儒耳目資(서유이목자)』와 마테오 리치의 『西字奇蹟(서자기적)』을 관화 연구 관련 저작으로 간주할 수 있는 것 외에, 명(明)나라 선교사들은 중국어 방언을 기록하고 연구한 출판물을 전혀 남기지 않았다. 그러나 천주교 국가의 도서관에 소장된 친필 원고가 분명히 많을 것이다(예: 로마 소장 1602년 친필 원고본 『閩南話一西班牙語詞典(민난어-스페인어 사전)』).

마시니(F. Masini; 馬西尼)의 연구에 따르면(馬西尼 2004), 마테오 리치가 마카오를 통해 중국에 들어가기 전부터, 필리핀에 있던 선교사들은 이미 중국어와 중문을 열심히 배우기 시작했다고 한다. 어거스틴 수도회[奧古斯汀會], 도미니카회[多明各會],[9] 예수회[耶穌會]와 같은 대부분의 선교 단체에서 이미 좋은 사전을 편찬했다고 밝혔는데, 이들은 1565년부터 17세기 초까지 필리핀에서 선교했다. 최초의 사전은 『中國語言詞彙集(중국어 어휘집)』(Arte y Vocabulario de la lengua China)인데, 편찬자가 스페인 어거스틴 수도회의 마르틴 데 라다(Martin de Rada; 1533-1578)였다고 한다. 그는 1575년과 1576년 두 번에 걸쳐 푸젠[福建]을 여행한 바 있다고 언급했다. 애석하게 다른 사전들과 마찬가지로, 그가 편찬한 사전은 실전(失傳)되고 현재 서명만 남아 있다.

---

9 [역자 주] 多明我會(Dominican Order)라고도 칭한다.

이 시기에 편찬한 사전 중 일부 몇 종류만이 지금까지 남아 있다. 그중 하나가 로마의 안젤리카(Angelica) 도서관[10]에 보관되어 있는데, 저자는 스페인 예수회의 페드로 치리노(Pedro Chirino; 1557-1635)이다. 이 친필 원고는 1602년에 저자가 필리핀에서 로마로 가져간 것이다. 노트에 작성한 친필 원고로 총 88면(그중 83면에만 글자가 있음)이며, 수백 개의 중문 단어도 있고 민난어[閩南話]와 이에 상응하는 카스티야 스페인어[Castilian Spanish] 발음 주석도 있다. 이 단어들은 중국과 서양의 초기 언어접촉 연구에 매우 유용하며, 당시 민난[閩南]어의 음성 및 어휘적 특성을 연구하는 데에도 유용하다. 친필 원고 중의 한자는 교육 수준이 높지 않은 이가 쓴 것이므로 최초로 등장한 간필자(簡筆字) 검증에도 유용하다.

스페인의 도미니카회가 아우구스틴회의 뒤를 이어 필리핀에서 선교했다. 그들은 1578년에 도착해 1626년까지 머물다가 떠났는데, 그해에 방도를 강구해서 타이완[臺灣]에 상륙했고, 1642년 네덜란드인이 타이완을 점령한 후에야 최종적으로 중국 대륙으로 이주했다. 그들이 거기서 만나는 사람들은 푸젠[福建] 사람들이었으므로 도미니카회에서 민난[閩南]어 로마사 병음(拼音)[11] 방안을 처음으로 세정했다.

스페인 도미니카회는 16세기 말과 17세기 초에 이 로마자 병음

---

10 [역자 주] 안젤리카 도서관의 이탈리아어 명칭은 'Biblioteca Angelica'이고, 영어 명칭은 'Angelica Library'이다.

11 [역자 주] 병음(拼音): "표준 중국어의 발음을 로마자로 표기한 발음 부호".

방안을 다양한 종교 문헌에 사용했다. 처음에는 필리핀에서, 후에는 중국 대륙의 도미니카회에서 중국어 어휘 관련 저작 16권을 편찬했는데 16권의 서명만 알 수 있을 뿐이다. 그중 민난[閩南]어 저작이 아닌 것은 잠시 논외로 하고, 여기서는 민난[閩南]어 저작의 현황만을 간략히 언급하고자 한다. 위에서 언급한 바와 같이, 최초의 선교사가 접촉한 중국인이 푸젠[福建] 사람들이었기 때문에 민난[閩南]어 관련 저작이 최초였다.

이 저작들의 서명은 다음과 같다.

a) *Vocabulario Sinico*(*Diccionario espanol-chino vulgar*), Miguel de Benavides(1550-1605)(『스페인어-중국어 사전』), 미구엘 데 베나비데스 저.

b) *Dictionarium Sinicum*(*Diccionario chino*), Domingo de Nieva(1563-1606)(『중국어 사전』), 도밍고 데 니에바 저.

c) *Vocabulario Chino*, Juan Cobo(?-1592)(『중국어 어휘』), 후안 코보 저.

아래에 열거한 민난[閩南]어 사전도 있는데, 서명만 알 뿐 대부분 저자가 누구인지 알 수 없다.

마시니에 따르면, 그중 5종은 마닐라의 산토 토마스 대학교(University of Santo Tomas)[12]의 아카이브(Archive)에서 발견했다. 5종 중

---

12 [역자 주] 원서의 "San Tom 大學"은 산토토마스대학교(University of Santo Tomas)로 필리핀 교황청, 왕립, 가톨릭 대학교(the Pontifical, Royal, and Catholic University of the Philippines)이다. https://www.ust.edu.ph(2025.01.14 접속).

2종은 1941년 제2차 세계 대전 중에 훼손됐다. 현재 남아 있는 아래의 몇 종은 문제가 없을 것이다.

   (1) *Diccionario chino-espanol* (『중국어-스페인어 사전』)

   (2) *Diccionario espanol-chino* (『스페인어-중국어 사전』)

   (3) *Vocabulario de la lengua espanola-china* (『스페인어-중국어 어휘』)

   (4) 프랑스 국가 서지 목록[13]에 보이는 1종은 1609년에 작성된 것으로 서명은 *Diccionario de la lengua chin cheo*이다. 처음에는 아벨 레무사트(Abel Remusat)의 소장본으로, 후에는 스타니슬라스 줄리앙(Stanislas Julien)의 소장으로, 마지막에는 데르베 드 생 드니(L. d'Hervey de Saint Denys)[14]가 소장했다.

   (5) 대영박물관 도서관[15]에 보이는 1종(Add 25.317, ff. 2a-224b)은 서명이 *Bocabulario de la lengua sangleya por las letraz de el A. B. C.*(『A.B.C. 문자로 본 상글레야어 어휘』)인데, 처음에는 율리우스 하인리히 클라프로

---

13   [역자 주] 원서의 '円黎國家書目'는 'Bibliographie de la France-Biblio'(法文出版物總目), 즉 프랑스의 현행 국가 서지 목록을 가리키는 것으로 이해하고 번역했다.

14   [역자 주] Marie-Jean-Léon, Marquis d'Hervey de Saint Denys.

15   [역자 주] 영국국립도서관[British Library]은 1972년 의회에서의 영국 도서관법[British Library Act] 통과 이후 1973년 1월부터 운영됐다. 대영박물관 도서관[British Museum Library], 국립중앙도서관[National Central Library], 국립 과학기술 대출 도서관[National Lending Library for Science and Technology]이 통합되어 영국국립도서관이 됐으며, 1974년에 영국 국립 서지학 및 과학기술 정보 사무국[British National Bibliography and the Office for Scientific and Technical Information]이 합류했다. "History of the British Library" www.bl.uk(2025.01.14 접속).

트(Julius Heinrich Klaproth; 1783-1835)의 소장본이다가 1863년 7월 11일에 대영박물관에서 매입했다.[16]

(6) 로마의 안젤리카 서지 목록에 보이는 1종은 서명이 *Dictionarium Sino-Hispanicum*(『중국어-스페인어 사전』)으로 필리핀에 있던 스페인 예수회의 페드로 치리노가 저술했다.

앞의 3종은 서명만 전해지며 편찬연대도 뒤의 3종보다 훨씬 이전일 것이다.

제5종은 현재 대영박물관 도서관에 소장되어 있는데, 반 데르 룬(P. Van der Loon)이 이 사전을 연구하고 기술한 바 있다: 민난[閩南]어(중국어)—카스티야어(스페인어) 사전으로, 한자는 거의 없고 약 300개 음절을 기록했는데 유기음(有氣音)과 비음(鼻音)은 표기했으나 성조(聲調)는 대부분 표기하지 않았다. 반 데르 룬은 1605년 마닐라에서 인쇄된 *Doctrina Christiana en letra y lengua china*(『중국의 언어와 문자로 된 기독교 교리』)에 사용된 로마자 병음 방안을 자세히 연구했는데, 바티칸도서관에서 원본(Riserva, V. 73, ff. 33, 중문 부분만 있음)을 찾았고 대영박물관에서 소장하던 2종의 원고도 찾았다. 동일한 아카이브에 위에서 언급한 *Bocabulario*와 *Dictrina* 두 개의 초본(抄本)[17]을 소장했는데, 하나는 로마자 병음과 스페인어 번역문(Add 25.317, ff. 239a-279a)

---

16   [역자 주] '*letraz*'는 '*letras*'로도 쓴다.

17   [역자 주] 초본[抄本]: "원본에서 필요한 부분만 뽑아서 베낀 책이나 문서."

이 있고 다른 하나는 로마자 병음만 있다(Add 25.317, ff. 281a-313a).

반 데르 룬은 *Dictrina*에 보이는 언어가 민난[閩南] 지역의 차오저우어[潮州話]라고 확정하면서 *Dictrina*와 *Bocabulario*의 저자가 *Dictionarium Sinicum*의 저자이기도 한, 도밍고 데 니에바라고 확신했다(위의 b) 참조).

반 데르 룬의 언급에 따르면, 도미니카회의 선교사들은 비록 사전 편찬을 담당했으나 중문을 읽을 수 없었다. 하지만 그들이 새로 제정한 로마자 병음 방안은 매우 체계적이었다. 13개의 부가적인 음성기호를 사용했는데, 기호 7개로 서로 다른 음가를 나타냈고 윗첨자 h로 유기음을 나타냈으며 사선(슬래시)으로 비음을 나타냈다.

위에서 마지막에 언급한 사전(제6종)은 도미니카가 아닌 예수회 선교사가 편찬한 것이다. 이는 16세기 후반 이래 예수회 선교사가 편찬한 것 중 유일한 비(非)관화 사전이라고 한다. 마테오 리치와 미카엘 루지에리가 편찬한, 저명한 중국어-포르투갈어 사전이 10년 이르게 출간된 것이 아니었다면 이 사전이 최초의 중국어-외국어 사전이 됐을 것이다.

기독교 선교사는 18세기 초에 중국과 동남아시아에 재차 파송되어 화인(華人)[18]에게 선교했다. 최초로 중국에 파송된 이는 1807년 광

---

18 [역자 주] '화교(華僑)'는 외국에 거주하는 중국인("僑居國外的中國人")을, '(華人)'은 외국 국적을 취득한 중국계 외국 공민(公民)("取得所在國國籍的中國血統的外國公民")을, '화예(華裔)'는 거주국에서 출생하고 거주국의 국적을 취득한 화교의 자녀("華僑在僑居國所生並取得僑居國國籍的子女")를 각각 가리킨다.

저우[廣州]에 도착해 동인도회사 통역을 맡기도 했던 로버트 모리슨(Robert Morrison; 1782-1834) 목사였다. 당시 청(淸)나라 정부는 외국인이 중국 내에서 선교하는 것을 금지했기 때문에 그는 통역사로 광저우[廣州]와 마카오에 거주했다. 중문을 열심히 배워『성경』번역에 열중했다. 로버트 모리슨이 번역한『新遺詔書』(제1권부터 제5권까지)가 1823년에 출간됐다. 이전에는 조슈아 마쉬먼(Joshua Marshman; 1768-1837)의 역본이 출간됐었다. 그들이 번역한『성경』은 모두 문언문(文言文)[19]으로 되어 있었는데, 후에 이 역본을 심문리(深文理) 역본이라고 불렀다. 아편전쟁 이전 각종 중국어『성경』역본은 표 1.1을 보라.

표 1.1

연대	역본서명	역본언어	원서원문	역자[20]
13세기 초	新約全書及詩篇	八思巴文	라틴어	몬테코르비노[夢特可維諾]
1636	聖經直解	深文理	통속 라틴어[21]	에마누엘 디아스[陽瑪諾]
1739	大英博物館稿本	深文理	라틴어	천주교도
1750-1800	新約聖書	深文理	영어 대영박물관 원고	프와로[賀淸泰]

---

19 [역자 주] 5·4 이전에 통용되던, 고대 중국어를 기초로 한 서면어(書面語)("五四以前通用的以古漢語爲基礎的書面語")를 가리킨다.

20 [역자 주] 원서에서 표에 제시된 영문 이름을 각주에 제시한다. 陽瑪諾: Emmanuel Diaz, 賀淸泰: Louis Antoine de Poirot(1735-1813), 馬殊曼: Joshua Marshman, 拉沙: Joannes Lassar, 馬禮遜: Robert Morrison, 米憐: William Miline, 麥都思: W. H. Medhurst, 郭富猎: Karl Friedrich, 禆治文: E. C. Bridgman, 小馬禮遜: J. R Morrison.

21 [역자 주] 문어체인 고전 라틴어와 대비되는 개념이다.

1811	聖經全書	深文理	英文本; 대영박물관 원고	마쉬먼[馬殊曼] 라사[拉沙]
1814	新約聖經	深文理	대영박물관 원고	모리슨[馬禮遜] 밀른[米憐]
1823	新遺詔書	深文理	모리슨-밀른역본	모리슨[馬禮遜]
1840	新遺詔書	深文理	모리슨역본	메드허스트[麥都思] 귀츨라프[郭實獵] 브리지만[裨治文] 주니어 모리슨[小馬禮遜]

청(淸)나라 옹정(雍正)부터 아편전쟁까지는 중국 내의 기독교 전파가 법률상 금지됐지만, 아편전쟁 이후는 청(淸)나라 정부가 서양 선교사들의 중국 선교를 다시 허용했다. 이에 많은 선교사들이 중국으로 쇄도했는데, 처음에는 해안 도시에 거점을 마련했다. 법률상 외국인은 "條約口岸(조약이 체결된 항구; treaty port)" 다섯 곳에서만 교회를 세우고 예배할 수 있었을 뿐, 중국인에게 선교하거나 신도를 모을 권리는 전혀 없었다. 1844년에 이르러 중국인이 천주교나 기독교 신앙을 갖는 금지 조항은 해제됐으나, 외국인이 중국 내에서 선교하는 것은 여전히 금지됐다. 1858년에 중국·미국, 중국·영국, 중국·프랑스가 『톈진조약[天津條約]』에 서명하고 나서야 비로소 기독교에 중국 내지(內地)에서 선교할 수 있는 권리를 주었고, 그 이후 각국 선교사들이 빠르게 내지로 깊이 들어갔다.

선교의 편의를 위해 선교사들은 파송 전에 혹은 현지에서 현지 방언을 공부하는 경우가 많았으며, 중국어 방언을 기록하고 연구하는 저작을 많이 편찬하고 출간했다. 서양 선교사는 천주교와 기독교

(혹은 예수교로 칭함)로 구분할 수 있는데, 기독교는 방언을 사용하여 『성경』을 번역하고 직접 포교하며 선교하는 데에 더 열중했기 때문에, 중국어 방언에 대해 조사하고 설명하고 기록한 것도 더 많다. 중국어 방언학에 끼친 기독교의 공헌은 1840년대부터 1940년대까지 100년간 집중되어 있다.

천주교와 기독교는 내부적으로 교단과 교파가 복잡하다.[22] 중국에 파송된 선교사들도 교파가 다르면 다른 선교회에 속하게 됐다. 기독교 선교사는 영국인과 미국인이 많으며, 가장 저명한 기독교 교단[敎會]은 다음과 같다.

  장로회해외선교이사회 長老會 (Board of Foreign Missions of the Presbyterian Church)
  개신교 抗議敎派 (Protestantism)
  침례선교회 浸禮會 (Baptist Missionary Society)
  회중교회 公理敎會 (Congregational Church)
  미국성공회 美國聖公會 (American Episcopal Church)
  런던해외선교회 倫敦傳道會 (Foreign Mission)
  감리회감독교회 美以美會 (Methodist Episcopal Church)
  교회선교회 大英敎會安立甘; 敎堂傳敎士協會 (Church Missionary

---

22 [역자 주] 교단(敎團): "같은 교의(敎義)를 믿는 사람들끼리 모여서 만든 종교 단체." 교파(敎派): "같은 종교의 갈린 갈래.≒종파."

Society)
중국내지선교회 内地會 (China Inland Mission)
미국성경공회 美國聖經會 (American Bible Society)
대영성서공회 大英聖書公會 (British & Foreign Bible Society)
연합교회 聯合敎會 (Union Church)
바젤선교회 巴色會 (Basel Mission)

천주교 선교사들은 일찍이 17세기부터 중국 선교를 시작했으며, 프랑스인이 많다. 초기에 중국에 파송된 천주교 선교회는 다음과 같다.

가톨릭선교회 公敎會 (Catholic Mission)
벨기에선교회 比利時傳敎會 (Procure des Missions Beiges)
해외 선교회 異域傳敎會 (Procure des Missions Etrangeres)
라자로회 선교회 味增爵會 (Procure des Lazaristes)
로마가톨릭선교회 羅馬公敎會 (Roman Catholic Mission)
스페인아우구스티누스선교회 西班牙奧斯汀傳敎會 (Spanish Augustinian Procuration)
예수회 耶穌會 (Society of Jesus)

본서에서 언급하는 서양 선교사는 어떠한 교파에도 국한되지 않는다.
19세기 후반기부터 20세기 상반기까지 중국에 파송된 서양 선교사들은 다양한 유형의 중국어 방언 『성경』 역본(일부는 로마자 역본임)과 방언학 저작(로마자 대음(對音)[23] 있음)을 번역·편찬·출간했다. 이러한 문헌들은 당시 지역별 중국어 방언의 구어(口語)[24]를 기록·설명·연구했는데, 그 폭과 깊이, 과학적 측면에서 청(淸)대 학자의 방언학 저작을 훨씬 능가했고, 지방지(地方誌)와 방언 문학 작품 같은 동시대의 기타 문헌도 미치지 못했다. 근대 중국-서양 간의 학술 교류, 중국 기독교사, 중국어 방언학과 방언학사 연구에 있어 매우 큰 가치가 있다. 이러한 문헌들을 통해 19세기의 적어도 상하이[上海]·쑤저우[蘇州]·항저우[杭州]·진화[金華]·닝보[寧波]·타이저우[台州]·원저우[溫州]·푸저우[福州]·샤먼[廈門]·푸텐[莆田]·산터우[汕頭]·하이커우[海口]·광저우[廣州]·자잉[嘉應](하카어[客話]) 등 방언의 어음(語音) 체계를 매우 완정(完整)하게 귀납하고, 이러한 지역 방언의 어휘와 어법을 정리하고 연구하며, 이러한 지역 방언의 100여 년 이래의 음운·어휘·어법 체계의 역사적인 변천을 연구할 수 있다. 그러나 중국 내 언어학계에서는 장기간 이러한 귀중한 자료에 충분한 관심도 기울이지 못했고, 이해도 부족했으며, 연구는 더 부족했다. 중국어 언어학사와 방언사 연구에 있어 이 분야는 거의 공백 상태이다.

선교사의 방언학 저작 대부분은 각 교단에서 운영하는 인쇄소에

---

23 [역자 주] '대음(對音)'이란 특정 언어의 어음을 다른 언어의 문자로 나타내는 것("將某種語言的語音用另外一種語言文字表示")을 가리킨다.

24 [역자 주] 구어(口語): "글에서만 쓰는 특별한 말이 아닌, 일상적인 대화에서 쓰는 말.≒구두어, 입말."

서 인쇄 및 출간했다. 1899년 이전에는 각 교단에서 운영하는 인쇄소가 12곳 있었다. 그중 가장 중요한 인쇄소가 세 곳인데, 하나는 미국 장로교가 운영한 '美華書館'(American Presbyterian Press)으로 1844년 마카오에서 설립된 후 1845년 닝보[寧波]로 이전했고 1860년 상하이[上海]로 다시 이전했다. 두 번째는 미국 침례교가 운영한 '美華浸信會書局'으로 1899년 광저우[廣州]에서 설립된 후 1922년 상하이[上海]에 편집실을 뒀고 1926년 상하이[上海]로 이전한 후 '中華浸會書局'(China Baptist Publication Society)'로 개명했다. 세 번째는 상하이[上海] 쉬자후이[徐家匯]에 위치한 '土山灣書館'이다. 그곳에는 인쇄소 외에 대학·천문대·도서관·미술관·잡지사 등 서양의 종교 및 문화 시설도 있다.

이러한 문헌은 대부분 상하이[上海]에서 출간됐으며, 상하이[上海]에 본래 기독교 저작 '견본 도서실'이 있어 도서별로 5권씩이 소장되어 있었으나, '문화대혁명'으로 인해 소실됐다. 원래는 상하이 홍콩로 3번지[上海香港路三號] 성서고(聖書庫)에 소장되어 있었다. 중국에서는 이러한 저작 중 일부만이 상하이[上海]·베이징[北京] 및 남동부 해안 지역 각 성도[省城][25]의 공공도서관, 대학 도서관, 기독교 도서관에 흩어져 있었을 뿐만 아니라 보관 상태도 좋지 않아 점점 훼손됐다. 이러한 문헌들이 중국 내에서는 별로 남아 있지 않지만, 해외

---

25 [역자 주] '省城'은 성 정부 소재지("省政府所在地")를 가리킨다. 성도(省都): "성(省)의 정치, 문화 따위의 중심 도시. 중국 장쑤성(江蘇省)의 난징[南京]과 같은 도시를 이른다."

의 특정 도서관에는 비교적 많이 소장된 편이다. 이 때문에 이런 문헌을 조사, 정리, 연구하는 것은 언어학자의 중요한 과업일 뿐만 아니라 문화유산을 보존하는 작업이라고도 할 수 있다. 중국 학자의 경우에는 필히 해야 하는 책임이기도 하다.

필자는 1980년대 초반부터 이러한 문헌 수집에 주의를 기울였으나, 제한된 여건으로 인해 단편적일 수밖에 없었다. 1995년부터 아래에 열거한 4종의 기금에서 자금 지원을 받기 시작하면서 비로소 시간·에너지·경비를 집중하면서 조사하고 연구할 수 있었다. 연이어 중국 본토·홍콩·일본·미국·캐나다·영국·스위스에서 전 세계 도서관의 관련 서지 목록을 검색하고 발췌했고, 또 우[吳] 방언 위주로 일부 원서 및 관련 자료를 직접 확인하고 발췌, 복사했다.

(1) 일본학술진흥회 (1995년)
(2) 상하이[上海]시 사회과학연구기금 (1996년)
(3) 미국 UC 버클리 동아시아연구소 자오위안런[趙元任] 국제중국어언어학연구센터 (1997년)
(4) 일본 토요타[豊田] 기금회 (1999년)

1.2. 소장

필자가 조사한 바에 따르면, 방언 『성경』(문리(文理) 버전과 각종 관화 버전 제외)은 총 700종이 넘고, 교과서·회화책·사전·어휘집·어법서 등을 포함하여 선교사의 중국어 방언학 저작이 300종에 근접하며, 방언으로 된 일반 서적 또한 300여 종으로 우[吳]·민[閩]·웨[粵]·하카[客]·간[贛] 등 5대 방언을 언급했다.

이러한 세 유형의 저작들을 비교적 다수 보유하고 있는 중국 및 해외 도서관은 다음과 같다.

(1) 베이징[北京]도서관(현 국가도서관). 49종 소장(방언 성경 제외).

(2) 상하이[上海] 기독교 삼자애국회(三自愛國會)[26] 도서실. 관리가 부실하다. 원래는 위안밍위안로[圓明園路]에 있다가 화둥신학원[華東神學院]으로 이전했다.

(3) 상하이[上海]도서관 쉬자후이[徐家匯] 장서루(藏書樓). 천주교 예수회에서 1847년에 설립했으나 오랫동안 수리하지 않다가 2003년에 재개관했으며, 현재 1950년 이전의 외국어 서적 50,000권, 중국학과 신학 위주로 약 30종을 소장하고 있다.

(4) 도쿄[東京] 동양문고(東洋文庫). 동양문고가 소장한 선교사의 중국어 방언학 저작(방언 성경 역본 제외)은 총 120종 이상으로, 전 세계 어느 도서관과도 비교할 수 없을 정도로 많다. 이는 원래 소지 어니스트 모리슨(George Ernest Morrison; 莫利遜; 1862-1920)의 개인 소장서였다. 모리슨은 오스트레일리아의 의학자인데, 후에 런던 타임즈의

---

26 [역자 주] 중국 기독교 신도들의 애국(愛國)적, 애교(愛敎)적 조직이다. 중국 기독교 협회와 함께 '基督敎全國兩會' 혹은 '中國基督敎兩會'로 통칭(統稱)된다. 삼자(三自)는 자치(自治)·자양(自養)·자전(自傳)을 가리킨다.

중국 특파원을 역임했다. 1912년에는 중화민국 정부가 그를 총통부 고문으로 임명했다. 직업적으로도 필요했고 극동에도 관심이 있었기 때문에 이로 인한 도서 수집벽으로 인해서 그는 20년 동안 베이징[北京]에서 생활하고 일하면서 중국 관련 서양 서적을 열심히 수집하고 소장했으며, 베이징[北京]의 개인 주택에 서고(書庫)를 설치하고 열람할 수 있게 했다. 노년에는 소장 도서 일체를 양도했는데, 일본의 기업가이자 동양문고의 창립자인 이와사키 히사야[岩崎久弥]가 이를 매입했다. 동양문고에서 공식적으로 출판한 목록이 있어서 관련 목록을 찾기에 상당히 편리하다. 필자도 1995년과 1999년에 두 차례 방문한 바 있으며 와세다대학[早稲田大學] 후루야 아키히로[古屋昭弘] 교수의 도움을 받았다.

(5) 일본 센다이[仙台]의 도호쿠대학[東北大學] 도서관. 19세기에 출간된 광둥[廣東]어『성경』35종 이상이 소장되어 있다. 이들『성경』은 원래 제임스 다이어 볼(James Dyer Ball; 1847-1919)의 개인 소장서였으며 권마다 모두 그의 친필 서명이 있다. 볼(Ball)은 광둥[廣東]에서 선교했을 뿐만 아니라 광둥[廣東]어와 하카[客家]어 저작을 다수 출간했다. 필자가 1995년 방문했을 때, 이 학교의 하나데 마사히로[花灯正宏] 교수와 박사과정 학생인 노마 아키라[野間晃]의 도움을 받았다.

(6) 일본 덴리대학[天理大學] 도서관. 서양 선교사의 중국어 방언학 저작 30종 정도가 소장되어 있으며, 그중 방언『성경』이 10종이다. 목록 카드가 서고의 실제적인 소장 상황과 맞지 않아 일부 성경은 카드로 만들어지지 않았을 수도 있다. 그중 일부는 원래 시가 마사

토시[志賀正年]의 개인 소장서였다. 시가 마사토시는 생전에 『中文訳 聖書(Bible)の基礎的研究(중문역 성서의 기초 연구)』[27]를 집필했는데, 이 서적은 저자가 본 일본 소장 중문 『성경』을 기초로 작성된 것이다. '덴리[天理]'는 간사이[關西] 지역의 종교(천리교(天理敎)) 도시 중의 하나이다. 필자가 1995년에 방문했을 때, 그 학교의 무라카미 요시히데[村上嘉英] 교수의 도움을 받았다.

(7) 일본의 도시샤대학[同志社大學] 도서관. 15종 이상의 방언 『성경』이 소장되어 있으며 그중 4종은 19세기에 출간된 것이다. 대부분은 본래 오가와 타마키[小川環樹]가 1930년대 상하이[上海]에서 공부할 때 구입한 개인 소장서였는데 후에 이 대학에 양도한 것이다. 필자가 1995년에 방문했을 때, 이 학교의 키즈 유코[木津祐子] 선생의 도움을 받았다.

(8) 일본 교토대학[京都大學] 도서관 및 동 대학 인문과학연구소 도서관. 필자가 1995년에 방문했을 때, 이 대학의 히라타 쇼지[平田昌司] 교수의 도움을 받았다.

(9) 미국성경공회[American Bible Society]는 1816년에 설립된 후 여러 차례의 이전을 거쳐 현재 미국 뉴욕 브로드웨이 1865[Broadway 1865, New York, USA]에 위치한다. 이 도서관은 전 세계의 다양한 언어로 출간된 성경 및 단편(單篇) 5.2만 종을 소장하고 있어 대영성서공회의

---

27   [역자 주] 원서의 중문 서명 『中文譯方言聖書的基礎研究』을 일문 서적의 원제로 대체하고 국문으로 번역했다. 참고문헌에 제시된 중문 서명 『中文聖書的基礎研究』는 영문을 중문으로 번역한 듯하다.

수량과 비슷하다. 그중 중국어 방언(관화 제외)에 속하는 것이 140종 이상인데, 가장 귀중한 것은 15세기 중국 카이펑[開封]부(府)의 유대인 사회에서 사용했던 성경(Torah scroll)[28]이다. 이 도서관에는 대표적인 출판물 2종이 있다. 하나는 *The Book of Thousand Tongues*이다. 전 세계에서 출간된 성경과 단편의 목록을 언어별로 분류하여 열거했고 언어별 성경에 대해 간략하게 설명했다. 1938년 초판(初版), 1972년 제2판으로 현재 추가 수정 중이며, 제3판이 *The Book of Two Thousand Tongues*로 서명이 변경되어 출판될 예정이다. 초판에는 1,018개 언어별 성경 단편을 실었으며, 언어별로 간단한 설명도 있고, 점자(중국어 점자 포함) 예시도 있다. 책 끝에는 언어와 방언 명칭 색인이 있다. 두 번째는 *Scriptures of the World*(United Bible Society, 1996) 인데, 언어, 출판 국가 혹은 지역, 출판 연월에 따라 『성경』 및 단편 목록을 열거했고, 많은 통계표와 지도도 있다. 이 서적은 예약해야만 관내에서 열람 가능하다. 필자가 1999년 11월 방문했을 때, 부관장인 리아나 루파스(Liana Lupas) 박사의 도움을 받았다.

(10) 뉴욕공립도서관[The New York Public Library] 산하 인문사회과학도서관[Humanities and Social Sciences Library]. 뉴욕 5번가에 있다. 19세기 이

---

28 [역자 주] Torah(토라)는 모세오경(Moses 五經)을 가리키고, Torah scroll(토라 두루마기)는 모세오경을 두루마리에 쓴 사본(寫本)을 가리킨다. Torah: "The teaching or instruction, and judicial decisions, given by the ancient Hebrew priests as a revelation of the divine will; the Mosaic or Jewish law; hence, a name for the five books of the law, the Pentateuch."(고대 히브리 사제들이 신의 뜻을 계시하여 내린 가르침이나 지시, 그리고 사법적 판결. 모세 혹은 유대의 율법. 따라서 다섯 권의 율법책을 오경이라고 부른다.) Oxford English Dictionary.

후 선교사의 방언학 저작이 도서관의 동양 부문[Oriental Division]에 소장되어 있는데 수량은 적은 편이다. 관내 열람 시 신분증을 제시할 필요가 없다.

(11) 미국 UC 버클리 동아시아 도서관. 이 도서관에 소장된 원고 2종은 중국 및 해외에서 유일본으로 매우 귀중한 자료이다.

하나는 벤자민 젠킨스(Benjamin Jenkins; 秦右)가 저술한 *Lessons in the Shanghai Dialect*(『上海土白』, 1850년, 22cm)으로, 각 단원 문장마다 먼저 한자를 제시한 후 로마자와 토음(土音)으로 한 글자씩 번역했다. 본문 내용은 올렌도르프(Ollendorff) 체계에 근거했고, 로마자는 키스(Keith) 체계에 근거했으며, 병음 체계는 크로포드(Crawford; 高第丕)[29] 토음 글자에 근거했다. 서적 전체의 절반 정도에 삽입한 면에 수기(手記)한 영어 역본이 있다. 이 서적은 당지(唐紙)[30]에 붓으로 쓴 사본으로 6권을 하나로 합본했다. 책등에 "上海土白" 한자 네 글자가 있는데, 아마도 장서가인 존 프라이어(John Fryer; 傅蘭雅)가 쓴 것 같다.

두 번째는 『上海土白』(22cm)이다. 붓으로 직접 쓴 것이며 면 번호를 기재하지 않았고 한자만 있으나, 처음 다섯 면에는 연필로 한 글자씩 로마자로 발음을 표기했다. 첫 면에 "John Fryer, Shanghai. 上海傅蘭雅"라는 문구의 인장이 있다. 첫 면에 펜으로 쓴 제자(題字)에

---

29   [역자 주] 탈러턴 페리 크로포트(Tarleton Perry Crawford; 高第丕), 1821-1902.
30   [역자 주] 「명사」 예전에 중국에서 만든 종이를 이르던 말. 닥나무 껍질과 어린 대나무의 섬유에 수산화 나트륨을 섞어서 뜬 것으로 색이 누렇다. 찢어지기 쉬우나 먹물이 잘 흡수되어 묵객(墨客)들에게 애용되었다.

따르면, 이 서적의 영문명은 *Lessons in the Shanghai Dialect*이고 내용은 Ahn의 프랑스어 교과서를 참조했을 것인데, 젠킨스(R. Jenkins) 박사 혹은 훼리(J. Wherry) 목사가 1865년경에 편찬했다. 31개의 단원으로 구성되어 있다.

필자가 1997년에 방문했을 때, 중문부 부주임 자오야징[趙亞靜]의 도움을 받았다.

(12) 영국성서공회(British Bible Society). 공식 출간한 다수의 방언 성경 외에 원고들도 소장하고 있다. 전신은 "대영성서공회[大英國和外國聖經會; British and Foreign Bible Society]"이다. 장서를 포함해 원래 런던의 Queen Doria Street 1가의 교회 내에 있다가(148 Queen Victoria Street, London EC4V 4BX, England), 이후 단체는 Swindon (Stonehill Green, Westlee, Swindon, SN5 7DG)으로 이전했고 장서는 케임브리지대학교 도서관으로 이전되어 관리 중이다. 영국성서공회와 예약해야만 케임브리지대학교 도서관에서 열람할 수 있다. 이 단체는 1975년에 허버트 스필렛(Hubert W. Spillett)이 편찬한 중국어 성경 목록, 즉 *A Catalogue of Scriptures in the Languages of China*를 타이핑해서 인쇄했다. 이 목록에는 대영성서공회 소장 목록을 위주로 미국 성서공회, 스코틀랜드 성서공회 등 여러 성서공회의 소장 목록을 더했는데, 문리 및 관화 역본, 본토 중국어 방언 역본, 본토 소수민족어 역본, 타이완 각종 언어 역본 네 가지를 포함한다. 그중 중국어 방언(관화 제외)만해도 315종 이상으로 장서 수가 대형 도서관 중에서 단연 으뜸이다. 필자가 1999년 8월 방문했을 때, 그 단체의 고위 도서관리자

인 잉그리드 로데릭(Ingrid Roderick) 씨와 케임브리지대학 중문부 주임인 찰스 에일머(Charles Aylmer) 씨의 도움을 받았다.

(13) 대영도서관(British Library). 260여 년 전에 설립됐고, 1999년에 런던의 Euston Road 96으로 이전했다. 동양 및 인도 컬렉션[Oriental Collection]에 서양 선교사의 초기 중국어 방언학 저작과 방언 성경이 소장되어 있는데, 이 중 전자가 많다. 장서가 뉴욕공립도서관보다 더 많으며, 그중 닝보어[寧波話]로 된 『英華仙尼四雜字文』(Seen-ne-hwa-sze, *An English and Chinese Vocabulary* [*in the Ningbo Dialect*], 딩하이[定海], 선장본,[31] 1846)은 다른 도서관에서는 찾아보기 힘들다. 천문(天文), 인사(人事) 등 72개 부문으로 나누어져 있으며, 산스크리트어, 한자, 닝보[寧波]어(한자로 표기), 영어를 대조했다. 저자는 인도 마드라스(Madras) 출신으로 유명한 학자이다. 소개서를 첨부해 열람증을 신청해야만 열람할 수 있다.

(14) 스위스 바젤(Basel; 巴色)선교회. 하카[客家] 방언 지역의 선교사 대부분이 바젤선교회 출신이었기 때문에 현존하는 하카[客家] 방언 성경은 이 선교회의 아카이브(문헌센터라고도 칭함) 소장본이 가장 완전하다. 처음에는 홍콩의 하카[客家] 출신을 대상으로 선교하다가 북쪽으로 광둥[廣東]의 자잉[嘉應]주(州) 일대까지 올라가 선교했다. 성경을 소장하고 있을 뿐만 아니라 하카[客家]어 관련 교과서·사

---

31   [역자 주] 선장(線裝): "책을 장정(裝幀)하는 방법의 하나. 인쇄된 면이 밖으로 나오도록 책장의 가운데를 접고 책의 등 부분을 끈으로 튼튼하게 묶는다. 늑끈매기, 당철, 대철, 봉철, 철장."

전·어법책 등도 소장하고 있으며, 모두 독일어로 해석했다. 이 아카이브는 하카[客家] 방언의 역사 말뭉치의 보고라고 할 수 있다. 총 33종 이상의 하카[客家] 방언 성경을 소장하고 있고, 그 외의 중국어 방언 성경은 많지 않으며, 기타 중국어 방언학 저작 17종 이상을 소장하고 있다. 장서는 선교회 지하실 서고에 보관되어 있는데, 이 서고는 정부의 지원으로 1984년 이전에 준공된 것으로 벽이 두터워 방화, 방수는 물론이고 핵에도 견딜 수 있다. 장서는 5만 권이며 하카[客家]어로 된 『俗話撮要』와 같은 원고도 포함되어 있다. 소장한 성경 등 서적은 인도 문자인 것이 제일 많고 그다음이 중문(로마자 포함)이다. 서고에는 수년에 걸쳐 손수 보완한 낱장 목록이 있는데, 필적이 흐릿하고 바인더에 보관되어 있어 확인이 어렵다. 바젤(현재 바제르로 번역함)은 스위스의 도시로 프랑스와 국경을 접하며, 스위스의 독일어권 지역에 속한다. 바젤선교회는 1920년에 "崇眞會"로 개명했으며 현재도 중국 홍콩에서 찾아볼 수 있다. 일본 학자 하시모토 만타로(Mantaro Hashimoto; 橋本萬太郞)와 프랑스 학자 크리스틴 라마레(Christine Lammarre)가 1970년대와 1996년에 연이어 바젤선교회에 방문했다. 필자는 하카[客家] 방언 성경 등을 찾기 위해 바젤선교회로 간 최초의 중국인 학자이다. 1999년 8월 방문했을 때, 선교회 아카이브 책임자인 젠킨스(Jenkins) 씨와 부소장인 부에스(Buess) 씨의 도움을 받았다.

    (15) 네덜란드 라이덴대학교(Leiden University) 국제중국학연구소 도서관. 이 도서관은 하카[客家]어 속어(俗語) 원고(1860년)와 민난[閩

南]어 속어 사전 원고(1878년)를 소장하고 있다. 필자가 2004년 9월 방문했을 때, 네덜란드어-중국어 번역가이자 도서관의 파트 타임 직원인 카위퍼르(P. N. Kuiper) 씨의 도움을 받았다.

(16) 필자는 1995년부터 2004년까지 위에서 언급한 도서관을 방문해 조사와 연구를 진행했다.

미국 하버드대학교의 하버드-옌칭 도서관(Harvard-Yenching Library)에도 많이 소장되어 있으나 아쉽게도 아직 방문하지 못했다. 목록에 따르면, 하버드-옌칭 도서관, 와이드너 도서관(Widener Library), 호튼 귀중본 도서관(Houghton Rare Book Library)을 포함한 하버드대학교 도서관에서는 중국어 방언『성경』61종과 기타 방언학 저작 52종을 소장하고 있다(張美蘭 2013).

이외에도 필자는 다음의 중국 국내외 도서관에서 관련 정보를 검색했다.

> 광둥성립중산도서관(廣東省立中山圖書館)
> 광저우중산대학도서관(廣州中山大學圖書館)
> 푸젠사범대학도서관(福建師範大學圖書館)
> 샤먼대학도서관(廈門大學圖書館)
> 베이징대학도서관(北京大學圖書館)
> 닝보시립바오자오룽도서관(寧波市立包兆龍圖書館)
> 원저우시립도서관(溫州市立圖書館)
> 홍콩기독교성경도서관(香港基督敎聖經圖書館)
> 홍콩다오펑산기독교총림(香港道風山基督敎叢林)

홍콩기독교천도서루(香港基督教天道書樓)

일본기독교성경도서관(日本基督教聖經圖書館)

일본도쿄대학중문과도서실(日本東京大學中文系圖書室)

미국샌프란시스코신학교연합도서관(美國舊金山神學院聯合圖書館)

미국스탠포드대학교도서관(美國斯坦福大學圖書館)

미국위스콘신주립대학교매디슨캠퍼스도서관(美國威斯康星州州立大學麥迪遜校區圖書館)

미국뉴욕신학교도서관(美國紐約神學院圖書館)

미국컬럼비아대학교도서관(美國哥倫比亞大學圖書館)

캐나다브리티시컬럼비아대학교아시아학과(加拿大英屬哥倫比亞大學亞洲學系)

미국워싱턴대학교아시아도서관(美國華盛頓大學亞洲圖書館).

상술한 이러한 도서관에서 산발적으로 소장하고 있다.

(17) 장로교 역사학회[the Presbyterian Historical Society]는 중국 파송 선교사의 친필 원고와 자료를 소장하고 있다. 친필 원고에 대한 "導讀"도 이미 출판됐다. 이 단체의 주소는 다음과 같다. 미국 필라델피아 롬바드가 425 (425 Lombard Street, Philadelphia, U.S.A.)인데, 아쉽게도 경비 문제로 방문하지 못했다.

1.3. 서양 선교사의 중국어 방언학 저작 개설

중국어 방언을 기록하고 연구한 근대 및 현대 서양 선교사의 저작은 『성경』 역본, 기타 방언학 저작(방언 사전, 방언 교과서 등 포함), 일반 간행물 세 가지 부류로 나눌 수 있다. 아래에서 하나씩 살펴보고자 한다.

1.3.1. 『성경』 방언 역본 개설

『성경』의 중국어 역본은 어종(語種) 측면에서 다섯 가지 부류로 구분할 수 있다. 첫 번째는 문언 역본["深文理譯本"]이고, 두 번째는 준문언 역본["淺文理譯本"]이며, 세 번째는 관화 역본["白話文譯本"]으로, 지역별 방언이 다르므로 난징[南京]어 역본, 한커우[漢口]어 관화 역본 등으로 구분할 수 있다. 네 번째는 토어 역본["土白譯本", "方言譯本"]이며, 다섯 번째는 1939년에 출간된 국어(國語) 신구약 성경의 중역본(重譯本)인 국어 역본이다. 표 1.2는 중국 문자로 번역된 각종 방언 성경의 최초 출판연도이다.

표 1.2. 방언 『성경』의 최초 출판연도

	어종	단편『성경』	『신약』	『성경』 전체 역본
甲	官話			
	深文理	1810年	1814年	1822年
	淺文理	1880年	1885年	1902年
	直隷	1862年	1877年	1894年
	北京		1866年	
	胶東	1918年		
	漢口	1921年		
	南京	1854年	1857年	
	山東	1892年		

乙			吳語	
	上海	1847年	1872年	1908年(舊約)
	蘇州	1879年	1881年	1908年(舊約)
	寧波	1852年	1868年	1901年(舊約)
	杭州	1890年		
	金華	1866年		
	台州	1880年	1881年	1914年(舊約)
	温州	1892年	1902年	
丙			閩語	
	廈門	1852年	1856年	1884年(舊約)
	福州	1852年	1856年	1888年(舊約)
	汕頭	1875年	1898年	1922年
	潮州	1888年	1915年	
	興化	1892年	1900年	1912年
	建陽	1898年		
	邵武	1891年		
	海南	1889年		
丁			贛語	
	建寧	1896年	1896年	
戊			客家話	
	客家	1860年	1883年	1916年
	五經富	1910年	1919年	
	汀州	1919年		
己			粵語	
	廣州	1862年	1873年	1894年
	連州	1904年		

근대 최초의 중국어 『성경』 역본은 1822년에 출간됐으며, 역자는 영국인 선교사인 마쉬먼(Marshman)과 라사(J. Lassar)였다. 영국인 선교사 모리슨의 역본은 이듬해에 출판됐다. 두 역본 모두 문언으로 되어 있다. 미국인 선교사인 조시아 고다드(Josiah Goddard; 高雪山)가 마쉬먼의 역본을 정정(訂正)[32]하고 이를 준문언으로 바꾸어 1853년에 출간했다. 최초의 백화문(白話文; 관화 방언) 역본은 1857년 상하이[上海]에서 출간됐다. 그 후 1872년부터 1916년까지 다양한 관화 『성경』이 연속적으로 출간됐다. 장로교 선교사들도 1907년 전국대회에서 문언 역본 『성경』의 사용을 중단하기로 의결했다. 일반적으로 백화문 운동이 "5.4 운동" 이후에 비로소 시작됐다고 생각하지만, 사실상 관화 방언 『성경』은 정통 백화문을 이미 사용했으며 단지 이후 백화문 운동에 직접적으로 역할을 하지 않은 것 같다. 당시에는 종교계(기독교)와 학술계 사이에 여전히 상당한 격차가 있었다. 그러나 백화문 운동과 이후의 국어 대중화 사업은 역으로 『성경』 번역에 결정적인 영향을 미쳤다. 백화문 운동과 국어 대중화 사업의 지속적인 발전과 성공으로 인해 1930년대 이후에는 관화 화합본(和合本; 1907년 초판, 일설에는 1919년 초판)과 국어 역본이 점차 방언 역본을 대체했다. 필자가 아는 바에 따르면, 현재는 홍콩의 오순절 교회에서만 광둥[廣東]어 『성경』을 여전히 사용하고 있다.

방언으로 번역된 『성경』 전체 역본은 상하이[上海], 쑤저우[蘇州],

---

32 [역자 주] 정정(訂正): "글자나 글 따위의 잘못을 고쳐서 바로잡음."

닝보[寧波], 타이저우[台州], 푸저우[福州], 샤먼[廈門], 싱화[興化], 광둥[廣東], 산터우[汕頭], 자잉[嘉應](현 메이저우[梅州]) 10종이다. 젠닝[建寧]과 원저우[溫州] 두 방언으로는 『신약』만 번역했다:

 방언 역본은 문자 유형의 관점에서 볼 때 세 가지 부류로 구분할 수 있다. 첫 번째는 한자 버전이고, 두 번째는 로마자 버전이며, 세 번째는 그 외 병음 기호 버전이다. 최초로 출간된 방언 한자 버전은 1847년 상하이[上海]에서 출간된 상하이[上海] 방언 『요한복음서』이다. 최초로 출간된 방언 로마자 버전은 1852년 닝보[寧波]에서 출간된 닝보[寧波] 방언 『누가복음서』와 같은 해 광저우[廣州]에서 출간된 광저우[廣州] 방언 『요한복음』이다. 기타 병음 기호로 번역 출간된 방언 역본은 매우 적으며, 푸저우[福州] 방언 역본 5종은 국어 주음부호(注音符號; 1913년 독서통일회(讀書統一會)가 제정했을 당시는 "주음자모(注音字母)"라 칭했다)로 표기한 것이고, 그밖에 초기 상하이[上海] 방언 역본 1종은 크로포트(T. P. Crawford)가 구상한 병음 부호를 사용했다. 이러한 부호는 『三個小姐』처럼 방언학이 아닌 저작을 편찬하는 데에도 사용됐다.

 구두점의 경우, 한자 버전은 표점(標點)과 구두(句逗) 두 가지 종류로 구분할 수 있다. 쉼표[逗號]만 있고 마침표[句號]가 없는 구두 버전도 있다. 로마자 버전은 단어를 단위로 띄어 쓰고 영문 표점 기호를 사용하며, 권법(圈法)을 사용해 한자의 성조를 나타내는 버전도 있었다. 서명과 판권 면에만 영문과 한자가 있었다.

 방언 역본은 방언 유형의 관점에서 우[吳]어, 민[閩]어, 웨[粵]어, 하카어[客話], 간[贛]어의 다섯 가지 범주로 구분할 수 있다. 앞의 두 가지 범주에는 여러 하위 범주가 포함된다. 각 하위 범주의 이름과 수량은 표 1.3에 나와 있다.

표 1.3. 유형별, 지역별 방언 『성경』 수량 통계

	方言名稱	漢字本	로마자 버전	其他譯本	分類合計
甲	吳語				
	上海	45	18	2	65
	蘇州	19	9	1	29
	寧波	14	39	0	53
	杭州	2	2	0	4
	金華	0	1	0	1
	台州	2	22		24
	溫州	0	5	0	5
乙	閩語				
	廈門	6	61	0	67
	福州	47	77	5	129
	汕頭	17	44	0	61
	潮州	0	3	0	3
	興化	2	21	0	23
乙	建陽	0	2	0	2
	邵武	0	2	0	2
	海南	0	16	0	16
丙	贛語(建寧)	1	9	0	10
丁	客話嘉應(今梅州)	46	25	0	71

		粤語			
戊	廣州	138	14	0	152
	連州	4	0	0	4
總計		343	370	8	721

표 1.3에서 알 수 있듯이, 방언 『성경』 역본의 지역 방언으로 우[吳]어에 속하는 7종, 민(閩)어에 속하는 8종, 웨[粤]어에 속하는 2종, 간[贛]어와 하카[客家]어에 속하는 각 1종, 총 19종이었다. 하카[客家]어 내에도 홍콩 커지어, 우징푸[五經富] 하카[客家]어, 자잉[嘉應] 하카[客家]어 등 차이가 있지만 그 차이가 크지 않아 여기서는 하나로 취급한다. 역본 수량으로 보면, 광저우[廣州]가 152종으로 가장 많고, 그다음이 푸저우[福州], 자잉[嘉應](현 메이저우[梅州]), 샤먼[廈門], 상하이[上海], 산터우[汕頭], 닝보[寧波], 타이저우[台州], 쑤저우[蘇州], 싱화[興化], 하이난[海南], 젠닝[建寧], 원저우[溫州], 롄저우[連州], 항저우[杭州], 차오저우[潮州], 젠양[建陽]이고, 진화[金華]가 1종으로 가장 적었다. 이상은 총 721종이다.

각 부류 방언 역본의 수량 및 비율은 표 1.4.에 나타냈다.

표 1.4. 대방언별 역본의 수량 및 백분비(사사오입)

	方言名稱	漢字本	로마자 버전	其他譯本	合計	百分比
甲	吳語	82	96	3	181	25.1%
乙	閩語	72	226	5	303	42%
丙	贛語(建寧)	1	9	0	10	1.4%

丁	客話	46	25	0	71	9.9%
戊	粵語	142	14	0	156	21.6%
合計		343	370	8	721	
百分比		47.6%	51.3%	1.1%		100.0%

표 1.4에서 알 수 있듯이, 로마자 버전이 한자 버전보다 약간 많다. 각 대방언 역본의 수량은 민(閩)어가 42%로 가장 많고, 그다음이 우[吳]어, 웨[粵]어, 하카[客家]어이며, 간[贛]어가 가장 적다. 샹[湘]어와 후이어[徽語]의 역본은 아직 발견되지 않았다. 그중 로마자 버전도 민(閩)어가 가장 많고 우[吳]어가 그다음이다.

각 대방언『성경』의 최초 출판연도는 표 1.5에 나타냈다.

표 1.5. 대방언별『성경』의 최초 출판연도 비교

	方言名稱	『聖經』單篇	『新約』	『舊約』	『聖經』全譯本
甲	吳語	1847/1853	1872/1868	1901/1901	1913/1914
乙	閩語	1852/1852	1856/1869	1888/1884	1884/1891
丙	贛語(建寧)	1896/1897	—/1896	—/—	—/—
丁	客話	1881/1860	1883/1883	1916/—	1923/—
戊	粵語	1862/1867	1873/1906	1907/—	1907/1907

표 중에서 연대 부분의 사선 앞은 한자 버전이고 뒤는 로마자 버전이다. 협회의 로마자는 한자를 모르는 각 지역 신도에게 매우 환영을 받았다. 실제로 협회의 로마자는 기독교의 선교 활동에 사용

되었을 뿐만 아니라 민간에서도 의사소통 도구로 사용했는데, 특히 민난[閩南]어 지역에서는 절정이었을 때 편지 세 통 중 한 통은 이러한 "백화자(白話字)"로 썼으며 편지봉투도 백화자로 써야 집배원이 배달할 수 있었다. 중국내지선교회의 선교사인 루들랜드(W. D. Rudland; 路惠理·盧蘭)가 1904년에 다음과 같이 썼다. "타이저우[台州]는 문맹자가 많은 곳이다. 지역 기독교인들 사이에서 로마자 버전이 매우 인기가 있으며, 그들 중 많은 사람, 심지어 노부인들도 모두 이미 로마자로 표기할 뿐만 아니라 자유롭게 서신을 주고받을 수 있거나 우리와 서신을 주고받을 수 있었다." 로마자 버전 『성경』의 독자 규모가 얼마인지에 대해서는 통계 자료가 없으나, 판매량으로 추측할 수 있다. 1890년부터 1920년, 1930년 사이에 『성경』과 『구약전서』의 각 지역 총판매량은 1.8만여 권이고 『신약전서』는 1.5만여 권이다. 이상의 판매량은 단편 『성경』은 포함하지 않으며 단편의 수량은 훨씬 많을 것으로 예상한다.

다음에 관화 방언과 광둥[廣東]어 『성경』 역본 중에서 『신약·누가·제22장』에 나오는 한 단락을 발췌하여 방언 『성경』의 진면목을 보이고자 한다. 표점부호는 필자가 첨가한 것이며, 원문에는 쉼표와 마침표만 있다.

그들은 예수를 붙잡아서, 끌고 대제사장의 집으로 데리고 갔다. 그런데 베드로는 멀찍이 떨어져서 뒤따라갔다. 사람들이 뜰 한가운데 불을 피워놓고 둘러앉아 있는데, 베드로 그들 가운데 끼여 앉아 있었다. 그 때에 한 하녀가 베드로가 불빛을 안고 앉아 있는 것을 보고, 그를 빤히 노려보고 말하였다. "이 사람도 그와 함께 있었어요."

(성경전서 새번역, 대한성서공회, 2004년)

衆拏住耶穌, 帶到大祭司家裏去, 彼得遠遠的跟着. 衆人在院子裏生火, 一同坐着, 彼得也和他們坐在那裏. 有一個使女看見彼得坐在那裏烤火, 注目看他說:"這個人也是跟隨耶穌的." 彼得不承認, 說:"女子, 我不認得他."

―摘自『新約全書』(官話) (大英聖書公會, 1905年)

佢哋捉住耶穌, 拉佢到大祭司嘅住家, 彼得遠遠跟住. 佢哋在院中透着火, 同埋坐處, 彼得亦坐在佢哋之中. 有個女工人睇見坐火光處, 就定眼望住佢, 話:"呢個都系同埋個個人嘅." 但彼得唔認, 話:"女人呀, 我唔認得佢."

―― 摘自『新約全書』
(廣東話新譯本·美國新譯英文, 美國聖書公會, 1927年)

『성경』의 방언 역본은 방언의 역사를 연구하는 데에 매우 귀중한 문헌 자료일 뿐만 아니라 각 지역 방언의 비교 연구에도 편리하다. 각종 방언 역본의 내용이 완전히 동일하기 때문에 번역 작업이 매우 신중하고 진지하므로 어휘는 단어별로, 구문은 문장별로 비교할 수 있다. 바로 이 때문에『성경』의 방언 역본을 능가하는 가치를 지닌 다른 문헌 자료는 없다. 예를 들어『누가복음』(22장 54~56절)의 관화, 광둥[廣東]어, 상하이[上海]어, 하카[客家]어, 쑤저우[蘇州]어의 번역문을 문장별로 비교한다면, 다른 자료를 참고하지 않아도 관화 이외의 4개 방언의 어휘 및 구문 측면에서의 차이점을 매우 쉽게 식별할 수 있다(표 1.6 참조). 처음 세 개 항목은 어휘적 차이이고, 마지막 네 개 항목은 어법적 차이, 즉 부정형, 소유격, 복수 인칭 대명사, 시제와 관련된 것이다.

표 1.6. 관화와 4종 방언의 어휘 대조

英文	he	look	know	no	of	they	follow
官話(1905)	他	看	認	不	的	他們	跟着
粵語(1927)	佢	睇	識	唔	嘅	佢哋	跟住
上海話(1923)	伊	看	認	勿	個	伊拉	跟拉
客家話(1923)	佢	看	識	唔	個	佢等	跟緊
蘇州話(18??)	俚	看見	曉得	弗	個	俚篤	跟子

1.3.2. 기타 방언학 저작 개설

방언 『성경』 역본 외에도 서양 선교사들의 방언학 저작으로는 어음학, 사전, 교과서, 어법서 네 부류를 포함한다. 이러한 네 부류는 우[吳], 민[閩], 간[贛], 웨[粵], 하카[客家] 5개 대방언과 관련이 있으며, 상하이[上海], 닝보[寧波], 항저우[杭州], 원저우[溫州], 쑤저우[蘇州], 타이저우[台州], 푸저우[福州], 샤먼[廈門], 산터우[汕頭], 하이난[海南], 차오저우[潮州], 젠닝[建寧], 광저우[廣州], 싼장[三江], 둥완[東莞], 마카오, 순더[順德], 신후이[新會], 자잉[嘉應](현재의 메이저우[梅州])의 지역 방언을 포함한다.

각 지역 방언의 유형별 수량은 표 1.7을 보라.

표 1.7. 유형별, 지역별 방언학 저작 수량 통계

	方言名稱	語音學	詞典類	課本類	語法類	合計
甲		吳語				
	上海	5	27	25	3	60
	蘇州	3	0	0	0	3
	寧波	5	2	5	0	12
	杭州	3	0	1	0	4
	金華	0	0	1	0	1
	台州	1	0	0	0	1
	溫州	3	1	2	0	6
乙		閩語				
	廈門	4	20	9	0	33
	福州	5	11	3	0	19
	福安	0	1	0	0	1
	汕頭	2	0	4	1	7
	漳州	0	2	2	0	4
	潮州	1	13	1	0	15
	邵武	2	0	0	0	2
	海南	2	2	1	0	5
丙	贛語<建寧>	1	1	0	0	2
丁	客家話	4	12	21	1	38
戊	粤語	11	46	36	3	96
己	湘語<長沙>	1	0	0	0	1

		55	136	111	8	310
合計						

대방언 중 저작 유형별 수량은 표 1.8을 보라.

표 1.8. 대방언 중 저작 유형별 수량 비교

	吳語	閩語	粤語	客家話	贛語	湘語	合計	百分比
語音類	22	16	11	4	1	1	55	17.8%
詞典類	28	49	46	12	1	0	136	43.9%
課本類	34	20	36	21	0	0	111	35.8%
語法類	3	1	3	1	0	0	8	2.6%
合計	87	86	96	38	2	1	310	100%
百分比	28.1%	27.8%	31%	12.3%	0.7%	0.3%	100%	

표 1.8에서 알 수 있듯이, 유형별 저작은 총 310종인데 방언 종류로는 웨[粵]어가 96종으로 가장 많고(31%) 그다음이 순서대로 우[吳]어, 민(閩)어, 하카[客家]어, 간[贛]어, 샹[湘]어이다. 저작 내용으로는 사전류가 136종으로 가장 많다(43.9%). 그다음은 교과서류, 어음류이며, 어법류가 8종으로 가장 적은데 표에 제시된 우[吳]어 3종은 모두 상하이[上海]어이다. 극소수 몇 종을 제외하면 이 저작들은 아편전쟁과 해안 도시의 연이은 개항 이후 계속 출간됐다.

어음류 저작은 대부분 단편 논문이다. 대체로 지역 방언의 어음 체계를 기술하고 분석했으며, 방언 사용 개요(지역, 인구 등), 성모(聲母)·운모(韻母)·성조의 기록과 분석, 음성 표기 비교표, 음절표 등이 포함된다. 1884년까지 베이징[北京], 푸저우[福州], 양저우[揚州], 광저우[廣州], 한커우[漢口], 메이셴[梅縣], 촨둥[川東], 원저우[溫州] 방언 어음에 관한 논문이 출간됐으며, 대부분 『中國評論(*China Review*)』(1972년부터 1901년까지 소재지가 홍콩에서 상하이[上海]로 이전됐다), 『中國傳敎事工年報(*China Mission Year Book*)』, 『中國叢刊(*Chinese Repository*)』, 『敎務雜誌(*China Recorder*)』 4종의 간행물에 발표됐다. 최초의 출판물은 모세 클라크 화이트(Moses Clark White; 懷特)가 작성한 *The Chinese language spoken at Fuh Chau*(『福州話』)(Concord, N. H., Missionary Society of the Methodist General Biblical Institute, p.44, 1856)이다.

선교사들이 편찬한 사전은 모두 이중언어 사전이다. 항목 대부분은 한자나 로마자로 쓰여 있으며, 영어, 프랑스어, 스페인어, 포르투갈어, 혹은 네덜란드어로 뜻을 풀이하였는데, 영어와 프랑스어로 뜻풀이를 한 것이 절대다수를 차지했다. 가장 먼저 출간된 사전은 모리슨이 저술한 『廣東省土話字彙』(*A Vocabulary of the Canton Dialect*)였다. 이 책은 1828년에 출간됐는데, 면 번호 없이 상하 두 권이며 600면이 넘는다. 샤먼[廈門] 방언사전은 10종 이상이며, 영어, 스페인어, 네덜란드어로 뜻풀이를 했다. 최초의 샤먼[廈門]어 방언사전을 예로 들면서 이러한 유형의 사전의 특징과 가치를 설명하겠다.

스코틀랜드 장로교 선교사인 카스테어스 더글러스(Carstairs Douglas; 杜嘉德; 1830.12.27-1877.7.26)[33]가 편찬한 『廈英字典』(*Chinese*

---

33 [역자 주] 원문에서는 영국 장로교 선교사라고 언급했으나, 더글러스는 스코틀랜드

English Dictionary of the Vernacular or Spoken Language of Amoy)은 1873년 런던의 트루버(Truber)에서 출간했으며, 본문 앞의 자서(自序)에서 집필 과정을 언급했다. 저자는 1855년에 샤먼[廈門]에 가서 현지 방언을 배우기 위해 고(故) 미국 선교사 로이드(J. Lloyd)의 어휘 원고와 그 외 다른 두 선교사가 편찬한 핸드북 중의 어휘를 베껴 썼다. 몇 년 후 런던선교협회의 알렉산더 스트로나크(Alexander Stronach; 施敦力亞歷山大)가 편찬한 자전 친필 원고로 대조 검토하고, 아울러 현지 방언음 자서에 수록된 어휘를 추가했는데 주로 장저우[漳州] 방언의 『十五音』을 기록했다. 또한 당시에 출간됐던 메드허스트(Walter Henry Medhurst; 麥都思; 1796-1857)가 편찬한 자전, 그리고 다니엘 맥고완(Daniel Jerome Macgowan)이 편찬한 핸드북과도 비교했으나 성과는 극히 적었다. 집필 과정으로 볼 때, 저자는 선행 연구 결과를 최대한 받아들이려고 했으며 태도도 매우 진지하고 신중했다. 저자는 이 자전의 가장 큰 단점이 어휘 항목에 한자를 사용하지 않고 라틴 자모로만 발음 표기를 하고 뜻풀이도 모두 영어로만 했다는 점이라고 생각했다. 그 이유는 단어의 1/4에서 3/4 정도가 대응하는 한자를 찾을 수 없었고, 인쇄하는 데도 어려움이 있었기 때문이다. 그러나 방언의 구어 어휘를 기록하는 경우, 한자에 대한 제약이 없고 순수한 음성기호를 사용하면 오히려 어휘의 실제 음성의 면모를 반영하는 데에 도움이 된다.

선교사이며 그의 아버지가 영국 선교사이다.

이 사전의 초판 이후 50년, 즉 1923년에 또 다른 선교사인 토마스 바클리(Thomas Barcley)가 어휘 항목을 증보(增補)[34]하고 중문으로 번역하여 상하이[上海] 상무인서관(商務印書館)에서 출간했다.

중국 최초의 방언 교과서는 아편전쟁 이후 서양 선교사들이 편찬했다. 초기 선교사들이 교과서를 편찬한 직접적인 원인은 후임 선교사들이 현지 방언을 쉽게 배울 수 있도록 하기 위한 것이었으나, 후에 실제 사용 범위가 확대되어 특히 해안의 개항 도시에서 외국 세관료, 의사, 사업가, 조계지의 경찰과 국가 공무원도 이러한 교과서를 사용했다. 방언학에서의 가치는 주로 세 가지 측면에 있다. 첫째, 교과서는 충실하면서도 신뢰할 수 있는 당시 방언의 말뭉치를 제공한다. 둘째, 로마 자모 병음을 사용하므로 당시의 병음 체계, 즉 어음 체계를 필히 보존하게 된다. 셋째, 본문 중의 어법 관련 문제에 대한 설명이나 주석을 통해 방언의 어법적인 면모를 알 수 있다.

최초로 출간된 교과서는 브리지만(Elijah Colemn Bridgman, 1801-1861)이 저술한 *A Chrestomathy in the Canton Dialect* (1839, 274면; 총 697면인 1841년 서(序) 간본(刊本)도 있음)이다. 필자가 미국 UC 버클리 동아시아 도서관에서 상하이[上海]어 교과서 원고를 발견한 점도 언급할 만하다. 이것은 최초의 상하이[上海]어 교과서로서 1850년경에 작성됐으며 당지에 붓으로 베낀 것이다. 단원별로 먼저 한자를 소개한 후 로마자로 발음을 표기했고 크로포트(Crawford) 병음 체계로 이

---

34   [역자 주] 증보(增補): "출판된 책이나 글 따위에서 모자란 내용을 더 보태고 기움."

중으로 발음을 표기했다. 총 31개 단원, 604면이다.

    방언 어법책은 모두 영문 어법을 참고하여 편찬한 것이다. 조셉 에드킨스(Joseph Edkins; 1823-1905)의 『上海口語語法』이 가장 이른데, 런던선교회 1853년 초판, 1868년 상하이장로회 재판(再版)[35](*A Grammar of Colloquial Chinese, as Exhibited in the Shanghai Dialect*, Shanghai: London Mission Press, 248면, 1853; 제2판, 225면, 1868)이다. 이 책은 영어로 작성됐으며, 중국어 방언학사에서 어법을 연구한 최초의 전문 저서이다. 저자의 중문 이름은 艾約瑟로 영국인 선교사이자 동양학 학자인데, 1848년 상하이[上海]에 가서 가르치면서 중국의 종교와 언어를 연구했다. 이 외에도 언어학 저작으로『官話口語語法』, *China's Place in Phonology: An Attempt to Show That the Languages of Europe and Asia Have a Common Origin*(London, Trubuner & Co., 1871년, 403면, 20cm)이 있다. 전체 책은 세 부분으로 나뉘는데, 첫 번째 부분인 "어음"이 전체 책의 1/4에 불과하다. 라틴 자모로 표음하고 이를 서양 언어와 비교하면서 음가를 설명했다. 성모, 운모, 성조를 분석하는 것 외에도 연독구의 강세에 대해서 논의했다. 상하이[上海]어와 관화 운모 대조표를 첨부했다. 상하이[上海] 방언음에 대한 저자의 검토와 분석은 매우 상세하고 정확하다. 두 번째 부분은 "품사"이고 세 번째 부분은 "통사론"이다. 이 두 부분이 전체 책의 핵심이며 30개의 단원으로 나누어져 있다. 본문은 어법 요점에 따라 안배된다. 예로,

---

35 [역자 주] 재판(再版): "이미 간행된 책을 다시 출판함. 또는 그런 출판물.≒되박이."

첫째 과는 "양사"이고 둘째 과는 "지시대명사"이다. 영어 어법의 틀로 상하이[上海] 구어의 어법을 분석했다. 예를 들어, 제6장에서 동사의 어법적 변화를 묘사했는데, "먹다"를 예로 들면 먼저 단순 현재 시제, 현재 진행 시제, 단순 과거 시제, 과거 진행 시제, 과거 시제 강조(예: "我是吃個"), 완료 시제, 과거 완료 시제, 미래 시제를 포함한 진술형을 소개한 후, 명령형(예: "吃末哉")을 소개하고 마지막으로 접미사/어미(예: "吃仔", "'個' 혹은 '拉個'가 동사 뒤에 쓰이면 사동사가 형용사가 변함: 種拉個稻, 話拉個物事")을 소개했다.

이외에도 선교사는 자신의 저작에서 중국어 방언의 분류에 관해 자신의 의견을 제시하는 경우가 많았다. 다음 저작들에 보인다. 에드킨스의 『官話口語語法』(Shanghai: London Mission Press, 1857년, 264면), 시므온 포스터 우딘(Simeon Foster Woodin; 1833-1896)이 편찬한 『傳敎會議錄』(*Records of Missionary Conference*, 1890), 게일즈(Herbert Allen Giles)의 한영사전에 작성한 파커(A. P. Parker)의 서문, 1896년 『中國傳敎事工年報[중국 선교 사역에 대한 연례 보고서]』에 발표한 뮐렌도르프(Mullendorf)의 글이다. 뮐렌도르프는 중국어 방언을 크게 네 부류로 구분했다. 웨[粤]어(광둥[廣東]어, 하카[客家]어), 민[閩]어(장저우[漳州]어, 차오저우[潮州]어, 푸저우[福州]어), 우[吳]어(원저우[溫州]어, 닝보[寧波]어, 쑤저우[蘇州] 및 상하이[上海]어), 관화이다. 그는 1899년에 출간한 *Classification des Dialects Chinois*(Inprimeimerie de la Mission Catholique de Nin-po, 1899년, 34면, 24.5cm) 저서에서 중국어 방언을 16종으로 구분했다. 베이징[北京](북방), 난징[南京](중부), 후베이[湖北](서남), 항저우[杭州], 양저우[揚州],

후이저우[徽州], 쑤저우[蘇州], 상하이[上海], 닝보[寧波], 진화[金華], 원저우[溫州], 푸저우[福州], 샤먼[廈門], 산터우[汕頭], 하카어[客話], 광저우[廣州]. 도연명(陶淵明)의 『歸去來辭』의 16개 방언 말뭉치가 있다. 분류는 1896년의 분류만큼은 합리적이지 않다. 선교사들은 중국어 방언 분포도 또한 제작했는데, 『中華歸主—中國基督敎事業統計(1901-1920)』(중국을 주께로—중국 기독교 사역 통계)에 보인다. 이 서적에 『中國的語言和方言』(중국의 언어와 방언)이라는 절이 있는데, 성별로 방언 분포를 설명했고 방언별 사용 인구를 언급했으며 방언 지리 분포도 덧붙였다. 도표에 현재의 샹[湘]어, 간[贛]어는 관화 구역으로 귀납시켰고, 우[吳]어 구역은 안휘이성 남부[皖南] 및 강서(江西)성 동부[贛東]을, 민(閩)어 구역은 절강성 남부[浙南] 일대를 포괄하는데, 『中華民國新地圖: 語言區域圖』(1934년)에 비해 정확하다. 이는 중국 최초의 중국어 방언구역도이며, 문자로 설명한 부분에서 중국어 방언을 크게 네 부류로 구분했다.

官話: 官話·客家話·杭州話·海南官話·其他變种.

吳語: 蘇州話·上海話·寧波話·台州話·金華話·溫州話·其他.

閩語: 建陽話·建寧話·邵武話·福州話·汀州話·興化話·廈門話·海南話·其他.

粵語: 汕頭話·客家話·三江話·廣州話·其他.

저자가 하카[客家]어와 항저우[杭州]어를 관화에 귀납시켰다는 점이 유의할 만하다. 하카[客家]어는 웨[粵]어에도 출현하므로 저자가 고민하며 명확한 결론을 내리지 못했음을 알 수 있다. 산터우[汕頭]어를 웨[粵]어로 귀납시킨 점도 문제이다. 저자가 다른 부분에서 "산터우[汕頭] 지역에서 민난[閩南]어와 비슷한 방언이 통용된다"라고 지적한 것은 사실에 부합한다.

1.3.3. 일반 간행물

일반 간행물의 내용은 기독교 교리 해설, 고사, 지리, 산술(算術) 등으로 구분할 수 있는데, 다양한 내용에 개괄이 어려워 "일반 간행물"로 통칭했다. 어종으로는 한자 버전, 로마자 버전, 기타 병음 문자 버전이 있고, 방언으로는 우[吳]어, 민(閩)어, 웨[粵]어, 하카[客家]어가 있다. 수량은 총 몇백 종이 넘는다. 출판연대는 대부분 19세기 후반으로 비교적 이른 시기에 출간됐다. 가장 이른 것은 1844년에 출간된 상하이[上海] 방언의 『禱告式文』(31엽)으로 문리 버전으로 번역한 것이다.

필자가 현재까지 수집한 이러한 간행물들의 방언 및 어종, 비율을 아래와 같이 통계 냈다. 표 1.9와 1.10을 참고하라.

표 1.9. 일반 간행물의 방언과 어종 지역별 수량 통계표

	방언 명칭	한자 버전	로마자 버전	기타 역본	분류 합계
甲	吳語				
	上海	66	17	7	90

	蘇州	6	0	0	6
	寧波	12	42	0	54
	杭州	3	1	0	4
	崇明	1	0	0	1
乙	閩語				
	福州	48	36	0	84
	廈門	24	70	0	94
	潮州	2	2	0	4
丁	客家話	34	20	0	54
戊	粵語				
	廣州	19	0	0	19
총계		215	188	7	410

표 1.10. 일반 간행물의 방언과 어종 백분율표

방언 명칭	한자 버전	로마자 버전	기타 역본	분류 합계	%
吳語	88	60	7	155	37.9
閩語	74	108	0	182	44.4
客話	34	20	0	54	13.2
粵語	19	0	0	19	5
합계	215	188	7	410	100
%	52.4	45.9	2		

방언으로 구분하면, 민(閩)어가 44.4%로 가장 많고, 우[吳]어가 37.9%로 그다음이었다. 어종으로 구분하면, 한자 버전(52.4%)이 로마자 버전(45.9%)보다 약간 많았다.

제1부
고찰편

일반 간행물은 내용에 따라 다음의 9가지 부류로 구분할 수 있다.

(1) 기독교 교리 해설, 예를 들어:
『使徒言行傳』, 한자 버전, 1890년, 상하이[上海] 방언.
『耶穌言行傳』, 한자 버전, 1894년, 상하이[上海] 방언.
『入耶穌小引』, 볼드윈(C. C. Baldwin) 저, 푸저우[福州] 亞比絲喜美總會, 1854년 초판.
『眞理三字經』, 찰스 하트웰(Charles Hartwell; 夏查理) 저, 26면, 푸저우[福州] 미화서국(美華書局), 1875년.

(2) 기도문, 예를 들어:
『衆禱告文』, 한자 버전, 1864년, 닝보[寧波] 방언.
『祈禱文式』, 한자 버전, 1874년, 푸저우[福州] 방언.
『公禱書』, 한자 버전, 1872년, 항저우[杭州] 방언.
『禱告式文』, 한자 버전, 1844년, 상하이[上海] 방언.

(3) 찬송가, 예를 들어:
『贊美眞神詩』, 로마자, 1851년, 닝보[寧波] 방언.
『啓蒙詩歌』, 53엽, 광저우[廣州], 1863년, 찬송가 116수, 웨[粵]어.
『榕腔神詩』, 푸저우[福州] 美華書館, 1865년, 윌리엄 번스(William

C. Burns)[36] 저, 로마자.

『漳泉神詩』, 카스테어스 더글러스(C. Douglas; 杜嘉德) 저, 39면, 샤먼[廈門], 1862년, 샤먼[廈門] 방언, 로마자.

(4) 아동 계몽서, 예를 들어:

『蒙童訓』, 26엽, 浦東問鳳翔 간행 및 인쇄, 1857년, 영문 원본(原本)[37]에서 번역, 상하이[上海]어.

『啓蒙淺學』, 198면, 바젤, 1879년, 21cm, 로마자, 하카[客家]어.

『訓幼韻文』, 126면, 닝보[寧波]어, 1858년, 로마자.

(5) 고사서, 예를 들어:

『張遠兩友相論』, 16엽, 광저우[廣州], 1862년, 웨[粵]어.

『貧女勒詩嘉』, 47면, 푸저우[福州] 미화서국 인쇄, 1878년, 푸저우[福州]어.

『一杯酒』Ih-Pe Tsiu, 12면, 닝보[寧波], 1852년, 로마자, 닝보[寧波]어.

『三個小姐』, 25엽, 상하이[上海], 1856년, 상하이[上海]어.

『伊娑菩喻言』(伊索寓言), 78엽, 상하이[上海], 1856년, 크로포트(Crawford) 병음, 상하이[上海]어.

『筆算個初學』(一·二), 萃經堂, 1897-1900년, 로마자, 민난[閩南]어.

---

36 윌리엄 번스(William Chalmers Burns; 賓惠廉·賓威廉·賓維廉·賓爲霖; 1815-1868)

37 [역자 주] 원본(原本): "여러 차례 간행된 책에서 맨 처음 간행된 책.=원간본."

『筆算法』, 309면, 1875년 이전, 로마자, 산술과 기하(幾何) 교과서 원고, 하카[客家]어.

이밖에 참고용으로 첨부한 고사서인『阿爹替兒子算賬』도 있다.

(6) 산술, 예를 들어:

『阿爹替兒子算賬』(*A Father Instructing His Son on Setting Accounts*), 12면, 닝보[寧波], 출간연대 미상, 로마자, 러셀(Russell) 부인 저.

(7) 과학, 예를 들어:

『化學』, 11장, 32면, 1906년, 로마자, 푸저우[福州]어.

『天文道理』, 1903년, 로마자, 민난[閩南]어.

『身體理的總論』, 萃經閣, 1896년, 로마자, 민난[閩南]어.

『天文問答』, 23엽, 1854년, 푸저우[福州]어.

(8) 고전문헌 방언 번역, 예를 들어:

『論語』, 상하이[上海], 1861년, 로마자. 모든 성조 표기, 문독음(文讀音) 따름.

『大學』, 상하이[上海], 1861년, 로마자. 모든 성조 표기, 문독음 따름.

『中庸』, 상하이[上海], 1861년, 로마자. 모든 성조 표기, 문독음 따름.

『大學·中庸字音解說』, 鼓浪嶼, 1902년, 로마자, 민난[閩南]어.

이러한 유형의 주석 독음은 매우 귀중하다. 이를 바탕으로 각지 방언의 19세기 문헌의 독음 체계를 연구할 수 있다.

(9) 지리, 예를 들어:

『地理書』(*Geography*), 185면, 닝보[寧波], 3편, 1852년, 로마자, 닝보[寧波]어 지리 교재.

『地理的頭緒』, 샤먼[廈門], 1888년, 로마자.

『地理誌問答』, 미국 博馬利亞 저, 상하이[上海] 美華書館 인쇄, 1896년, 64엽.

『地球圖·五大洲圖·本國圖·本省圖·本府圖·聖經地圖·地理問答·地名找引』, 10면 및 대형 접이 지도 10면, 닝보[寧波], 1853년. 로마자. 닝보[寧波] 방언.

위의 9가지 유형은 내용상 다양하나 신학이 많다. 예를 들어, 『進教要理問答』(상하이[上海], 1846년, 73엽. 93개 문제를 포함하며 문리 버전에서 상하이[上海] 방언 버전으로 번역했다), 『聖教幼學』(상하이[上海], 1855년, 7엽. 상하이[上海]어). 『蒙童訓』(상하이[上海], 1857년, 87엽. 영문 원본에서 상하이[上海] 토어 버전으로 번역), 『方言備終錄』(1906년, 쏭장[松江]어), 『三字經』(샤먼[廈門]어) 등 기타.

이외에도 상하이[上海]의 『福音新報』(*The Gospel News*)와 같은 교회 기간지도 있었다. 이런 부류의 간행물도 19세기 중국어 방언을 이해할 수 있는 귀중한 자료이다.

1.4. 병음 체계 및 가치에 관해

1890년 중국 파송 외국인 선교사는 개신교만도 1,296명이고 대부분은 영국인이었으며, 신도는 37,287명이었다. 그해 5월에 446명이 상하이[上海]에 모여 중국 역사상 유례없는 대규모 선교대회에 참가했다. 전성기에는 동일 시기 중국 파송 서양 선교사가 2,000명에 달했다. 선교 활동은 대부분 일반인을 대상으로 이루어졌다. 민족 공통어가 보편화되기 이전에는 방언이 선교에 필수적이었으므로 선교회와 교단이 방언으로 나뉘는 경우가 많았다. 예를 들어, 라인선교회[Rhenish Missionary Society; 禮賢會]는 광둥[廣東]어권 지역에 있었고, 바젤선교회는 대부분 하카[客家] 지역에 있었다. 또 다른 예로, 장쑤[江蘇]성의 침례선교회는 원래 연합 조직이었는데, 후에 전장[鎭江]과 양저우[楊州] 일대의 관화가 우[吳]어와 의사소통이 쉽지 않았기 때문에 방언에 근거해 두 개의 독립된 선교회로 나뉘었다. 아편전쟁 이후의 중국 파송 선교사는 일반인을 대상으로 선교하기 위해서 먼저 현지 방언을 배워야 했다.

선임 선교사가 후임 선교사를 위해 현지 방언으로 쓴 사전과 교과서를 편찬하기도 했으며, 지역별로 방언을 서로 가르치거나 배우기도 했다. 예로, 네덜란드 선교회 소속 귀츨라프(K. F. A. Gutzaff; 郭士立)[38]는 1831년 자바[爪哇]에서 푸젠[福建]성으로 파송되어 선교했는

---

38 [역자 주] 카를 귀츨라프(Karl Friedrich August Gützlaff; 郭士立·郭實獵·郭甲利·郭施拉·居茨拉; 1803.7.8-1851.8.9)

데, 후에 민난[閩南]어를 배웠을 뿐만 아니라 하카[客家]어, 차오저우[潮州]어, 웨[粵]어 등에도 능통했다. 1847년에 그는 홍콩 라인선교회[香港教禮賢會]의 게나우르(F. Genahr; 葉納清)[39] 목사와 커스터(H. Kuster; 柯士德)[40] 목사에게 광둥[廣東]어를 가르쳤고, 함베리(T. Hamberg; 韓山明)[41] 목사에게 하카[客家]어를 가르쳤으며, 레클러(R. Lechler; 黎力基)[42] 목사에게 차오저우[潮州]어를 가르쳤다. 또 다른 예는 1855년 4월 중국내지선교회의 창립자인 허드슨 테일러(Hudson Taylor; 戴德生)[43]가 존 버든(J. Burton; 約翰·伯頓)[44]과 상하이[上海]에서 충밍도[崇明島]로 선교 여행을 가 사찰에서 불교도들에게 기독교의 핵심 교리와 우상 숭배의 무지에 대해 강론했는데, 테일러가 그다지 유창하지 않은 관화로 먼저 말하면 버든이 상하이[上海]어로 다시 한번 말했다. 테일러는 닝보[寧波]에서 선교하며 닝보[寧波]어를 배운 적은 있었지만 유창하지 않았다. 그의 아내 마리아(Maria)가 닝보[寧波]에서 교회 초등학교를 설립, 운영했는데 테일러보다 닝보[寧波]어를 잘해서 테일러가 닝보[寧波]어를 더 유창하게 말하도록 가르쳤다. 테일러가 로마자 버전 닝보[寧波] 방언 『성경』 번역하는 작업을 도운 고다드((J. Goddard;

---

39 [역자 주] 페르디난트 게나우르(Ferdinand Traugott Karl Genähr; 葉納清; 1823.7.17-1864.8.6)
40 [역자 주] 하인리히 카를 커스터(Heinrich Carl Küster; 柯士德; 1807.2-1876.4)
41 [역자 주] 테오도르 함베리(Theodore Hamberg; 韓山明·韓山文; 1819.3.25-1854.5.13)
42 [역자 주] 루돌프 레클러(Rudolph Lechler; 黎力基; 1824.7.26-1908.3.29)
43 [역자 주] 제임스 허드슨 테일러(James Hudson Taylor; 戴德生·戴雅各; 1832.5.21-1905.6.3)
44 [역자 주] 존 쇼 버든(John Shaw Burdon; 約翰·蕭·伯頓; 包爾騰; 1826.12.12-1907.1.5)

高德)[45] 목사는 그리스어 전문가로서 닝보[寧波]어에 정통했다.

이후에 파송된 선교사들도 방언 학교에서 공부했다. 이러한 학교는 중국으로 처음 파송된 선교사들을 위해 선교회에서 설립한 것으로 19세기 후반에도 존재했었다. 1910년 런던선교회는 베이핑[北平]에 중국어[華言][46] 학교를 설립했고, 후에 난징[南京] 금릉대학(金陵大學) 부속 중국어[華言] 학교를 설립했으며, 광저우[廣州], 청두[成都], 안칭[安庆]에도 이러한 학교가 있었다. 항일전쟁 시기에는 베이핑[北平]의 중국어[華言] 학교 일부가 필리핀의 바기오로 이전됐다. 선교사들은 1년 동안 공부한 후 각 지역으로 파송되어 선교했다. 한 가지 지적할 점은, 이러한 방언 학교가 중국에서 구어체 방언을 배우는 최초의 학교라는 점이다. 방언 지역에서 선교하는 선교사 대부분은 구어체 방언만 알고 관화는 알지 못했다. 항일전쟁 이후 중국에 파송 예정이던 미국 선교사 중 일부는 샌프란시스코나 예일대학에서 먼저 중국어를 공부했다.

이러한 저작 중 일부는 로마자 병음을 사용했다. 특정 자모가 특정 발음을 나타내는 것은 유럽 문자와 언어 간의 관계를 고려하여 결정한 것이다. 스위스 바젤에 본부를 둔 바젤 선교회(후에 崇眞會로 개칭)의 선교사들은 『성경』 번역에서 렙시우스(Lepsius) 체계에 근거했다. 리처드 렙시우스(Richard Lepsius; 1810-1884)는 19세기 후반의 저

---

45 [역자 주] 요시아 고다드(Josiah Goddard; 高德; 1813.10.27-1854.9.4)
46 [역자 주] 華言: 중국 중원(中原) 지역의 언어. 넓게 중국어[漢語]를 일컬음.

명 음성학자로서 베를린에서 교수로 재직했다. 음성학 분야에서 국제음성기호가 제정되기 전에 렙시우스 체계는 권위 있는 병음 체계였다. 그는 저서 *Standard Alphabet for Reducing Languages and Foreign Graphic Systems to a Uniform Orthography in European Letters*(언어 및 외국 그래픽 시스템 철자 통일안을 위한 유럽 문자 표준 알파벳; London, 1855)을 출간하고 문자가 없는 다수의 비인도유럽어를 그 체계로 표기했다. 이 표준 자모는 라틴 자모 26개를 기초로 하고 부가기호를 보태었다. 기호와 음성 간의 관계는 주요 유럽어 몇 종을 참고 및 비교해 최종적으로 확정했다.

그 해에 해외 선교사들의 필요에 부응하여 "표준 자모"를 제정했는데, 이 저서가 출간됐을 때 교회 선교협회에서는 이미 렙시우스 체계를 채택하고 있었다. 이 책의 초판(1855년)에는 중국 관화의 음성 표기 샘플이 포함되어 있었고, 제2판(1863년)에는 중국 관화(난징[南京]어), 차오저우[潮州] 민(閩)어와 하카[客家]어의 음성 표기 샘플이 포함되어 있었다. 하카[客家]어의 운모·성모·성조는 표 1.11를 보고, 차오저우[潮州] 민(閩)어 혹로[鶴佬; Hok-Lo]어의 운모·성모·성조는 표 1.12를 보라.

후에 연이어 출간된 하카[客家]어 로마자『성경』은 모두 이 체계를 사용했다. 다른 방언의 로마자『성경』병음 방안에서 렙시우스 체계를 채택한다고 직접적으로 밝힌 것은 많지 않다. 예로, 1867년 이전에 출간된 광저우[廣州] 방언『馬太』·『路加』·『約翰』복음서이다. 이 3

종의 복음서는 원래 한자 버전인데 파버(E. Faber; 花之安)[47]가 렙시우스 체계로 전사했다. 그러나 실제로는 많은 저작들이 이 체계를 채택했거나 이 체계를 기초로 개정했을 가능성이 있다. 그들이 음성 표기 방안을 제정한 때에도 이 사항에 신중했다. 일례로, 상하이[上海]의 선교사들은 "상하이[上海]어 학회[Shanghai Vernacular Society; 滬語社]"를 조직하여 상하이[上海]어를 전문적으로 연구하면서 상하이[上海]어 병음 방안에 대해 토론, 제정했다.

실스비(J. A. Silsby)는 관화, 상하이[上海]어, 닝보[寧波]어, 타이저우[台州]어, 광저우[廣州]어, 젠닝[建寧]어, 샤먼[廈門]어의 로마자 병음 방안을 설명한 서적을 저술한 바 있다. 이 서적의 서명 및 출판연도 등은 다음과 같다. J. A. Silsby, *Systems of romanization; a review of several systems used in China*(로마자 표기 체계: 중국 내 체계들에 대한 검토), 상하이[上海] 美華書館, 1905년, 25면, 23.5cm.

선교사 중에는 현지 학자들과 동역하여 방언 로마자를 제정하고 『성경』 번역 작업을 하며, 출간된 타 방언 역본을 참고하여 여러 차례 논의한 후에 비로소 원고를 마무리하는 이들도 있었다. 예로, 타이저우[台州] 방언 『新約』 제2판(1897년)은 현지 교사들의 도움으로 수정, 완성됐는데, 그들의 태도가 매우 성실했다. 또 다른 예로, 하카[客家]어 역본의 역자인 함베리(T. Hamberg; 韓山明·韓山文)는 현지 학자인 다이원광[戴文光; 1823-1889]의 도움을 받은 바 있다. 다이원광[戴

47　[역자 주] 에른스트 파버(Ernst Faber; 花之安; 1839-1899)

文光]은 신안[新安] 사람으로 고문(古文) 교육을 잘 받았으며 하카[客家]어도 알았다. 한자 버전의 한자와 로마자 버전의 병음으로 볼 때, 역본 또한 신뢰할 만하다.

위에서 언급한 학술적 배경으로 보건대, 선교사들이 각지 방언에 제정한 로마자 병음 방안 및 음절·어휘·문장과 대규모 말뭉치가 비록 매우 완정하지는 않지만 당시의 언어학 수준으로 본다면 이미 매우 정확하다고 말할 수 있다. 예로, 로마자 버전 상하이[上海] 방언『馬太福音』"제15장"에 "DI SO-NG TSANG"(성조 부호 생략)라고 기록된 것이 매우 정확하다. 구어체 상하이[上海]어에서 "十"자는 다른 숫자와 연용하거나 단독으로 사용될 때 모두 "zeh"라고 읽고, 단지 "十五"일 때만 so라고 읽는다. 또 다른 예로, 위에서 인용한 더글라스(C. Douglas)가 편찬한『廈英字典』(*Chinese English Dictionary of the Vernacular or Spoken Language of Amoy*, 1873)의『序言』은 사실상 샤먼[廈門] 방언 음성에 대해 전면적으로 분석한 것이다. "병음 표기법과 발음", "성조", "강세" 3개 소절로 구성되어 있으며, 단모음, 중모음, 자음(子音), 단음절어 성조, 다음절어 변조 등에 대해 묘사하고 분석하되 영어나 샤먼[廈門]어로 예를 들었는데, 음운 규칙을 깊이 있게 이해하고 자세히 설명했다. 예로, 저자는 이음절어와 다음절어일 경우 일반적으로 마지막 음절에 강세가 있다는 점을 지적했다. 예로, hong-chhe(風車)는 만약 강세가 뒤의 글자에 놓이면 앞의 글자는 경성이고 "紙駕"라는 의미이고, 만약 강세가 뒤에 있고 앞의 글자에 그다음으로 강세가 있고 성조가 변하지 않으면 "風吹"라는 의미이며 hong chhe라고 쓴다.

　지역별 방언 로마자 버전을 통해 당시 현지 방언의 음운 체계를 살펴볼 수 있다. 한자는 병음이 아니므로 한자로 기록된 방언 문헌은 무엇이든 이를 통해서는 방언 어음의 실제적인 면모를 알기가 상당히 어렵다. 한 가지 주의를 기울일 점은, 선교사가 저술한 그 밖의 다른 방언학 저작을 참고할 수 있는 방언도 있고 참고할 수 있는 어떤 저작도 없는 방언도 있으므로, 100여 년 이전의 이러한 방언들의 어음 면모를 이해하는 데에는 유일하면서도 신뢰할 만한 자료가 바로 방언『성경』역본이다. 이러한 방언으로 민(閩)어의 싱화[興化(푸텐[莆田])]어, 젠양[建陽]어, 사오우[邵武]어, 웨[粤]어의 싼장[三江]어, 하카[客家]어의 창딩[長汀]어가 있다.

　『성경』의 방언 로마자 역본은 일반적으로 병음 체계 혹은 각 로마자가 나타내는 실제 음가에 어떠한 직접적인 설명도 없기 때문에 연구자들은 선교사의 해당 방언의 관련 논문, 사전, 교과서, 어법서 등의 저작을 참고할 수 있다.

　한편, 로마자가 아닌 병음 체계로 크로포트(Crawford)가 제정한 것도 있었는데, 이는 상하이[上海] 침례교 선교사용이었다. 장점은 하나의 부호가 하나의 어음을 나타내므로 혼란이 있을 수 없다. 부호의 형태는 한자 필획에서 취해서 붓으로 쓰기 편했다.

1.5 서지 목록에 관해

1.5.1. 방언 『성경』 분야

영국, 미국, 일본 등지에서 공식적으로 혹은 비공식적으로 출간된 총 7-8종의 중문(방언 포함) 『성경』 목록이다.

(1) 대영성서공회의 인쇄본 목록은 1.2.12에서 이미 언급함.

(2) 미국성경공회의 목록 2종은 1.2.9에서 이미 언급함.

(3) 『聖經公會目錄』(Catalogue of Chinese Scriptures)은 상하이[上海]성서공회, 미화성경회(美華聖經會)에서 인쇄, 발행하고 1935년에 개정했다. 44면, 22cm. 다음에 열거하는 어종의 성경 목록을 수록했다. 국어, 문리, 광둥[廣東]어, 하카[客家]어, 우징푸어[五經富話](하카[客家]어의 일종), 푸저우[福州]어, 싱화[興化]어, 샤먼[廈門]어, 산터우[汕頭]어, 닝보[寧波]어, 타이저우[台州]어, 상하이[上海]어, 부족 방언(tribal dialects) 티베트어[藏語], 몽골어[蒙語], 만주어[滿語], 중앙아시아[中亞] 언어, 베트남어[安南語], 캄보디아어[柬埔寨語]. 이 목록은 모두 중국어 방언 성경 396종을 수록했다.

(4) (일본) 시가 마사토시(志賀正年) 『中文聖書的基礎研究』, 주식회사 天理時報社 인쇄, 1973년 3월. 이 서적에서 열거한 남방방언 『성경』 목록은 총 281종이다. 이외에도 문리 역본 169종, 천문리 역본 34종, 관화 역본 114종(그중 베이징[北京] 관화 103종, 산둥[山東] 2종, 난징[南京] 관화 9종)을 열거했다. 서적 중 열거한 "일본 국내에 현존하는 중국 방언 성경"은 단지 20종으로 모두 20세기에 출간된 것이며, 필자

가 일본에서 조사하며 살펴본 방언『성경』은 이를 훨씬 넘어선다.

(5) (일본) 키즈 유코(木津祐子)『關於同志社大學藏漢語方言譯等聖書』,『同志社女子大學學術研究年報』第45卷 第4期(1994년). 이 논문에서 열거한 남방 방언『성경』목록은 총 15종이다.

(6) (일본) 아키라 노마(野間晃)『東北大學附屬圖書館藏〈漢語方言譯聖書基督敎關系書目錄〉』,『東北大學中國語學文學論集』第2號, 1997년. 이 논문에서 열거한 남방방언『성경』목록은 총 32종이다.

(7) (프랑스) 크리스틴 라마르(Christine Lamarre; 柯理思). Early Hakka corpora held by the Basel Mission library: An introduction. *Cahiers de linguistique - Asie Orientale*, 2002, 31 (1), pp.71-104.[48] 이 논문은 저자의 호의에 힘입어 필자가 먼저 볼 수 있게 됐다. 필자는 1996년 한 달간 조사와 연구를 위해 바젤선교회를 방문했다. 이 논문은 바젤선교회 소장 방언 성경을 상세하게 분류했을 뿐만 아니라 관련 문제에 대한 논의 또한 상당히 심도 있었다.

---

48 [역자 주] 원서 본문에는 "(法國) 柯理思 *Early Hakka corpora held by the Basel Mission Library, a tentative list*. 載『國際中國語言學評論』, 第二期, 2001年, 荷蘭"으로, 참고 문헌에는 "柯理思, *Early Hakka Corpora in the Basel Mission Library*,『國際中國語言學評論』第二期, 1999, 荷蘭."으로 기재되어 있으며, 중국 대륙 및 타이완 자료에도 원서 참고문헌과 동일하게 기재되어 있다.『國際中國語言學評論』의 영문명은 *International Review of Chinese Linguistics*로 1996년에 1회만 출간됐고(Volume 1, Issue 1) John Benjamins Publishing Company에서 2013년 11월 1일에 온라인에 게재했으며 해당 권호에는 본 논문이 게재된 바 없다. 네덜란드에서 2권이 출간됐는지는 검색이 불가하여 번역서 본문에는 검색 가능하며 이와 비슷한 제목으로 게재된 "Early Hakka corpora held by the Basel Mission library: An introduction"의 서지 정보로 수정했다.

1.5.2. 기타 방언학 저작 분야

국내외로 방언학 전문서에 대한 목록은 없었고, 일부 종합서 목록에서만 이러한 서적 관련 목록이 수록되어 있었다.

(1) 楊福綿 편저 『中國方言學分類參考書目』, 香港中文大學出版社, 1981년. 이 서적은 전문 저서와 단편 논문을 모두 수록하였으며, 처음으로 선교사 저작을 함께 엮었다. 저자는 천주교 신부로서 1950년 이전에 상하이[上海] 쉬자후이[徐家匯]교회에서 봉직한 바 있다.

(2) 聶建民, 李琦 편 『漢語方言研究文獻目錄』, 江蘇教育出版社, 1994년. 이 서적에서 수록한 선교사 저작은 위에서 언급한 『中國方言學分類參考書目』와 비슷하다.

(3) 상하이[上海]도서관 편집·인쇄 『前亞洲文會圖書館圖書目錄上册』(E 부분), 1955년 3월.

(4) 필자는 현재 두 편의 목록 考錄을 작성했는데, 하나는 『聖經方言譯本書目考錄』으로 『基督教與中國文化叢刊』 第三輯(2000년, 湖北教育出版社)에 게재됐고, 하나는 『西洋傳教士的漢語方言學著作書目考錄』(『성경』 방언 역본 미포함)인데 아직 출간 전이다.

(5) Hilary Chappell and Christine Lamarre, *A Grammar and Lexicon of Hakka: Historical Materials from the Basel Mission Library*, École des Hautes Études en Sciences Sociales, Centre de Recherches Linguistiques sur l'Asie Orientale, Paris, 2005.

1.6. 서양 선교사 방언학 저작 연구의 가치

서양 선교사 방언학 저작의 연구 가치는 다음의 몇 가지 측면에서 있다.

첫째, 19세기 후반기에서 20세기 초기까지 중국어 방언의 자연어 구어 연구에 있어 가장 가치 있는 자료이다.

언어학은 19세기 초 유럽에서 탄생했으며, 1840년대에 중국에 파견된 선교사들은 언어학 지식을 활용해 중국어 구어체 방언을 기록하고 연구했는데, 이는 당시 이 분야에서 최고의 학술적 수준에 이르렀다. 당시 중국 학자들의 연구 작업은 여전히 전통 문헌학 단계에 머물러 있었으며, 연구의 초점 또한 여전히 고대 문헌이나 서면어에 맞춰져 있었다. 서양 선교사들의 저작 외에 이 시기의 유일한 방언 문헌 자료는 방언 소설, 지역 희곡, 민가 및 지방지 중의 방언지 같은 일부 방언 문학 작품이었다. 이러한 방언 문학 작품은 모두 한자 버전이므로 어음의 면모를 반영할 수 없었고, 작품 중의 방언 요소가 대부분 균일하지 않아 방언 어휘들이 섞여 있거나 등장인물의 대화만 방언으로 되어 있기 때문에, 그 가치가 전체 텍스트가 구어체 방언인 『성경』 역본에 미치지 못한다. 또한 지방지 중의 방언지는 일반적으로 방언 어휘만을 수록하고 한자만을 사용했으며 완정한 말뭉치가 없다.

연구의 폭과 깊이로 언급하자면, 선교사들의 저작은 자오위안런 이전의 중국 학자를 훨씬 뛰어넘는다. 이 저작들은 19세기 중국어 방언 연구에 있어 없어서는 안 될 자료이다. 이러한 저작을 활용하면 적어도 다음에 언급하는 방언의 19세기의 어음 체계를 매우 완정하게 귀납할 수 있다. 상하이[上海], 쑤저우[蘇州], 닝보[寧波], 타이저우[台州], 원저우[溫州], 푸저우[福州], 샤먼[廈門], 푸텐[莆田], 산터우[汕頭], 하이커우[海口], 광저우[廣州], 자잉[嘉應](하카[客家]어) 등이다. 이러한 저작은 해당 지역 방언의 어휘 및 어법 체계를 정리하고 연구하는 데 사용될 수 있으며, 100년 이상에 걸쳐 해당 지역 방언의 음성, 어휘 및 어법 체계의 역사적 발전을 연구하는 데 사용될 수 있다.

둘째, 선교사 저술서 중의 자연어 구어의 정확성은 동시대의 다른 문헌 자료와 비교할 수 없다.

중국 파송 선교사들은 모두 일반인이 아닌 지식인이었으며, 예수회 회원이 가장 전형적이었다. 중고등학교나 대학교 졸업 후 15년의 전문적인 훈련을 거쳐야만 비로소 예수회 회원이 될 수 있었는데, 주로 2년의 영적 훈련(초심자라고도 함), 3년의 과학 및 철학 연구, 2년 혹은 3년의 신학 연구, 마지막 1년의 영적 훈련(마지막 시험 혹은 졸업시험이라고도 함)이 포함된다. 또 한 예로, 더글라스(C. Douglas)는 1851년에 글래스고대학을 졸업하고 1855년에 에든버러 자유교회대학에서 신학 과정을 마쳤다. 최초로 중국에 온 미국인 브리지만(E. C. Bridgman)은 1826년 대학 졸업 후 신학교에 갔으며 1829년에 중국에 파송됐다. 선교사가 중국 파송 전에 전문적인 언어학 교육을 받았는지 아닌지는 참고할 자료를 아직 찾지 못했다. 그러나 그들의 방언학 저작으로 고찰하건대, 언어학적 소양이 매우 뛰어난 이들이 있었다. 예로, 에드워드 하퍼 파커(Edward Harper Parker), 더글라스(C. Douglas) 등이다. 그들은 서양 언어학, 특히 음성학 지식으로 중국어 방언을 기록, 분석, 연구했다. 그들이 편찬한 방언학 저작은 19세기 후반부터 20세기 초반까지의 중국어 방언을 연구한 귀중한 자료이자 방언의 역사적 변천을 연구한 귀중한 자료이므로 절대 등한시할 수 없다. 언어학은 유럽에서 이미 19세기 초에 확립되어 1818년에 라스크(R. Rask)의 『古代北方話或冰島語起源研究』(고대 북방어 혹은 아이슬란드어 기원 연구)가 출간되고 1816년에 보프(F. Bopp)의 『論梵語動詞變位系統』(산스크리트어 동사 활용 체계)가 출간된 반면 동시대의 중국 언어학은 여전히 전통 문헌학 아래에 있었기 때문에, 현대 언어학의 관점에서 볼 때 청(淸)나라 학자들의 방언학 저작은 서양 선교사 저작의 깊이와 과학성에 훨씬 미치지 못했다.

아편전쟁 이후의 중국 파송 선교사들은 일반인 선교를 위해 보통 현지 방언 말하기를 먼저 배워야 했다. 중국 파송 초기 선교사들은 일반적으로 현지인에게서 구어체 방언을 배웠다. 예로, 런던 선교회의 메드허스트 목사는 1816년 말라카에 도착하자마자 민난[閩南]어를 배우는 데에 주력했다. 당시 난양[南洋]의 중국인[華人] 대부분은 민난[閩南]인이었다. 그는 1832년에 『福建方言詞典』을 출간했다. 또 다른 예로, 1847년에 상하이[上海]에 파송된 미국 선교사 매튜 타이슨 예이츠(Matthew Tyson Yates; 晏瑪太; 1819-1888)는 시장에서 상하이[上海]어 말하기를 배웠고, 1년 후에 청중을 대할 수 있다고 생각되자 선교를 시작했다. 그는 최초의 상하이[上海]어 교과서와 최초의 상하이[上海] 방언 사전을 편찬했다.

위에서 언급했듯이 로마자 버전 하카[客家] 방언 저작은 렙시우스 체계의 병음을 채택했다. 다른 방언의 로마자 『성경』의 병음 방안이 렙시우스 체계를 채택했다고 직접적으로 밝힌 것이 많지는 않았지만 실제로는 이 체계를 채택했을 수도 있다.

셋째, 지역별 방언의 로마자 버전을 통해 당시 현지 방언의 음운 체계를 살펴볼 수 있다. 다만 한자는 병음이 아니므로 한자로 기록된 방언 문헌으로는 방언 어음의 진정한 면모를 알기가 어렵다.

넷째, 방언 『성경』은 서로 다른 방언의 공시적 비교에 귀중한 자료를 제공했다.

방언을 공시적으로 비교할 때의 전제는 내용이나 항목이 일치하되 서로 다른 방언으로 기록한 자료가 있어야 한다는 점이다. 방언 『성경』은 매우 이상적인 자료로서 4대 부류 19개 지점의 방언 자료가 있으며, 이를 병렬 배열만 해도 19종 방언의 역사 시기별 이동(異同), 특히 어휘와 어법 측면의 차이를 연구할 수 있다. 이와 같은 이상적인 자료는 방언 『성경』 외에는 없다. 예로, 『馬可傳福音書』 제1장 제10절의 하카[客家]어 역본(1892년)과 상하이[上海]어 역본(1904년)은 다음과 같다.

하카[客家]어:
"遂即從水中起來, 伊看見天開, 又看見有聖靈相似鴿鳥, 降臨在伊上."

상하이[上海]어:
"伊就從水裏上來, 看見天開哉, 聖靈象鴿子能降到伊身浪."

위의 병렬 예에서, 적어도 이 두 방언의 비유법 문장 구성 방식이 다르다는 것을 알 수 있다. 즉, 하카[客家]어는 "相似+명사"이고 상하이[上海]어는 "像+명사+能"이다. 또, 상하이[上海]어에서는 "哉"가 완료형에 쓰인다.

다섯째, 방언『성경』은 동일한 방언의 통시적인 비교에 귀중한 자료를 제공한다.

방언을 통시적으로 비교할 때의 전제는, 내용 혹은 항목이 일치하고 동일한 방언으로 기록하되 역사적 시기가 다른 자료가 가장 좋다. 방언『성경』은 매우 이상적인 자료이다. 동일한 방언의 초기『성경』을 후기『성경』과 비교하거나 현대 방언과 비교함으로써 지난 100년간 방언의 역사적 변천 과정을 알 수 있다.

예로, 상하이[上海] 방언 로마자 버전『馬太傳福音書』(1895년)의 제1장 제1절과 제2절은 다음과 같다. 원문은 로마자로 되어 있고, 원문 중 성조 표시에 사용한 반원 권점 기호는 생략했으며, 한자는 필자가 번역한 것이다.

A-pak-la-hoen-kuh 'eu-de, Da-we-kuh tsz-sung,
阿伯拉罕　個後代, 大衛　個子孫,
Ya-soo Ki-tok-kuh ka-poo.
耶穌基督　個家譜.

A-pak-la-hoen yang I-sah, I-sah yang la-kauh;
阿 伯 拉 罕　 養 以撒, 以撒　養　雅 各;
la-kauh yang Yeu-da tah-tsz yi-kuh di-hyong.
雅 各　 養　猶 大 搭 之 伊 個 弟 兄.

위의 두 절에는 구조조사 "個" 외에도 "伯, 督, 撒, 各, 搭" 5개의 입성자가 있다. 앞의 두 글자는 운미(韻尾)가 k이고 뒤의 세 글자는 운미가 h이다. 이는 100년 전 상하이[上海]어에 k로 끝맺는 입성자 부류가 여전히 존재했었음을 보여준다. 현대 상하이[上海]어에는 k 운미 입성자가 이미 없어져서 모든 입성자가 일률적으로 후색음 운미로 끝맺는다.

여섯째, 방언 한자 연구에 귀중한 자료를 제공한다.

방언자는 방언의 공시적 기술, 통시적 연구, 비교 연구에 중요한 가치를 가진다. 방언자는 다이퉁[戴侗]의 『六書故』 같은 자서(字書)와 『集韻』 같은 운서(韻書)에 기재된 바가 있으나 민간에 더 많이 퍼져 있으며, 문헌의 각 지역 방언 속자(俗字)에는 보이지 않는다. 서양 선교사의 저작, 특히 자전은 방언 속자를 많이 수록했다. 그중 다른 출판물에서는 찾아볼 수 없는 글자들도 있다. 예로, 루이 오바작(Louis Aubazac; 1874-1919)의 *Dictionnaire Cantonnais-Francais*(『粤法字典』, Hong Kong, Imprimerie de la Societe des Missions Etrangeres, 1,116면, 26cm, 1912년, 臺北成文出版社有限公司 1971년 중쇄). 100년쯤 이전에 민간에서 유행하던 웨[粤]어 방언자를 매우 많이 수록했다. 예: 槒[49]은 독음이 [pho1]인데, "樹·菜"의 양사로 쓰이며 "棵"(그루)에 해당한다.

일곱째, 근대 및 현대 어문학 운동사에 귀중한 자료와 강력한 증거를 제공한다.

일반적으로 백화문 운동은 5·4 운동 이후에 비로소 시작됐다고 생각하나, 실제로 최초의 백화문(관화 방언) 『성경』 역본은 1857년에 상하이[上海]에서 출간됐으며, 이후 1872년부터 1916년까지 계속해서 다양한 백화문 역본이 출간됐다. 그중의 백화문은 이후의 백화문 작품이라 일컫는 것보다 더 자연어 구어에 가깝고 사회 하급 계층에서도 더 인기가 있었다. 저우쭤런[周作人]은 『聖書與中國文學』에서 "내 기억에 신문학이 모두 『馬太福音』에서 나왔으므로 신문학이 전혀 새롭지 않다고 말하며 이전에 신문학을 반대한 사람이 있었다. 당시에는 그의 말이 우습다고 생각했는데 지금 생각해 보면 오히려 그의 선각자적인 언급에 감탄한다. 『馬太福音』은 확실히 중국 최초의 유럽화한 문학인 국어이며, 나 또한 그것이 중국 신문학의 전도와 크고도 깊은 관련이 있다고 전망했다."라고 언급했다.

어문학계에서는 일반적으로 새로운 표점 기호가 20세기 초에 비로소 국내 출판물에 나타나기 시작했다고 생각한다. 예를 들어 『中國大百科全書·語言文字卷』에 "번역가 옌푸(嚴復, 1853-1921)의 『英文漢詁』(1904)는 최초로 외국 표점 기호를 중국어에 적용한 저술이다."

---

49 [역자 주] 원서에는 "槒"자가 상하가 아닌 좌우 구조로 되어 있다(合+柯).

라고 여겼다. 그러나 사실상 외국의 표점 기호를 일찍감치 도입한 것은 19세기 후반에 대량으로 출간된 로마자 버전의 방언『성경』이다. 최초로 출간된 방언 로마자『성경』은 1852년에 출간된 닝보[寧波] 방언『路加福音』과 같은 해에 출간된 광저우[廣州] 방언『約翰福音』이다.

중국어 방언의 병음화 운동도 서양 선교사의 방언『성경』번역 작업에서 시작됐다. 이탈리아 선교사 마테오 리치의『西字奇蹟』이 1605년에 출간됐고 프랑스 선교사 니콜라 트리고(Nicolas Trigault; 金尼閣; 1577-1628)의『西儒耳目資』가 1626년에 출간되는 등, 비록 명(明)나라 때 중국에 파송된 선교사가 일찍감치 관화 병음 연구서를 출간했지만, 방언에 대한 로마자 병음 방안을 제정한 것은 오히려 1840년대에 이르러서 시작됐다. 그 원동력은 중국에 전파된 기독교의 대규모『성경』번역과 출간이었으며, 이는 한자를 모르는 일반인을 대상으로 한 선교의 편의를 위한 것이었다.

여덟째, 선교사의 방언학 저작은 방언사와 방언학사 연구에 필수불가결한 문헌이다.

중국 방언사에서 중국어 방언에 대한 서양 선교사의 연구는 다음과 같이 선구적인 공헌을 했다. 서양 음성학을 활용해 지역 방언의 어음 체계를 분석하는 데에 선구적인 역할을 했고, 방언 로마자와 병음 체계를 창시했으며, 최초의 방언사전과 방언 교과서를 편찬했고, 최초의 방언 어법 저서를 집필했으며, 중국어 방언 구역도를 최초로 제작했고, 방언 구어를 학습하는 학교를 설립했다. 방언 구역도 제작 외에 이 모든 작업은 19세기 후반에 완료됐다.

1.7. 대영도서관·일본동양문고·스위스바젤선교회 문헌센터 소개

이 도서관 세 곳에 서양 선교사들이 저술한 방언학 관련 저작물이 대량으로 소장되어 있지만, 본서 체제상 위에서 자세히 설명할 수 없으므로 아래에서 간략히 소개하도록 하겠다.

1.7.1. 대영도서관

대영도서관[British Library]은 260여 년 이전에 지어졌으며, 1998년에 런던 유스턴(Euston)로 96호로 이전했다. 영국 정부의 재원을 받는 국가 도서관이기도 하며, 외국인에게 개방하는 국제 도서관이기도 하다. 5개 대륙의 서적·학술지·원고·지도·악보·우표·오디오테이프를 소장하고 있는데, 내용상 모든 학문 분야를 망라하고, 역사적으로 3,000년에 걸쳐 있으며, 서면 형식상 전 세계에 존재했던 모든 문자를 포괄한다. 각종 소장품은 모두 정제, 정련되어 세계적으로 유명하며, 오늘날 세계적으로 가장 중요한 학술 연구 도서관이다.

대영도서관은 20세기 영국에서 가장 큰 공공건물이다. 입구에 뉴턴의 동상이 있는데, 앉은 자세로 고개를 숙이고 손에 둥근 컴퍼스를 들고 지도를 제작하고 있다. 부지 면적은 약 10만㎡이며 지하 2층, 지상 3층으로 총 5층이다. 지하층은 런던에서 가장 깊은데,

300km 길이의 책장이 있고 장서는 1,200만 권에 달한다. 열람실 12개, 갤러리 4개, 서점 1개, 컨퍼런스 센터 1개가 있으며, 강의실은 255석을 갖추고 있다. 가장 귀중한 소장품 일부는 원래 대영박물관(British Museum)에 소장되어 있었다. 새로 이전했을 때 직원은 거의 1,000명에 달했다.

도서관에는 다음과 같은 열람실이 있다.

인문과학 1실: 1850년 이후에 출간된 인문학 문헌을 열람할 수 있으며, 대부분 분야의 문헌은 공개되어 있다.

인문과학 2실: 저널, 논문, 도서관학과 정보과학 관련 도서를 공개적으로 열람할 수 있다.

선본(善本)[50]과 악보실: 선본 도서, 악보 원고 또는 출간된 악보를 열람할 수 있다. 1851년 이전에 출판된 문헌은 모두 "선본"으로 분류했다.

지도실: 15세기 이래의 단일 지도, 지도집, 지구본, 지도학(地圖學) 역사 관련 문헌을 열람할 수 있다.

원고실: 서유럽 언어로 작성된 모든 분야의 원고를 열람할 수 있다. 가장 이른 시기의 원고는 기원전 4세기에 작성된 것이다. 그중 일부 원고는 특별히 허가를 받아야만 열람할 수 있다.

동양 및 인도 문고: 아시아와 아프리카 동북부의 언어로 작성된

---

50 [역자 주] 선본(善本): [1] "보존 상태가 좋거나, 본문의 계통이 오랜 희귀한 책." [2] "내용이 뛰어나고 교정이 되어 있으며 제본도 잘된 책."

인문학, 사회과학, 정치학 문헌을 열람할 수 있다. 소장 도서는, 중국 외에도 일본, 인도, 파키스탄, 미얀마, 방글라데시 및 주변 국가, 이란과 페르시아만 국가, 남아프리카, 말레이시아, 싱가포르, 인도네시아의 것이다.

과학 1실(南): 영국, 유럽 대륙과 특허 협력 조약국의 특허 및 상표를 열람할 수 있다.

과학 1실(北): 미국, 프랑스, 독일 등 국가의 특허를 열람할 수 있다.

과학 2실(南): 생명과학과 기술, 의약학과 화학 관련 문헌을 열람할 수 있다.

과학 2실(北): 정부 간행물과 사회과학 및 공학 관련 문헌을 열람할 수 있다.

과학 3실: 비즈니스, 시장, 제품 관련 문헌을 열람할 수 있고, 물리학, 지구과학, 컴퓨터 과학 관련 문헌도 열람할 수 있다.

모든 도서관 자료는 열람실 내에서만 열람할 수 있고 외부 대출이 불가하다. 각 열람실에는 독자를 위해 복사, 촬영 혹은 마이크로필름 제작을 할 수 있는 문헌 복사 서비스가 갖춰져 있다. 저작권 기간 내 문헌은 최대 10%까지만 복사할 수 있다. 원고, 악보, 선본서, 지도 등은 복제가 불가하다.

이 도서관에 세계에서 가장 오래된 중문 및 일문 문헌이 소장되어 있다는 점은 언급할 가치가 있다. 이 도서관에는 스타인(M. A. Stein; 斯坦因; 1862-1943), 펠리오(P. Pelliot; 伯希和; 1878-1945), 헤딘(S. A.

Hedin; 赫定; 1865-1952) 및 코크(A. von Le Coq; 寇克; 1860-1930) 등이 20세기 초에 신장[新疆]과 간쑤[甘肅] 둔황[敦煌]에서 도굴해 간 매우 진귀한 문헌을 소장하고 있다. 영국과 남아시아 간의 무역의 역사, 영국의 남아시아 식민 통치 역사 관련해, 이 도서관의 소장 자료는 전 세계 다른 어떤 도서관과 비교할 수 없을 정도로 매우 풍부하다.

대영도서관은 공공도서관이 아닌 학술연구를 위한 도서관이기 때문에 대열람실이나 문고는 일반 대중에게 개방되지 않고 특정 학력을 갖춘 독자에게만 개방된다. 독자가 연구에 필요한 자료를 다른 도서관에서 모두 빌릴 수 없거나 추가 연구를 위해 대영도서관이 확실히 필요함을 증명할 수 있어야 허가를 받을 수 있다. 열람증은 장기와 단기의 두 가지 종류가 있는데, 최장기간은 5년이며 만료 후 연장을 신청할 수 있다. 대학원생과 학부생의 열람 신청은 별도로 규정이 있다. 그러나 로비, 전시실, 광장, 복도 등 도서관의 공공장소는 참관 및 유람을 제공하고자 공휴일에도 일반 대중에게 개방한다.

대열람실은 전산화된 서지 검색 시스템뿐만 아니라 전산화된 대출 시스템도 갖추고 있다. 처음으로 이용하는 독자는 한 시간 강의를 듣거나 열람실 내의 컴퓨터 튜터에게 상담을 받을 수 있다. 국내외 독자들은 월드와이드웹(www: World Wide Web)을 통해 대영도서관의 목록을 검색할 수 있다. 독자는 전화, 일반우편, 팩스, 이메일을 통해 대출을 예약할 수 있으나, 도서검색번호와 대출증 번호를 제공해야 한다. 이렇게 하면 도서관에 도착한 후 어떤 수속도 하지 않고 바로 대출한 책을 열람할 수 있다.

도서관은 입구 광장에서 무료 시 낭독회, 음악 연주회, 가수 콘서트를 수시로 개최한다.

참고: 이 단락의 내용은 주로 1999년 5월 대영도서관 독자 서비스에서 발행한 *The British Library*을 참고했다.

1.7.2. 일본동양문고

일본의 "동양문고"는 장서, 열람 목적 외에도 다양한 학술지 발간, 학술강좌 개최, 아시아연구 정보 교류, 선본 서적, 마이크로필름과 복사 도서 자료의 정기적 전시 등 다목적 도서관이나, 연구 부서는 없다.

장서로 말하자면, 동양문고는 아시아 관련 문헌을 전문적으로 수집, 보존하고 있는 세계에서 몇 안 되는 전문 도서관 중의 하나이다. 소장 도서는 언어별로 다음의 몇 가지 부류로 구분할 수 있다.

(1) 중문 도서. 지방지와 총서 약 4,000부와 족보 800여 종을 포함.
(2) 영어 및 기타 유럽 언어로 작성된 중국 관련 도서 총 2,400권, 지도 500권, 학술지 120종이 있다. 그중 특히 중요한 것으로, 중국어 방언과 소수민족 언어 사전 500권, 마르코 폴로의 『東方見聞錄』에서의 각종 간본, 외국의 중국 파견 탐험대의 조사 보고서 등이다. 이러한 문서의 수집과 보존은 거의 완벽에 가까워 세계적으로 비할 바가 없다. 이외에도 일·러 전쟁 관련 자료가 약 300책 있다.

(3) 청판(淸版) 만주어 서적.

(4) 청판(淸版) 몽골어 서적.

(5) 티베트 대장경과 기타 티베트어 도서.

(6) 조선어 고적, 고도서, 탁본.

(7) 아라비아어 자료 약 6,000건.

(8) 페르시아어 자료 약 4,500건.

(9) 태국어 등 동남아 문자로 집필한 서적.

(10) 베트남 고적.

(11) 일본어 도서.

이러한 문헌이 다룬 지역은 중국, 일본, 조선, 몽고, 시베리아, 중앙아시아, 서아시아, 인도, 동남아시아 등 거의 모든 아시아를 포괄한다.

다룬 내용은 정치, 종교, 국제관계, 문학, 희곡, 언어, 역사, 지리, 고고학, 의학 등 전부를 포괄한다고 할 수 있다.

소장 도서는 총 80만 권 이상이고, 마이크로필름을 더하면 100만 권을 넘는다.

동양문고의 창업자는 미츠비시 계열 기업[三菱系統企業] 사장 이와사키 히사야[岩崎久弥; 1865-1955]로, 1917년 당시 중화민국 총통의 고문이었던 모리슨(G. E. Morrison; 莫利遜)의 장서를 인수하고, 그 자신의 개인 장서인 "이와사키 문고[岩崎文庫]"를 더해 이듬해에 이 전문 도서관을 설립했다.

모리슨은 원래 오스트레일리아의 의학자였는데 후에 런던 타임스의 중국 파견 특파원을 역임했다. 1912년 중화민국 정부가 그를 총통부 고문으로 임명했다. 직업상의 필요와 극동 연구에 대한 관심, 그리고 그에 따른 장서벽으로 인해, 그는 베이징[北京]에서 20년 동안 생활하고 일하면서 서양 언어로 작성된 중국 관련 서적을 열심히 수집, 수장했을 뿐만 아니라 베이징[北京]의 사저에 문고를 설립해 다른 이들이 열람할 수 있게 했다. 말년에 그는 자신의 소장 도서를 모두 팔았고, 일본 기업가인 이와사키 히사야가 이를 구입했다. 매우 흥미로운 점은, 모리슨 장서의 각 책 속표지에 장서표가 붙어 있다는 점이다. 비록 이 책들이 오래전에 이미 동양문고로 귀속됐지만 장서표는 지금까지도 그대로 남아 있다. 장서표는 직사각형 모양으로 상단에는 그의 영문명이 있고, 좌측 하단에는 캥거루 한 마리가 있으며, 우측 중간에는 작은 타조 한 마리가 있어 오스트레일리아의 느낌이 매우 풍부하다. 모리슨이 소장했던 중국 관련 서양 서적은 거의 구비했으나, 아시아 기타 지역 관련 문헌은 극히 빈약하다. 그래서 이와사키 히사야는 소장 범위를 확장하여 아시아의 각종 언어로 작성한 아시아 관련 문헌에 시선을 돌렸다. 후에 소장한 문헌은 주로 일본의 저명 장서가 20명 정도의 장서에서 유래하는데, 그중에 우메하라 스에지[梅原末治]가 기증한 서아시아, 조선, 중국, 일본 관련 고고학 자료 및 서적이 있다.

동양문고의 장서는 내용으로도 양적으로도 매우 훌륭하다고 할 수 있으며, 많은 장서가 일본 정부에 의해 국보나 중요문화재로 지정됐다. 위에서 언급한 모리슨이 소장하던 서양 언어 서적 외에, 중국 관련 최상의 소장품으로 가장 중요한 것은 일본 승려 가와구치 에카이[河口惠海]가 티베트에서 가져온 티베트어 문헌으로 대장경의 각종 판본 10,371건과 티베트 관련 기타 문서 3,100건을 포괄한다. 마이크로필름 중 가장 중요한 것은 신장[新疆]에서 출토된 문헌으로 스타인(Stein), 펠리오(Pelliot), 헤딘(Hedin), 코크(Coq)가 20세기 초에 신장[新疆]과 간쑤[甘肅] 둔황[敦煌] 조사 때 훔쳐 간 문헌과 베이징[北京] 소장 둔황[敦煌] 사경(寫經) 등을 포함한다. 이 외에도 국가도서관(구 베이징[北京] 국립도서관) 소장 선본, 즉 경서·사서·지방지·문집 등 약 300권도 있다.

동양문고의 출간물 중 분류된 목록 외에 비교적 중요한 것으로, "東洋文庫論叢", "東洋文庫歐文論叢", 『東洋文庫歐文紀要』(일본어로 게재된 우수한 논문을 유럽 언어로 번역해 해외에 소개함), 『東洋學報』, "東洋文庫叢刊"(퇴색되거나 손상된 일문·중문·영문의 귀중본 복제 간행) 등이 있다.

1961년에 동양문고는 유네스코(UNESCO; 국제연합 교육·과학·문화 기구)의 요청으로 동아시아문화연구센터를 설립해 동아시아 국가들과의 협력과 동아시아 문화의 세계 전파에 전력을 다했다. 이 센터는 영문 기관지인 『東亞文化研究』(East Asian Cultural Studies)도 출간한다. 1962년에는 근대중국연구센터를 창설했다.

동양문고에서는 동양학(아시아연구) 지식을 대중화하기 위해 매년 봄, 가을 두 차례에 걸쳐 동양학 강좌를 개설하고 있으며, 해외 우수

학자가 방문할 때 맞춰 특별 학술 강연회도 개최하고 있다. 매년 한 차례 귀중 자료와 전문 서적 전시회도 개최하고 있다.

동양문고는 도서부, 연구부, 총무부 세 부서로 나누어져 있으며, 서고, 마이크로필름 보관실, 열람실, 연구실, 복사실, 장정실(裝幀室)[51] 등을 갖추고 있다. 원래 도쿄도 마루노우치[東京丸之內]에 있다가 1935년에 현재 위치인 도쿄도 분쿄구 고미리에키[東京文京區駒入]로 이전했다.

1.7.3. 스위스바젤선교회 문헌센터

바젤선교회 문헌센터[The Basel Mission Documentation Centre]의 역사는 1815년 바젤선교회 설립 시기로 거슬러 올라간다. 그 당시는 선교사 강습반의 신학도서관으로서 강습반의 교사와 학생에게만 공개됐었다. 도서관이 처음 건립됐을 때 매우 중요한 문헌들이 있었다. 상속 증여 혹은 일반 기부로 소장하게 된 것으로 귀중본이 있었는데 가장 이른 것은 1520년의 것이다.

1955년 강습반이 중단된 이후 신학도서관의 역할과 정책에도 변화가 생겼다. 이후 도서관 정책은 해외 참여에 중점을 뒀고, 도서 소장도 유럽 신학 문헌 소장에 중점을 뒀던 기존의 전통을 바꿔 해외 독자들의 필요를 고려하기 시작했다. 동시에 문서 센터는 스위스 전

---

51 [역자 주] 장정(裝幀/裝訂): "책의 겉장이나 면지(面紙), 도안, 색채, 싸개 따위의 겉모양을 꾸밈. 또는 그런 꾸밈새."

체와 해외 독자와 연구자들에게도 개방했다. 그러나 기존 문헌은 대부분 여전히 초기 선교 지역과 직접적으로 관련되며, 이러한 문헌을 전자 목록으로 엮고 있다.

이 문헌센터의 장서는 친필 원고를 포함해 총 5만 권 정도에 달하며 그중 80%가 1850년에서 1955년 사이에 출간됐다. 소장한 것으로는 해외 선교 관련 팜플렛과 정기 간행물 1,000종이 있고, 제3세계 관련 비디오테이프 200종이 있으며, 역사 사진 모음도 있어 자체로 서고를 이뤘다. 이러한 문헌은 이전에는 대중 교육용이었기 때문에 값싸고 품질이 낮은 종이를 사용했으나, 현재는 마이크로필름으로 제작하거나 컴퓨터에 입력하는 등 문서 보호를 위한 조치를 취하고 있다.

바젤선교회 문헌센터는 국내외 일반 대중에게 무료로 개방하고 있다. 이 문헌센터는 스위스-독일 인터넷 협회의 회원이며, 독자들은 컴퓨터에 입력된 도서 목록을 인터넷을 통해 검색할 수 있다. 이 문헌센터는 제3세계의 도서관이나 문헌센터 24개가 참여하고 있는 "국제정보센터"[Globinfo]에 참여 중이다. 정보 및 장서 목록 교환 측면에서 다른 신학도서관과의 협력도 바젤선교회 문헌센터의 중요 임무이다. 바젤선교회 문헌센터는 독일 남서 지역의 과학도서관 및 독일 교회 연맹과도 정보와 자원을 교환한다. 제3세계에서는 콩고 킨샤사대학교의 장로교 교직원 도서관과 협력 관계를 맺고 있다.

참고: 이 문단의 내용은 바젤선교회 문헌센터의 부주임인 마커스 부에스(Marcus Buess)가 필

자를 데리고 지하 아카이브를 참관했을 때 구두 설명과 그가 제공한 서면 자료에 기초해 편찬했다.

표 1.11.

HAKKA.

Vowels.				Consonants.					Tones.		
a				k	kh	ṅ	h	-	high	phiṅ :	$pa_/$
e	o			tš	tšh	-	š	y	low	phiṅ :	$pa_\bot$
i	i̯	u		ts	tsh	-	-	-		šoṅ :	pa^l
ṃ				t	th	n	s	l		khi :	$pa^\backslash$
au ai oi ui eu				p	ph	m	f	w	high	nyip :	$pa_\curvearrowright$
									low	nyip :	$pa_\curvearrowleft$

표 1.12.

HOK-LO.

a				k	g	kh	ṅ	h	-	Tones.		
	e	o		tš	dž	tšh	-	-	y	high	phiṅ	$pa_/$
		o		ts	dz	tsh	-	-	-	low	,,	$pa_\bot$
i	i̯	u		t	d	th	n	s	l	high	šoṅ	pa^l
ã ẽ ĩ õ ũ ĩ̯				p	b	ph	m	-	w	low	,,	$pa^\top$
ai au oi eu										high	khi	$pa^\backslash$
										low	,,	$pa^\bot$
										high	nyip	$pa_\curvearrowright$
										low	,,	$pa_\curvearrowleft$

제2장 『성경』 방언 역본 목록 고찰

2.0. 머리말

본 목록에는 『신약』·『구약』 및 각종 단편 성경의 중국어 방언 역본을 수록했으며, 『성경』의 각종 관화 역본은 본서 끝부분에 덧붙였다. 선장본은 모두 주석을 달았으므로 주석을 달지 않은 것은 모두 양장본(洋裝本)[1]이다. 로마자 역본과 주음자모 역본은 모두 주석을 달았으므로 주석을 달지 않은 것은 한자 버전이다. 모든 목록의 내용은 아래에 제시한 순서와 같다.

서명	출판사	인쇄소	출판연도	면수	세로	장정	문자	소장	기타
新約	미국성경공회	美華書館	1891년	72면	19cm	선장	로마자	상도	

각 항목의 내용에서 정보가 부족한 경우에는 다음 항목부터 순서대로 앞당겨 제시했다. '면'(面; page)은 양장본의 판면(版面)에 사용했고, '엽'(葉; leave)[2]은 선장본의 판면에 사용했으므로 한 엽은 두 면에

---

1 [역자 주] 양장(洋裝): "책을 장정(裝幀)하는 방법의 하나. 철사나 실로 꿰매고 두꺼운 종이나 헝겊, 가죽 따위를 싸 붙인다." 양장본(洋裝本): "서양식으로 장정한 책."
2 [역자 주] '엽'(葉)은 '면(面)'과 대응되도록 '장(張)'으로도 번역할 수 있으나, 제1장, 제2장 등 '장(章)'과 구분하기 위해 '엽'으로 번역했다.

해당한다. 설명 부분에서 전 세계 도서관의 소장 현황을 설명했으나, 전부를 살핀 것이 아니므로 필자가 아는 범위 내에서만 간략하게 고찰, 기록할 수밖에 없었다. 소장처는 약칭을 사용했으며, 정식 명칭은 본서 끝부분의 부록을 참고하라.

로마자 버전인 원서는 일반적으로 한자로 된 서명이 없고 로마자로만 된 서명이 있다. 만약 방언의 로마자를 그대로 기록한다면 읽기도 불편하고 조판 및 인쇄도 불편하다(라틴 자모 외에 부가적인 기호도 있다). 따라서 로마자 버전의 서명을 일률적으로 한자로 번역했다.

목록은 역본이 속한 방언 유형별로 먼저 배열한 후 방언 지점에 근거해 구분하되, 연대의 선후 순서를 따랐다.

2.1. 우어[吳語]

2.1.1. 쑤저우[蘇州] 토어(土語)

『四福音書和使徒行傳』, 미국성경공회, 상하이[上海] 美華書館, 1879년, 25cm.

> 필자> 합본의 서명은 『新約全書略注』(第一卷蘇州土白)이고, 제목은 "耶穌敎士戴維思譯"이다. 역자의 영문명은 데이비스(Davis)로 되어 있다. 책 앞에 서문이 있다. 본문 중의 주석도 쑤저우[蘇州] 방언을 사용했다. '個'자는 양사, 근칭 지시대명사, '的' 세 가지 용법이 있다. 예: "個本書原是聖書個一冊(이 서적은 본래 성서의 한 책이다)" "所寫個, 所記載個(쓴 것, 기재한 것)" "五個人所寫個書(다섯 사람이 쓴 책)".

『四福音書和使徒行傳』, 상하이[上海] 美華印書館, 1880년, 41엽, 18.5cm, 상하이[上海] 방언 버전에 근거해 재번역, 영경회 분책해 장정한 『馬太福音』 소장, 미경회.

『羅馬人書—啓示錄』, 미국성경공회, 상하이[上海], 1880년, 미경회.

> 필자> 위의 두 역본은 피치(G. F. Fitch; APM)와 파커(A. P. Parker; ASMEM)가 상하이[上海] 역본에 근거해 개역했다.

『新約』, 상하이[上海], 1881년, 편(篇)별로 면 번호 표기, 19cm, 1882년 개정 중판(重版),³ 상하이[上海] 美華書館, 상하이[上海] 방언 역본에 근거해 번역.

> 필자> 대표 역자는 미국 남방장로회의 파커(A. P. Parker)이다.

『馬可福音傳』, 미국성경공회 탁인(托印), 상하이[上海] 美華書館 인쇄, 1891년, 72면, 19.4cm, 선장, 로마자, 도시샤/미경회.

『新約』, 미국성경공회, 상하이[上海], 1892년, 편(篇)별로 면 번호 표기, 19.5cm, 수정본(修訂本).⁴

> 필자> 개정한 이는 미국 남방장로회의 파커(A. P. Parker)와 라이언(D. M. Lyon)이다. 영경회와 미경회에서 이 책의 1908년과 1913년 중쇄본을 소장하고 있다.

『民數紀略』 MING-SU JI-LIAH, 대영성서공회, 상하이[上海] 美

---

3   [역자 주] 중판(重版): "한 번 출판한 책을 거듭하여 간행함. 또는 그렇게 간행한 책."

4   [역자 주] 수정(修訂): "글이나 글자의 잘못된 점을 고침."

華書館, 1895년.

『路加傳福音書全』, 18??—, 쑤저우[蘇州] 토어 한자 초본, 오스트레일리아.

『馬可傳福音書』, 미국성경공회 탁인, 상하이[上海] 美華書館 인쇄, 1897년, 로마자.

『列王紀略』 LIH-WONG KYI-LIAH, 대영성서공회, 상하이[上海] 美華書館, 1900년.

『舊約』(分四卷), 상하이[上海], 1901-1905년.

　　필자> 우[吳]어 최초의『구약』한자 버전.

『創世記—路德記』, 미국성경공회, 상하이[上海], 1901년, 미경회, 상하이[上海] 방언본에 근거해 중역(重譯).

『新約』, 상하이[上海] 대영성서공회, 상하이[上海], 1903년.

『舊約律法』五卷, 상하이[上海] 美華書館 인쇄, 1908년, 선장, 장별로 면 번호 표기, 24cm, 상기도/영경회/미경회.

『舊約全書』 쑤저우[蘇州] 방언, 『舊約律法』五卷, 쑤저우[蘇州]어 역본, 1908년, 한자 버전, 선장, 미국성경공회 탁인——상하이[上海] 美華書館 인쇄, 대청 광서(大淸光緒) 34년 무신(戊申)년, 신망애 사이트[信望愛網站].

『舊約全書』 쑤저우[蘇州] 방언, 『舊約先知』17권, 쑤저우[蘇州]어 역본, 1908년, 쑤저우[蘇州]어, 한자 버전, 선장, 미국성경공회 탁인——상하이[上海] 美華書館 擺印(파인), 대청 광서(大淸光緒) 34년 무신(戊申)년, 신망애 사이트.

『新約』, 미국성경공회, 상하이[上海], 1913년, 586면, 19.5cm, 영경회/미경회.

『新約全書』, 1915년, 런던.

『新約全書』, 상하이[上海] 미국성경공회, 1921년, 586면, 푸단[復旦] (영인[5]본).

『馬可福音』, 미국성경공회, 상하이[上海], 1921년, 118면, 5cm, 표지 원주(原注): "蘇州方言注音字母合漢文", 미경회 2책 소장. 필자> 주음자모와 한자 대조본. "個"자는 양사, 근칭 지시대명사, "的" 세 가지 용법이 있다. 예: "就對個個人說, 儂個手伸出來."(14면)

『新約』, 상하이[上海] 대영성서공회, 상하이[上海], 1922년, 다음 해 중판, 중산.

『新約』, 중화성경공회(中華聖經公會), 상하이[上海], 1940년.

『馬可福音』, 상하이[上海] 대영성서공회, 상하이[上海], 14면, 쑤저우[蘇州] 방언 주음자모와 한문.

2.1.2. 상하이[上海] 토어

『約翰傳福音書』, 상하이[上海], 1847년, 91엽, 18cm, 장쑤[江蘇]성 쑹장[松江]부(府) 상하이[上海]현(縣) 墨海書館 소장판, 영경회. 필자> 최초의 중국어 방언 『성경』단편 한자 역본. 개인 인쇄. 역자는 런던선교회의 메드허스트. 구두점 사용. 처음 세 문장은 다음과

---

5   [역자 주] 영인(影印): "인쇄물의 원본을 사진으로 복사하여 인쇄하는 일."

같다. "起頭道有拉個·第個道忒上帝兩一淘個, 道就是上帝拉. 第個 道勒拉起頭忒上帝一淘個拉. 樣樣物事·但憑道造個·唔沒道末·一 樣物事勿有拉." 이 단락의 문장은 현대 쏭장[松江]어와는 비슷하지 만 현대 상하이[上海] 도심지 언어와는 비슷하지 않다. 인칭대명사 는 아래와 같으며, 모두 접두사가 없다.

	제1인칭	제2인칭	제3인칭
단수	吾/我	儂	伊
복수	倪	那	伊拉

『路加記』, 닝보[寧波], 1848년, 61엽, 22.5cm, 중화성경공회/영경회.

『馬太福音』, 개인 인쇄, 1848년, 런던선교회의 밀른(米憐, W. C. Miline)번역.

『馬太福音』, 미국성경공회, 닝보[寧波], 1850년, 86엽, 1856년 재판, 80엽, 윌리엄 존스 분(William Jones Boone; 文惠廉, 又名 布恩) 번역.

『約翰書』, 런던, 1853년, 94면, 18.5cm, 로마자, 영경회/대영/미경회.

필자> 최초로 출간된 로마자 버전 상하이[上海] 방언 성경 단편. 책 앞부분에 1853년 7월에 썼다는 『序言』이 있다. 본문 앞에 12면에 달하는 『序言』에서 상하이[上海]어 어음과 어법을 설명했다. 내용은 정자법(모음과 자음(子音)), 성조와 강세(성조를 8류로 구분), 조어법[構詞法], 명사와 동사, 소품사(小品詞), 전치사와 접속사 등을 포괄한다. 제1인칭 복수는 ngo″ nī (我倪)로 적었다. 책 끝부분에 제1장과 제2장의 영역(英譯) 어휘표가 있다. 역자는 런던 킹즈 칼리지(London Kings College) 중문 교수인 수메르스(James Summers; 蘇謀斯)로서 『中國語言與文學講義』(Lecture on the Chinese Language and Literature, Parker & Son, West Strand)를 저술했다.

『創世記』, 미국성경공회, 상하이[上海], 1854년, 94엽, 로마자, 감리회의 로버트 넬슨(Robert Nelson) 번역.

『馬太福音』, 미국성경공회, 상하이[上海], 1856년, 80엽, 23cm, 영경회, 1850년본에 근거해 개정(改訂),[6] 목판.

『路加福音』, 미국성경공회, 상하이[上海], 1856년, 영경회, 클리블랜드 키스(Cleveland Keith; 吉) 목사 번역.

『使徒行傳』, 미국성경공회, 상하이[上海], 1856년, 60엽, 5cm, 영경회, 목판, 키스(C. Keith) 목사 번역.

『路加記』, 미국성경공회, 상하이[上海], 1859년, 106면, 22cm, 영경회, 목판.

　　필자> 미국 남침례교의 카바니스(A. B. Cabaniss)가 키스(C. Keith) 목사의 역본을 크로포트(Crawford)가 제정한 어음 기호로 전사.

『路加福音』, 미국성경공회, 상하이[上海], 1860년, 로마자, 키스(C.

6　　[역자 주] 개정(改訂): "글자나 글의 틀린 곳을 고쳐 바로잡음."

Keith) 목사 번역.

필자> 최초의 로마자 버전 상하이[上海] 방언 『성경』의 단편.

『路加記』, 미국성경공회, 상하이[上海], 1860년, 128면.

『羅馬人書—啓示錄』, 1860년, 196면.

『使徒行傳』, 상하이[上海], 1860년, 로마자, 키스(C. Keith) 목사 번역.

『約翰福音』, 미국성경공회, 상하이[上海], 1861년, 64엽, 22.5cm, 영경회. 로마자, 100면, 분(W. J. Boone; 文惠廉) 번역. 미국성공회 선교사로서 상하이[上海]어로 선교할 수 있었음.

『馬太福音』, 상하이[上海], 1861년, 195면, 24.5cm, 로마자. 하버드-옌칭 TA1977. 62 CF1861, 분(W. J. Boone) 번역.

『出埃及記』, 미국성경공회, 상하이[上海], 1861년, 103면, 로마자, 키스(C. Keith) 목사 번역.

『馬可福音』, 대영성서공회, 상하이[上海], 1862년, 47면, 로마자, 분(W. J. Boone) 번역.

『使徒保羅達羅馬人書』, 1864년, 22엽, 상하이[上海].

『使徒保羅寄哥林多人前書』, 1864년, 22엽, 상하이[上海].

『使徒保羅寄哥林多人後書』, 1864년, 14엽, 상하이[上海].

『羅馬人書—哥林多後書』, 상하이[上海], 1864년, 22+22+14면, 24cm, 로마자, 영경회. 한자 버전도 있음, APEM의 엘리엇 톰슨(Elliot H. Thomson), 사무엘 게일리(Samuel Gayley), 로버츠(J. S. Roberts) 번역.

『新約全書』, 1870년, 122엽, 미국장로회의 파넘(J. M. W. Farnham) 번역.

『加拉太書―啓示錄』, 미국성경공회, 상하이[上海], 1870년, 편(篇)별로 면 번호 표기, 113엽, 21.5cm, 로마자, 미경회/영경회, 미국장로회의 파넘(J. Farnham) 번역.

『四福音書』, 미국성경공회, 상하이[上海], 1871년, 58+34+59+47면, 16cm, 분(W. J. Boone) 수정, 분책(分冊) 선장, 중쇄본(重刷本): 『馬太福音』·『約翰福音』, 1861년; 『馬可福音』, 1863년; 『路加福音』, 1856년, 영경회.

『新約』, 미국성경공회, 상하이[上海], 1872년, 408엽, 로마자, 파넘(J. Farnham) 수정.

『新約』, 상하이[上海], 1872년, 편(篇)별로 면 번호 표기, 로마자, 상하이[上海] 편찬위원회.

『馬太福音』, 미국성경공회, 상하이[上海], 1875년, 미경회, 1848년 밀른(W. C. Miline; 米憐) 번역본의 수정본.

『馬太福音』, 미국성경연합회, 상하이[上海], 1876년, 62면, 24.5cm, 미경회/영경회, 침례교용, 상하이[上海] 침례교회의 예이츠(M. T. Yates; 晏瑪太) 번역.

『四福音書』·『使徒行傳』, 미국성경공회, 상하이[上海], 1880년, 40+25+43+33+39엽, 18.5cm, 분책 장정, 선장, 영경회『馬太福音』, 『馬可福音』, 『路加福音』 소장.

『新約』, 宗敎小書出版會, 상하이[上海], 1879-1881년, 편(篇)별로 면

번호 표기, 23.5cm, 영경회, 상하책 구분, 윌리엄 뮤어헤드 (William Muirhead; 慕維廉; 1822-1900) 번역.

『四福音書』, 상하이[上海] 토음 주해, 상하이[上海] 三牌樓福音會堂, 1879년, 62+37+63+51면, 영경회.

『新約』, 런던 종교소책자협회,[7] 상하이[上海], 1881년.

『新約』, 미국성경공회, 상하이[上海], 1881년, 편(篇)별로 면 번호 표기, 18cm, 선장, 영경회, 감리회감독교회의 톰슨[湯姆遜] 등 번역.

『新約』, 미국성경공회, 상하이[上海], 1882년, 편(篇)별로 면 번호 표기, 25cm, 톰슨[湯姆遜] 등 역본의 대형 포맷, 상하 분책, 선장, 영경회.

『詩篇』, 대영성서공회, 상하이[上海], 1882년, 108엽, 23cm, 영경회/하버드-엔칭 TA 1977. 32 CS1882, 런던선교회 뮤어헤드 (W. Muirhead)가 천문리 버전을 참고해 번역.

『創世記』, 미국성경공회, 상하이[上海], 1885년, 77엽, 20cm, 미경회/영경회.

『出埃及記』, 미국성경공회, 상하이[上海], 1885년, 66엽, 19.5cm, 미경회/영경회, 1861년 버전에 근거해 개정.

『申命記』, 미국성경공회, 상하이[上海], 1885년, 60면, 20cm, 미경회/영경회.

---

7   [역자 주] 런던 종교소책자협회[London Religious Tract Society; 倫敦聖敎書會].

『詩篇』, 미국성경공회, 상하이[上海], 1886년, 87엽, 19.5cm, 영경회.

『路加福音』, 미국성경공회 인쇄, 상하이[上海] 修文書館 원고, 상하이[上海], 1886년, 43면, 19cm, 하버드-옌칭 TA 1977 CS1886.

『馬太福音』, 미국성경공회, 상하이[上海], 1886년, 헤이굿(L. Haygood) 번역. 역자가 제정한 로마자 병음 체계 따름.

『以賽亞書』·『但以理書』, 미국성경공회, 상하이[上海], 1888년, 영경회, 미국성경공회 지정 위원회 역. 이 위원회는 『新約』도 번역했음, 1880-1881년 출판.

『馬太福音』, 미국성경공회, 상하이[上海], 1893년, 70엽, 15cm, 영경회.

『馬可福音』, 미국성경공회, 상하이[上海], 1893년, 44엽, 15cm, 화합본, 영경회.

『路加福音』, 미국성경공회, 상하이[上海], 1894년, 74엽, 16cm, 화합본, 영경회/미경회.

『馬太福音』, 미국성경공회 탁인, 상하이[上海] 美華書館 인쇄, 1895년, 98면, 23.3cm, 로마자, 상성과 거성을 권점으로 표시하고, 입성 운미를 -h와 -k 두 세트로 구분함, 도시샤/미경회.

『馬太傳福音書』, 미국성경공회 탁인, 상하이[上海] 美華書館 인쇄, 1895년, 124면, 24cm, 로마자, 하버드-옌칭 1977. 62CF1895.

『新約』, 미국성경공회, 상하이[上海], 1897년.

　　필자> 화합본에서 번역. 상하이[上海] 성경회 편. 당시 버크(W. B.

Burke), 퍼스(G. E. Perth), 테이텀(E. F. Tatum) 등이 회원으로 있었음.⁸

『創世記―路得記』, 미국성경공회, 상하이[上海], 1901년, 화합본으로 번역.

『舊約』, 대영성서공회, 상하이[上海], 1901년.

『馬可福音』, 미국성경공회, 상하이[上海], 1903년, 42엽, 20cm, 영경회/미경회.

『馬可福音』, 미국성경공회 탁인, 상하이[上海] 美華書館 인쇄, 1904년, 47면, 21cm, 로마자, 입성 운미를 -h와 -k 두 세트로 구분함, 도시샤/미경회.

『撒母耳前書―約伯記』, 미국성경공회, 상하이[上海], 1904년.

『四福音書』, 미국성경공회, 상하이[上海], 1905년, 75+47+81+63면, 21.5cm, 실스비(J. A. Silsby) 번역, 로마자, 영경회.

『四福音書』, 상하이[上海]미국성경공회, 요코하마[橫濱]에서 인쇄, 4권으로 장정. 1906년.

『舊約』, 미국성경공회, 상하이[上海], 1908년, 편(篇)별로 면 번호 표기, 5cm, 4책 분책, 선장, 영경회/미경회.

『新約』, 상하이[上海], 미국성경공회, 요코하마에서 인쇄, 1908년, 618면, 양면 인쇄, 상하이[上海] 성경위원회 번역, 영경회.

『新舊約聖經』, 상하이[上海] 미국성경공회 인쇄·발행, 1913년,

---

8 [역자 주] 윌리엄 블런트 버크(William Blount Burke; 1864.6.12-1947.12.19), 에드워드 파우스 테이텀(Edward Faus Tatum; 1818.9.20-1875.3.4).

1396+438면, 22cm, 버클리.

필자> 구두점 사용. 최초의 우[吳]어 신구약 합본.

『新約全書』, 상하이[上海] 미국성경공회 인쇄·발행, 1923년, 18cm, 614면, 푸단 우어실[吳語室] 영인본.

『新舊約聖經』, 상하이[上海] 미화성경회 인쇄·발행, 1928년, 『舊約』1396면, 『新約』438면, 구두 사용, 21.5cm, 도시샤/텐리/중산/북대, 푸단 우[吳]어실에 『馬太傳福音書』 영인본 소장. 51엽.

『新約全書』, 상하이[上海] 미화성경회 활판 인쇄본, 1928년, 614면, 북대.

『新約聖經』, 상하이[上海] 미화성경회 인쇄·발행, 1933년, 586면, 5cm, 텐리.

『方言聖經』, 상하이[上海] 土山灣印書館, 457면, 18.5cm, 출판연대 미기재, 상도.

2.1.3. 닝보[寧波] 토어

『路加福音』, 미국성경공회, 닝보[寧波], 1852년, 로마자, 미경회.

필자> 미경회 소장본 표지에 랜킨(Rankin)[9]이 "1852년 번역"이라 기재. 실제는 1853년에 간행됨.

『馬太福音』, 미국성경공회, 닝보[寧波], 1853년, 223면, 23.5cm, 목

---

9 [역자 주] 헨리 랜킨(Henry Van Vleck Rankin; 1825-1863).

판, 로마자, 미경회/영경회. 마가복음(57면)·누가복음(170면)·요한복음(168면)과 합본, 선장. 미경회에선 분권본과 합권본 소장.

필자> 미경회 소장본 표지에 수기(手記)로 다음의 내용 기재: 윌리엄 알렉산더 파선스 마틴(William Alexander Parsons Martin; 丁韙良; 1827-1916)과 러셀(W. A. Russell) 번역. 목판 비용은 34달러.

『路加福音』, 미국성경공회, 장로회 인쇄소에서 인쇄, 닝보[寧波], 1853년, 대형 로마자 버전, 1852년 버전에 근거해 개정, 170면, 26cm, 하버드-옌칭 TA 1977. 64 CN1853/영경회.

『約翰福音』, 미국성경공회, 닝보[寧波], 1853년, 168면, 24cm, 목판, 로마자. 영경회/컬럼비아.

필자> 한자 없음. 성조 표시 안 함. 입성= -h 운미.

『馬可福音』, 미국성경공회, 닝보[寧波], 1854년, 로마자.

『使徒行傳』, 미국성경공회, 닝보[寧波], 1855년.

『約翰』(第一封書信)·『腓立比書』, 미국성경공회, 1856년, 16면, 24cm, 영경회, 표지 없음.

『馬可福音』, 미국성경공회, 닝보[寧波], 1857년, 57면, 23. 5cm, 개정, 로마자, 영경회.

『詩篇』(部分), 미국성경공회, 닝보[寧波], 1857년, 4면, 23cm, 로마자, 하버드-옌칭 TA 1977. 32 CN1857, 마틴(W. A. P. Martin) 번역.

『創世記』·『出埃及記』, 미국성경공회, 닝보[寧波], 1860년, 86+72

면, 로마자, 랜킨(H. V. V. Rankin) 번역.

『贊美詩』, 닝보[寧波], 1860년, 155면, 랜킨(H. V. V. Rankin) 번역.

『使徒行傳―猶大書』, 미국성경공회, 닝보[寧波], 1861년, 152면, 23.5cm, 로마자, 영경회.

『四福音書』·『使徒行傳』, 대영성서공회, 런던, 1865년, 226면, 22.5cm, 로마자, 영경회, 중국내지선교회의 테일러(J. H. Taylor), 고프(F. F. Gough) 번역.

『新約』, 대영성서공회, 런던, 1868년, 394면, 22cm, 로마자, 동양/영경회/신망애 사이트, 프레드릭 포스터 고프(Frederick Foster Gough; 高富), 허드슨 테일러(James Hudson Taylor; 戴德生), 조지 에번스 뮐레(George Evans Moule; 慕稼穀) 번역.

　필자> 최초의 우[吳]어 로마자『新約』.

『以賽亞書』, 미국성경공회, 상하이[上海] 美華書館, 1870년, 2+187면, 19cm, 로마자. 영경회.

　필자> 서언에 현지 여자 학자가 도왔다고 언급.

『約伯記』, 상하이[上海], 1870년, 2+187면, 19cm, 로마자.

『四福音書』·『使徒行傳』, 중국내지선교회, Chinkiang[鎭江], 1870년, 282면, 28.5cm, 로마자.

『創世記』·『出埃及記』, 미국성경공회, 상하이[上海], 1871년, 164면, 23.5cm, 선장, 로마자, 영경회/미경회.

『新約』, 미국성경연합회, 상하이[上海], 1874년, 412면, 20.5cm, 로마자, 영경회, 1868년 버전에 근거해 개정, 침례교 신도용.

『詩篇』, 미국성경공회, 상하이[上海], 1877년, 로마자.

『以士帖書―雅歌』, 미국성경연합회, 상하이[上海], 1881-1887년, 로마자, 미국 침례회의 로드(E. C. Lord)[10] 번역.

『詩篇』(部分), 닝보[寧波], 1882년, 108면, 23cm, 로마자, 하버드-옌칭, 뮤어헤드(W. Muirhead) 번역.

『申命記』, 개인 인쇄, 상하이[上海], 1885년, 92면, 22cm, 로마자, 영경회, 중화성경공회 로런스(M. Laurence) 번역.

『四福音全書』, 미국성경공회, 상하이[上海], 1887년, 167면, 22cm, 로마자, 미경회/영경회.

『新約』, 1889년, 대영성서공회, 상하이[上海], 수정본, 위원회에서 수정. 연합감리교 자유교회[United Methodist Free Church]의 갈핀(F. Galpin), 중화성경공회의 호어(J. C. Hoar), 베이츠(J. Bates)가 회원으로 있었음. 로마자.

『約翰福音』, 상하이[上海], 1894년.

『以士帖書』·『約翰書』·『羅馬人書』·『希伯來人書』, 상하이[上海], 1894년, 미국 침례선교회의 젠킨스(Horace Jenkins; 秦貞; 秦镜로도 불림) 번역.

『民数記略』, 대영성서공회, 상하이[上海], 1895년, 128면, 22cm, 로마자, 하버드-옌칭 TA 1977. 24 CN1895, 로런스(M. Laurence) 번역.

---

10 [역자 주] 에드워드 클레멘스 로드(Edward Clemens Lord; 羅爾悌·羅爾梯; 1817-1887).

『約書亞記』, 대영성서공회, 상하이[上海], 1895년, 75면, 21cm, 로마자, 영경회.

『士師記』·『路得記』, 대영성서공회, 상하이[上海], 1896년, 76+11면, 21.5cm, 로마자, 영경회.

『撒母耳記(上)』, 상하이[上海], 1896년, 99면, 21.5cm, 로마자, 영경회.

『馬太福音』, 상하이[上海], 1897년, 48엽, 20cm, 선장, 침례교, 영경회.

『約翰福音』, 상하이[上海], 1897년, 39엽, 20cm, 선장, 영경회.

『新約』, 대영성서공회, 상하이[上海], 1898년, 395면, 23.5cm, 로마자 개정, 하버드-옌칭TA 1977. 5 CN1898/영경회.

『新約』, 상하이[上海], 1889년, 로마자, 수정본.

『羅馬書信』, 침례교출판사[浸禮教會出版社], 사오싱[紹興], 1899년, 20엽, 20cm, 선장, 영경회.

『希伯來書』, 침례교출판사, 사오싱[紹興], 1899년, 15엽, 20cm, 선장, 영경회.

『以賽亞書』(部分), 침례교출판사, 사오싱[紹興], 1899년, 17엽, 20cm, 선장, 영경회.

『出埃及記』, 대영성서공회, 상하이[上海], 1899년, 57면, 24cm, 로마자, 하버드-옌칭TA 1977. 22 CN1899.

『創世記』, 대영성서공회, 상하이[上海], 1899년, 70면, 로마자, 하버드-옌칭 TA 1977. 21 CN1899.

『約書亞記』, 대영성서공회, 상하이[上海], 1899년, 36면, 24cm, 로마자, 하버드-옌칭TA 1977. 26 CN1899.

『士師記』, 대영성서공회, 상하이[上海], 1900년, 37면, 로마자, 하버드-옌칭 TA 1977. 27 CN1900.

『列王紀略』, 대영성서공회, 상하이[上海], 1900년, 79면, 24cm, 로마자, 하버드-옌칭TA 1977. 28 CF1900.

『撒母耳前後書』, 대영성서공회, 상하이[上海], 1900년, 88면, 24cm, 로마자, 하버드-옌칭.

『創世記』, 대영성서공회, 1901년, 120면. 동양. 70면, 15cm, 영경회. 잠언 등 별쇄본 9종도 있음.

『舊約』, 대영성서공회, 상하이[上海], 1901년, 1,181면, 23cm, 로마자. 영경회/미경회.

필자> 최초의 우[吳]어 로마자 버전『舊約』.

『以弗所書』, 웨이랜드 아카데미(Wayland Academy), 항저우[杭州], 1902년, 7엽, 5cm, 영경회.

『提摩太前後書』, 웨이랜드 아카데미, 항저우[杭州], 1903년, 6+4면, 20.5cm, 영경회.

『新約書』, 상하이[上海] 대영성서공회, 요코하마에서 인쇄, 1906년, 395면, 23cm, 영경회/미경회.

『舊約書』, 상하이[上海], 대영성서공회, 1923년, 1901년 버전에 근거해 중쇄, 1,139면, 22.5cm, 로마자, 상기도/영경회.

『新舊約書』(합본), 대영성서공회 인쇄. 신약 1923년 인쇄, 368면.

구약 1934년 인쇄, 1,130면, 22cm, 로마자. 도시샤 합본 소장, 텐리 구약 소장, 중산 합본 소장, 1,139+368면, 21.5cm, 미경회/영경회 구약 소장, 1,139면.

『馬可福音書』, 대영성서공회, 상하이[上海], 1928년, 90면, 19cm, 영경회.

『約書亞記』(IAH SHÜ-ÜO-KYI), 1899년, 로마자, 대영성서공회.

『創世記』(TS'ONG SHÜ KYI), 1899년, 대영성서공회.

『出埃及記』(C'IH YAEH-GYI KYI), 1899년, 대영성서공회.

『士師記』(Z-S KYI), 1900년, 로마자, 대영성서공회.

『撒母耳記』(SAH-MEO-R KYI), 1900년, 로마자, 대영성서공회.

『列王紀略』(LIH-WONG KYI-LIAH), 1900년, 英國和外國聖經會, 상하이[上海] 미화서관.

2.1.4. 항저우[杭州] 토어

『新約』(部分), 항저우[杭州], 1877년, 43면, 22.5cm, 영경회.

『約翰福音』, 기독교지식보급협회[基督教知識促進會], 런던, 1879년, 86면, 19.5cm, 로마자, 미경회/영경회, 성공회의 뮐레(G. E. Moule; 慕稼穀)가 관화 역본 참고해 번역.

『馬太福音』, 기독교지식보급협회, 런던, 1879년, 103면, 21.5cm, 로마자, 영경회/미경회/위드너(Widener) 1285.3.

필자> 비음 운미를 전설 비음과 후설 비음 두 세트로 구분함. 예: 生 sen·門men·醒sin·名min; 丈dzang·想siang·共gong·從dzong. 앞

부분에 뮐레(G. E. Moule; 慕稼穀)가 1878년 9월에 작성했다는 메모가 있음.

2.1.5. 진화[金華] 토어

『約翰福音』, 미국성경공회, 상하이[上海], 1866년, 118면, 21.5cm, 로마자, 영경회, 미국침례선교사연맹[American Baptist Missionary Union; 美國浸禮傳教士聯盟]의 젠킨스(H. Jenkins; 秦貞)가 1860년부터 닝보[寧波]에서 번역 시작.

필자> 입성은 -h 운미 사용(예: 約iah·福foh·肉nyuoh·獨doh). 부정사는 음절을 이루는 m 사용.

2.1.6. 타이저우[台州] 토어

『馬太福音』, 타이저우[台州] 중국내지선교회 인쇄소에서 인쇄, 1880년, 96면, 19.5cm, 로마자, 영경회.

필자> 최초의 타이저우[台州] 방언 성경. 중국내지선교회 선교사 루들랜드(W. D. Rudland; 路惠理) 번역, 타이저우[台州]어 로마자 또한 그가 설계함. 입성은 -h 운미: 督yoh·十zih. '母'는 음절을 이루는 m을 사용. 설첨모음은 표시 안함: 四s·事z.

『馬可福音』·『路加福音』·『約翰福音』, 중국내지선교회, 타이저우[台州], 1880년, 237면, 21.5cm, 로마자, 영경회.

『新約』, 중국내지선교회, 타이저우[台州], 1881년, 756면, 22cm, 로마자, 미경회/영경회/위드너(Widener) l285.15, 루들랜드(路

惠理) 번역.

『約拿書』, 중국내지선교회, 타이저우[台州], 1891년, 14면, 21.5cm, 로마자, 미경회/영경회.

『詩篇』, 대영성서공회, 타이저우[台州], 1893년, 259면, 21.5cm, 로마자, 미경회/영경회.

『但以理書』, 중국내지선교회, 타이저우[台州], 1893년, 57면, 21cm, 로마자, 영경회.

『新約』, 대영성서공회, 타이저우[台州], 1897년, 342면, 14cm. 1881년 버전에 근거해 개정, 타이저우[台州]부(府) 중국내지선교회 인쇄소에서 인쇄, 로마자, 미경회/영경회, 오스트레일리아 국립도서관 소장 복제 사진본, 신망애 사이트.

『創世記』, 대영성서공회, 타이저우[台州], 1905년, 69면, 21.5cm, 로마자, 영경회/동양/미경회.

『詩篇』, 대영성서공회, 타이저우[台州], 1905년, 150면, 22.5cm, 로마자, 영경회/미경회.

『舊約』, 대영성서공회, 타이저우[台州], 1905-1914년, 22cm, 영경회.

『新舊約全書附詩篇』, 대영성서공회 인쇄, 1905-1914년, 구약 69+96+128+169+5+87+105+150+74+158+155면, 신약 406면, 로마자, 영경회/도시샤/텐리/동양, 중국내지선교회의 루들랜드(路惠理) 번역. 동역 선교사: 톰슨(C. Thomson), 호세(C. H. Jose), 카우데레르츠(J. G. Kaudererts).

필자> 최초의 우[吳]어 로마자 『성경』 전체 역본.

『出埃及記』·『利末記』, 대영성서공회, 1906년, 96면, 22.5cm, 로마자, 영경회/미경회.

『民數記』·『約西亞記―路德記』, 대영성서공회, 타이저우[台州], 1906년, 128면, 22.5cm, 로마자, 영경회.

『申命記』, 대영성서공회, 타이저우[台州], 1907년, 50면, 22cm, 로마자, 영경회/미경회.

『撒母耳前記―列王記下』, 대영성서공회, 타이저우[台州], 1908년, 169면, 22.5cm, 로마자, 영경회/미경회.

『新約』, 대영성서공회, 타이저우[台州], 1909년, 406면, 22.5cm, 로마자, 중산/영경회/미경회/도시샤.

『歷代志』, 대영성서공회, 타이저우[台州], 1909년, 87면, 22.5cm, 로마자, 영경회/미경회.

『以賽亞書―耶利米哀歌』, 대영성서공회, 타이저우[台州], 1909년, 158면, 22.5cm, 로마자, 영경회.

『以西結書―瑪拉基書』, 대영성서공회, 타이저우[台州], 1912년, 155면, 21.5cm, 로마사, 영경회/미경회.

『以斯拉記―約伯記』, 대영성서공회, 상하이[上海], 1914년, 105면, 22cm, 로마자, 영경회/미경회.

『箴言』·『傳道書』·『雅歌』, 대영성서공회, 상하이[上海], 1914년, 74면, 22cm, 로마자, 영경회/미경회.

『舊約書』, 대영성서공회, 상하이[上海], 1914년, 편(篇)별로 면 번호 표기, 22cm, 로마자, 별도로 1909년 버전 신약과의 합본 있음, 장별로 면 번호 표기, 21.5cm, 영경회/미경회, 루들랜드(路惠理; CMS), 톰슨(C. Thomson) 등 번역.

『馬太福音』, 대영성서공회, 상하이[上海], 1919년, 19cm, 영경회.

2.1.7. 원저우[溫州] 토어

『馬太福音』, 대영성서공회, 상하이[上海], 1892년, 120면, 24cm, 로마자, 미경회/영경회.

    필자> 입성은 모두 -h 운미: 督tuh·福fuh·約iah·博poh·踏dah·着djah. 3인칭 단수 '渠'는 gi로 표기하고, '來'는 li로 표기함. 운모는 모두 단모음. '我們'(배제식)은 '我大家'(ng-da-ko)로, '你們'은 '你大家'(nye-da-ko)로, '他們'은 '渠大家'(gi-da-ko)로 칭함.

『救主耶穌基督新約聖書—四福音帶使徒行傳』, 원저우[溫州] 방언으로 번역, 대영성서공회, 런던, 1894년, 120면, 24cm, 로마자, 미경회/영경회/하버드-옌칭/위드너(Widener) 1285.26/신망애 사이트, 수트힐(W. E. Soothill; 蘇惠廉; 1861-1935) 번역.

『新約』, 대영성서공회, 원저우[溫州], 1902년, 650면, 18.5cm, 로마자, 연합감리교 자유교회의 수트힐[蘇惠廉] 번역 및 수정, 미경회/영경회.

『馬可福音』, 대영성서공회, 원저우[溫州] 중국내지선교회 인쇄, 1902년, 56면, 18cm, 로마자, 중산/영경회.

    필자> '誰'를 '誰人'(Ji-nang)으로 칭함.

『聖歌』(Hymn Book) 수정본, 1905년 이전, 수트힐(W. E. Soothill) 번역, 한자·로마자 대조.

2.2. 민어[閩語]

2.2.1. 샤먼[廈門] 토어

『約翰福音』, 대영성서공회, 광저우[廣州] Wells William 출판사, 1852년, 46면, 21cm, 로마자, 영경회/미경회.
    필자> 최초의 민(閩)어 로마자 버전『성경』단편. 네덜란드 개혁교회 [Dutch Reform]의 엘리후 도티(Elihu Doty) 번역. 신망애 사이트. 1871년 재판. 1892년 萃經堂 제3판.

『馬太福音』, 화이트(M. C. White; 懷特) 번역, 로마자, 1852년.
    필자> 최초의 민(閩)어 한자 버전『성경』단편. 같은 해 푸저우[福州]어『馬太福音』과『馬可福音』출판.

『路得記』, 미국성경공회, 샤먼[廈門], 1853년, 20면, 20.5cm, 목각, 로마자, 영경회/바젤, 대표 문리본에 근거해 번역, 짧은 서언 있음.

『新約』, 상하이[上海] 대영성서공회, 일본 요코하마 푸젠[福建]인쇄소 인쇄, 1856년 초판, 로마자. 1922년, 텐리 두 권 소장; 1933년·1940년 재판; 상하이[上海] 중화성경공회, 1948년, 텐리.
    필자> 최초의 민(閩)어 한자 버전『新約』. 같은 해 푸저우[福州]어

『新約』출판.

『馬可福音』, 미국성경공회, 샤먼[廈門], 1863년, 80엽, 로마자, 1858-1860년 앨빈 오스트롬(Alvin Ostrom; 胡理敏) 번역. 미경회.

『使徒行傳』, 미국성경공회, 샤먼[廈門] 미국장로회출판사, 1867년, 151면, 20.5cm, 로마자, 샤먼[廈門]음과 장저우[漳州]음 2종 있음. 영경회/미경회.

『路加福音』, 미국성경공회, 샤먼[廈門], 1868년, 148면, 21cm, 로마자, 영경회/미경회.

『彼得前後書』, 미국성경공회, 샤먼[廈門], 1868년, 16면, 20.5cm, 로마자, 영경회/미경회.

『啓示錄』, 미국성경공회, 샤먼[廈門], 1868년, 40면, 20cm, 로마자, 영경회/미경회.

『約翰書』, 미국성경공회, 샤먼[廈門], 1870년, 24면, 20.5cm, 로마자, 영경회/미경회.

Sù-tô Iok-hān ê sam-su / Three Epistles of John(『使徒約翰三書』)

『約翰福音』, 미국성경공회, 샤먼[廈門], 1871년, 65면, 20cm, 로마자, 영경회/미경회.

『加拉太書―哥羅西書』, 미국성경공회, 샤먼[廈門], 1871년, 23면, 20cm, 로마자, 영경회/미경회.

『馬太福音』, 미국성경공회, 샤먼[廈門], 1872년, 108면, 5cm, 로마자, 영경회/미경회.

필자> 위의 10종은 존 스트로나크(John Stronach), 앨빈 오스트롬(Alvin Ostrom; 胡理敏), 탈마지(J. V. N. Talmage; 打馬基; American Reform Mission)가 번역.

『新約』, 406면, 19.5cm, 로마자, 글래스고(Glasgow), 1873년, 활판 인쇄, 1898년 중쇄, 영경회/미경회.

『詩篇』, 미국성경공회, 샤먼[廈門], 1873년, 183면, 21cm, 로마자, 영경회.

『彼得前後書』, 1973년, 8엽, 로마자, 글래스고(Glasgow), 스트로나크(J. Stronach) 번역.

『啓示錄』, 1873년, 8엽, 로마자, 글래스고, 스트로나크(J. Stronach) 번역.

『新約』, 대영성서공회, 런던, 1882년, 406면, 17.5cm, 1873년 버전에 근거해 복각, 로마자, 영경회.

『舊約聖經: 詩篇』, 성서공회 활판 인쇄, 1882년, 로마자, 맥스웰(馬雅各)[11] 번역, 뉴사우스웨일스주립도서관[12]/하버드-옌칭/신망애 사이트.

『哈巴谷書』, 런던, 1883년, 로마자.

『那鴻書』, 런던, 1883년, 로마자.

『約拿書』, 런던, 1883년, 로마자.

『申命記』, 런던, 1883년, 로마자.

---

11 [역자 주] 제임스 레이드로 맥스웰(James Laidlaw Maxwell; 馬雅各; 1836.3.18-1921.3).

12 [역자 주] 원서의 "The state library of NSM"을 "The State Library of NSW"로 수정함.

『士師記·路德』, 런던, 1883년, 로마자.

『以士拉·尼奇米·以士貼·傳道·雅歌』, 런던, 1883년, 로마자.

『歷代志錄』, 런던, 1883년, 로마자.

『耶利米·耶利米哀歌』, 런던, 1883년, 로마자.

『舊約』, 대영성서공회, 런던, 1884년, 18cm, 로마자, 영경회, 심문리 버전에 근거해 번역. 상하이[上海], 런던성교공회 1902년 정정본(訂正本).

　필자> 최초의 민(閩)어 로마자 버전 『舊約』.

『帖撒羅尼迦前後書』, 대영성서공회, 타이난[臺南], 1885년, 23면, 양면 인쇄, 19.5cm, 로마자, 영경회.

『箴言』, 대영성서공회, 샤먼[廈門], 1889년, 55면, 18.5cm, 로마자, 영경회.

『新約』, 대영성서공회 활판 인쇄, 런던, 1891년, 406면, 1873년 버전에 근거해 복각, 17.5cm, 로마자, 도시샤/영경회.

『新約』, 런던, 성서공회 활판 인쇄, 1894년, 406면, 1891년 버전에 근거해 복각, 18cm, 로마자, 도시샤.

『舊約』, 런던성경공회, 런던, 1894년, 12.17cm, 로마자, 하버드-옌칭.

『約西亞記』, 로마자, 1895년.

『新約』, 상하이[上海] 대영성서공회, 1896년, 406면, 22.5cm, 1891년 버전에 근거해 요코하마에서 영인, 로마자, 영경회.

『新約全書』, 聖册公會 편, 로마자, 상하이[上海], 1896년, 타이완 교회 신도에게 유통됨.

『咱e救主耶穌基督e新約』, 1898년, 로마자, 하버드-옌칭/위드너
(Widener) 1285.2/신망애 사이트, 맥스웰(J. L. Maxwel; 馬雅各)
번역.

『創世記』, 상하이[上海], 1900년, 45면, 개정, 동양/영경회.

『詩篇』, 상하이[上海] 대영성서공회, 요코하마에서 인쇄, 1900년,
86면, 17.5cm, 로마자, 영경회.

『舊約』, 상하이[上海] 대영성서공회, 요코하마에서 인쇄, 1902년,
801면, 23cm, 로마자, 영경회, 1884년 버전에 근거해 개정.

『詩篇』, 상하이[上海] 대영성서공회, 요코하마에서 인쇄, 1902년,
141면, 17.5cm, 로마자, 영경회, 1900년 버전에 근거해 개정.

『箴言: 閩腔』, 푸저우[福州] 대영성서공회, 로마자출판사에서 인
쇄, 1904년, 42면, 22.5cm, 로마자, 싱국대분관/하버드-옌칭
TA 1977. 37 CF1904.

『新舊約個聖經』, 상하이[上海] 聖冊公會 활판본, 로마자, 1903년;
상하이[上海] 文瑞樓石 인쇄, 1912년.

『新約』, 상하이[上海] 대영성서공회, 요코하마에서 인쇄, 1908년,
290면, 23cm, 로마자, 영경회. 1873년 버전에 근거해 개정.

『新舊約』, 상하이[上海] 대영성서공회, 요코하마에서 인쇄, 1908
년, 801+290면, 22.5cm, 로마자, 영경회,『新約』은 1908년 버
전에 근거해 복각,『舊約』은 1902년 버전에 근거해 복각.

『羅馬人書』, 타이난[臺南] 영국장로회, 1908년, 120면, 21cm, 로마
자, 영경회.

『新約』, 상하이[上海] 대영성서공회, 요코하마에서 인쇄, 1909년, 23cm, 로마자, 영경회/미경회, 1896년 버전에 근거해 복각.

『新約』, 성서공회 활판 인쇄, 1910년, 407면, 18.3cm, 로마자, 도시샤.

『新約』, 상하이[上海] 대영성서공회, 요코하마에서 인쇄, 1916년, 462면, 19cm, 로마자, 영경회.

『新約』, 상하이[上海] 대영성서공회, 요코하마에서 인쇄, 1919년, 302면, 22.5cm, 로마자, 영경회.

『新舊約聖經全書』, 상하이[上海] 대영성서공회, 1920년, 801+302면, 22cm, 텐리/하버드-옌칭.

『新約』(수정본), 상하이[上海] 대영성서공회, 1921년, 18.5cm, 로마자, 일성도.

『舊約』, 성경공회, 1921년, 로마자, 신망애 사이트.

『新約』, 상하이[上海] 대영성서공회, 일본 요코하마 푸젠[福建]인쇄소에서 인쇄, 1922년, 462면, 19.5cm, 로마자, 텐리 두 권 소장.

『新舊約全書』, 상하이[上海] 대영성서공회, 801면(구약)+302면(신약), 1927년, 로마자, 상기도.

『新舊約』, 성경공회, 1930년, 상하이[上海], 1책, 정장본, 로마자, 중산.

『馬雅各舊約全書』·『巴克禮新約全書』, 1930년, 신망애 사이트.

『創世記』, 상하이[上海], 로마자, 1933년.

『新約全書』, 수정본(詩篇 부록), 타이완, 1933년, 로마자.

『舊約』, 상하이[上海] 대영성서공회, 1933년, 1,047면, 로마자, 도시샤/상기도/미경회, 토마스 바클레이(Thomas Barclay; 1728-1793.1.19) 번역.

『新舊約的聖經全書』, 상하이[上海] 성경공회, 1047+302면, 1933년, 로마자, 도시샤/상성도, 바클레이(T. Barclay) 번역.

『新舊約聖經』, 상하이[上海], 로마자, 1934년.

『舊約的聖經』, 상하이[上海] 성경공회, 1935년.

『新舊約聖經全書』, 상하이[上海], 1936년, 1,047+302면, 22cm, 로마자, 동양.

『新舊約的聖經全書』, 상하이[上海] 성경공회, 1,047+302면, 1938년, 로마자, 텐리.

『新約』, 상하이[上海] Tiong Hoa 성경회, 462면, 1948년, 로마자, 텐리.

『新約聖經』(친필 원고), 필사 연도 미기재, 10권으로 분권, 190면, 텐리.

2.2.2. 푸저우[福州] 토어

『馬太福音』, 미국성경공회, 푸저우[福州], 1852년, 미국감리회의 화이트[懷特] 번역.

『馬可福音』, 푸저우[福州], 1852년, 40면, 27cm, 영경회, 중화성경공회의 웰턴(W. Welton; 溫敦)[13] 번역.

---

13   [역자 주] 윌리엄 웰턴(William Welton; 溫敦; 1808.4.9-1858.3.3).

『路加福音』, 푸저우[福州], 1853년, 50엽, 로마자, 볼드윈(C. C. Baldwin) 번역.

『馬太』·『馬可』·『使徒行傳―啓示錄』·『創世記』, 미국성경공회, 푸저우[福州], 1853-1854년, 로마자, 미경회, 미국해외선교회의 라이먼 피이트(L. B. Peet; 弼) 목사[14] 번역.

『約翰書』·『彼得前書―約翰三書』, 미국성경공회, 푸저우[福州], 1853-1854년, 로마자, 미경회, 미국 감리회의 매클레이(R. S. Maclay; 麥利和) 번역.

『馬太福音』, 대영성서공회, 푸저우[福州], 1854년, 50면, 28cm, 영경회, 130책만 인쇄, 중화성경공회의 웰턴[溫敦] 번역.

『約翰福音』, 대영성서공회, 푸저우[福州], 로마자, 1854년, 41엽, 28cm, 영경회, 90책만 인쇄, 미국해외선교회의 두리틀(J. Doolittle)[15] 번역.

『創世記』, 75엽, 푸저우[福州], 로마자, 1854년, 피이트[弼] 목사 번역.

『使徒行傳』·『羅馬人書』, 대영성서공회, 푸저우[福州], 로마자. 1855년. 200책 인쇄. 웰턴[溫敦] 번역.

『新約』, 대영성서공회, 푸저우[福州], 1856년, 하버드-옌칭, 1881년 재판, 피이트[弼] 목사 번역.

    필자> 최초의 민(閩)어 한자 버전 『新約』.

---

14   [역자 주] 라이먼 피이트(Lyman Birt Peet; 弼利民·弼來滿; 1809.3.1-1878.1.11).

15   [역자 주] 유스투스 두리틀(Justus Doolittle; 盧公民).

『馬太福音書』, 미국, 로마자, 푸저우[福州] 미화서국 활판 인쇄, 55엽, 25cm, 선장, 1856년 초판, 1862년 재판, 미경회, 화이트[懷特] 번역.

    필자> 접속사[連詞]로 '共' 사용: 耶穌共衆人連門生講嘛.

『新約』, 미국성경공회, 푸저우[福州] 미화서국, 1863년, 377면, 20.5cm, 영경회/미경회/하버드-옌칭 TA1977.5 CF1863. 피이트[弼] 목사 및 매클레이[麥利和][16] 번역, 화합본을 따라 번역.

『福音』·『使徒行傳』, 미국성경공회, 푸저우[福州], 1863년, 118엽, 21.5cm, 로마자, 영경회/미경회.

『馬太福音』, 푸젠[福建] 미국해외선교회 인쇄, 푸저우[福州] 金栗山 소장판, 1863년, 43엽, 22cm, 로마자, 하버드-옌칭 TA1977.62 CF1883, 영경회/미경회/싱국대분관, 미국해외선교회의 찰스 하트웰(Charles Hartwell; 夏查理) 번역.

『馬可』·『達哥林多人前書』·『加拉太人書』, 대영성서공회, 푸저우[福州], 1863년, 로마자, 감리회의 오티스 깁슨(Otis Gibson)[17] 번역.

『新約聖經』, 푸저우[福州], 1863년, 로마자, 싱국대분관, 매클레이[麥利和] 번역.

『創世記』, 亞比絲喜美總會 인쇄, 1863년, 총 50장, 76면, 선장, 하

---

16   [역자 주] 로버트 매클레이(Robert Samuel Maclay; 麥利和; 1824.2.7-1907.8.18).

17   [역자 주] 오티스 깁슨(Otis Gibson; 基順; 1826.12.8-1889.1.25).

버드-엔칭 TA1977.21 CF1863, 피이트(Lyman B. Peet; 弼來滿·弼利民) 목사 번역.

『馬可福音』, 미국성경공회, 푸저우[福州], 1865년, 52엽, 20.5cm, 로마자, 영경회/싱국대분관/하버드-엔칭 TA1977.5 CF1866/싱국대분관, 매클레이[麥利和] 번역.

『新約』, 대영성서공회, 푸저우[福州], 1866년, 388+287엽, 20.5cm, 영경회.

『路加福音』, 푸저우[福州] 미화서국, 1866년, 90면, 21cm, 로마자, 하버드-엔칭 TA1977.64 CF1866/대영성경회.

『馬可福音』, 푸저우[福州] 미화서국, 1866년, 총 16장, 52면, 21cm, 하버드-엔칭 TA1977.63 CF1866.

『馬太福音』, 푸저우[福州] 미화서국, 1866년, 85면, 21cm, 하버드엔칭 TA1977.62 CF1866.

『新約五經』, 푸저우[福州] 미화서국, 1866년, 388면, 21cm, 로마자, 하버드-엔칭.

『約伯記略』, 대영성서공회, 푸저우[福州] 미화서국, 1866년, 62엽, 20.5cm, 하버드-엔칭 TA1977.31 CF1866/호튼관/영경회.

『福音四書』, 푸저우[福州] 미화서국, 1866년, 74면, 로마자, 하버드엔칭 TA1977.6 CF1866.

『約翰福音X1-3), 푸저우[福州] 미화서국, 1866년, 74면, 로마자, 하

버드-엔칭, 볼드윈(C. C. Baldwin)[18] 번역.

『約翰傳福音書』, 푸저우[福州], 1866년, 105엽.

『使徒行傳』, 푸저우[福州], 1866년, 87엽.

『新約』, 미국성경공회, 푸저우[福州], 1866년, 675엽, 20.5cm, 영경회, 매클레이[麥利和], 깁슨(Otis Gibson) 등 번역.

『新約』, 푸저우[福州] 미화서국·대영성서공회, 1866년 개정판, 4책, 영경회·하버드-엔칭 TA1977.5 CF1866; 미국성경공회·푸저우[福州] 미화서국, 1869년. 하버드-엔칭 TA1977.5 CF1869/영경회;대영성서공회·푸저우[福州] 성경회 활판 인쇄 신판, 1900년. 하버드-엔칭/호튼/영경회; 1904년 중쇄, 하버드-엔칭 TA1977.5 CF1904.

『約翰書』, 런던 대영성서공회, 1866년, 로마자, 중화성경공회의 스튜어트(R. W. Stewart) 번역.

『羅馬人書』, 1866년, 로마자, 싱국대분관.

『彼得前後書』, 1866년, 로마자, 싱국대분관, 볼드윈[摩憐] 번역.

『默示錄』, 1866년, 로마자, 싱국대분관, 볼드윈[摩憐] 번역.

『雅各書』, 1866년, 로마자, 싱국대분관, 볼드윈[摩憐] 번역.

『猶大書』, 1866년, 로마자, 싱국대분관, 볼드윈[摩憐] 번역.

『使徒行傳書』, 1866년, 로마자, 싱국대분관.

『舊約』, 미국성경공회, 푸저우[福州], 1866-1888년, 로마자, 미국

---

18 [역자 주] 케일럽 쿡 볼드윈(Caleb Cook Baldwin; 摩嘉立·摩憐; 1820-1911).

해외선교회의 볼드윈(S. L. Baldwin), 우쓰밍[吳思明], 워커(J. E. Walker), 성공회의 로이드(L. Lloyd), 바니스터(W. Banister), 미국 감리회의 플럼(N. J. Plumb) 번역.

필자> 최초의 민(閩)어 한자 버전『구약』.

『箴言』, 미국성경공회, 푸저우[福州] 미화서국, 1868년, 39엽, 24cm, 로마자, 하버드-옌칭 TA1977.37 CF1868/호튼/영경회.

『詩篇全書』, 미국성경공회, 푸저우[福州] 미화서국, 1868년, 150수, 132엽, 24.5cm, 하버드-옌칭 TA1977.32 CF1868/호튼/영경회, 1-115편은 우쓰밍[吳思明] 번역, 116-150편은 피이트[弼] 목사 번역.

『路得記』·『詩篇』, 푸저우[福州] 미화서국, 1868-1882년 계속 출간, 447면, 23cm, 로마자, 하버드-옌칭.

『新約』, 미국성경공회, 푸저우[福州] 미화서국, 1869년, 247엽, 17.5cm, 로마자, 하버드-옌칭 TA1977.5 CF1869/영경회, 매클레이[馬克禮·麥利和]·깁슨[基順]·볼드윈[摩憐]·하트웰[夏査理] 번역.

필자> 최초의 민(閩)어 로마자 버전『신약』.

『約書亞書』, 미국성경공회, 푸저우[福州], 1874년, 48엽, 24cm, 로마자, 영경회.

『路得記』, 미국성경공회, 푸저우[福州] 미화서국, 1874년, 8엽, 24cm, 로마자, 하버드-옌칭 TA1977.274 CF1974/영경회.

『福音四書合串』, 푸저우[福州] 미화서관 활판 인쇄, 1874년, 201면,

1책, 선장, 도호쿠.

『撒母耳前書』, 푸저우[福州] 미화서국, 1875년, 64엽, 24cm, 로마자, 하버드-옌칭/영경회/싱국대분관.

『但以理書』, 미국성경공회, 푸저우[福州], 1875년, 30엽, 23.5cm, 로마자.

『創世記』, 미국성경공회, 푸저우[福州] 미화서국, 1875년, 96엽, 24cm, 로마자 개정, 하버드-옌칭 TA1977.21 CF1875/호튼/영경회, 볼드윈[摩憐] 번역.

『出埃及記』, 푸저우[福州], 로마자, 1876년, 76엽, 23. 5cm, 영경회.

『救主行傳』, 178면, 하버드-옌칭 TA1978.29.95, 우쓰밍[吳思明] 번역, 마태·마가·누가·요한 사대복음서를 하나로 묶음.

『使徒行傳』, 상하이[上海] 미화서관 활판 인쇄, 1877년, 60면, 1책, 선장, 로마자, 도호쿠.

『利未記』, 미국성경공회, 푸저우[福州], 1877년, 56엽, 24cm, 로마자, 영경회.

『士師記』, 미국성경공회, 푸저우[福州], 1877년, 49엽, 23.5cm, 로마자.

『新約』, 미국성경공회, 푸저우[福州], 1878년, 251면, 17cm, 1866년 버전에 근거해 개정.

『民數記』, 미국성경공회, 푸저우[福州], 1878년, 79엽, 23.5cm, 로마자, 영경회.

『申命記』, 미국성경공회, 푸저우[福州], 1878년, 72엽, 24cm, 로마자, 영경회.

『撒母耳後書』, 푸저우[福州] 미화서국, 1878년, 63면, 23cm, 로마자, 하버드-옌칭/싱국대분관.

『撒母耳後書』, 미국성경공회, 1878년, 53엽, 23.5cm, 영경회.

『馬太福音』, 푸저우[福州] 편찬위원회 편찬, 푸저우[福州], 1878년, 100엽, 25cm.

『列王紀略』(上卷), 푸저우[福州] 미화서국, 1879년, 62엽, 23cm, 선장, 로마자, 하버드-옌칭 TA1977.28 CF1879 하권은 1880년에 출판, 하버드-옌칭 TA1977.28 CF1880/영경회/싱국대분관.

『以斯拉記—以斯帖記』, 미국성경공회, 푸저우[福州], 1879년, 20+29+15엽, 23.5cm, 영경회.

『約翰福音』, 대영성서공회, 푸저우[福州] 미화서국, 1881년, 66엽, 21cm, 하버드-옌칭/영경회/미경회, 레웰린 로이드(Llewelyn Lloyd) 번역.

필자>『福州口語詞典』의 병음 체계에 근거해 로마자로 번역.

『歷代志略』(上卷), 푸저우[福州] 미화서국, 1881년, 61면, 23cm, 하버드-옌칭 TA1977.29 CF1881; 하권은 1882년에 출판, 하버드-옌칭 TA1977.29 CF1882.

『以賽亞書』, 푸저우[福州] 미화서국 활판, 1882년, 66장, 71면, 하버드-옌칭 TA1977.41 CF1882.

『以西結書』, 푸저우[福州] 미화서국, 1883년, 70면, 18cm, 하버드-옌칭 TA1977.44 CF1883.

『約翰福音』, 대영성서공회, 푸저우[福州] 미화서국, 1881년, 63엽,

21cm, 하버드-옌칭/영경회. 로이드(Llewelyn Lloyd) 번역.

필자> 개정을 거친 『福州口語詞典』의 알파벳 체계에 근거해 로마자로 번역.

『新舊約全書』, 1884년 초판, 푸저우[福州]어 한자 버전.

필자> 최초의 민(閩)어 한자 버전 『성경』 전서.

『約伯紀』, 미국성경공회·대영성서공회, 푸저우[福州], 1887년, 36엽, 18cm, 영경회.

『詩篇』, 미국성경공회·대영성서공회, 푸저우[福州], 1887년, 87엽, 18cm, 로마자, 영경회; 대영성서공회, 1902년 재판, 싱국대 분관.

『舊約全書』, 1888년, 대영성서공회, 로마자; 푸저우[福州], 1906년 재판, 하버드-옌칭/영경회.

『馬可福音』, 푸저우[福州], 1889년, 푸저우[福州] 미화 활판 인쇄, 선장 1책, 로마자, 도호쿠, 1892년 재판.

『馬太福音』, 대영성서공회, 런던, 1889년, 79엽, 21cm, 로마자, 영경회.

『使徒行傳』, 대영성서공회, 런던, 1890년, 79엽, 21cm, 로마자, 영경회/위드너(Widener)l285.12.

『四福音書和使徒行傳』, 대영성서공회, 런던, 1890년, 편별로 면 번호 표기, 22cm, 로마자, 영경회, 로버트 새뮤얼 매클레이(Robert Samuel Maclay) 번역.

『箴言』 1892년, 62면, 21.2cm, 로마자, 하버드-옌칭 TA1977.37

CF1892.

『以賽亞書』, 푸저우[福州] 미화서국, 1892년, 71면, 14cm, 하버드-옌칭 TA1977.41 CF1892.

『新約』, 푸저우[福州] 방언 개정 주석본, 대영성서공회, 런던, 1890년, 로마자, 미경회; 대영성서공회, 1904년 신판 활판 인쇄.

『聖經』, 애쉬모어(W. Ashmore)[19] 개정, 대영성서공회·미국성경공회, 푸저우[福州], 1891년, 1,265면, 26cm, 영경회; 대영성경공회, 산터우[汕頭], 1891년 재판, 영경회; 푸저우[福州] 감리회, 1895년 재판.

필자> 앞의 선교회에서 출판한 『신약』과 『구약』의 합본.

『新約書』, 대영성서공회, 로마자출판사에서 인쇄, 354면, 로마자, 1900년, 하버드-옌칭 TA1977.5 CF1900.

『聖經』, 푸저우[福州] 방언 수정본, 푸저우[福州] 감리회, 1891년, 로마자, 영경회; 대영성서공회, 일본에서 인쇄, 1909년, 영경회.

필자> 최초의 민(閩)어 로마자 버전 『성경』 전서.

『新約』, 대영성서공회·미국성경공회, 푸저우[福州], 1891년, 530면, 18cm, 로마자, 화합본에 따라 번역, 영경회; 대영성서공회, 푸저우[福州] 미화서국 로마자출판사에서 인쇄, 1905년, 하버드-옌칭/영경회; 대영성경회, 1910년 재판, 영경회; 대영성서공회 수정본, 푸저우[福州], 1895년, 영경회.

---

19 [역자 주] 윌리엄 애쉬모어(William Ashmore; 耶士摩·耶士謨; 1824.12.25-1909.4.22).

『新舊約全書』, 로마자, 1891년; 수정본, 1909년; 대영성서공회, 푸저우[福州], 1911, 하버드-옌칭; 민국성경회, 상하이[上海], 1912년; 성공회 인쇄·발행, 1914년; 상하이[上海], 1927년, 상기도; 상하이[上海]성경공회 활판 인쇄, 1930년, 북대; 美英 등 성경회 인쇄·발행, 1933, 푸젠/通知社; 聖經會, 상하이[上海], 1937년; 성서공회 인쇄·발행, 1940년, 북대/일성도.

『詩篇』·『箴言』, 대영성서공회, 푸저우[福州], 1892년, 194+62면, 21.5cm, 로마자 개정, 하버드-옌칭TA1977. 32 CF1892/영경회.

『馬可福音』, 푸저우[福州] 미화서국 활판 인쇄, 1892년, 1책, 40엽, 선장, 도호쿠.

『創世記』·『出埃及記』, 대영성서공회, 푸저우[福州] 미화서국, 1892년, 1324-108면, 21. 5cm, 로마자, 하버드-옌칭/영경회.

『創世記』, 푸저우[福州], 1892년, 로마자, 싱국대분관; 대영성서공회, 푸저우[福州], 1902년, 영경회.

『出埃及記』, 푸저우[福州] 미국해외선교회에서 인쇄, 1893년, 로마자, 하버드-옌칭/싱국대분관.

『新約』, 대영성서공회, 푸저우[福州], 1895년, 265면, 17.5cm, 로마자, 영경회.

『新舊約全書1: 創世記—士師記』, 성서공회 인쇄·발행, 1898년, 한자 버전, 하버드-옌칭 TA1977 CF1898.

『新舊約全書2: 路得記—尼希米記』, 성서공회 인쇄·발행, 1898년,

한자 버전, 하버드-옌칭 TA1977 CF1898.

『新舊約全書3: 以斯帖記―耶利米書』, 성서공회 인쇄·발행, 1898년, 한자 버전(잠언 31:4에서 이사야 11:11까지 누락), 하버드-옌칭 TA1977 CF1898.

『新舊約全書4: 耶利米哀歌―約翰福音』 성서공회 인쇄·발행, 1898년, 한자 버전, 하버드-옌칭 TA1977 CF1898.

『新舊約全書5: 使徒行傳―啓示錄』, 성서공회 인쇄·발행, 1898년, 한자 버전, 하버드-옌칭 TA1977 CF1898.

『新約』, 대영성서공회, 푸저우[福州] 성서공회, 1900년, 354면, 로마자, 수정본, 주석 첨가. 하버드-옌칭 TA1977.5 CF1900/영경회/미경회.

『舊新約全書』, 푸저우[福州] 미화서국 활판, 1898년, 1,268면, 25.5cm, 로마자, 하버드-옌칭.

『聖經』, 상하이[上海] 대영성서공회, 일본에서 인쇄 및 장정, 1901년, 1,136+346면, 1891년 버전에 근거해 복각 및 별쇄본 제작, 영경회.

『創世記』, 대영성서공회, 푸저우[福州], 1902년, 110면, 22.5cm, 로마자, 영경회.

『舊約』, 미국성경공회, 푸저우[福州], 1902-1905년. 로이드(L. Lloyd), 콜린스(J. S. Collins), 허버드(G. H. Hubbard),[20] 스튜어트(R. W.

---

20 [역자 주] 조지 헨리 허버드(George Henry Hubbard; 許高志; 1855.1.11-1928.4.15).

Stewart) 번역.

『出埃及記』, 대영성서공회, 푸저우[福州] 미국해외선교회 로마자출판사에서 인쇄, 1902년, 88면, 22.5cm, 로마자, 하버드-옌칭/영경회.

『出埃及記』, 푸저우[福州] 방언 로마자 버전, 푸저우[福州] 대영성서공회, 로마자출판사에서 인쇄, 1892년, 싱국대분관.

『詩篇』, 대영성서공회, 푸저우[福州], 1902년, 127면, 22.5cm, 하버드-옌칭 TA1977.32 CF1902.

『新約書: 榕腔』, 푸저우[福州] 대영성서공회, 로마자출판사에서 인쇄, 377면, 1904년, 로마자, 싱국대분관/하버드-옌칭 TA1977.5 CF1904.

『新約』, 대영성서공회, 푸저우[福州] 미국해외선교회 로마자출판사에서 인쇄, 1905년, 377면, 22.5cm, 로마자, 하버드-옌칭/영경회.

『約書亞書』, 푸저우[福州] 미국해외선교회 로마자출판사에서 인쇄, 1904년, 37면, 22.5cm, 로마자, 하버드-옌칭 TA1977.26 CF1904.

『聖經』, 대영성서공회, 로마자출판사에서 인쇄, 1905년.

『舊約全書』, 대영성서공회, 푸저우[福州], 1906년, 1,132면, 22cm, 로마자, 하버드-옌칭 TA1977.1 CF1906/영경회.

『馬太福音』, 대영성서공회, 푸저우[福州], 1906년, 64면, 18.5cm, 영경회.

『新約全書: 福州土腔』, 푸저우[福州] 대영성서공회, 1906년, 로마자, 싱국대분관.

『新舊約全書―福州土腔』, 대영성서공회, 푸저우[福州], 미국해외선교회 로마자출판사에서 인쇄, 1908년, 로마자, 신망애 사이트.

『聖經』, 대영성서공회, 일본에서 인쇄, 1909년, 1,264+386면, 22.5cm, 영경회.

『新約』, 대영성서공회, 1910년, 526면, 20cm, 영경회.

『新舊約全書』, 대영성서공회, 푸저우[福州], 1911년, 1,031면, 하버드-옌칭.

『新約馬可』, 상하이[上海] 성서공회, 1912년, 동양.

『新舊約全書』, 민국성경회, 상하이[上海], 1912년.

『馬可福音』, 개인 인쇄, 상하이[上海], 1921년, 43면, 20cm, 국어주음자모로 표기, 영경회, 중화성경공회(CMS)의 힌드(A. M. Hind) 번역.

『四福音書』・『使徒行傳』, 상하이[上海]・푸저우[福州] 미경회 혹은 영경회, 1921-1925년, 주음부호 버전, 영경회, 중화성경공회의 힌드(A. M. Hind) 번역.

『路加福音』, 대영성서공회, 푸저우[福州], 1922년, 82면, 19cm, 국어주음자모로 표기, 영경회, 중화성경공회의 힌드(A. M. Hind) 번역.

『約翰福音』, 대영성서공회, 푸저우[福州], 1923년, 66면, 19cm, 국

어주음자모로 표기, 주음부호 버전, 중화성경공회의 힌드(A. M. Hind) 번역.

『馬太福音』, 상하이[上海] 미국성경공회, 1924년, 65엽, 국어주음자모로 표기, 주음부호 버전, 중화성경공회의 힌드(A. M. Hind) 번역.

『新舊約全書』, 상하이[上海] 미국성경공회 인쇄·발행, 1,136면(구약)+346면(신약), 1927년, 상기도/푸젠(서지목록 카드가 존재하나 원서 검색 불가)/신망애 사이트.

『新舊約全書』, 상하이[上海] 성서공회, 1929년, 1책, 정장본, 로마자, 중산/북대.

『新舊約全書』, 상하이[上海] 성경공회 활판 인쇄, 1930년, 1,282면, 북대.

『新舊約全書』, 대영성서공회 인쇄·발행, 1,136면(구약)+346면(신약), 1933년, 19cm, 도시샤, 구두점 사용.

『新約全書』, 성서공회 인쇄·발행, 1933년, 530면, 15.5cm, 로마자, 텐리.

『新舊約全書』, 성경공회, 상하이[上海], 1937년.

『新舊約全書』, 성서공회 인쇄·발행, 1940년, 1,163+346면, 19cm, 일성도.

『新舊約全書』, 상하이[上海] 성경공회 활판 인쇄, 1940년, 1,482면, 북대.

『新舊約全書』, 성서공회 인쇄·발행, 1940년, 1,163+346면, 19cm,

일성도.

2.2.3. 차오산[潮汕] 토어

『福音四書合串』, 푸저우[福州], 1874년, 201엽, 애쉬모어(W. Ashmore) 번역.

『路得記』, 미국침례교회, 산터우[汕頭], 1875년, 10면, 18cm, 로마자, 영경회, 미국 침례회의 패트리지(S. B. Partridge) 번역.

『創世記』, 미국침례교회, 산터우[汕頭], 1875년, 10면, 18cm, 로마자, 미국 침례회의 패트리지(S. B. Partridge) 번역.

『路加福音』, 대영성서공회, 글래스고, 1877년, 77면, 18.5cm, 로마자, 영경회, 심문리 버전에 근거해 번역, 영국장로회의 더프스(W. Duffus) 번역.

『使徒行傳』, 미국침례교회, 산터우[汕頭], 1877년, 영경회, 심문리 버전에 근거해 번역.

『創世記』, 미국침례교회, 푸저우[福州], 1879년. 미경회/영경회, 심문리 버전에 근거해 번역.

『羅馬人書』, 미국침례교회, 푸저우[福州], 1879년, 33면, 24cm, 영경회.

『新約』(部分), 미국침례교회, 푸저우[福州], 1879-1896년, 미국침례회의 패트리지(S. B. Partridge), 애쉬모어(W. Ashmore), 필즈(A. M. Fields) 등 번역.

『哥林多前書』, 미국침례교회, 푸저우[福州], 1880년, 34엽, 23.5cm,

영경회.

『希伯來書』, 미국침례교회, 푸저우[福州], 1880년, 24엽, 24cm, 영경회.

『馬太福音』, 미국침례교회, 푸저우[福州], 1882년, 73엽, 25cm, 영경회.

『路加福音』, 미국침례교회, 푸저우[福州], 1882년, 76엽, 25.5cm, 영경회.

『使徒行傳』, 미국침례교회, 푸저우[福州], 1882년, 71면, 24.5cm, 영경회.

『馬可福音』, 미국침례교회, 푸저우[福州], 1883년, 영경회.

『創世記』, 미국성경공회, 산터우[汕頭] 교회 Hong-soh-hun 인쇄, 산터우[汕頭], 1888년, 229면, 23.5cm, 로마자, 하버드-옌칭/영경회/싱국대분관/신망애 사이트. 산터우[汕頭] 영국장로회의 더프스(W. Duffus) 번역.

『創世記』, 미국성경공회, 산터우[汕頭] 복음인쇄소 인쇄, 1888년, 큰 글씨 버전, 229면, 19.5cm, 로마자, 1896년 중쇄, 미경회/영경회, 더프스(W. Duffus; 迪弗斯), 깁슨(J. C. Gibson; 汲約翰) 번역, 하버드-옌칭 TA1977.21 CW1888; 작은 글씨 버전도 있음, 138면, 하버드-옌칭 TA1977.21 CW1888.1.

『約拿書』, 대영성서공회, 산터우[汕頭], 1888년, 9면, 23.5cm, 로마자, 하버드-옌칭 TA1977.492 CW1888/영경회/미경회, 산터우[汕頭] 영국장로회의 더프스(W. Duffus) 번역.

『約拿書』, 대영성서공회, 산터우[汕頭], 1888년, 6면, 19cm, 소형 포맷, 로마자, 영경회/신망애 사이트.

『雅各書』, 대영성서공회, 산터우[汕頭], 1888년, 16면, 24cm, 로마자, 영경회/바젤/신망애 사이트. 산터우[汕頭] 영국장로회의 더프스(W. Duffus) 번역. 표지에 ek tso Tie-chiu peh-ue라 쓰여 있음.

『雅各書』, 대영성서공회, 산터우[汕頭], 1888년, 8면, 19.5cm, 소형 포맷, 로마자, 영경회/바젤.

『雅各書』, 대영성서공회, 산터우[汕頭] 교회 Hong-soh-hun 인쇄, 산터우[汕頭], 1888년, 13면, 11.5cm, 로마자, 영경회, 더프스(W. Duffus) & 깁슨(J. C. Gibson) 번역.

『馬太福音』, 산터우[汕頭] 대영장로회 출판, 1889년, 90면, 19cm, 로마자, 하버드-옌칭 TA1977 CW1889/영경회.

『馬太福音』, 대영성서공회, 1889년, 146면, 24cm, 로마자, 영경회.

『馬太福音』, 대영성서공회, 1889년, 90면, 19cm, 로마자, 영경회.

『使徒行傳』, 대영성서공회, 산터우[汕頭], 1889년, 151면, 23.5cm, 로마자, 영경회.

『使徒行傳』, 대영성서공회, 산터우[汕頭], 1889년, 93면, 20cm, 소형 포맷, 로마자, 영경회.

『馬可福音』, 대영성서공회, 산터우[汕頭], 1890년, 95면, 24.5cm, 로마자, 영경회.

『馬可福音』, 대영성서공회, 산터우[汕頭], 1890년, 56면, 20cm, 소형 포맷, 로마자, 영경회.

『約翰福音』, 대영성서공회, 산터우[汕頭], 1891년, 124면, 24.5cm, 로마자, 영경회.

『約翰福音』, 대영성서공회, 산터우[汕頭], 1891년, 78면, 19.5cm, 소형 포맷, 로마자.

『馬太福音—使徒行傳』, 대영성서공회, 글래스고, 1892년, 275면, 17cm, 로마자, 영경회/신망애 사이트.

『救主耶穌基督的新約全書: 前卷馬太到使徒』, 대영성서공회, 1892년, 로마자, 하버드-옌칭.

『哈該書』·『瑪拉基書』, 산터우[汕頭] 장로회출판사, 1892년, 로마자, 산터우[汕頭] 영국장로회의 더프스(W. Duffus) 번역.

『路加福音』, 대영성서공회, 산터우[汕頭], 1892년; 대영성서공회 1893년 버전은 1892년 버전에 근거해 복각, 159면, 24cm, 로마자, 영경회.

『四福音書和使徒行傳』, 275면, 로마자, 1892년, 위드너(Widener) l285.19.

『腓立比書』·『歌羅西書』, 대영성서공회, 산터우[汕頭], 1893년, 31면, 24cm, 로마자, 영경회.

『帖撒羅尼迦前後書』, 대영성서공회, 산터우[汕頭], 1893년, 22면, 24.5cm, 로마자, 영경회.

『詩篇』(部分), 스코틀랜드 성경공회, 산터우[汕頭], 1894년, 33면, 17cm, 로마자, 영경회.

『提摩太前書—腓立門書』, 대영성서공회, 1894년, 41면, 24cm, 로

마자, 영경회.

『腓立比書―腓立門書』, 대영성서공회, 산터우[汕頭]교회 Hong soh-hun 인쇄, 1894년, 59면, 19.5cm, 영경회/신망애 사이트, 1893년 버전과 1894년 버전에 근거해 복각, 더프스(W. Duffus) & 깁슨(J. C. Gibson) 번역.

『約翰書』·『猶太書』, 대영성서공회, 산터우[汕頭], 1894년, 26면, 24cm, 로마자, 영경회.

『哈該書―瑪拉基書』, 산터우[汕頭] 대영성서공회, 1895년, 65면, 23.5cm, 로마자, 하버드-옌칭 TA1977.497 CW1895/영경회, 산터우[汕頭] 영국장로회의 더프스(W. Duffus), 깁슨(J. C. Gibson), 매켄지(H. L. Mackenzie) 번역.

『彼得前後書』, 대영성서공회, 산터우[汕頭], 1895년, 31면, 24cm, 로마자, 영경회.

『加拉大書』·『以弗所書』, 대영성서공회, 산터우[汕頭], 1896년, 23+23면, 24cm, 로마자, 영경회.

『新約』, 미국침례교회, 상하이[上海], 1898년, 306면, 26cm, 영경회/미경회.

『撒母耳記下』, 대영성서공회, 산터우[汕頭]교회 Hong-soh-hun 인쇄·발행, 1898년, 132면, 24cm, 로마자, 영경회/신망애 사이트, 더프스(W. Duffus) & 깁슨(J. C. Gibson) 번역.

『新約馬太福音書』, 대영성서공회, 영국 장로교 선교회 인쇄소, 산터우[汕頭], 로마자, 1899년, 동양.

『啓示錄』, 대영성서공회, 산터우[汕頭], 1900년, 34면, 21.5cm, 로마자, 영경회/위드너 1285.11.5.

『哥林多後書』, 대영성서공회, 산터우[汕頭], 1901년, 18면, 21cm, 로마자, 영경회, 산터우[汕頭] 영국장로회의 더프스(W. Duffus), 깁슨(J. C. Gibson), 매켄지(H. L. Mackenzie) 번역.

『聖經』 수정본, 침례회, 1902년, 로마자. W. A. Shmore 등 번역(성경 전체 역본).

『創世記』, 미국침례교회, 1902년, 1879년 버전에 근거해 개정.

『路得記』, 대영성서공회, 산터우[汕頭], 1904년, 로마자.

『詩篇』(部分), 대영성서공회, 1904년, 33면, 16cm, 로마자, 1894년 버전에 근거해 복각, 영경회.

『新約』, 대영성서공회, 산터우[汕頭], 1905년, 550면, 22cm, 영경회/미경회, 산터우[汕頭] 영국장로회의 더프스(W. Duffus), 깁슨(J. C. Gibson), 매켄지(H. L. Mackenzie) 번역.

『詩篇』(部分), 대영성서공회, 산터우[汕頭], 1913년, 49면, 16.5cm, 로마자, 증보, 영경회.

『路得記到撒母耳前後記』, 산터우[汕頭]교회 Hong-soh-hun 인쇄, 1915년, 4+62면, 21.5cm, 로마자, 영경회/신망애 사이트, 더프스(W. Duffus) & 깁슨(J. C. Gibson) 번역.

『新約聖經』, 대영성서공회, 영국선교회 인쇄소, 산터우[汕頭], 1915년; 제2판 1,500책 인쇄, 로마자, 도시샤.

『舊約前五章』, 중화침례출판회, 광저우[廣州], 1916년, 276면,

24.5cm, 영경회/미경회.

『何西阿書—瑪拉基』, 대영성서공회, 1917년, 57면, 20.5cm, 로마자, 영경회.

『詩篇選』, 대영성서공회, 산터우[汕頭], 1919년, 71면, 16cm, 로마자, 영경회.

『詩篇』, 중화침례출판회, 광저우[廣州], 1919년, 98면, 22cm, 영경.

『聖經』, 미국 침례교 해외선교회(A. B. F. M. S.), 상하이[上海], 1922년, 1,304+400면, 영경회.

『新舊約全書』, 미국 침례교 해외선교회 인쇄·발행, 1928년, 1,096면(구약)+352면(신약), 상기도.

2.2.4. 차오저우[潮州] 백화(白話)

『約拿書: 潮州白話』, 대영성서공회, 산터우[汕頭], 1888년, 로마자, 싱국대분관.

『新約馬太福音書』, 대영성서공회, 영국 장로교 선교회 인쇄소, 산터우[汕頭], 1899년, 146면, 큰 글씨 버전, 로마자, 동양.

『新約聖經』, 대영성서공회, 영국 장로교 선교회 인쇄소, 산터우[汕頭], 1915년, 550면, 21.5cm, 로마자, 제2판 1,500책 인쇄, 도시샤.

2.2.5. 싱화(푸텐)[興化(莆田)] 평화(平話)

『新約聖書』, 1872년, 로마자, 싱국대분관.

『聖經』, 로마자, 1877년 전후; 1912년 재판.

『約翰福音』, 미국성경공회, 푸저우[福州], 1892년, 로마자, 미경회.

『莆田話新約全書』, 1892-1900년, 로마자.

『馬可福音』, 1893년, 로마자.

『馬太福音』·『使徒行傳』, 1894년, 미경회.

『路加福音』, 푸저우[福州], 1895년, 로마자, 미경회.

『出埃及記』, 미국성경공회, 푸저우[福州], 1896, 116면, 19.5cm, 로마자, 영경회/미경회.

『創世記』, 1897년, 로마자, 미경회.

『羅馬人書』·『哥倫多人書』, 1898년, 로마자, 미경회.

『加拉太人書―猶大』, 1899년, 로마자, 미경회.

『新約』, 미국성경공회, 싱화[興化], 1900년, 로마자, 젠킨스(秦貞) 번역.

『新約』, 탈마지(Talmage; 打馬基) 보편(補編), 싱화[興化], 1901년, 로마자.

『新約』, 1902년, 로마자, 미경회.

『以賽亞書』·『耶利米』·『以西結書』, 미국성경공회, 싱화[興化], 1903년, 95+112+90면, 19.5cm, 로마자, 영경회/미경회.

『箴言』·『傳道書』·『雅歌』, 미국성경공회, 1904년, 64면, 19.5cm, 로마자, 미경회/영경회.

『約伯書』, 미국성경공회, 싱화[興化], 1905년, 64면, 19.5cm, 로마자, 미경회.

『舊約書前五章』, 미국성경공회, 싱화[興化], 1906년, 64면, 19cm, 로마자, 미경회.

『四福音書』·『創世記』·『出埃及記』, 1911년, 수정본, 미경회.

『新約全書』, 미국성경공회 브루스터[蒲魯士][21] 번역, 싱화[興化] 美興書局 활판, 1912년, 로마자.

『新約附詩篇』, 싱화[興化] 實業敎會出版社, 1912년, 777면, 24cm, 로마자, 하버드-옌칭/버클리.

『舊新約書』, 미국성경공회, 싱화[興化] 實業傳敎士出版社 1912년, 로마자, 미국감리회의 브루스터(W. N. Brewster) 번역. 필자> 역자가 작성한 『서언』에서 당시의 문언문 성경에 근거해 번역했으며 중국 동역자도 번역에 참여했다고 언급했다. 1972년 타이완 중판에는 본문 앞에 싱화[興化] 방언의 모음, 성조, 특수한 어음에 대한 설명이 있다. 성조는 高平·降·低平·低促·升·低升降·高促로 총 7개이다. 1,140+333면, 24cm, 영경회/상기도/동양. 1911년·1912년의 싱화[興化] 美興書局 활판 인쇄본도 있다.

『新約全書附詩篇』, 미화성경회 출판, 상하이[上海], 1934년, 360+121면, 22cm, 로마자, 도시샤/텐리/미경회, 국어와 화합본에 근거해 번역. 카슨(F. Stanley Carson), 콜(W. B. Cole) 번역.

---

21 [역자 주] 윌리엄 네즈빗 브루스터(William Nesbitt Brewster; 蒲魯士; 1862.12.5-1916.11.22).

2.2.6. 젠양[建陽] 토어

『馬可福音』, 푸저우[福州], 젠양[建陽] 교회선교회, 개인 인쇄, 1898년, 55면, 23.5cm, 로마자, 영경회, 필립스(H. T. Philips) 번역.

『馬太福音』, 대영성서공회, 푸저우[福州] Methodist Episcopal Mission Press[감리교 감독 선교 출판사], 300권 인쇄, 1900년, 91면, 21.5cm, 로마자, 동양/중산/영경회/미경회, 필립스 부부 [Hugh S. Phillips & Minnie Phillips](CMS) 번역.

2.2.7. 사오우[邵武] 토어

『雅各書』, 미국해외선교회, 푸저우[福州], 1891년, 10면, 21.5cm, 로마자, 영경회, 문자로 성조 유형[調類] 표기, 미국해외선교회[ABCFM]의 워커(J. E. Walker) 번역.

『使徒行傳』, 미국해외선교회, 푸저우[福州], 1891년, 로마자, 워커(J. E. Walker) 번역.

2.2.8. 젠어우[建甌] 토어

『新約聖經·使徒行傳』, 푸저우[福州], 로마자, 출판연도 미상.

2.2.9. 하이난[海南] 토어

『使徒行傳』, 대영성서공회, 외국성경회, 로마자, 1889년.

『馬太福音』, 대영성서공회, 상하이[上海], 1891년, 77면, 23cm, 로마자, 미경회/영경회.

『約翰福音』, 대영성서공회, 하이난[海南], 1893년, 73면, 18.5cm, 로마자, 미경회/영경회.

『路加記』, 대영성서공회, 하이난[海南], 1894년, 100면, 18cm, 로마자, 미경회/영경회.

『馬可福音』, 대영성서공회, 하이난[海南], 1895년, 58면, 18cm, 로마자, 미경회/영경회, 미국장로회의 예레미아센(C. C. Jeremiassen) 번역.

『創世記』, 대영성서공회, 런던, 1899년, 61면, 21cm, 로마자, 미경회/영경회/위드너 1285.11.

『哈該書—瑪拉基書』, 대영성서공회, 런던, 1899년, 18면, 21cm, 로마자, 미경회/영경회.

『使徒行傳』, 대영성서공회, 런던, 1899년, 40면, 20.5cm, 로마자, 미경회/영경회.

『加拉太書—腓立比書』·『雅各書—猶太書』, 대영성서공회, 런던, 1899년, 38+20면, 20.5cm, 로마자, 영경회.

『舊約歷史』, 코펜하겐, 1899년, 39+40면, 17.5cm, 로마자, 영경회.

『新約歷史』(福音對觀書)(공관복음서), 코펜하겐, 1899년, 87면, 16.5cm, 로마자, 영경회.

『創世記』, 애쉬모어(W. Ashmore) 정정, 1901년, 로마자.

『馬可福音』, 대영성서공회, 하이난[海南], 1902년, 146면, 19.5cm, 로마자, 영경회, 1895년 버전에 근거해 개정, 미국장로회의 예레미아센(C. C. Jeremiassen) 번역.

『馬可福音』, 대영성서공회, 하이난[海南], 요코하마에서 인쇄, 1914년, 54면, 18.5cm, 로마자, 동양/영경회/미경회, 국어본을 중역(重譯)함.[22]

『路加福音』, 대영성서공회, 하이난[海南], 요코하마에서 인쇄, 1916년, 92면, 18.5cm, 로마자, 중산/영경회.

『使徒行傳』, 대영성서공회, 하이난[海南], 요코하마에서 인쇄, 1916년, 89면, 18.5cm, 로마자, 미경회/영경회.

2.3. 간어[贛語](젠닝[建寧] 토어)

『馬太福音』, 개인 인쇄, 중국, 1896년, 미경회/영경회.

　　필자> 젠닝[建寧] 방언의 유일한 한자 버전.

『新約』, 대영성서공회, 런던, 1896년, 655면, 22cm, 로마자. 미경회/하버드-옌칭/위드너 1285.18/신망애 사이트.

『約翰福音』, 대영성서공회, 런던, 1897년, 69면, 21cm, 로마자, 영경회/미경회에서 두 권 소장.

『創世記』, 대영성서공회, 런던, 1900년, 120면, 21cm, 로마자, 동양/영경회/미경회.

『出埃及記』, 대영성서공회, 런던, 1900년, 113면, 21cm, 로마자, 동양/영경회/미경회.

22　[역자 주] 중역(重譯): "한 번 번역된 말이나 글을 다시 다른 말이나 글로 번역함".

『詩篇』, 대영성서공회, 런던, 1905년, 176면, 21cm, 로마자, 영경회.

『但以理書』, 대영성서공회, 런던, 1905년, 44면, 21cm, 로마자, 미경회/영경회.

『新約』, 상하이[上海] 대영성서공회, 요코하마에서 인쇄, 1912년, 618면, 22.5cm, 로마자, 영경회, 같은 해에 수정본 출간, 영국 제나나(Zenana) 선교회의 브라이어(L. J. Bryer) 번역 및 수정.

『以賽亞』, 대영성서공회, 상하이[上海], 1912년, 137면, 22cm, 로마자, 미경회/영경회.

『新約』, 상하이[上海] 성서공회, 수정본, 요코하마 Fukuin 인쇄소 인쇄, 1책, 정장본, 21cm. 『계시록』이 580면부터 시작, 1922년, 로마자, 중산 (원래 광저우[廣州] 培正中學圖書館에서 소장).

2.4. 하카어[客家話]

『馬太福音』, 바젤선교회, 베를린, 1860년, 91면, 18.5cm, 로마자, 바젤/영경회, 바젤선교회의 레클러(R. Lechler) 번역.
    필자> 렙시우스 병음법. 병음 설명 있음. 최초의 하카[客家]어 성경 역본. Tai Wun-gong가 중문 번역을 도왔는데, 그는 『마태』의 문언문 역본에 근거했으며 렙시우스 병음법에 대해서도 잘 알았다. 정자법 관련 설명 있음. 최초의 하카[客家]어 로마자 버전 『성경』 단편.

『路加福音』, 대영성서공회, 홍콩, 1865년, 108면, 19.5cm, 로마자, 영경회/바젤, 렙시우스 병음법, 바젤선교회의 레클러(R.

Lechler) 번역.

『馬太福音』, 대영성서공회, 바젤선교회, 1866년, 109면, 22cm, 로마자, 1860년 버전에 근거해 개정, 바젤/영경회; 누가복음과 합본했으며(다음 항목 참조), 표지에 『新約』이라 기재함, 미경회.

『路加福音』, 대영성서공회, 바젤선교회, 1866년, 115면, 22cm, 로마자, 바젤/미경회/영경회. 마태복음과 합본했으며(위의 항목 참조), 표지에 『新約』이라 기재함.

『馬可福音』·『使徒行傳』, 대영성서공회, 바젤선교회, 1874년, 63+106면, 22.5cm, 로마자, 영경회/바젤/하버드-옌칭, 바젤선교회 선교사 번역, 신망애 사이트.

『新約』(部分), 대영성서공회, 1874-1883년, 로마자, 영경회, 레클러(R. Lechler), 위네스(P. Winnes), 피튼(Charles P. Piton), Kong Fat-lin(중국인 목사) 번역.

『約翰福音』·『羅馬人書—哥林多後書』, 대영성서공회, 바젤, 1879년, 83+121면, 로마자, 렙시우스 병음법; 그 중『요한복음』은 같은 해에 또 다른 단행본(單行本)[23]이 있음, 21.5cm, 바젤/영경회/미경회.

『路加福音傳』, 1881년, 73면, 21.5cm, 바젤/영경회.

필자> 최초의 하카[客家]어 한자 버전『성경』단편.

---

23 [역자 주] 단행본(單行本): "지속적으로 발행되는 잡지 따위와 달리 한 번의 발행으로 출판이 완료된 책. 늑단본."

『路加福音傳』, 대영성서공회, 광저우[廣州], 1881년, 73면, 22.5cm, 영경회/미경회, 바젤선교회의 피튼(Charles P. Piton), 모르겐로트(G. Morgenroth), 지글(H. Ziegle) 번역.

『加拉太書—歌羅西書』, 바젤, 1881년, 54면, 21.5cm, 로마자, 바젤/영경회.

『帖撒羅尼迦前後—希伯來』, 1882년, 11+15+4+2+24면, 22cm, 선장본, 바젤.

『約翰—默示』, 1882년, 8+15+12+3+36면, 22cm, 선장본, 바젤.

『新約聖書』, 대영성서공회, 1883년, 23.5cm, 2책 선장, 편(篇)별로 면 번호 표기, 도호쿠/바젤/영경회, 바젤선교회의 피튼(Charles P. Piton), 모르겐로트(G. Morgenroth), 지글(H. Ziegle) 번역.
　필자> 최초의 하카[客家]어 한자 버전『신약』.

『約翰福音書』, 1883년, 59면, 21.5cm, 선장본, 바젤.

『新約』, 광저우[廣州], 대영성경회, 1883년, 23.5cm, 로마자, 영경회.
　필자> 최초의 하카[客家]어 로마자 버전『신약』.

『帖撒羅尼迦前書—啓示錄』, 대영성서공회, 바젤선교회, 1883년, 178면, 22cm, 로마자, 바젤.

『馬可福音傳』, 광저우[廣州], 1883년, 총 16장, 43면, 20cm, 선장본, 하버드-옌칭 TA1977.63 CK1883/바젤, 피튼(Charles P. Piton) 번역.

『馬太福音傳』, 1883년, 68엽, 22cm, 선장본, 바젤.
　필자> 구조조사[結构助詞]로 '嘅' 사용: 耶穌基督嘅族譜. 인칭대명사 측면에서, 1인칭 단수는 '厓'을, 2인칭 단수는 '偶'을, 3인칭 대명사는 '佢'을 사용: 等房也去拜下佢. 인칭대명사 복수 접미사는 '兜'을 사용: 就打發佢兜去伯利恒, 話"偶兜去, 詳細跟下該只细子". 우[吳]어 '介'(這麼; 이러한·이렇게)의 부사 대용에 해당하는 것으로 '陳'를 사용: 雅各生猶他陳兄弟.

『使徒行傳』, 1883년, 71엽, 22cm, 선장본, 바젤.

『羅馬書』·『哥林多前後書』, 1883년, 31+51면, 22cm, 선장본, 바젤.

『馬太―使徒行傳』, 1883년, 신약전서 상권, 바젤.

『羅馬―默示錄』, 1883년, 신약전서 하권, 바젤.

『創世紀』·『出埃及記』, 대영성서공회, 광저우[廣州], 33+26엽, 1886년, 26.5cm, 선장본, 바젤선교회의 피튼(Charles P. Piton), 모르겐로트(G. Morgenroth), 지글(H. Ziegle) 번역, 바젤.

『新約聖經全書』, 대영성경회, 슐체(C. Schultze) 인쇄, 109+63+115+83+106+121+54+178면, 21cm, 1866-1887, 로마자, 바젤, 렙시우스 체계로 표기한 완정한 『신약』.

『馬太福音』, 대영성서공회, 바젤선교회, 1887년, 101면, 22cm, 로마자, 바젤/영경회.

『詩篇』, 광저우[廣州], 대영성서공회, 1890년, 26엽(95엽), 26.5cm, 선장본, 바젤, 바젤선교회의 피튼(Charles P. Piton), 모르겐로트(G. Morgenroth), 지글(H. Ziegle) 번역.

『新約』, 대영성서공회, 바젤선교회, 1892년, 21cm.영경회.

『馬可福音』, 대영성서공회, 바젤선교회, 1892년, 63면, 21.5cm, 로

마자, 바젤/혹은 영경회.

『使徒行傳』, 대영성서공회, 바젤선교회, 1892년, 100면, 21.5cm, 로마자, 바젤/영경회.

『路加福音』, 대영성서공회, 바젤선교회, 2판, 1892년(?, 출판연대 미기재), 104면, 22.5cm, 로마자, 바젤/영경회.

『使徒行傳』, 대영성서공회, 바젤선교회, 1893년, 100면, 17.5cm, 로마자, 바젤.

『新約』(The New Testament of the Colloquial of the Hakka Dialect), 대영성서공회, 바젤선교회, 1893년, 17.5cm, 로마자, 바젤.

『馬太福音』, 대영성서공회, 바젤선교회, 1896년, 101면, 21.5cm, 로마자, 영경회/바젤.

『創世記』·『出埃及記』, 대영성서공회, 광저우[廣州], 1898년, 32+56면, 26.5cm, 영경회, 1866년 버전에 근거해 복각.

『新約聖書』(상하권 분권), 1900년, 대영성서공회 인쇄·발행, 바젤.

『創世記』·『出埃及記』, 대영성서공회, 광저우[廣州], 1904년, 1886년 버전에 근거해 복각.

『詩篇』, 대영성서공회, 광저우[廣州], 1904년, 95면, 25.5cm, 영경회, 1890년 버전에 근거해 복각.

『詩篇』, 제3판, 바젤선교회, 1904년, 96면, 18.5cm, 바젤.

『四福音書』·『使徒行傳』, 중화침례출판사, 1903-1905년, 45+28+48+37+45면, 영경회/바젤.

　　필자> 광둥[廣東]어 구어 버전에 근거해 번역. 침례교 용어 사용. 광둥[廣東] 동북부 北江과 東江 사이의 침례교회에서 사용.

『新約聖書』(상하권 분권), 1905년, 대영성서공회 인쇄·발행, 바젤.

『箴言』, 대영성서공회, 일본에서 인쇄, 1905년, 45면, 19cm, 영경회, 1908년·1923년 중쇄, 바젤선교회의 피튼(Charles P. Piton), 모르겐로트(G. Morgenroth), 지글(H. Ziegle) 번역.

『新約』, 대영성서공회, 수정본, 일본에서 인쇄, 1906년, 518면, 18.5cm, 영경회.

『路加福音』, 성서공회, 1908년, 66면, 19cm, 1책, 선장, 도호쿠.

『以賽亞書』, 대영성서공회, 광저우[廣州], 1909년, 86엽, 26.5cm, 바젤, 바젤선교회 피튼(Charles P. Piton), 모르겐로트(G. Morgenroth), 지글(H. Ziegle) 번역.

『詩篇選』, 영국장로회, 우징푸[五經富], 1910년, 49면, 18.5cm, 영경회/바젤, 우징푸[五經富] 방언, 맥켄지(M. C. MacKenzie), Phang Khi-fung 번역.

『新約』, 대영성서공회, 일본에서 인쇄, 1913년, 본문 앞에 하카[客家]어 음운표 있음, 536면, 19cm, 영경회/바젤.

『新約』, 영국장로회, 우징푸[五經富], 1916년, 편(篇)별로 면 번호 표기, 우징푸[五經富]·제시[揭西] 방언, 21.5cm, 로마자, 홍콩/바젤.

『聖經』, 대영성서공회, 상하이[上海], 1916년, 1,356+412면, 22cm, 영경회/바젤/미경회.

『馬可福音』, 상하이[上海] 미국성경공회, 1917년, 동양.

『新約』, 중화침례출판사, 광저우[廣州], 1917년, 311면, 18.5cm, 영

경회.

『新約修訂版』, 원판(原版)은 1916년 출간, 산터우[汕頭]에서 인쇄, 588면, 바젤.

『馬太福音』, 대영성서공회, 상하이[上海], 1919년, 91면, 19cm, 로마자, 미경회/하버드-옌칭/신망애 사이트, 런던선교회의 휴스(L. R. Hughes), 레이니(E. R. Rainey) 번역.

필자> 팅저우[汀州] 방언으로 번역, 샤먼[廈門] 방언 로마자 병음법을 참조해 약간 개정. 창팅[長汀] 방언은 하카[客家]어에 속함.

『新約聖經』, 개정판, 1921년. 상하이[上海] 대영성서공회 인쇄·발행, 본문 앞에 하카[客家]어 음표와 지도 두 장 있음, 536면, 바젤.

『新約』, 대영성서공회, 상하이[上海], 1919년, 편(篇)별로 면 번호 표기, 22cm, 우징푸[五經富] 방언, 로마자, 바젤.

『客話新舊約聖經』, 1923년, 1,356+411면, 상하이[上海] 대영성서공회, 신망애 사이트.

필자> 최초의 하카[客家]어 한자 버전『성경』전서.

『新約全書』, 상하이[上海] 영국장로회 선교출판부(English Presbyterian Mission Press), 산터우[汕頭], 1924년, 588면, 22.5cm, 로마자, 1916년 근거해 개정, 우징푸[五經富] 방언, 500책 인쇄, 도시샤/텐리/동양/미경회.

『救主耶穌的新約聖經全書』, 하카[客家]어 백화로 번역(『四福音』), 1924년, 로마자, 대영성경공회 영국장로회 선교출판부 인쇄, 산터우[汕頭], 제2판, 500권 인쇄, 하버드-옌칭/신망애 사이트.

『救主耶穌的新約聖經全書』, 하카[客家]어 백화로 번역(『使徒行傳-啓示錄』), 1924년, 대영성경공회 영국장로회 선교출판부 인쇄, 산터우[汕頭], 제2판, 588면, 500권 인쇄, 로마자, 하버드-옌칭/신망애 사이트.

『路加福音』, 신약성경 권3, 상하이[上海] 대영성서공회 인쇄·발행, 1925년, 105-173면, 바젤.

『馬太福音』, 신약성경 권1, 상하이[上海] 대영성서공회 인쇄·발행, 1925년, 64면, 바젤.

『馬太福音』, 상하이[上海] 대영성서공회 인쇄·발행, 1927년, 64면, 바젤.

『新約聖經』, 성서공회 인쇄·발행, 상하이[上海], 1929년, 본문 앞부분에 하카[客家]어 음운표 있음, 536면, 바젤.

『馬太福音』, 신약성경 권1, 상하이[上海] 대영성서공회 인쇄·발행, 1930년, 68면, 바젤.

『新約聖經』, 성서공회 인쇄·발행, 1930년, 본문 앞부분에 하카[客家]어 음운표 있음, 536면, 바젤.

『新舊約全書』, 영국성경공회, 1931년, 916면, 신망애 사이트.

『新約聖經』, 성서공회 인쇄·발행, 상하이[上海], 1934년, 본문 앞부분에 하카[客家]어 음운표 있음, 536면, 바젤.

『新約聖經』, 성서공회 인쇄·발행, 1937년, 본문 앞부분에 하카[客

家]어 음운표 있음, 536면, 바젤.

『馬太福音』, 대영성서공회, 상하이[上海], 1930년, 68면, 18.5cm, 영경회.

『舊新約全書』, 상하이[上海] 대영성서공회, 1931년, 1,356+412면, 22cm, 첫머리에 하카[客家]어 음운표 있음, 텐리/하버드옌칭 TA1977 CK1931/중산/북대/홍콩.

『馬太福音』, 대영성서공회, 상하이[上海], 1933년, 70면, 18.5cm, 1930년 버전의 개정.

『新約聖經』, 상하이[上海] 대영성서공회 인쇄·발행, 536면, 1937년, 상기도 소장.

2.5. 광둥어[廣東話]

2.5.1. 양청[羊城] 토어

『馬太福音』, 미국장로회, 광저우[廣州], 1862년, 40엽, 프레스턴 (Charles F. Preston) 번역.

필자> 웨[粵]어 최초의 한자 버전 『성경』 단편.

『約翰福音』, 미국장로회, 광저우[廣州], 1862년, 38엽, 24.5cm, 목판본, 영경회, 프레스턴(Charles F. Preston) 번역.

『耶穌言行撮要俗話』, 광동복음당(廣東福音堂), 1863년, 105엽, 스탠퍼드.

『述史淺譯五卷』, 광동복음당, 1865년, 5책을 2권으로 합본, 신구약전서 요약본, 도호쿠/스탠퍼드, 미국인 콜린스[花波][24] 번역.

『路加福音』, 대영성서공회, 홍콩, 1867년, 112면, 20cm, 렙시우스 표준 병음법, 로마자, 미경회, 라인선교회의 빌헬름 루이스(Wilhelm Louis)[25] 번역.

필자> 웨[粵]어 최초의 로마자 버전『성경』단편.

『路加福音』, 대영성서공회, 홍콩, 1871년, 36엽, 20cm, 영경회.

『四福音書』·『使徒行傳』·『哥羅西書』, 대영성서공회, 홍콩, 1871-1873, 영경회, 연합역본, 피어시(G. Piercy; 웨슬리안 선교협회[Wesleyan MS]), 프레스턴(Charles F. Preston; APM), 크롤치크(A. Krolczyk; 라인선교회[Rhenish MS]) 번역.

『歌羅西書』, 대영성서공회, 홍콩, 1872년, 4엽, 19.5cm, 영경회.

『創世記』·『迦拉太―腓列門』, 개인 인쇄, 광저우[廣州], 1872-1873, 영경회, 피어시(G. Piercy) 번역.

『馬可福音傳』, 대영성서공회, 홍콩, 1872년, 21엽, 20cm, 선장 1책, 도호쿠/영경회.

필자> 시리아[希利亞] 원문을 따라 양청[羊城] 토어로 번역.

『路加福音』, 대영성서공회, 홍콩, 1872년, 36엽, 20cm, 영경회, 1871년 버전에 근거해 중역.

---

24 [역자 주] 메리 루시 콜린스(Mary Lucy Collins; 花波).
25 [역자 주] 빌헬름 루이스(Wilhelm Louis; 呂威廉; 1815-1897).

『路加福音』, 상하이[上海] 미화서관, 1872년, 33엽, 영경회.

『使徒行傳』, 대영성서공회, 홍콩, 1872년, 33엽, 20cm, 화합본, 선장 1책, 도호쿠/영경회, 그리스어 원문을 따라 양청[羊城] 토어로 번역.

『加拉太書―腓立門書』, 광저우[廣州], 1872년, 9+8+6+6+6+3+7+5+3+2엽, 목각본, 영경회.

『馬可福音』, 미국성경공회 탁인, 상하이[上海] 미화서관 활판 인쇄, 1872년, 38면, 23.5cm, 선장 1책, 도호쿠/스탠퍼드, 미경회 소장 1879년 상하이[上海] 중쇄본.

『路加傳福音書』, 상하이[上海] 미화서관, 1872년, 66면, 스탠퍼드.

『保羅達會小書』, 양청[羊城] 惠師禮堂, 55엽, 1872년, 장별로 면 번호 표기, 선장 2책, 도호쿠/스탠퍼드.

『使徒行傳』, 상하이[上海] 미화서관 활판 인쇄, 1873년, 61면, 23.3cm, 선장 1책, 도호쿠/스탠퍼드.

『創世記』, 홍콩, 1873년, 48엽, 20cm, 영경회.

『馬太福音』, 미국 장로교 선교회, 상하이[上海], 1873년, 61면, 23.5cm, 선장 1책, 도호쿠/스탠퍼드/미경회, 1879년 상하이[上海] 중쇄본 소장.

『約翰福音』, 대영성서공회, 홍콩, 1873년, 27면, 20cm, 활판 인쇄, 화합본, 영경회.

『新約』, 홍콩 中華印務總局, 1873년, 면수 많음, 스탠퍼드.
　　필자> 웨[粵]어 최초의 한자 버전『신약』.

『約翰福音』, 상하이[上海] 미화서관, 1873년, 50면, 스탠퍼드.

『使徒行傳』, 상하이[上海] 미화서관, 1873년, 61면, 스탠퍼드.

『路加傳福音書』, 상하이[上海] 미화서관 활판 인쇄, 1873년, 66면, 23.5cm, 선장 1책, 도호쿠.

『舊約創世記』, 홍콩 中華印務總局, 1873년, 48면, 20cm, 1책, 선장, 도호쿠.

『舊約詩篇』, 홍콩, 1875년, 159면, 24.5cm, 선장 1책, 광둥[廣東] 동부[粤東] 속어 번역, 도호쿠.

『路得氏記』, 상하이[上海] 미화서관 활판 인쇄, 1875년, 6면, 선장 1책, 도호쿠.

『詩篇』, 대영성서공회, 홍콩, 1876년, 39면, 24.5cm, 미경회 혹은 영경회, 교회선교협회의 허친슨(A. B. Huchinson).

『使徒雅各書』·『彼得前後書』, 광저우[廣州] 미국성경공회, 1875·1876년, 7+7+4엽, 24.5cm, 목판 선장 1책, 도호쿠, 영경회, 미국장로회의 모예스(H. V. Moyes), 번역.

『羅馬人書—啓示錄』, 광저우[廣州], 1877년, 개인 인쇄, 196엽, 22.5cm, 영경회, G. Piercy(俾士), 텍스투스 레셉투스(Textus Receptus; 公認經文)에 근거해 번역한 후 신약 번역도 마침.

『使徒保羅達哥林多人書』, 광저우[廣州], 1877년, 전후서 합본, 26+16면, 스탠퍼드.

『使徒保羅達』·『希伯來人書』, 광저우[廣州], 1877년, 18면, 24cm, 목판 선장 1책, 피어스(Rev. Piercy E. W.) 번역, 도호쿠/스탠퍼드.

『馬太福音』, "神"版, 상하이[上海], 미국성경공회, 1882년, 60엽, 23.5cm, 스탠퍼드/영경회.

『馬太福音』, 광저우[廣州] 대영성서공회, 1882, 58면, 24.5cm, 스탠퍼드.

『馬可福音』, "神", 版, 상하이[上海], 미국성경공회, 1882년, 37엽, 23.5cm, 스탠퍼드/영경회.

『馬太福音』, 『馬可福音』, 상하이[上海], 미국성경공회, 1882년, 58엽, 영경회.

『馬可福音』, 상하이[上海], 미국성경공회, 1882년, 32엽, 영경회.

『馬太福音傳』·『馬可福音傳』·『路加福音傳』·『約翰福音傳』, 양청[羊城] 방언(광저우[廣州])어 한자 버전, 1882-1883년, 광서(光緒) 8-9년, 하버드-옌칭, 신망애 사이트.

『約翰福音』, 대영성서공회, 광저우[廣州], 1883년, 48엽, 20.5cm, 영경회/오스트레일리아.

『路加福音』, 대영성서공회, 광저우[廣州], 1883년, 63엽, 18.5cm, 개정판, 영경회.

『路得』·『約翰』·『使徒行傳』, 광저우[廣州] 대영성서공회, 1883-1884년, 연합역본의 수정본, 웨슬리안 선교협회의 모예스(H. V. Moyes), 피어시(G. Piercy) 번역.

『路加傳福音書』, 상하이[上海] 미화서관, 1884년, 65면, 스탠퍼드.

『約翰福音』, 미국성경공회 탁인, 상하이[上海] 미화서관, 1884년, 50면, 스탠퍼드.

『舊約詩篇』, 미국성경공회 탁인, 상하이[上海] 미화서관 활판 인쇄, 1884년, 114면, 24cm, 선장 1책, 도호쿠/스탠퍼드.

『詩篇』, 상하이[上海] 미국성경공회, 1884년, 그레이브(R. H. Grave) 번역, 영경회/미경회.

『路加福音』, 미국성경공회, 상하이[上海], 1886년, 231면, 14cm, 영어-웨[粵]어 대조, 영경회/미경회.

필자> 1883년 초판, 중쇄본.

『羅馬人書—啓示錄』, 미국성경공회, 상하이[上海], 1886년, 15+16+93면, 18.5cm, 영어-웨[粵]어 대조, 영경회/미경회, 피어시(Piercy) 역본의 수정본, 모예스(H. V. Moyes). 하퍼(A. P. Happer), 헨리(B. C. Henry) 수정.

『創世記』・『出埃及記』, 1886년, 26.5cm, 선장 1책, 도호쿠.

『創世記』, 1886년, 31면, 27cm, 선장 1책, 도호쿠.

『創世記』, 미국성경공회, 상하이[上海], 1887년, 미경회 소장 1895년 수정본.

『舊約聖書問答』, 광둥장로회[廣東長老公會], 1888년, 73면, 21.5cm, 선장 1책, 도호쿠.

『出埃及記』・『利未記』・『申命記』, 미국성경공회 탁인, 상하이[上海] 미화서국 활판 인쇄, 1888년, 85면, 18.5cm, 선장 1책, 도호쿠/미경회.

『路加傳問答』, 광둥장로회, 1888년, 69면, 25cm, 선장 1책, 도호쿠.

『馬太傳問答』, 광둥장로회, 1888년, 69면, 24.5cm, 선장 1책, 도호쿠.

『馬可傳問答』, 광둥장로회, 1888년, 118면, 24.5cm, 목판 선장 1책, 도호쿠.

『約翰傳問答』, 광둥장로회, 1888년, 63면, 24cm, 선장 1책, 도호쿠.

『新約聖書問答』, 광둥장로회, 1888년, 44면, 24.5cm, 선장 1책, 도호쿠.

『利末記』, 미국성경공회 탁인, 상하이[上海] 미화서국 활판 인쇄, 1888년, 62면, 19cm, 선장 1책, 도호쿠/미경회.

『復傳律例書』, 상하이[上海] 미화서관 활판 인쇄, 1888년, 80면, 18.5cm, 선장 1책, 도호쿠.

『詩篇』, 상하이[上海], 1889년.

『新約聖書』, 1889년, 편(篇)별로 면 번호 표기, 23.5cm, 선장 2책, 도호쿠.

『士師並路得記』, 미국성경공회 탁인, 상하이[上海] 미화서관 활판 인쇄, 1892년, 55+8면, 18.5cm, 선장 1책, 도호쿠.

『約書亞書』, 미국성경공회 탁인, 상하이[上海] 미화서관 활판 인쇄, 1892년, 55면, 18.5cm, 선장 1책, 도호쿠.

『約書亞記―撒母耳記上』·『但以理書』, 미국성경공회, 상하이[上海], 1892년, 58+74+36면, 19cm, 영경회.

『撒母耳記―馬拉基』(内容), 1892-1894년, 상하이[上海] 미국성경공회, 영경회/미경회, 모예스(H. V. Moyes), 헨리(B. C. Henry) 포함해 장로회위원회에서 번역.

『馬可福音』, 대영성서공회, 상하이[上海], 1892년, 로마자, 500책만 인쇄, 수정본은 1894년에 출간, 그레이브(R. H. Grave) 지도로 위원회에서 번역.

『四福音合集』, 미국침례회, 선장본, 182장, 출판사 미기재, 상기도.

『以賽亞書』, 미국성경공회, 상하이[上海], 1893년, 126면, 18.5cm, 영경회.

『撒母耳記下—約伯記』·『箴言—雅歌』·『耶利米書—以西結書』·『何西阿書—瑪拉基書』, 미국 성경공회, 상하이[上海], 1894년, 52면, 19cm.

『馬可福音』, 런던 대영성서공회, 1894년, 75면, 22.5cm, 로마자, 1892년 버전에 근거해 개정, 상하이[上海] 1892년 초판 500권; 런던 1894년 2판 1,000권; 상하이[上海] 영국성서국 1894년 활판 인쇄, 하버드-옌칭 TA1977.63 CF1894/영경회.

『聖經』(수정본), 상하이[上海] 미국성경공회, 1894년, 영국성서공회 혹은 미국성경공회, 모예스(H. V. Moyes), 헨리(B. C. Henry)를 포함한 장로회일위원회에서 번역하여 광저우[廣州] 방언 성경 전역본 번역을 마침.

『馬可福音』, 미국성경공회, 상하이[上海], 1895년, 44면.

『新約』, 미국성경공회, 상하이[上海], 1895년, 영경회.

『馬可福音』, 대영성서공회, 상하이[上海], 1896년, 75면, 18.5cm, 1894년 버전에 근거해 개정, 영경회.

『路加福音』, 상하이[上海], 1896년, 1894년 버전에 근거해 개정.

『馬可』·『路加』, 상하이[上海] 대영성서공회, 1896년, 로마자, 버디(W. Birdie) 부인 번역.

『路加福音』, 대영성서공회, 상하이[上海], 1897년, 로마자.

『路加福音』·『約翰福音』, 교회선교협회, 베이하이[北海], 1898년.

『四福音書』·『使徒行傳』, 교회선교협회, 베이하이[北海], 1898-1899년, 영경회/미경회.

『新約』, 대영성서공회, 광저우[廣州], 1899년, 23.5cm, 영경회.

『歌羅西書』, 광저우[廣州], 18??년, 문어-방언 대조, 10면, 스탠퍼드.

『馬太福音』, 영어-광둥[廣東]어 "神"판, 미국성경공회, 상하이[上海], 1899년, 127면, 15cm.

『馬可福音』, 중국어-영어, 미국성경공회, 1899년, 82면, 버클리.

『創世記』·『歷代紀略』, 교회선교협회, 베이하이[北海], 1900-1903년, 미국성경공회.

『路加福音』, 영어-광둥[廣東]어 "神"판, 미국성경공회, 상하이[上海], 1900년, 138면, 15.5cm, 영경회/하버드-옌칭 TA1977.64 EC1900.

『新約』, 상하이[上海] 미국성경공회, 1900년, 566면, 19.5cm, 하버드-옌칭 TA1977.5 CC1900/홍콩.

『約翰福音』, (영어-웨[粵]어 대조본), 상하이[上海] 미국성경공회, 1900년, 107면, 15cm, 하버드-옌칭 TA1977.65 EC1900.

『馬太福音』, 대영성서공회, 상하이[上海], 1901년, 118면, 23.5cm, 로마자, 영경회/미경회.

『馬可福音』, 대영성서공회, 상하이[上海], 1901년, 36면, 20.5cm, 로마자, 영경회.

『約翰福音』, 대영성서공회, 광저우[廣州], 1901년, 95면, 24cm, 로마자, 영경회/미경회.

『新約聖書』, 영국성서공회, 1903년, 편(篇)별로 면 번호 표기, 21cm, 선장 2책, 도호쿠.

『新約』, 영어-웨[粤]어 대조, 상하이[上海] 미국성경공회, 요코하마에서 인쇄, 1903년.

『舊約』, 상하이[上海] 미국성경공회, 1904년, 미경회.

『新約全書』, 상하이[上海] 미국성경공회, 1904년, 566면, 19cm, 버클리.

『馬可福音』, 대영성서공회, 광저우[廣州], 1905년, 97면, 18.5cm, 로마자, 미경회.

『新約』, 대영성서공회, 568면, 1906년, 미경회/신망애 사이트.

『聖經』, 미국성경공회 펴냄, 베이하이[北海] 선교출판사 인쇄, 1905-1907년, 2권, 로마자, 하버드-옌칭.

   필자> 광둥[廣東]어 최초의 로마자 버전 『聖經』 전서.

『新約』, 미국성경공회, 미화성경회/北海書館 인쇄, 베이하이, 411면, 1906년, 22cm, 로마자, 상기도/하버드-옌칭/신망애 사이트.

   필자> 광둥[廣東]어 최초의 로마자 버전 『新約』.

『新約』, 미국성경공회, 미화성경회/베이하이서관[北海書館] 인쇄,

베이하이[北海], 411면, 1906년, 22cm, 로마자, 상기도/하버드-옌칭/신망애 사이트.

필자> 광둥[廣東]어 최초의 로마자 버전 『新約』.

『新約』, 대영성서공회, 요코하마에서 인쇄, 1906년, 568면, 19cm.

『新約全書』, 광둥[廣東]어 역본, 성서공회 인쇄·발행, 청(淸) 광서(光緖) 32년 병오(丙午)년, 1906년, 하버드-옌칭/신망애 사이트.

필자> "上帝"版, 광둥[廣東]어 최초의 로마자 버전 『新約』 전서.

『舊新約全書』(舊約 부분), 광둥[廣東]어 역본, "上帝"版, 성서공회 인쇄·발행, 1907년, 청(淸) 광서(光緖) 33년 정미(丁未)년, 한자 버전.

필자> 광둥[廣東]어 최초의 중국어 버전 『舊約』 전서.

『舊新約全書』(新約 부분), 광둥[廣東]어 역본, "上帝"版, 성서공회 인쇄·발행, 1907년, 청(淸) 광서(光緖) 33년 정미(丁未)년, 한자 버전.

『聖經』, 대영성서공회, 요코하마에서 인쇄, 1907년, 1,308+400면, 23cm, 미경회 소장 1909년 중쇄본.

『馬太福音』, 상하이[上海] 대영성서공회, 요코하마에서 인쇄, 1908년, 91면, 19cm, 로마자, 영경회/미경회.

『新約』, 미국성경공회, 후쿠인 인쇄회사 주식회사, 664면, 연합장로교선교회도서관.

『使徒行傳』, 상하이[上海] 대영성서공회, 요코하마에서 인쇄, 1909년, 90면, 19cm, 로마자, 영경회.

『新約』, 1909년, 846면.

『路加福音』, (영어-웨[粵]어), 상하이[上海] 미국성경공회, 1910년, 138면, 15cm, 하버드-옌칭/1977. 64 EC1910, 1900년 버전의 중쇄본.

『四福音書』·『使徒行傳』, 상하이[上海] 대영성서공회, 요코하마에서 인쇄, 1910년, 415면, 18.5cm, 로마자, 미경회.

『馬可福音』, (영어-웨[粵]어), 상하이[上海] 미국성경공회, 1910년, 82면, 15cm, 하버드-옌칭 TA1977.63 EC1910/산타바바라대학도서관본 127면.

『馬太福音』, (영어-웨[粵]어), 상하이[上海] 미국성경공회, 1910년, 127면, 15cm, 하버드-옌칭 TA1977.62 CF1910.

『新舊約全書』, 1911년, 하버드-옌칭.

『新約全書』, 영어-웨[粵]어, 상하이[上海] 대영성서공회, 요코하마에서 인쇄, 1911년, 898면, 19cm, 하버드-옌칭/영경회.

『馬太福音』, 대영성서공회, 상하이[上海], 1912년, 72면, 18.5cm, 영경회.

『新約』, 상하이[上海] 대영성서공회, 요코하마에서 인쇄, 1913년, 739면, 19cm, 로마자, 텐리/상기도/미경회.

『新約全書』, (영어-웨[粵]어), 대영성서공회, 1913년, 18cm, 푸젠사대/미경회/하버드-옌칭 TA1977 CC1913.

『舊新約全書』, "神"版, 상하이[上海] 미국성경공회, 1913년, 1,307+400면, 22cm, 하버드-옌칭 TA1977 CC1913.

『馬太福音』, 상하이[上海] 대영성서공회, 요코하마에서 인쇄, 1914년, 116면, 19cm, 로마자, 영경회.

『聖經』, 상하이[上海] 대영성서공회, 요코하마에서 인쇄, 1915년, 1,046+312면, 19cm, 로마자, 영경회/미경회.

『馬可福音』, 상하이[上海], 민국성서공회, 1916년, 동양/미경회.

『馬可福音』, 1918년, 하버드-옌칭.

『新約全書』, 대영성서공회, 상하이[上海], 1919년, 568면, 18.5cm, 일성도.

『舊新約全書』, 상하이[上海] 미국성경공회, 1922년, 1,308+400면, 텐리/홍콩.

『馬太福音』, 대영성서공회, 1924년, 74면, 18.5cm, 영경회.

『馬可福音』, 상하이[上海] 미국성경공회, 44면, 1924년, 하버드-옌칭 TA1977.5 CC(1912-1949).

『馬太福音』, 상하이[上海] 미국성경공회 인쇄·발행, 72면, 1924년, 하버드-옌칭 TA1977.5 CC1924.

『路加福音』, "上帝"판, 상하이[上海] 미국성경공회, 1924년, 78면, 19cm, 하버드-옌칭 TA1977.64 CC1924.

『約翰福音』(중문-영문), 대영성서공회, 90면, 1925년, 신망애 사이트.

『約翰福音』(중문-영문), 대영성서공회, 90면, 1927년, 신망애 사이트.

『新舊約全書』(오순절교회), 상하이[上海] 대영성서공회, 1925년.

『新約全書』(웨[粤]어-영어), 상하이[上海] 대영성서공회, 1926년, 614면, 18.5cm, 버클리/영경회.

『新約』(웨[粵]어 새번역, New American English Translation [美國新譯英文]), 上帝版, 상하이[上海] 미국성경공회, 1927년, 하버드-옌칭/신망애 사이트.

『新約全書』, 웨[粵]어 역본, 1927년, 한자성경공회/미화성경회 인쇄·발행.

『新約』, 미국성경공회 및 대영성서공회, 상하이[上海], 1927년, 미경회, 1894년 위원회 역본의 수정본.

『新約』, "上帝"판, 상하이[上海] 미화성경회 인쇄·발행, 570면, 1929년, 18.5cm, 상기도/텐리/중산/홍콩.

『新舊約全書』(광둥[廣東]어 上帝版), 상하이[上海] 미국성경공회, 1930년, 1,076+348면, 19cm, 도시샤.

『新約全書』, 대영성서공회, 상하이[上海], 1930년, 570면, 15.5cm, 텐리/일성도/영경회.

『新約全書』(중문-영문), 상하이[上海] 미국성경공회, 672면, 신망애 사이트.

『新舊約全書』, 상하이[上海] 대영성서공회, 1931년, 4+1,076+348면, 양장, 18.5cm, 중산/북대/홍콩.

『新舊約全書』, 상하이[上海] 대영성서공회, 1933년, 1,076+412면.

『新舊約全書1』(창세기-사무엘상), 광둥[廣東]어 역본, 1934년, 한자성서공회 인쇄·발행, 하버드-옌칭.

『新舊約全書2』(사무엘하-시편), 광둥[廣東]어 역본, 1934년, 한자성서공회 인쇄·발행, 하버드-옌칭.

『新舊約全書3』(잠언-말라기), 광둥[廣東]어 역본, 1934년, 한자성서공회 인쇄·발행, 하버드-옌칭.

『新舊約全書4』(신약전서), 광둥[廣東]어 역본, 1934년, 한자성서공회 인쇄·발행, 하버드-옌칭.

『新舊約全書』, 상하이[上海] 대영성서공회, 1934년, ?+352면, 20cm, 텐리.

『新舊約全書』, 홍콩성경공회 미화성경회 활판 인쇄, 1935년, 1,720면, 북대.

『約翰福音』, 광저우[廣州] 성경공회, 1936년, 70면, 스탠퍼드.

『創世記』, 미국성경공회 및 대영성서공회, 상하이[上海], 1937년, 66면, 18.5cm, 영경회.

『新舊約全書』, 광저우[廣州] 성경공회 활판본, 1939년, 1,076+348면, 19cm, 하버드-옌칭/홍콩.

『使徒雅各書』, 광저우[廣州], 7면, 목판 선장 1책, 도호쿠, 피어시(E. W. Piercy) 목사 번역.

『新舊約全書』(광둥[廣東]방언), 상하이[上海] 미국성경공회 인쇄·발행, 정장본, 1,076+330면, 출판연도 미상, 북대.

2.5.2. 광둥[廣東] 서북부 롄저우[連州]·싼장[三江] 토어

『馬太福音』, 미국성경공회, 상하이[上海], 1904년, 68엽, 20cm, 영경회/미경회, 롄저우[連州]의 의료선교사 엘리노어 체스넛(Eleanor Chesnut) 번역.

『馬可福音』, 미국성경공회, 상하이[上海], 1905년, 46엽, 20cm, 영경회/미경회, 롄저우[連州]의 의료선교사 엘리노어 체스넛(Eleanor Chesnut) 번역.

『路加福音』, 미국성경공회, 상하이[上海], 1905년, 77엽, 20cm, 영경회/미경회, 롄저우[連州]의 의료선교사 엘리노어 체스넛(Eleanor Chesnut) 번역.

『約翰福音』, 미국성경공회, 상하이[上海], 1905년, 62엽, 19.5cm, 영경회/미경회, 롄저우[連州]의 의료선교사 엘리노어 체스넛(Eleanor Chesnut) 번역.

2.6. 관화(官話)(附)

2.6.1. 즈리어[直隸話]

『路加福音』, 대영성서공회, 상하이[上海], 1925년, 왕자오[王照] 병음 자모, 미경회, 브라이슨(A. G. Bryson) 번역.

2.6.2. 한커우어[漢口話]

『馬可福音』, 런던선교협회, Tsaosih, 1921년, 왕자오[王照] 병음 자모, 미경회, 런던선교협회의 패터슨(L. H. Paterson) 번역.

2.6.3. 자오둥어[胶東話]

『馬可福音』, 화베이침례교[華北浸信會], 1918년, 미경회, 화베이[華

北] 침례교 선교사 번역.

　　필자> 왕자오[王照] 병음 자모.

『馬太福音』, 대영성서공회, 상하이[上海], 1920년.

　　필자> 주음자모. 미국장로회와 침례교 선교사 번역.

2.6.4. 난징어[南京話]

『馬太福音』, 대영성서공회, 상하이[上海], 1854년, 1869년 개정판, 한자 버전.

　　필자> 중국인이 메드허스트[麥都思]와 스트로나크(J. Stronach)의 가르침 하에 심문리 대표역본에 근거해 번역.

『新約』, 대영성서공회, 상하이[上海], 1857년, 한자 버전, 미경회/신망애 사이트.

　　필자> 중국인이 메드허스트[麥都思]와 스트로나크(J. Stronach)의 가르침 하에 심문리 대표역본에 근거해 번역.

『路加福音』, 중국내지선교회, 전장[鎭江], 1869년, 로마자.

　　필자> 허드슨 테일러[戴德生]의 가르침 하에 데스그라즈(L. Desgraz) 번역.

『約翰福音』, 중국내지선교회, 전장[鎭江], 1870년, 로마자.

2.6.5. 산둥어[山東話]

『路加福音』, 미국성경공회, 상하이[上海], 1892년, 로마자, 중국내지선교회의 저드(C. H. Judd), 토말린(E. Tomalin) 번역.

『約翰福音』, 미국성경공회, 상하이[上海], 1892년, 로마자, 중국내
지선교회의 저드(C. H. Judd), 토말린(E. Tomalin) 번역.

『馬太福音』, 미국성경공회, 상하이[上海], 1894년, 로마자, 미경회,
중국내지선교회의 저드(C. H. Judd), 토말린(E. Tomalin) 번역.

부록
한·중·영 『성경』 편명 대조 목록

구약전서(舊約全書)

창세기	創世記	Genesis
출애굽기	出埃及記	Exodus
레위기	利未記	Leviticus
민수기	民數記	Numbers
신명기	申命記	Deuteronomy
여호수아	約書亞記	Joshua
사사기	士師記	Judges
룻기	路得記	Ruth
사무엘상	撒母耳記上	1 Samuel
사무엘하	撒母耳記下	2 Samuel
열왕기상	列王記上	1 Kings
열왕기하	列王記下	2 Kings
역대상	歷代志上	1 Chronicles
역대하	歷代志下	2 Chronicles
에스라	以斯拉記	Ezra
느헤미야	尼希米記	Nehemiah

에스더	以斯帖記 Esther
욥기	約伯記 Job
시편	詩篇 Psalms
잠언	箴言 Proverbs
전도서	傳道書 Ecclesiastes
아가	雅歌 Song of songs
이사야	以賽亞書 Isaiah
예레미야	耶利米書 Jeremiah
예레미야애가	耶利米哀歌 Lamentations
에스겔	以西結書 Ezekiel
다니엘	但以理書 Daniel
호세아	何西阿書 Hosea
요엘	約珥書 Joel
아모스	阿摩司書 Amos
오바댜	俄巴底亞書 Obadiah
요나	約拿書 Jonah
미가	彌迦書 Micah
나훔	那鴻書 Nahum
하박국	哈巴谷書 Habakkuk
스바냐	西番雅書 Zephaniah
학개	哈該書 Haggai
스가랴	撒迦利亞書 Zechariah

| 말라기 | 瑪拉基書 Malachi |

신약전서(新約全書)

마태복음	馬太福音 Matthew
마가복음	馬可福音 Mark
누가복음	路加福音 Luke
요한복음	約翰福音 John
사도행전	使徒行傳 Acts
로마서	羅馬書 Romans
고린도전서	哥林多前書 1 Corinthians
고린도후서	哥林多後書 2 Corinthians
갈라디아서	加拉太書 Galatians
에베소서	以弗所書 Ephesians
빌립보서	腓立比書 Philippians
골로새서	歌羅西書 Colossians
데살로니가전서	帖撒羅尼迦前書 1 Thessalonians
데살로니가후서	帖撒羅尼迦後書 2 Thessalonians
디모데전서	提摩太前書 1 Timothy
디모데후서	提摩太後書 2 Timothy
디도서	提多書 Titus
빌레몬서	腓立門書 Philemon
히브리서	希伯來書 Hebrews

야고보서	雅各書 James
베드로전서	彼得前書 1 Peter
베드로후서	彼得後書 2 Peter
요한1서	約翰一書 1 John
요한2서	約翰二書 2 John
요한3서	約翰三書 3 John
유다서	猶大書 Jude
요한계시록	啓示錄 Revelation

참고: 성경 편명 목록은 『聖經-中英對照』(和合本·新國際版, 國際聖經協會, 1996년)을 따랐다.[1]

---

1   [역자 주] 원서의 중영 대조에 한국어를 첨가했다.

제3장 지역별 방언 『성경』

3.1. 우[吳]어

3.1.1. 상하이[上海] 토어 역본(譯本)

최초로 상하이[上海]에 파송된 선교사는 런던선교회의 메드허스트(W. H. Medhurst)였다. 런던선교회 선교사로 동아시아에 파송되기 전에 그는 관화를 배웠지만, 말레이시아에 도착하고서야 현지 화교 대부분이 민(閩)어를 사용하고 관화를 못 알아듣는다는 사실을 알게 됐고, 이에 민(閩)어를 배우기 시작해서 후에 『福建方言字典』(1837)을 편찬하기도 했다. 말레이시아로 파송되기 전에는 바타비아(Batavia)에서 선교했다. 1835년에 광저우[廣州]로 파송되어 모리슨[馬禮遜]의 후임으로 사역했고 1843년 11월에 상하이[上海]로 파송되어 선교했다. 초대 상하이[上海] 영국 영사인 발포어(C. Balfour; 巴爾福)가 중국 정부 관료와 협상할 때 통역을 담당했다. 1835년에는 귀츨라프(K. F. G. Gutzlaff), 브리지만[裨治文], 주니어 모리슨[小馬禮遜]과 위원회를 구성해 '심문리(深文理)'로 『신약』을 번역했다. 런던선교회에서 함께 활동하던 에드킨스(J. Edkins)가 1848년에 상하이[上海]로 파송되어 교직을 담당하면서 중국의 종교와 언어를 연구했다. 그는 선교사였을 뿐만 아니라 동양학 학자이기도 했다. 침례회의 예이츠

(M. T. Yates; 晏瑪太) 부부는 1847년에 상하이[上海]로 파송되어 선교했으며, 1888년에 상하이[上海]에서 생을 마쳤다. 예이츠 등은 선교의 범위를 상하이[上海]에서 쑤저우[蘇州]·쿤산[昆山]·전장[鎮江]·양저우[揚州]까지 넓혔다. 1865년 전후에 상하이[上海] 침례교에서 복음을 들은 이가 1,500여 명이었고, 1935년까지 신도가 2,000명 전후로 늘었다.

상하이[上海] 방언 역본에는 로마자와 한자 두 종류가 있다.

최초의 한자 역본은 『約翰傳福音書』이다. 역자는 런던선교회의 메드허스트로서 1847년에 상하이[上海]에서 출간했으며 총 90엽이다. 런던 Bible House Library가 소장한 초본은 71-74엽이 없다. 이는 최초의 『성경』 방언(한자) 역본이다. 주요 역자는 메드허스트이며 전체 번역문 또한 그가 최종적으로 개정했다.

밀라니(W. C. Milane; 小米憐)가 번역한 『馬太福音』과 맥클래치(T. McClatchie)가 번역한 『路加福音』은 1848년에 출간됐다. 오웬(G. Owen) 주교와 동역자 두 명도 『馬太福音』을 번역했는데, 1850년에 닝보[寧波]에서 출간됐으며 1856년에 중쇄됐다. 이후로 각종 『新約』 단편들이 연이어 출간됐다.

서머즈(J. Summers)가 로마자로 번역한 『約翰傳福音書』는 1853년 런던에서 출간됐다. 방언 로마자 성경 역본 역사로 볼 때, 이보다 앞선 것은 1852년 닝보[寧波]에서 출간된 『路加福音』과 같은 해 출간된 광저우[廣州] 방언의 『約翰福音』이다. 키스(Keith; 吉) 목사가 1859년에 번역한 『路加福音』은 세바니스(A. B. Cebaniss)가 크로포트

(Crawford; 高第丕)의 어음 부호로 전사해 1872년에 출간했다. 완정한 『新約全書』는 1870년에 많은 역자들이 동역해 번역, 출간했다. 주요 역자로는 분(Boone; 文惠廉·布恩; 1811-1864), E. W. Syles, 스폴딩(F. Spaulding), 맥클래치(MaClatchie), 키스(Keith; 吉) 목사, 넬슨(R. Nelson), 블로젯(H. Blodget)이다. 그중 분[文惠廉]은 미국 성공회 상하이[上海] 초대 주교급 선교사인데, 1837년에는 바타비아로, 1842년에는 샤먼[廈門]로 파송되었다가 1845년에 상하이[上海]로 파송되어 선교했다. 분[文惠廉]과 브리지만[裨治文]은 최초의 중국 파송 미국인 선교사이다. 브리지만은 회중교회의 대표로서 1847년에 광저우[廣州]에서 상하이[上海]로 파송됐다.

키스(Keith; 吉) 목사는 로마자로 『新約全書』도 번역해 1872년에 출간했다. 이는 최초로 출간된 상하이[上海] 방언 『新約』이다. 키스(Keith; 吉) 목사는 1855년에 『上海土白入門』도 출간했다.

1876에는 『新約』의 새로운 버전을 출간하기 위해 미국성경회에서 파넘(J. Farnham)박사와 로버츠(Roberts) 등 선교사로 조직한 위원회를 결성하여 구역본을 수정했으며 1881년에 인쇄, 발행했다. 다음 해에는 개정판(改訂版)[1]도 인쇄, 발행했다. 동시에 뮤어헤드(W. Muirhead; 慕維廉) 박사가 문리 버전 주석이 있는 『新約』을 번역, 출간했다.

---

1   개정판(改訂版): "전에 출판한 책의 내용을 개정하거나 보완하여 다시 출판한 책. ≒ 정정판."

첫 번째 화합본 『新約』의 상하이[上海] 방언 역본은 1897년에 출간됐다. 역자는 미국과 영국의 선교사이다.

첫 번째 단편 『舊約』은 1854년에 출간된 『創世記』이며, 역자는 분(Boone; 文惠廉)과 키스(Keith; 吉) 목사이다.

첫 번째 단편 『舊約』은 1908년에 출간됐다.

첫 번째 新舊約 합본은 1913년에 출간됐다.

신도들은 일반적으로 한자 버전을 사용했고, 로마자 버전은 사용하는 신도가 갈수록 줄어들어 1877년에는 거의 사용하지 않게 됐다.

상하이[上海] 방언 병음 체계는 아래의 문헌을 참고할 수 있다.

J. Edkins (艾約瑟), *A grammar of colloquial Chinese, as exhibited in the Shanghai dialect* (『上海口語語法』), Shanghai: London Mission Press, 248면, 1853년; 제2판, 225면, 1868년.

3.1.2. 쑤저우[蘇州] 토어 역본

침례회의 쑤저우[蘇州] 선교지부는 예이츠가 1883년에 개척했다. 쑤저우[蘇州]의 선교사들은 선교의 범위를 우시[無錫] 시내와 인근 대도시로도 확장했다. 1936년까지 쑤저우[蘇州]와 우시[無錫] 두 지역의 침례회 교도는 약 1,500명이었다.

쑤저우[蘇州] 방언 역본은 거의 모두가 한자 버전이다. 필자가 접한 로마자 버전은 1891년에 출간된 『馬可福音』하나였다.

『四福音書』와 『使徒行傳』은 1879년에 데이비스(J. W. Davis)가 번역했다. 미국장로회 선교단의 피치(G. F. Fitch)와 남방감리회(혹은 메서디스트 감독 교회; 감리회감독교회; the Methodist Episcopal Mission)의 파커[潘慎文]가 함께 번역한 『四福音書』와 『使徒行傳』은 1880년 미국성경회가 출간했다. 그 다음 해에 위의 두 선교사가 『新約』을 번역했으며, 1892년 미국장로회의 출판위원회가 수정본을 출간했다. 데이비스(J. W. Davis), 헤이스(J. H. Hayes), 라이언(D. M. Lyon), 파커(A. P. Parker)가 이 위원회의 회원이었다.

『舊約』 제1판은 1908년에 출간됐는데, 상술한 3인 외에 역자로 피치(Fitch), 헤이스(Hayes), 브리턴(T. C. Britton)도 있다. 『新約』의 새로운 버전은 1931년 미국성경회가 상하이[上海]에서 출간했다.

『舊約』의 번역 작업은 미국장로회, 남방침례회, 감리회 3개 선교단체가 대표를 파견해 조직한 위원회에서 담당했다. 이 위원회는 상하이[上海]의 위원회와 동역했으나, 실제로 감리회는 함께 참여하지 않았다. 집필한 역자는 미국장로회의 데이비스(Davis), 헤이스(Hayes), 라이언(Lyon), 미국남방침례회의 브리턴(Britton)이다. 1901년 상하이[上海]에서 출간한 『舊約』 중 『創世記』에서 『路得記』까지의 각 편이다.

쑤저우[蘇州] 방언 병음 체계는 다음 문헌을 참고할 수 있다.

A syllabary of the Soochoxv dialect, Soochow literary Society, 1892, Shanghai.

3.1.3. 닝보[寧波] 토어 역본

닝보[寧波] 방언 역본은 소수 몇 종을 제외하고 대부분 로마자 역본이다.

닝보[寧波]에서 최초로 선교한 이는 침례회의 맥고완(D. J. Macgowan) 의사인데, 그는 1843년에 홍콩, 광둥[廣東]을 거쳐 홀홀단신으로 닝보[寧波]에 가서 처음 몇 년은 선교 병원(mission hospital)을 설립해 의료행위를 하면서 현지 학자인 저우쭈롄[周祖濂]에게 중국어를 배웠다. 1847년 로드(E. D. Lord; 羅爾梯) 목사 부부와 교회를 설립했는데, 이는 화둥[華東] 지역 최초의 침례교회였다. 후에 그는 상하이[上海]와 샤먼[廈門]의 방언 사전을 편찬했다. 1849년 같은 침례회 소속인 고다드(J. Goddard; 高德) 목사가 방콕에서 닝보[寧波]로 파송되어 선교했다. 그가 파송되자 닝보[寧波]는 화둥[華東]의 선교지로 승격되었으며, 항저우[杭州]는 당시에 이미 거점 선교지였다. 샤오싱[紹興]과 후저우[湖州]도 거점 선교지였다. 침례회는 1869년에는 샤오싱[紹興]을, 1887년에는 후저우[湖州]을 개척했다. 그가 번역한 문언문『新約』은 1853년에 출간됐다. 이외에도 침례회의 놀튼(Miles J. Knowlton) 목사는 닝보[寧波]에서 10년 선교했다(1854-1864).

허드슨 테일러(J. H. Taylor)가 1857년에 닝보[寧波]로 파송되어 선교했으며, 그전에도 영국 국교회[安立甘; Anglicanism], 미국침례회, 미국장로회가 닝보[寧波]에서 선교하고 있었다. 1865년(일설은 1866년)에 그는 닝보[寧波]에 China Inland Mission(중국내지선교회)를 설립하고 선교지를 뒀는데, 닝보[寧波]와 항저우[杭州]를 거점으로 하고 펑화[奉化], 샤오싱[紹興], 타이저우[台州], 원저우[溫州]로 확장했다. 펑화[奉化]는 1866년에 개척됐고 닝하이[寧海]는 1868년에 개척됐다. 중국내지선교회는 1967년에 처음으로 메시스(Messrs), 메도우(Meadows),

잭슨(Jacksond)을 타이저우[台州]로 파송했으며, 1870년에 루들랜드(Rudland; 路惠理·盧蘭)도 닝보[寧波]에 파송했다. 1867년에 황옌[黃巖]은 타이저우[台州]의 첫 번째 분리 개척지가 됐다. 선교사가 기록한 황옌[黃岩]어 한 문장이 있다. Ts'ing-loe ky'üoh dzô. (請來吃茶.)

1874년 타이핑[太平]이 타이저우[台州]의 또 하나의 분리 개척지가 됐다. 샤오싱[紹興]은 1866년에 개척됐고 그 이듬해에 교회가 설립됐으며 선교사도 샤셴[嵊縣]과 신창[新昌]에 파송되어 선교했다. 신창[新昌]은 1888년 이전에 분리 개척됐다.

닝보[寧波] 방언 『新約』의 번역 작업은 1851년부터 시작됐다. 그 이듬해에 러셀(William Armstrong Russel; 祿賜悅理)과 맥캣티(Divie Bethune MacCatee; 麥嘉締)가 번역한 『路加』가 출간됐다. 이 역본이 사용한 로마자 병음 체계는 마틴(W. A. P. Martin), 코볼드(R. E. Cobbold), 고프(F. F. Gough)가 고안한 것으로 로마자로 표기한 첫 번째 방언 성경 역본이다. 1853년부터 1861년까지 『新約』의 기타 편은 닝보[寧波]의 선교사들이 연이어 번역했다. 『啓示錄』을 제외하고 『新約』 각 편은 1861년에 인쇄, 발행됐는데, 주요 역자는 위에서 언급한 2인이고 마틴(Martin)과 랜킨(Rankin)도 참여했다. 러셀은 교회선교회[敎堂傳敎會; Church Mission Society] 소속 선교사로서 1848년에 중국에 왔다. 맥캣티는 미국장로회 소속 의료 선교사로서 1844년에 중국에 왔다. 랜킨(Rankin; 藍) 목사는 1825년에 미국 뉴저지(New Jersey; 新澤西)에서 출생해 프린스턴대학교에서 공부했으며, 개신교 해외선교위원회에서 1849년 2월에는 홍콩으로, 같은 해 8월에는 닝보[寧波]로 파송됐다.

그 후 줄곧 닝보[寧波]에서 선교했으며 1856-1858년에 미국으로 귀국했다. 1863년 닝보[寧波]를 떠나 산둥[山東] 덩저우[登州]에 도착했다. 그는 1857년에 『寧波土話初學』을 출간했다. 러셀, 맥캣티, 마틴, 랜킨 목사는 닝보[寧波] 선교사위원회를 조직해 성경 번역과 출간에 몸담았다.

1861년에 테일러(Taylor; 戴德生)와 고프(Gough; 高富)가 『四福音書』와 『使徒行傳』을 로마자 버전으로 번역하고 주석 작업을 하기 시작해 1865년에 런던에서 출간했다. 그해에 이 두 선교사는 모두 영국에 있었다. 테일러(J. H. Taylor)는 번역 작업에 매일 6시간에서 8, 9시간을 쏟았으며 그의 아내인 마리아(Maria; 瑪麗亞)와 왕라이쥔[王來君]도 이를 도왔다. 그 이듬해에 테일러(J. H. Taylor)가 중국에 돌아갔다. 고프(F. F. Gough)와 뮐레(G. E. Moule) 주교는 번역 작업을 계속했다. 1868년에 『新約全書』 로마자 버전이 출간됐다. 이는 최초로 출간된 닝보[寧波] 방언 『新約』이다. 이 버전에서 뮐레 주교는 『希伯來書』에서 『啟示錄』까지의 각 장을 정정했다. 이는 주석이 있는 『新約全書』이다. 테일러(J. H. Taylor)는 중국내지선교회의 창시자이다. 고프 목사는 그리스어 전문가이며 닝보[寧波]어에도 정통했다. 이 닝보[寧波]어 『新約』은 마쉬만(Joshua Marshman; 馬殊曼) 등이 1811년 싱가폴에서 출간한 역본이 기초가 됐다.

1870년 테일러(J. H. Taylor)는 저장[浙江]에서 『四福音書』와 『使徒行傳』을 인쇄, 발행했다. 그는 또 위에서 언급한 1868에 출간한 『新約全書』를 약간 개정하고 로드(E. C. Lord) 박사가 그중 일부 어휘를 침례교의 관용 어휘로 바꿔 1874년에 미국성경회에서 출간했는데, 이는 침례교의 필요에 의한 것이다.

1884년 미국과 영국 선교사 대표가 위원회를 조직해『新約』을 개정할 계획이었으나, 후에 번역문 문체에 이견이 있어서 영국 선교사 호어(J. C. Hoare; 霍裏), 칼핀(F. Calpin), 베이츠(Bates)만 남아 개정 작업에 참여했다. 개정판은 영국 및 외국 성경회에서 1889년에 인쇄, 발행했다.

1896년에 닝보[寧波]에서 개최된 제1차 회의에서 고다드(J. Goddard; 高德), 호어가『新約』을 개정하기로 의결했다. 수정본이 받아들여져 닝보[寧波] 방언의 화합 역본으로서 1898년에 출간됐다. 침례교에서도 이 버전을 사용하는데 침례교 관용 어휘만 일부 바꿨을 따름이다.

『舊約』각 편은 1875년 이후에 연이어 번역됐다. 최초의『舊約』단편은 마틴이 번역한『詩篇選』이며, 기타 단편의 역자는 로드, 란킨, 젠킨스, 로렌스(Miss M. Laurence)이다. 1897년 닝보[寧波]의 선교 단체가 고다드에게『舊約』의 번역 작업을 추진하도록 일임했고, 뮐레(W. S. Moule)와 스미스(Smith) 박사에게 주해위원회를 구성하도록 확정했다. 1898년 말에『聖經』전서가 번역됐으며, 동시에 이미 출간된『舊約』각 편을 개정하기 시작했다. 1901년에 주해가 있는『舊約』이 출간됐다. 이『舊約』과 위에서 언급한『新約』은 당시에 중국에서 출간한 주해로서 가장 완정한『聖經』이다. 1923년에 수정본도 출간됐다.

위에서 언급한 것은 모두 로마자 버전이다. 이외에 『約翰福音』, 『以弗所書』, 『提摩太前後書』 등 소수 몇 종만이 한자 버전이다.

닝보[寧波] 방언 병음 체계는 다음의 문헌을 참고할 수 있다.

Nying-po T'u-wô Ts'u-'öh(『寧波土話初學』), 1868년, 상하이[上海].

3.1.4. 항저우[杭州] 토어 역본

교회선교회 소속 선교사인 뮐레(A. E. Moule; 慕雅德; 慕爾)와 부인 모드(E. A. Mode)는 1861년 항저우[杭州]에서 개척했다. 뮐레는 고등교육을 받아 중문에 대한 조예가 깊었기 때문에 말하고 쓰는 능력이 모두 자유자재로 유창했다. 1877년에 뮐레 부인이 『新約』의 일부 단편을 번역해서 자비로 출간했다. 그전에도 그녀는 기도서(Prayer Book)와 성가(hymn-book)를 번역했다. 뮐레 부인은 1867년 4월에 본국으로 돌아가 휴가 기간을 가졌는데, 이때도 그들은 『約翰福音』과 『馬太福音』을 로마자로 번역했다. 이 두 복음서의 항저우[杭州] 토어 한자 저본(底本)[2]은 베이징[北京]에서 공직에 있던 중국학자가 번역한 것이다. 상술한 역본은 기독교지식보급협회에서 1879년과 1880년에 각각 출간했다. 뮐레의 딸이 『路加福音』을 번역했으나 출간되지는 않았다. 현지 기독교인들은 일반적으로 한자 관화 역본만을 사용했다. 모르겐로스(G. Morgenroth)와 Li가 『詩篇』을 1890년에 출간했다. 모르겐로스가 번역한 『以賽亞書』는 1897년에 출간됐다.

---

2   [역자 주] 저본(底本): "[1] 문서의 초고(草稿). [2] 개정, 번역 따위를 하기 전 본디의 서류나 책. =원본."

뮐레의 후임인 침례회의 크라이어(Carl T. Kreyer; 金楷理) 목사는 1866년부터 1869년까지 항저우[杭州]에서 선교하면서 1867년에 교회를 개척했다. 1899년에 스위트(W. S. Sweet; 甘惠德) 목사가 항저우[杭州]로 파송됐고 1893년에 닝보[寧波]로 옮겼으며 샤오싱[紹興]에 몇 년 거주했다. 그가 사범 교육을 받고 항저우[杭州]에 설립한 학교가 바로 후이란중고등학교[惠蘭中學]이다.

항저우[杭州] 방언 병음 체계는 다음 문헌을 참고할 수 있다.

A. E. Moule, *Hangchow premier. Translation and notes*, Society for Promoting Christian Knowledge, sold at the Depositories, 34p., 1876, London.

3.1.5. 진화[金華] 토어 역본

닝보[寧波]에 장기간 거주했던 젠킨스는 1864년에 진화[金華] 탕자[唐閘]로 가서 2개월 남짓 머무르면서 현지에 교회를 개척했다. 이후 몇 번 진화[金華]에 갔으나 현지 지사(知事)의 장기 체류 허가를 받지 못하다가 1869년에 이르러서야 선교사 영주권을 얻을 수 있었고, 1881년에 진화[金華] 시내에 교회를 개척했다.

『約翰福音』만 로마자를 사용해 진화[金華] 방언으로 번역됐다. 역자는 미국 침례선교연합회의 젠킨스이며, 1866년에 상하이[上海]에서 출간했고 비용은 미국성경공회에서 지원했다. 당시의 선교사는 다른 성경 단편을 계속해서 번역하는 것이 필요 없다고 여겼다. 필자 생각에, 선교사가 알던 진화[金華] 방언은 문언 독음 체계였는데 현지인들이 평상시 의사소통 때 사용하던 것은 백화 독음 체계였을 것이다. 따라서 몰렌도르프(P. G. von Mollendorf; 1847-1901) 같은 당시 선교사는 진화[金華]어가 중원관화(中原官話; the Central Mandarin)에 속한다고 여겼다. 몰렌도르프가 중국어 방언 분류를 논한 것은 그의 저서 *Classification des dialects chinois*, 34면, Ningbo, Imprimerie de la mission catholique, 1899에서 알 수 있다.

저장[浙江] 서남부 중국내지선교회의 역사는 다음과 같다.

취저우[衢州]: 1872년에 항저우[杭州] 지부로 시작해 1875년에 독립 선교부가 됐다.

창산[常山]: 1878년에 지부가 됐다.

란시[蘭溪]: 1870년부터 1880년까지 지부이다가 1894년에 독립 선교부가 됐다.

진화[金華]: 1875년부터 1880년까지 취저우[衢州] 지부이다가 1886년에 독립 선교부가 됐다.

융캉[永康]: 1882년부터 1887년까지 진화[金華] 지부였다.

진화[金華] 방언의 병음 체계는 참고할 문헌이 없다.

3.1.6. 타이저우[台州] 토어 역본

타이저우[台州] 방언 역본은 모두 로마자 버전이며 한자 버전이 없다.

중국내지선교회 선임 선교사인 루들랜드가 『新約』을 번역했다. 1880년에 『馬太傳』가 대로마자체로 인쇄, 출간됐다. 1881년 말에는 타이저우[台州] 중국내지선교회에서 『新約』 전체를 인쇄, 출간했다.

1894년에 루들랜드가 동료인 중국내지선교회의 어리(T. Urry)와 톰슨(C. Thomson)의 도움 하에 『新約』을 수정하기 시작했다. 수정본은 토어 역본 위원회의 동의를 거쳐 대영성서공회의 경비로 타이저우[台州] 중국내지선교회에서 인쇄, 출간했다.

동시에 루들랜드는 『舊約』을 번역하기 시작했다. 『約拿書』와 『但以理書』는 1891년과 1893년에 중국내지선교회에서 각각 출간했다. 1905년 말에는 『創世記』에서 『民數記』까지 번역을 마쳤다. 같은 해 『創世記』와 『詩篇』은 대영성서공회에서 출간했다. 『舊約』의 번역 작업은 루들랜드를 중심으로 진행됐으며, 교회선교회(Church Missionary Society)의 월리스(W. J. Wallace)와 중국내지선교회의 칸더러(Kanderer) 및 루들랜드 부인이 도왔다. 루들랜드가 1912년 세상을 떠나기 전까지 『舊約』의 대부분을 번역했으며 『箴言』, 『傳道書』, 『雅歌』, 『約伯記』만 미번역으로 남았다. 미번역된 부분은 공동 역자들이 번역해서 1914년에 『舊約』 전서가 출간됐다.

중국내지선교회는 타이저우[台州]에서 1867년에 개척했다.

타이저우[台州] 방언 병음 체계는 다음 문헌을 참고할 수 있다.

W. D. Rudlang, *T'ai-chow romamzation*, Chinese Recorder, 1904, 35, 89-91.

3.1.7. 원저우[溫州] 토어 역본

원저우[溫州] 방언 역본은 로마자 역본만 있다.

중국내지선교회는 1867년에 원저우[溫州]에서 개척했다. 1893년에 핑양[平陽]이 독립 선교부가 됐다. 원저우[溫州]와 핑양[平陽]에는 19세기 말에 지부 6개와 교회 8개가 있었다. 롱취엔[龍泉]은 1894년에 개척됐다.

감리회연합선교회(衛理聯合傳敎會; United Methodists Free Church Mission)의 수트힐(蘇惠廉; W. E. Soothill; 1861-1935)은 1878년에 원저우[溫州]에서 개척하고 1882년에서 1935년까지 원저우[溫州]에 거주했다. 그는 1888년에 대영성서공회에 그가 번역하고 있던 『四福音書』와 『使徒行傳』의 출간에 도움을 요청했다. 이 역본은 작가가 그리스어 원문을 로마자로 번역한 것으로 판식(版式)[3]이 닝보[寧波] 방언 역본과 비슷했고, 수트힐 목사의 초고를 동료들이 수정한 후 성경공회의 동의를 거쳐 출간했다. 출간 작업은 1892년에 시작했으나 수트힐 목사가 본국으로 돌아가 휴가 기간을 가지는 등의 원인으로 지연됐다. 이 역본은 1894년에 이르러 최종적으로 수정하고서야 런던에서 출간됐다.

수트힐 목사는 1899년에 『新約』의 나머지 부분을 번역하기 시작했다. 이 번역 작업 및 『四福音書』와 『使徒行傳』의 수정 작업은 1901년에 마무리됐다. 1902년에 로마자 버전 『新約』을 원저우[溫州] 중국내지선교회에서 인쇄, 출간했고 대영성서공회에서 발행했다.

---

3 [역자 주] 판식(版式): "판본의 양식. 광곽(匡郭), 행격(行格), 판심(版心) 따위와 같은 판 전체의 짜임새와 그 형태적인 특징을 이르는 말이다. 늑행관."

정장상팡[鄭張尚芳]의 조사에 따르면, 수트힐 목사는 『聖經』을 번역하기에 앞서 현지 학자들(대부분 목사)을 청해 방언 로마자 병음 방안을 제정한 바 있다. 이에 참여한 현지 학자 중의 하나인 탕롄쿠이[湯聯奎; 1862-1940]는 현(縣)의 늠생(廩生)[4]으로서 고등 소학교 교장, 교회 중고등학교 교사, 현의 권학소(勸學所) 권학원(勸學員)이었다. 그의 원저우[溫州]어 로마자 글자표 필사본(『甌音字彙』)은 현재 원저우[溫州] 시도서관에 소장되어 있다.

그해 몽고메리(孟國美; P. H. S. Montgomery)가 *Introduction to the Wenchow Dialect*를 편찬했는데, 수트힐 목사가 편찬 작업에도 참여했고 원고도 교정했다. 또한 낱글자의 성조에 설명도 했다.

원저우[溫州] 방언 병음 체계는 다음 문헌을 참고할 수 있다.

Edward Harper Parker, *The Wenchow Dialect*, China Review 1884, 12, 162-175: 377-389, Hong Kong.

3.2. 민(閩)어

3.2.1. 푸저우[福州] 토어 역본

푸저우[福州] 방언 역본에는 한자 역본, 로마자 역본, 주음 부호 역본 세 종류가 있다.

최초의 역본은 웰턴(W. Welton; 溫敦)이 번역한 『馬可』와 화이터[懷

---

4 [역자 주] 늠생(廩生): "중국 명나라 때, 관으로부터 녹미(祿米)를 받던 생원."

特]가 번역한『馬太』로 1852년에 출간됐다. 웰턴은 교회선교회 소속의 의료 선교사로서 1859년에서 1856년까지 푸저우[福州]에서 선교했다. 1852년 이후에 그는 대표문리역본을 저본으로『新約』을 번역했는데, 그가 번역한『新約』은 1856년에 대영성서공회에서 출간했다. 같은 해에 또 한 권의『新約』이 출간됐는데, 역자는 미국해외선교회[American Board]의 피이트(L. B. Peet; 弼) 목사 등이다.

1864년 미국해외선교회와 감리회[Methodist Episcopal Missions]에서 연합하여『新約』을 수정했다. 수정본은 1866년에 4책으로 나눠 출간했고 1869년에 1책으로 합본했다. 이후에 재개정을 거쳐 1878년에 출간했다. 주로 맥클레이(R. S. Maclay)가 개정했는데, 그는 미국성공회 소속 선교사로서 1848년에 중국에 와서 주로 푸저우[福州]에서 선교하였고, 1883년에『四福音書』와『使徒行傳』을 번역한 바 있다.

1874년 교회선교회, 미국해외선교회, 감리회가 동역하고 미국성경회가 재정을 지원하여『舊約』을 번역하기 시작했으며 1884년에 번역을 마치고 1888년에 출간했다.

1887년에 미국성경공회와 대영성서공회가『聖經』전서를 공동으로 수징하기로 결정했다. 수정본은 1891년 감리회출판시기 푸지우[福州]에서 출간했다. 1895년에 약간 개정해 재출간했다. 1909년에 또 수정본을 출간했다.

첫 번째 로마자 역본은 로이드(Lloyd)가 번역한『約翰福音』으로 1881년에 출간됐는데, 그 이전의 병음 체계를 사용했다. 스튜어트(R. W. Stewart)가 샤먼[廈門] 방언 성경의 병음 체계로 이『約翰福音』을 고쳐 썼다. 1890년 스튜어트는 전체『聖經』을 번역했고 런던에서 출간했다. 후에 1895년과 1900년 전후에『新約』수정본을 출간했으며 주석을 첨가했다. 1904년에는 또 새로운 활판 인쇄 판본이 나왔다.

식자층인 신도들 대부분은 한자 버전을 사용했다.

1921년에서 1937년까지 주음부호로 표기한『馬可』,『路加』,『使徒行傳』을 출간했다.

푸저우[福州] 방언 병음 체계는 다음의 문헌을 참고할 수 있다.

Moses Clark White, *The Chinese Language Spoken at Fuh Chau*, Concord, N. H., Missionary Society of the Methodist General Biblical Institute, 44p., 1856.

3.2.2. 샤먼[廈門] 토어 역본

샤먼[廈門] 방언 역본은 대부분 로마자 버전이다.

최초로 번역된 단편은『約翰福音』으로 1852년에 Wells William 출판사에서 인쇄, 발행했다. 역자는 도티(羅帝; Elihu Doty)인데 미국 네덜란드 개혁교회[Dutch Reformed Church] 목사이며 1836년에서 1864년까지 중국 주재 미국해외선교회[American Board of Commissioners for Foreign Missions]에서 활동했다. 1836년에 바타비아 및 동남아시아 각지에서 선교하기 시작했으며 1884년에 샤먼[廈門]에 도착했다. Young 박사가 그의 번역 작업을 도왔다. Young은 스코틀랜드인이며 1850년부터 1854년까지 대영장로회의 의료 선교사였다. 이른 시기에 번역한 단편으로는 오스트롬(胡理敏; Alvin Ostrom)이 번역한『馬可

福音』인데, 총 70면이며 1860년 이전에 출간됐다. 위에서 언급한 2종은 로마자 버전이며, 그중 『約翰福音』은 중국 최초의 방언 로마자 역본이다.

『新約』 전서는 1856년에 번역, 인쇄, 발행되었는데 마찬가지로 로마자 역본이다. 또 다른 한 버전은 맥그리거(W. Macgreger), 스완슨(W. S. Swanson), 코위(H. Cowie) 및 맥스웰(J. L. Maxwell; 馬雅各)이 번역했으며, 1873년에 글래스고에서 인쇄, 발행했다. 1873년에 샤먼[廈門]에서 선교했던 런던선교회[London Missionary Society], 영국장로회[British Presbyterian], 미국 네덜란드 개혁교회[American Reformed Dutch Church] 3개 단체에서 심문리 대표본[High Wenli Delegate's Version]에 근거해 『舊約』을 번역하기로 결정했다. 『舊約』 단편들은 1880년에서 1884년 사이에 연이어 출간됐다. 『新約』은 1897년에 상하이[上海]에서 출간됐다. 이미 출간된 『舊約』 단편에 인쇄, 방언 번역상의 오류가 있었다. 1885년 선교사 20인과 중국인 동역자 16인이 개정위원회를 조직해 오류들을 정정했다. 1920년에 『舊約』 정정본(訂正本)이 출간됐다. 『新約』에서 유사한 오류들도 정정을 거쳐 다시 인쇄, 발행했다. 당시에 이는 중국에만 있는 완정한 로마자 방언 『聖經』 역본이었다.

신구약 합본은 1921년과 1927년에 다시 출간됐다. 후에 파클레이(巴多馬; T. Parclay)가 번역문을 그리스어 및 히브리어 원문과 절별로 전체적으로 교정했다. 『舊約』의 개정본(改訂本)은 상하이[上海] 대영성서공회에서 인쇄, 발행했다.

1877년 전후 여자 성도 중에는 글자를 아는 이는 거의 없었으나 로마 병음을 아는 이들은 많았다.

샤먼[廈門] 방언 병음 체계는 다음 문헌을 참고할 수 있다.

E. Doty, *Anglo-Chinese Manual with Romanized Colloquial in the Amoy Dialect*(『翻譯英華廈腔語彙』), 214p., 1853, Canton.

3.2.3. 싱화[興化] 토어 역본

미국성공회의 브루스터(蒲魯士; D. N. Brewster)가 번역 작업을 담당했다. 일설에는 젠킨스도 『新約』 번역 작업에 참여했다고 한다. 그가 근거로 삼은 저본은 푸저우[福州] 방언 로마자 역본이다. 최초의 역본은 1892년 푸저우[福州]에서 출간된 『約翰福音』이다. 『新約』 각 편은 1892년에서 1900년 사이에 출간됐고, 『舊約』 각 편은 1896년에서 1904년 사이에 출간됐다. 젠킨스가 번역한 『新約』 전서는 1900년에 출간됐으며, 그 이듬해에 탈마지(J. V. N. Talmage) 보편(補編) 판본을 출간했다. 신구약 전서는 1912년에 출간됐다. 미국성경회에서 출간 작업을 담당했다. 이상은 모두 로마자 버전이다.

싱화[興化] 방언 병음 체계는 참고할 만한 문헌이 없다. '싱화[興化]'의 현재 명칭은 '푸텐[莆田]'이다.

3.2.4. 젠양[建陽] 토어 역본

교회선교회는 1891년 젠양[建陽]에 개척했으며, 필립스(腓力; H. T. Phillips)가 관화 역본과 젠닝[建寧] 역본에 근거해서 『馬可福

音』을 번역했으며 1898년에 푸저우[福州]에서 자비로 출간했다.

위원회의 동의 하에, 1900년에 대영성서공회에서 『馬太福音』 300권을 인쇄, 출간했다.

이상의 2종은 모두 로마자 버전이다.

젠양[建陽] 방언 병음 체계는 참고할 만한 문헌이 없다. 일본학자 아키타니 히로유키[秋穀裕幸] 로마자 버전 『馬太福音』(1900년)을 연구한 바 있으며, 열거한 당시 젠양[建陽] 방언의 성모·운모·성조 체계에 근거해 동음자표를 정리했다.

3.2.5. 샤오우[邵武] 토어 역본

미국해외선교회는 1874년에 샤오우[邵武]에 개척했으며, 이 단체의 워커(J. E. Walker)가 『使徒行傳』을 샤오우[邵武] 방언 로마자로 번역했다. 1891년 이 단체가 푸저우[福州]에서 출간했다.

샤오우[邵武] 방언 병음 체계는 참고할 만한 문헌이 없다.

3.2.6. 산터우[汕頭] 토어 역본

산터우[汕頭] 방언 역본에는 한자와 로마자 역본 2종이 있다.

파트리지(S. B. Partridge) 목사가 번역한 『路德福音』이 1875년이 출간됐는데, 이는 최초의 산터우[汕頭] 방언 역본이다. 파트리지 목사가 번역한 『使徒行傳』은 1877년에 출간됐다. 같은 해에 대영장로회의 더프스(W. Duffus)가 번역한 로마자 버전 『路加福音』이 글래스고에서 인쇄, 발행됐다. 『四福音書』와 『使徒行傳』은 1883년에 번역을 마쳤다. 1887년에는 대영성서공회와 산터우[汕頭] 대영장로회의 더프스, 스미스(George Smith), 깁슨(J. C. Gibson; 汲約翰), 맥켄지(H. L. Mackenzie)가 위원회를 조직해서 『新約』을 번역했다.

1898년에는 한자 버전 『新約』이 출간됐고, 1905년에는 산터우[汕頭]에서 『新約』 로마자 버전이 출간됐다.

이 버전은 매클라간(Maclagan)과 깁슨이 그리스어 원문에 근거해 교정한 것이다. 미국 침례교단에서 한자 버전 번역을 전담해서 1902년에 한자 버전 『聖經』을 출간했는데, 애쉬모어(W. Ashmore)가 주요 역자이다.

『舊約』 단편의 경우, 『路德』가 1875년에 출간됐고 『創世記』가 1879년에 출간됐는데, 후자는 애쉬모어의 정정을 거쳐 1902년에 중간됐다.

최초의 『聖經』 전서는 미국해외선교회가 1922년에 출간한 것이다. 미국침례회가 1928년에 한자 신구약 합본을 인쇄, 발행했다.

산터우[汕頭] 방언 병음 체계는 다음 문헌을 참고할 수 있다.

Josiah Goddard(高德), *A Chinese and English Vocabulary in the Tie Chiw Dialect*, Bangkok, Mission Press, 248p., 1848.

3.2.7. 하이난[海南] 토어 역본

1891년 개신교 선교사가 하이난[海南]에서 선교했다. 세관 직원이던 제레미야슨(Jeremiassen)이 로마자로 『馬太』를 번역했다. 이 책은 1891년 상하이[上海]에서 출간됐다. 1893년에서 1895년 사이에 역자가 길먼(F. P. Gilman)의 도움으로 『約翰』, 『路加』, 『馬可』 삼복음서를 번역했다.

1889년에는 대영성서공회에서 『使徒行傳』과 『加拉太』에서 『猶大書』까지의 『新約』 단편을 출간했다(『提多書』에서 『希伯來書』까지 제외). 같은 해에 『四福音書合串』가 개인적으로 출간됐다. 『舊約』 중의 『創世記』와 『哈該書』에서 『瑪拉基』까지는 1901년에 출간됐다. 같은 해에 제레미야슨이 하이난[海南] 남부에서 세상을 떠났다. 『馬可福音』은 길먼이 개정해서 1902년에 대영성서공회가 출간했다.

『馬可福音』은 셰퍼 양(Miss K. L. Schaeffer)의 개정을 거쳐 1914년에 출간됐는데, 새로운 버전은 관화 화합본에 근거해 개정된 것이다. 『路加』와 『使徒行傳』은 1916년에 출간됐다.

이상의 역본은 모두 로마자 버전이다.

하이난[海南] 방언 병음 체계는 다음 문헌을 참고할 수 있다.

S. Dyer, *Remarks on the Hainanese Dialect*, China Repository, 1835, 4, 172-176.

3.3. 웨어[粵語]

3.3.1. 광저우[廣州] 토어 역본

광저우[廣州] 방언 역본에는 로마자와 한자 2종이 있다.

1868년 이전에 번역 출간된 것으로 『馬太』·『路加』·『約翰』 등 복음서가 있다. 그중 『馬太』와 『約翰』은 프레스턴(C. F. Preston)이 번역해서 1862년에 출간했다. 루이스(W. Lewis)는 『路加』를 번역했다. 또한 파버(E. Faber; 花之安)가 렙시우스 체계로 전사해서 1867년에 출간했다.

1869년부터 많은 선교사가 『聖經』을 공동으로 번역하기 시작했다. 당시에 지역 성격의 위원회 3개가 성립되어 역할을 분담해 동역했는데, 텍스투스 레셉투스(Textus Receptus)을 저본으로 하되 광저우[廣州] 시내 방언을 표준음으로 번역을 진행했다. 1871년에는 대영성서공회에서 『路加』와 『哥羅西書』를 출간했고 이듬해에는 『馬可福音』과 『使徒行傳』을 출간했으며 1873년에는 『馬太』와 『約翰』 복음서를 출간했다. 사복음서와 『使徒行傳』는 모두 완료했다. 대영성서공회에서는 '上帝'라는 용어를 선정한 반면 미국성경공회에서는 '神'이라는 용어를 선정했기 때문에 위에서 언급한 역본은 미국과 유럽 선교사만 사용했다. 대영성서공회는 더 이상 번역과 출간에 참여하지 않기로 결정했다. 그러나 번역과 출간 작업은 이로 인해서 중지되지는 않았다. 피어시(G. Piercy; 俾士)는 『新約』의 나머지 각 편을 번역했으며, 1877년에 『羅馬人書』에서 『啟示錄』까지를 개인적으로 인쇄, 발행했다. 이로써 『新約』은 모두 번역, 출간됐다. 피어시는 초반기에는 독립적으로 선교 활동을 하다가 미국 웨슬리안 감리교 선교회[Wesleyan Methodist Missionary Society]와의 관계로 인해 1882년에 광저우[廣州]에 갔다. 그 이전에는 홍콩 中華印務總局에서 1873년에 『新約』을 인쇄, 발행한 바 있다.

이미 번역된 『新約』이 만족스럽지 않자 1879년에서 1881년 사이에 개정 작업을 하는 위원회가 성립됐다. 개정판『新約』의 일부는 1882년에서 1884년 사이에 출간됐고, 그 나머지 부분은 1886년에 미국성경공회에서 출간했다. 이로써『新約』수정본도 완료됐다.

같은 해 영어와 광둥[廣東]어 이중언어『路加福音』이 세상에 나왔다.

같은 해에 집단 및 개인이『舊約』을 번역해 1888년에 모세『五經』을 번역했다. 미국장로회의 몇몇 선교사가 1890년에 나머지 부분을 번역하기 시작해 책 전체를 1894년에 미국성경회에서 출간했다.『舊約』은 후에 개정을 거쳤다. 동시에『四福音書』와『使徒行傳』의 광둥[廣東]어와 영어의 이중언어본도 출간됐다.

1867년에 출간된『路加福音』외에 모든 역본은 한자 버전이다. 영국과 미국 선교사들로 구성된 위원회가 1889년 로마자 역본에 어떤 로마자 체계를 사용할 것인가에 대한 문제를 다루기 시작했다.『新約』일부 번역에 사용한 로마자 체계가 초기에 고안된 것이었는데, 광둥[廣東] 선교사 회의에서『馬加』와『路加』번역에 이를 사용했다. 이 체계가 당시에는 이미 사용되지 않아서 교회선교협회[Church Missionary Society]가 나병 환자를 선교하는 데에 사용한『四福音書』,『使徒行傳』,『舊約』,『詩篇』은 다른 로마자 체계를 사용하여 1904년에 번역됐다. 1877년 기록에 따르면, 일반적으로 로마자는 광둥[廣東]어 철자법에 적합하지 않다고 여겨졌다고 한다.

일본 도호쿠대학은 총 30종 정도의 장서를 보유하고 있으며 그중 대부분은 19세기에 출간됐다. 이 성경은 본래 볼(J. Dyer Ball)의 개인 소장이었다. 그의 생졸연대는 알 수 없으나 1886년부터 1904년까지는 생존했었다. 1886년에는 홍콩 공무원으로 복무하다가 1890년에는 홍콩 대법원의 수석 통번역가로 복무했으며, 광둥[廣東]어를 위주로 중국어 방언을 연구했다. 최초의 저작은 『차이나 리뷰(China Review)』(1986)에 게재된 짧은 기사 『A Father Called Uncle(삼촌이라 불리는 아버지)』였다. 1890년에 그는 『차이나 리뷰』에 신후이[新會]와 둥관[東莞] 방언에 관한 연구 논문을 발표했다. 1891년과 1897년에는 순더[順德] 및 마카오 방언에 관한 연구 논문을 연이어 출간했다. 하카[客家]어 및 광둥[廣東]어 방언학 관련 저작을 여러 차례 출간한 바 있는데, 그중 가장 유명한 것은 광둥[廣東]어 교과서인 *Cantonese Made Eazy*이며 적어도 네 차례 재출간됐다.

광둥[廣東] 방언 병음 체계는 다음의 문헌을 참고할 수 있다.

Robert Morrison, *English and Chinese Vocabulary, the Letter in the Canton Dialect*, 2nd ed., 138p., 1840.

3.3.2. 싼장[三江] 토어 역본

싼장[三江] 방언 역본은 로마자 버전밖에 없다.

싼장[三江]은 광둥[廣東]성 북서부의 롄저우[連州] 지역에 위치한다. 그 당시 해당 방언이 어디에 속하였는지에 대해서는 확정되지 않은 상태이므로 본서의 서지 목록에서는 일단 광둥[廣東]어에 나열했다.

미국성경공회는 1904년에 『馬太福音』을, 1905년에 『馬加』, 『路加』, 『約翰』을 출간했다. 역자는 엘리너 체스턴트(Eleanor Chestant) 양이다.

쌴장[三江] 방언의 병음 체계는 참고할 만한 문헌이 없다.

3.4. 하카[客家]어 역본

하카[客家]어 역본의 대부분은 로마자 버전이다. 대부분은 방언이 사용되는 위치를 기재하지 않았다. 우징푸[五經富], 우화[五華], 팅저우[汀州]만이 위치를 기재했다. 초기 역본은 틀림없이 홍콩의 하카[客家]어였을 것이다. 그 나머지는 아마도 자잉[嘉應]주 하카[客家]어였을 것이다.

1845년 이전에 유럽 사람들은 하카[客家]어에 대해 아는 바가 전혀 없었으며, 그해 바젤선교회[Evangelische Missionsgesellschaft zu Basel]의 목사인 함베리(T. Hamberg; 韓山明·韓山文)와 레클러(R. Lechler; 黎力基)가 처음으로 하카[客家]어를 조사하고 연구했다. 함베리는 '韓山明'이라는 중문 이름으로도 알려져 있는데, 스웨덴 사람으로 1847년 레클러와 함께 홍콩으로 왔다. 이후로 그는 광둥[廣東]성 동부의 하카[客家]어 지역인 부지[布吉], Fungfo, 리랑[李朗]에서 선교했다. 그는 현지 방언을 배운 최초의 선교사였다. 1854년 홍콩으로 가서 병을 치료하다가 그해 5월에 홍콩에서 세상을 떠났다. 레클러는 23세였던 1847년에 함베리와 함께 중국으로 파송됐다. 처음에는 산터우[汕頭]에서 선교했지만 성공하지 못했고, 그 후 1852년에 홍콩으로 옮겨 하카[客家] 사람들에게 선교하기로 했다. 그 후 주로 홍콩과 리랑[李朗]에서 선교했으며, 마지막 몇 년 동안은 싱닝[興寧]에서 선교했다. 하카[客

家]어 지역에서 수십 년 동안 선교한 후 1899년에 본국으로 돌아갔다. 그가 번역한 마태복음은 1860년 베를린의 바젤선교회에서 출간했는데, 이는 최초의 하카[客家]어 성경 역본이자 렙시우스 음성 표기 체계를 채택한 최초의 역본이었다. 그는 하카[客家]어 사전을 집필한 바 있으나 출간되지 않았으며, 그 원고는 현재 스위스의 바젤선교회에 소장 중이다. 레클러와 함베리는 독일 바젤선교회가 중국에 파송한 최초의 선교사이다.

1866년에 마태복음과 누가복음의 대형 포맷이 대영성서공회에 의해 출간됐다. 이는 로마자 버전으로서 렙시우스 체계 및 이탤릭체를 채택했으며, 1866년에 개정본을 출간했다. 1883년에 신약성경 전체가 완성됐다.

신약성경의 로마자 버전은 후에도 개정 및 재인쇄됐다. 주요 역자로 레클러, 윈즈(Ph. Winnes), 피튼(C. Piton; 畢安·皮敦), 구스만(G. A. Gussman) 및 중국인 조수 두 명 장파린[江法林; Kong Fat-lin; 1845-1928]과 리청언[李承恩; Li Chin-en]이 있다. 피튼은 1864년에 중국으로 파송되어 초기에는 위엔컹[源坑]에서 남학교를 운영했고, 1874년에 리랑[李朗]으로 가서 성경 번역 작업을 했다. 그는 파커(Mr. E. H. Parker)가 집필한 *Remarks on the Syllabary of the Hakka Dialect* (하카[客家] 방언 음절에 대한 논평)(『中國評論』 제8권[1879-1880])와 같은 하카[客家]어 관련 다양한 저작들을 출간했다. 장파린의 본명은 아윈(Ayun)이며 Fat-lin은 교명(敎名)이다. 13세에 세례를 받고 바젤선교학교에 입학했다. 1865년에 스위스의 바젤선교학교로 파송됐다. 바젤선교학교에서 6년 동안 영어·독일어·라틴어·히브리어를 공부했다. 1871년에 중국으로 와서 하카[客家]어 지역에서 선교했다. 1901년에 칭다오[靑島]로 갔고, 1903년에 지난[濟南]으로 옮겨 독일어 통번역을 담당했으며, 1911년에 퇴임했다. 리청언(1845-1908)은 1859년에 홍콩에서 세례를 받은 후 바젤선교학교에서 공부했다. 1872년부터 1878년까지 레클러의 추천으로 스위스 바젤선교회에서 공부했다. 그는 후에 하카[客家]어 지역으로 돌아와 선교했다. 시편을 하카[客家]어로 번역하는 임무를 담당한 바 있다. 그의 부친인 리정가오[李正高]는 칭위엔[淸遠] 사람이며 홍시우취엔[洪秀全]과 아는 사이였다.

1881년에 한자 버전 성경을 출간하기로 결정했다. 1883년에 한자 버전 신약성경이 번역되어 대영성서공회의 지원 하에 출간됐다. 1904년에 수정본이 완성됐으며, 역자는 모두 바젤선교회 목사들이었다.

1886년에 구약성경 중 창세기와 출애굽기가 피튼(Charles Piton) 목사에 의해 번역되어 대영성서공회의 지원 하에 출간됐다. 구약성경 전체는 오토 슐체(Otto Schultze; 史鄂圖)가 번역했다.

광둥[廣東] 하카[客家] 지역에서 선교한 천주교는 파리선교단(Societe des Missions Etrangeres de Paris)이었다. 가장 먼저 온 신부는 찰스 레이(Charles Rey; 1886-1943)로 광둥[廣東] 하카[客家] 지역에서 50여년을 살았다. 명저 두 부를 집필했는데, 하나는 1901년에 출간되고 1926년에 개정된 *Dictionaire Chinois-Francais, Dialecte Hac-ka*[중국어-프랑스어 사전(하카[客家] 방언)]인데 편폭이 맥클버(MacIver)의 사전에 비해 길고 간단한 어법 설명이 있다. 하나는 *Conversations chinoises prises sur le vif, avec notes grammaticales: langage hacka*[하카[客家] 방언 회화, 어법 주해 수록, 1937]이다.

성경 전체는 1916년에 대영성서공회에서 번역, 출간했다.

하카[客家] 방언의 병음 체계는 다음의 문헌을 참고할 수 있다.

Edward Harper Parker, *Syllabary of the Hakka Language or Dialect*, China Review 1880, 8, 205-217, Hong Kong.

창팅[長汀] 방언의 병음 체계는 참고할 만한 문헌이 없다. 일본학자 아키타니 히로유키(Akitani Hiroyuki; 秋穀裕幸)가 로마자 버전인 마태복음(1919)을 연구하면서 당시 창팅[長汀] 방언의 성모·운모·성조 체계를 열거하고 동음자표를 정리했다.

3.5. 간[贛]어 젠닝[建寧] 토어 역본

젠닝[建寧]은 민(閩) 서부 지역에 위치하며, 현대 방언 분류상 간[贛]어에 속한다.

1895년에 영국 제나나 선교협회[Church of England Zenana Missionary Society]의 브라이어(L. J. Bryer)가 신약성경 역본 친필 원고를 완성했으며, 1896년에 신약성경이 런던에서 출간됐다. 1896년에는 마태복음이 개인적으로 출간되기도 했다. 1900년에 창세기와 출애굽기가 런던에서 대영성서공회에 의해 출간됐는데, 역자는 브라이어와 로드(Rodd)였으며, 참고한 저본은 영문 수정본이었다. 1905년에 시편과 다니엘서가 런던의 Bible House에서 출간됐으며, 역자는 브라이어였고 교정자는 필립스(H. T. Phillips)였다. 위의 내용은 모두 로마자 버전이다.

젠닝[建寧] 방언 병음 체계는 다음 문헌을 참고할 수 있다.

Hugh Stowell Phillips, *The Kien-Ning Romanised Dialects*, Chinese Recorder, 1904, 35, 517-519.

제4장 선교사의 중국어 방언학 저작 고찰

4.0. 서문

본 서지 목록에서는 먼저 연구 분야별로 나열한 후 그 아래에 방언 유형별로 열거했다. 각 대방언 내에서 지역 방언으로 구분하고, 동일 지역 방언의 관련 목록은 연대순으로 정리했다.

목록별 각 항목은 다음의 순서를 따랐다: 서명 혹은 편명, 출판사 혹은 간행지명, 인쇄소 혹은 인쇄처, 출판연도, 면수 혹은 면 번호, 판형, 기타 설명, 소장 도서관 명칭(약칭은 본서 부록 참고). 특정 항목의 내용이나 정보가 부족할 경우, 그 다음 항목부터 차례대로 앞당겨 제시했다. 해설 부분에서는 책 관련 내용에 설명을 보탰지만, 전면적으로 검토하지 않은 경우는 필자가 아는 범위 내에서 간략하게 고찰, 서술했다.

방언 어음 자료를 언급한 관화 연구서도 있으나 본 목록에서는 수록하지 않았다. 예를 들어, Samuel Wells Williams, *An English and Chinese Vocabulary in the Court Dialect*(『英華韻府』; 마카오 香山書院, 1843 출간)은 난징[南京] 관화 중국어-영어 자전인데, 이 책 서문에서 관화, 닝보[寧波]어, 광둥[廣東]어, 샤먼[廈門]어, 차오저우[潮州]어의 533개 자음(字音)을 나열했다. 또 다른 예로, 『英話文法小引』(William Lobscheid,

Chinese-English Grammar, 홍콩: Noronha's Office, 1864, 22cm)는 로마자를 사용해 광둥[廣東]어로 작성한 영어 어법서이다. 저자는 중국에서 활동한 선교사이다. 자세한 내용은 장젠[張堅]의 『兩種新發現的早期潮州方言文獻音系性質(새로 발견된 초기 차오저우[潮州] 방언 문헌 2종의 음운체계 성격)』(『開篇』第36期, 2018년 7월)을 참고하라.

본 목록에는 아래에 열거한 민난[閩南]어 사전과 같은 18세기 이전에 천주교 선교사들이 편찬한 중국어 방언학 저작은 포함하지 않았다. 자세한 내용은 마시니[馬西尼]의 『羅馬所藏手稿本閩南話—西班牙語詞典(로마 소장 원고본 민난[閩南]어-스페인어 사전)』(游汝杰 번역, 鄒嘉彥·游汝杰主編『語言接觸論集』, 상하이[上海]교육출판사, 2004년)을 참고하라.

(1) *Diccionario chino-espanol*(중국어-스페인어 사전), 저자 미상, 현재 필리핀 마닐라 산토 토마스 대학교[University of Santo Tomas] 소장.

(2) *Diccionario espaiiol-chino*(스페인어-중국어 사전), 저자 미상, 현재 필리핀 마닐라 산토 토마스 대학교 소장.

(3) *Vocabulario de la lengua espanola-china*(스페인어-중국어 어휘), 저자 미상, 현재 필리핀 마닐라 산토 토마스 대학교 소장.

(4) *Dicionario de la legua Chin-cheo*,[1] 저자 미상, 1609년. 프랑스 국가 서지 목록에 보인다.

(5) *Bocabulario de lengua sangleya por las letraz de el A.B.C.*(A.B.C. 문자로 정리한 상글레야어 어휘), 저자 미상, 1602년. 대영박물관 도서관

---

1 [역자 주] 관련 정보 검색이 어렵다. 확인 후 이후 보충하기로 한다.

소장(색인번호 Add 25.317, ff.2a-224b). 이는 중국어 민난[閩南]어-스페인어 카스티야어(Castilian)² 사전이다.

(6) *Dictionarium Sino-Hispanicum*(중국어-스페인어 사전), Pedro Chirino 저, 저자는 필리핀 스페인 예수회 목사이다. 로마 안젤리카(Angelica) 목록에 보인다.

4.1. 방언 어음 연구

4.1.1. 우[吳]어

4.1.1.1. 쑤저우[蘇州]

1892년

Soochow literary association, *A Syllabary of the Soochovu Dialect*, Shanghai American Presbyterian Mission Press, 1892, 25+11면, 25cm, 수기 표음. 국가도서관.

(국도 장서 카드에 보이나 대출 시 담당자가 "못 찾았다"라고 말함)

1920년

『注音字母入門』(쑤저우[蘇州] 구어음[口音]), 버크헤드(Frances Burkhead) 저, 22면. 오스트레일리아.

이 책은 주음자모로 쑤저우[蘇州]어를 표기하는 방법을 알려 줌.

---

2   [역자 주] 표준 스페인어.

1927년

『新約檢字』(쑤저우[蘇州] 및 상하이[上海] 주음자모), 12면, 상하이[上海] 南門. 오스트레일리아. 5면 영인본은 그림 4.1. 참고.

4.1.1.2. 상하이[上海]
1855년

『上海土音入門』, 76면, 상하이[上海], 1855년.

이 책은 중국인에게 로마자를 사용해 상하이[上海] 방언을 읽고 쓰는 방법을 가르쳤다. 저자는 키스(C. Keith)이다. 1860년에 제2판을 출간했는데, 77면의 작은 판형이며 서문은 영어로 변경됐다. 저자의 영문명은 Cleveland Keith이며 중문 이름은 吉이다. 1827년 4월 16일에 출생했다. 그는 개신교 성공회 해외선교단의 파송으로 1851년 12월 25일에 넬슨(Nelson) 부부, 포인츠(Points) 씨와 함께 상하이[上海]에 도착했다. 분(W. J. Boone) 주교의 지도로 상하이[上海]에서 선교 활동을 했으며, 로마자로 방언 관련 서적을 인쇄하는 출판사를 맡았다.

1888년

Franz Kuhnert, *Ueber einige Lautcomplexe des Shanghai-Dialektes, Sitzungsberichte der Kais*(상하이[上海] 방언의 몇 가지 복합음에 관해, 카이스 회의 보고서). Sitzungs-berichte der philhist. Classe der Kais. Akademie der Wissenschaften Wien (Vienna) Bd. 66.

Hft. 1. 1888, 17p., 23cm. Extr. from SPAW 116, 235-249, 동양/뉴도.

어음을 간략히 소개함.

1897년

John Alfred Silsby, *Shanghai Syllabary Arranged in Phonetic Order*(음성 순서로 배열된 상하이 음절 문자). *42p., 1897*. Preface written by John Alfred Silsby on 23rd., 1897. Preface to second edition written by John Alfred Silsby in January, 1900. with 6263 characters.

1897년

John Alfred Silsby, *Complete Shanghai syllabary with an index to Davis and Silsby's Shanghai vernacular dictionary and with the Mandarin pronunciation of each character*(데이비스와 실스비의 상하이어 사전 색인과 각 문자의 중국어 발음이 포함된 완전한 상하이어 음절 문자), 150p., Shanghai: American Presbyterian Mission Press, 1907, 18cm.

본서에는 총 14,938자의 발음이 수록되어 있다. 푸단/동양/버클리 소장. 북대/쉬자후이[徐家匯]에는 1900년 2판 소장. 42면, 23cm, 기독교 상하이[上海]어 협회[Christian Shangh Vernacular Society]에서 제정한 로마자 체계 사용. 이전에 출간했던 음절표와 예이츠(Yates)의 First Lesson[첫 번째 강의]에서 이 체계를 채택했었다. 제2판 본문 앞에 이 로마자 체계에 대한 설명이 있다.

18??년

B. Jenkins, Chinese, *Roman and Phenetics for the Dialect of Shanghai*(large sheet)(상하이 방언의 로마자와 음성학), 상하이[上海].

B. Jenkins, *Dialect of Shanghai, Phonetic Characters and Roman Equivalencts*(상하이 방언, 음성 문자 및 로마자 대응어), 상하이[上海].

1903년

저자 미상, Shanghai Romanization, *Chinese Recorder*, 1903, 34, 401-404.

4.1.1.3. 닝보[寧波]

185?년

Spelling Book in the Ningbo Dialect(닝보 방언 철자책), 8엽, 닝보[寧波]. 저작 연도는 틀림없이 1857년 이전일 것이다. Cobbold가 초안을 작성하고 다른 선교사와 협력하여 완성했다. 『寧波土話初學』(1857년)은 이 병음 체계를 활용했다.

1884년

Edward Harper Parker, The Ningbo Dialect(닝보 방언), *China Review* 1884, 12: 1885, 13, 138-160, Hong Kong.

18??년

『鄞邑土音』, 12면. 저자명 및 출판연도 없음. 하버드-옌칭,

TA5155/99.

본서는 인현[鄞縣] 방언 음절표이다.

1901년

P. G. Von Mollendorf, *The Ningbo Syllabary*(닝보 음절 문자), Shanghai: American Presbyterian Mission Press, 241면, 1901, 22cm, 하버드-옌칭: PL1000. M65 1901.

책 앞 서문의 언급에 따르면, 샤칭루이[夏淸瑞]가 쑤저우[蘇州] 음절표를 참고해 닝보[寧波] 음절표를 제정했다. 서론에서는 성조, 운모, 성모, 일자다음(一字多音)을 설명했다. 첫 번째 부분은 762개 닝보[寧波]어 음절로서 동음자표 형식으로 한자 4,000자를 배열했다. 두 번째 부분은 방언자인데, 대부분은 다른 방언에 보이지 않으며 현재도 사용되지 않는다. 세 번째 부분은 닝보[寧波], 사오싱[紹興], 타이저우[台州] 세 지역 방언음 대조표이다. 저자의 생졸연대는 1847-1901이다. 동양/버클리/북대.

1903년

저자 미상, Ningbo Romanization(닝보 로마자 표기), *Chinese Recorder*, 1903, 34, 457-460.

4.1.1.4. 원저우[溫州]

1884년

Edward Harper Parker, The Wenchow Dialect(원저우 방언), *The*

China Review, Vol. XII, pp.162-175, pp.377-389, 1884.

저자의 중문 이름은 莊延齡(1849-1926)이며 영국 영사였다. 1869년에 중국에 와서 1883-1884년에 원저우[溫州] 영사를 대행했다. 전체 텍스트가 30여 페이지이며, 라틴어 문자를 사용해 원저우[溫州] 방언을 표기했다. 교외의 발음을 기록하면서 성내와 교외 간의 차이점을 지적하기도 했다. 예로, '刀·巴'의 성모는 성내에서는 "t·p", 교외에서는 "d'·b'"이다.

1905년

W. E. Soothill, *Wenchow Romanized Premier*(원저우 로마자 표기).

4.1.1.5. 항저우[杭州]

1876년

G. E. Moule, *Hangchow Premier*. Translation and notes, London, Society for promoting Christian Knowledge, sold at the Depositories, 34면, 1876. 저장[浙江]대학(西溪) 도서관.

1902년

Henry W. Moule, *Sound-table of the Hangzhow*(항저우 어음표), 25면; 제2판, 26면, 1908.

제2판은 저자가 항저우[杭州]에서 서문을 작성했다. 책 전체는 항저우[杭州] 방언 1음절 자음(字音) 목록이다. 저장대학 문과대학[浙江大學文學院] 도서관에서 제2판을 소장하고 있다. 서문에서는 주로 항저우[杭州]어를 배울 때 주의해야

할 점을 언급했고 성조가 평·상·거·입 네 부류로 나뉘며 각 부류는 고저(高低)의 두 가지 하위 유형으로 구분된다고 언급했다. 이 책의 첫 페이지의 영인본은 그림 4.2를 참고하라. 케임브리지대학 도서관에서는 사오싱[紹興]에서 출간한 1902년 초판을 소장 중이다.

1903년

G. E. Moule, 『杭州土話初學』, 紹興, 183면, 1903년.

4.1.1.6. 타이저우[台州]

1904년

W. D. Rudlang, Tʻai-chow Romanization(타이저우 로마자 표기), *Chinese Recorder*, 1904, 35, 89-91.

4.1.2. 민(閩)어

4.1.2.1. 푸저우[福州]

1856년

Moses Clark White, *The Chinese Language Spoken at Fuh Chau*(푸저우 중국어), Concord, N. H., Missionary Society of the Methodist General Biblical Institute, 44면, 1856.

저자의 중문 이름은 화이터[懷特]이다. 1847년에 미국기독교 감리회의 파송을 받아 푸저우[福州]에서 선교했으며 1853년에 미국으로 귀국했다.

1880년

Edward Harper Parker, Tonic and vocal Modification in the Foochow Dialect(푸저우 방언의 성조 및 음성 변화), *China Review*, 1879-1880, 8, 182-187, Hong Kong.

저자의 중문 이름은 파커[帕柯]이다.

1881년

Edward Harper Parker, Foochow Syllabary(푸저우 음절 문자), *China Review* 1881, 9, 63-82, Hong Kong.

1902년

Handbook of the Foochow Dialect(푸저우 방언 핸드북). Vol.1. 154면, 1902, Foochow, 동양.

1906년

Hek-ciu Lo-ma ce huoi du mung hok, Hannah Conklin Woodhull 저, 자모 및 성운조 체계, 65면, 1906년. 하버드-옌칭 AT 5137 95.

4.1.2.2. 샤먼[廈門]

1852년

J. V. N. Talmage. *Amoy Spelling Book*(아모이 철자책), 샤먼[廈門], 15면, 1852, 로마자.

1853년

Hon. Charles W. Brandley, An Outline of the System Adopted for Romanizing the Dialect of Amoy(아모이 방언 로마자 표기 체계

개요), *Journal of the American Oriental Society*, Vol.4. No.11, pp.327-340, New York, 1854, 23cm, 별쇄본. 동양/뉴도/ https://www.jstor.org.

본서는 샤먼[廈門]음 로마자 표기법을 설명한 것으로 매우 중요함.

1904년

P. W. Pitcher, Amoy Romanization, Its History, Purpose and Results(아모이 로마자 표기법, 역사, 목적 및 결과), *Chinese Recorder*, 1904, 35, 567-573.

1906년

Lo-ma ing chek ce Loi (羅馬音切字類), Hannah Conklin Woodhull 저, 福州羅馬字書局. 로마 자모 병음 소책자, 성운조 도표 및 단문[單句], 12면, 1906년. 하버드-옌칭 TA 5137 95.

1920년

W. B. Cole, Romanized Script in Fukien,(하카[福建] 로마자) *China Review*, 1920, 856-858.

4.1.2.3. 사오우[邵武]

1887년

『邵武話字母表』, Joseph Elkava Walker(1844-?) 저. 福州: M. E. Mission Press, 29면, 20cm, 1887. 사오우[邵武]어 단음절 자모표.

1887년

『邵武方言羅馬字』(*Alphabet of Romanized Shaowu*), Ada E. Walker (1843-1896) 저, M. E. Mission Press, 1887, 29면. 하버드-옌칭 TA 5137 941, 29면, 20cm.

위 항목과 동일한 서적은 아닌지 의문이 든다.

4.1.2.4. 하이난[海南]

1835년

S. Dyer, Remarks on the Hainanese Dialect(하이난 방언에 대한 몇 가지 언급), *China Repository*, 1835, 4, 172-176.

1891년

Frank P. Gilman, Notes on Hainanese Dialect(하이난 방언에 대한 참고 사항), *China Review*, 1891, 19, 1-194, Hong Kong.

4.1.2.5. 차오산[潮汕]

1874년

S. Wells Williams(威廉博士). 1874년.

산터우[汕頭] 방언 어음 음절 사전.

1886년

Lim Hiong Seng, *Handbook of the Swatow Vernacular*(산터우 방언 핸드북), 110면. Koh Yew Hean Press, Singapore. 코넬.

1924년

John Steele, *The Swatow Syllabary, with Mandarin Pronunciations*(산터우 음절 문자, 관화 발음 부기(附記))(『潮正兩音字集, 粵省潮音類列, 北方正韻編行』) Shanghai: The Presbyterian Mission Press, 384면, 1924년.

4.1.3. 웨[粵]어

1880년

Edward Harper Parker, Canton Syllabary(광둥어 음절 문자), *China Review* 1880, 8, 363-382; 1882, 10, 312-326, Hong Kong.

1883년

A. Don, The Lin-nen Variation of Cantonese, *China Review*, 1883, 11, 236 - B. 247; 12, 1884, 474-481, Hong Kong.

James Dyer Ball, The San Wui(新會) Dialect(신후이 방언), *China Review* 1890, 18, 178-195, Hong Kong. 부제목: A Comparative Syllabary of the San Wui and Cantonese Pronunciations, with Observations on the Variations in the Use of the Classifiers, Finals, and other Words, and a Description of the Tones, etc(산후이어와 광둥어 발음의 비교 음절표. 분류사, 종성 및 기타 단어 사용에서의 변화에 대한 고찰과 성조 기술 등). 별도로 단행본도 있음. China Mail Office, 18면, 1890, 24.5cm, 동양.

어음, 및 신후이[新會] 3종의 구어음 비교, 신후이[新會]와 광저우[廣州] 대조 자음(字音)을 소개함. 로마자 기도문 있음.

1890년

James Dyer Ball, The Tung-Kwun(東莞) Dialect of Cantonese(광둥어 중의 둥완 방언), *China Review* 1890, 18, 284-299, Hong Kong. 부제목: A Comparative Syllabary of the Tung-Kwun and Cantonese Pronunciations, with Observations on the Variations in the Use of the Classifiers, Finals, and other Words, and a Description of the Tones, etc(둥완어와 광둥어 발음의 비교 음절표. 분류사, 종성 및 기타 단어 사용에서의 변화에 대한 고찰과 성조 기술 등). 별도로 단행본도 있음. China Mail Office, 18면, 1890, 24.5cm, 동양.

어음을 소개하고, 어음 내부의 차이 및 둥완[東莞]과 광저우[廣州] 간의 자음(字音) 대조에 대해 언급함.

1897년

C. J, Saunders, The Tungkwun Dialect of Cantonese(광둥어 중의 둥완 방언), *China Review* 1897, 22, 465-476, Hong Kong.

1897년

James Dyer Ball, The Hong Shan or Macao Dialect(샹산 혹은 마카오 방언),[3] *China Review* 1897, 22, 501-531, Hong Kong. 별도로

---

3   [역자 주] 역사적으로 마카오가 샹산[香山]현에 속하여 샹산[香山] 방언과 비슷한 시

단행본도 있음. China Mail Office, 31면, 1897, 24.5cm, 동양. 지리, 인구, 각종 언어와 방언, 광둥[廣東]어 발음과의 비교, 자음(子音), 모음, 성조, 기도문, 광둥[廣東]어 발음과 대조한 도표 등을 소개했다. 마카오 관련 책으로는 개신교 선교사가 중국에 온 것을 기념하며 1840년에 출간했다는, 7면밖에 안 되는 소책자인 『俗話問答』 한 권밖에 없다고 언급했다. 기독교 교리, 지리(아시아 지도 포함), 성경 어록 세 부분으로 구성되어 있다.

1900년

D. J. Ball, The Shun Tak Dialect(순더 방언), *China Review*, Vol.25, 57-69, 121-40.

광둥[廣東]어와 순더[順德]어 간에 어휘를 대조한 758개 항목이 있다. 별도로 단행본이 있다. China Mail Office, 34면, 1901, 24.5cm, 동양. 먼저 순더[順德]의 지리, 상황을 소개한 후 광둥[廣東]어와 비교했다. 성조를 소개했으며 로마자로 표기한 기도문과 광저우[廣州] 발음과의 대조표가 있다.

1900년

Chan Chan-sin, Rules for the Use of the Variant Tones in Cantonese(광둥어 성조 변화 사용 규칙), *China Review*, 1900, Vol.24, pp.209-226, 뉴도.

기가 있었다. 중문 서명은 『香山或澳門方言』이다.

1904년

William Bridie, Cantonese Romanization(광둥어 로마자 표기), *Chinese Recorder*, 1904, 35, 309-311.

1912년

Daniel Jones & Woo, Kwing-tong, *A Cantonese Phonetic Reader*, With an Introduction by Daniel Jones, 95면, 1912, London, 동양/중산.

20면에 달하는 서문은 존스(D. Jones)가 작성했다. 서문에서 국제음성문자(당시에는 International Phonetic System이라 칭함)로 광저우[廣州] 음운 체계를 표기하는 방법을 소개했다. 성조 부분에서는 오선보(五線譜)를 활용해 설명했다. 각주에서는 시어스(O. Sears)가 *Maitre Phonetique*, 1908(2)에 Cantonese Phonetics(광둥어 음성학)를 발표했다고 언급했다. 본서는 구어 본문과 문어 본문 크게 두 부분으로 구분된다.

4.1.4. 하카[客家]어

1880년

Edward Harper Parker, Syllabary of the Hakka Language or Dialect(하카어 혹은 하카 방언 음절 문자), *China Review* 1880, 8, 205-217, Hong Kong.

Faber, *Syllabary of the Hakka* Dialect(Italic character) (하카 방언 음절 문자), 2엽. 홍콩.

1909년

Donald MacIver, *A Hakka Syllabary*(하카 음절 문자), 상하이[上海] 미화서관, 184면, 1909, 14cm, 동양/대영/바젤.

저자는 산터우[汕頭] 우징푸[五經富] M. AE. P. Mission에 속한 장로교 선교사이다. 면 번호를 상용 숫자로 표기했다.

1914년

Johann Heinrich Vomel(1878년 출생), *Der hakka dialect Lautlehre, Silbenlehre und Betonugslehre*(하카 방언의 음운론, 음절 및 성조 이론), Leiden: E. J. Brill, 1914, 24cm. 이는 박사논문으로 『通報』 1914년 2월호(통합권 제14권, pp.597-696)에 게재됐었다. 끝부분에 동음자표가 있다. 동양/버클리/바젤/라이덴.

하카[客家]어 지리분포도에 타이완, 하이난[海南], 민[閩] 서부, 간[贛] 남부, 샹[湘] 남부, 위에[粵] 북부, 구이[桂] 서부를 포함했다.

4.1.5. 간[贛]어(젠닝[建寧] 토어)

1904년

Hugh Stowell Phillips, The Kien-Ning romanised dialects(젠닝 로마자 방언), *Chinese Recorder*, 1904, 35, 517-519.

4.1.6. 샹어[湘語](창사[長沙] 토어)
1937년

J. R. Kirth and B. B. Rogers, The Structure of the Chinese Monosyllable in a Hunanese Dialect(Changsha)(후난 방언(창사)의 중국어 단음절 구조), *School of Oriental Studies*, London. Bull, 1937. Vol.8 pp.1055-1074.

4.1.7. 난징[南京] 관화(附)
1894년

Dr. Fr. Kuhnert, *Die Chinesische Sprche zu Nanking*(난징 중국어), von Dr. Fr. Kuhnert, privatdocent an der k. k universitat in Wien, MIT ZWEI TAFELN, Wien 1894, in Commission Bei Tempsky.

독일어로 작성된, 난징[南京] 관화 어음을 연구한 박사논문이다. 난징[南京] 관화 어음 개요, 난징[南京] 관화 성조 및 음절표, 난징[南京] 관화 동음자표(한자 4,000개 포함) 세 부분으로 나뉜다. 입성이 있다.

1902년

Hemeling, K., *The Nanjing Kuan Hua*(난징 관화), 1902.
1907년판 서명은 *Die Nanjing Kuanhua*임, 쉬자후이.

4.2. 방언 어휘 및 사전

4.2.1. 우[吳]어

4.2.1.1. 상하이[上海]

1855년

『上海土音字寫法』, 22엽, 高第丕.

본서는 저자가 상하이[上海] 방언을 표기하기 위해 중문 필획을 기초로 고안한 병음 문자를 소개했다. 후에 제2판을 발행했다. 저자의 영문명은 Tarleton Perry Crawford이며, 미국 남침례교 해외선교회의 중국 파송 선교사이다. 1852년 3월 28일에 아내와 함께 상하이[上海]에 파송됐다. 1858년에 건강상의 이유로 미국으로 돌아갔고, 1860년에 다시 상하이[上海]로 갔다가 얼마 지나지 않아 산둥[山東]성 덩저우[登州]로 갔다. 본서는 입문서로서, 본인이 고안한 글자로 상하이[上海]어를 표기하는 방법을 가르치고 있다.

1860년

Premier of the Shanghai Dialect(상하이 방언), 吉牧師(C. Keith) 編, 39엽, 로마자, 상하이[上海], 1860년.

1869년

J. Edkins, *A Vocabulary of the Shanghai Dialect*(상하이 방언 어휘), 상하이[上海] 美華書館, 151면, 1869, 21cm. 쿄도/동양/상기도/푸단/버클리/북대/대영/뉴도/쉬자후이.

최초의 상하이[上海] 방언 사전이다. 저자는 영국 선교사인 에드킨스(J. Edkins)이다. 그가 저술한 『上海口語語法』에 맞춰 이 사전을 집필했다. 저자는 당시 상하이[上海]어의 어음에 대해 주목할 점이 몇 가지 있다고 했다. 1. 비음 성모는 후색음과 유성음 두 부류로 구분된다('m: m; 'n: n; 'ng: ng; 'l: l; 'v: v). 2. z와 dz를 분별하지 못하는 이가 많다. 3. 폐색음[塞音] 운미로 -h와 -k 두 유형이 있는데, -h 앞의 모음은 짧고(-ih "必") -k 앞의 모음은 길다(ok "屋"). 4. 성조는 평·상·거·입 네 부류로만 구분된다. 입성은 -h와 -k로 나타내고, 상성은 좌측 상단에 작은 권점으로 나타내며, 거성은 우측 상단에 작은 권점으로 나타내고, 평성은 표시하지 않는다. 어휘 항목은 영어로 제시하고 상하이[上海]어로 대역(對譯)했다. 예: "Absorbent, 會吃水個, 有吸力個"(흡수력 있는, 잘 빨아들이는). 실제로는 구(혹은 절)인 항목도 있다. 예: "Equal in age, 勿分老少"(동갑인); "as I walked along, 我拉走個辰光"(내가 걸어가면서). 해석이 상당히 정확하다. 끝부분에 상하이[上海] 지명의 중영 대조가 있나. 서자의 생졸연노는 1823-1905이다. 본서 첫 면의 영인본은 그림 4.3을 참고하라.

1874년

S. W. Williams, *A Syllabic Dictionary of the Chinese Languages*(중국어 음절 사전), 상하이[上海] 美華書館, 1874. 제2판, 1876. 푸단/대영.

이 사전은 베이징[北京]어, 광저우[廣州]어, 샤먼[廈門]어, 상하이[上海]어로 발음을 표기했다. 『五方元音』에 따라 배열했다.

1875년

The First Reader(花夜記), 파넘(J. Farnham) 편, 32엽, 상하이[上海], 1875년.

1878년

Poul Rabouin, *Dictionnaire Francais-chinois, Dialete de Song-kiang, Chang-hai, etc.*(프랑스어-중국어 사전: 쏭장[松江]·상하이[上海] 방언 등), 1,004면, 1878, Tou-se-we, 동양. 1894년 제2판, 쉬자후이. 책 전체가 조판(組版) 없이 수기(手記)로 작성됐다.

1890년

David Nelson(1842-1927), *Lessons for Beginners in the Shanghai Dialec*t(상하이 방언 초보자 학습서), Shanghai, 1890, 137면, 21cm.

본서는 마티어(Mateer) 박사가 표준 중국어로 준비한 것을 쑤저우[蘇州] 방언으로 개작했으며, 이후 Tsong Tze-nung 의 도움으로 상하이[上海] 방언으로 수정했다. 동시에 발간됐다. 이 자전에는 7,779개 글자가 수록됐으며, 후에 윌리엄(Williams)과 게일즈(Giles) 사전에서의 일련번호를 기입했다. 입성 운미는 -h, -k 둘로 구분된다. 예: 牧 mok, 笛 dih, 得 duh, 足 tsok.

1891년

Shanghai Christian Vernacular Society (ed.), *Syllabary of the Shanghai Vernacular*(상하이 방언 음절 문자), 상하이[上海] 美華書館, 1891, 1894-1896년.

1894년

P. Rabouin, *Dictionnaire Francais-chinois, Dialete de Chang-hai, Song-kiang, etc.*(프랑스어-중국어 사전: 상하이[上海]·쑹장[松江] 방언 등), Shanghai: Tbu-se-we, Vol.1, 680면, Vol.2, 634면, 1894-1896. 쉬자후이.

기본적인 어법을 소개했고, 부록에서는 쑤저우[蘇州] 방언과 다른 방언 간의 차이를 비교했으며, 그밖에 쑹장[松江]어와 관화 간의 어음 비교표가 있다. 푸단, 프랑스국립과학연구센터 동아시아언어연구소.

1897년

J. A. Silsby, *Shanghai Syllabary, Arranged in Phonetic Order*(상하이어 음절 문자: 어음 순서로 배열), 42면, 상하이[上海] 美華書館, 1897.

이 사전의 1900년 재판에서는 자음(字音) 6,263개를 수록했다. 푸단/상기도/쉬자후이.

1900년

D. H. Davis and J. A. Silsby, *Shanghai Vernacular Chinese-English Dictionary*(상하이어 중국어-영어 사전), 188면, 상하이[上海] 美

華書館, 1900, 19.5cm, 북대/동양/뉴도.

책 앞부분에 로마자 연합 체계로 대표되는 상하이[上海] 음절[Shanghai syllables as represented by Union System of Romanization]의 발음이 소개되어 있다. 독운(獨韻) 자모(字母)에는 m("無"), ng("魚"), ts("紙"), dz("池"), ts'("此"), s("思"), z("時"), 'r("耳"), r("而")가 있다. 입성은 -h와 -k의 두 가지 부류로 구분되며 본문에서 다음의 예를 볼 수 있다. 예: zak 石, nyok 玉, kok 穀, ts'ah 插, nyik 熱, lih 烈. 기본적으로 상하이[上海] 발음을 표기한 사전이다. 방언 글자로는 "睏"만 보인다.

1901년

Shanghai Christian Vernacular Society (ed.), *An English-Chinese Vocabulary of the Shanghai Dialect*(상하이 방언의 영어-중국어 어휘), 상하이[上海] 美華書館, 563면, 1891, 텐리/동양/북대/대영/쉬자후이.

책 앞부분에는 서언과 음절 발음에 대한 설명이 있으며, 성모, 운모, 독운자모, 성조를 열거했다. 성조는 평·상·거·입 네 부류로만 구분된다.

1905년

Le P. Corentin Petillon, *Petit Dictionaire Fraiicais-Chinois(dialecte de Changhai)*(프랑스어-중국어(상하이 방언) 소사전), 598면, Changhai imprimerie de la Mission Catholique, A L'orphelin at de touse-we, 1905, 쉬자후이/푸단/하버드-옌칭.

이 사전의 중문명은 『法華字典』(上海土話)이며, 上山灣印書館에서 인쇄했다.

1907년

John Alfred Silsby, *Complete Shanghai Syllabary, with an index to Davis and Sisby's Shanghai vernacular dictionary with Mandarin pronunciation of each character*(상하이어 음절 사전: 한자별 표준 중국어 발음 및 데이비스·시스비의 상하이 방언사전 색인 포함), 150면, 상하이[上海] 美華書館, 1907, 푸단/동양/뉴도.

본서는 총 14,938개의 자음(字音)을 수록했다.

1911년

D. H. Davis and J. A. Silsby, *Chinese-English Pocket Dictionary with Mandarin and Shanghai Pronunciation and Reference to the Dictionaries of Williams and Giles*(중국어-영어 포켓 사전. 표준 중국어 및 상하이어 발음, 윌리엄스·게일즈 사전에 참조 포함), Shanghai Tu-se-we Press, 236면, 1911, 18cm, 푸단/버클리/동양.

이 사전에는 총 7,779자가 수록되어 있다. 관화 발음과 상하이[上海]어 발음을 비교했으며, 윌리엄(Williams) 사전과 게일즈(Giles) 사전에서의 발음 표기가 있어 참고할 수 있다. 이 사전의 중문명은 『台薛滬英詞典』이다. "台薛"는 台物史와 薛思培 두 저자 영문명의 중문 번역어의 첫째 글자일 것이다.

1911년

J. De. Lapparent. S. T., *Petit Dictionnaire Chinois-Francais dialecte de*

Shanghai, Shanghai imprimerie de la Mission Catholique(상하이 방언의 중국어-프랑스어 소사전), Shanghai imprimerie de la Mission Catholique, A L'orphelinat de Tou-se-we(土山灣), 160면, 1911; 414면, 수정본, 1915. 푸단에서 수정본을 소장 중이다.

이 사전의 중문명은 『華法字彙(上海土話)』이며, 저자의 중문 이름은 孔道明이다.

1913년

An English-Chinese Vocabulary of the Shanghai Dialect(상하이 방언의 영어-중국어 어휘), prepared by the Shanghai Vernacular Society, 상하이[上海] 美華書館, 第二版, Ada Haven Mateer 편, A. P. Parker 개정, 558면, 1913, 서언은 1901년에 작성됐다. 도시 샤/동양/쉬자후이.

이 사전은 1901년 초판이며, 푸단에서 개정판을 소장 중이다.

1914년

F. Clement Cooper, 『滬語便讀』, 상하이[上海] 美華書館 擺印, 108면, 1914년, 중형 포맷.

본서는 여러 편의 의론 및 짧은 이야기로 구성되어 있다(예: 「論空氣」, 「牧童放脫之牛咾字相」). 저자는 1913년 12월에 세인트 존스 대학교[St. John's Univ.]에서 작성한 자서(自序)에서, 전년도에 상하이[上海]어 강좌를 개설했으며 본서를 읽기 전 포트(Pott; 卜舫濟)의 텍스트와 데이비스의 방언 연습을 숙지할 것을 독자들에게 권고했다.

1920년

Jakashi Aoki, *Shanghai ni okeru Kenchiku hoogo*(『上海方言建築用語』), Shina Kenkyuu, Shanghai Doobun Shoin, 1920.

1920년

Names and Nicknames of the Shanghai settlements(상하이 정착민들의 인명과 별명), *Journal of the North China Branch of the Royal Asiatic Society*, pp.81-98.

1929년

J. De. Lapparent. S. T., *Petit Dictionnaire Chinois-Francais, mandrin et dialecte de Shanghai*(중국어-프랑스어 소형 사전. 표준 중국어 및 상하이어 방언), Changhai imprimerie de La mission Catholique, A L'orphelinat de tou-se-we, 1929, p.473.

이 사전의 중문명은 『法華詞典(官話上海土話)』이다. 저자의 중문 이름은 孔道明이다. 제2판이며, 개정 및 보충했다. 푸단.

1950년

le P. A. Bourgeois S. J.(蒲君南), *Dictionnaire Francais-Chinois Dialecte de Shanghai*(프랑스어-중국어 사전. 상하이 방언), Changhai Imprimerie de la Mission Catholique, Juillet, 1950, p.894, 푸단/쉬자후이.

이 사전의 중문명은 『法華新詞典(上海方言)』이다. 각종 상하이[上海]어 사전 중에서 이 사전이 편폭도 가장 크고 수록 단어도 가장 많다.

1???년

P. Scherer S. J., *Vocabulaire Francais-Chinois, Dialecte de Shanghai* (프랑스어-중국어 어휘. 상하이 방언), p.891.

원서에는 출판사와 출판연도 미기재. 2책으로 구분되는데, 1책은 자모순으로 배열했고, 2책은 품사별로 배열했다. 푸단.

1???년

le P. P. Rabouin S. J., *Dictionnaire français-chinois, dialecte de Chang-hai, Song-Kiang, etc.*(프랑스어-중국어 사전. 상하이·쏭장 방언), Changhai imperimerie de La Mission Catholique, A L'orphelinat de Tou-se-we.

총 4책으로 구분했다. 1책은 680면이고 2책은 634면이다. 나머지 두 책은 확인 불가. 출판연도 미상. 푸단.

1???년

Deuxieme Partie, 392면, 출판연도 미상. 친필 원고본, 푸단.

품사별로 분류한 상하이[上海]어 어휘집이다.

4.2.1.2. 닝보[寧波]

1846년

P. Streenevasa, *A Manual for Youth and Students. Or Chinese Vocabulary and Dialogues*(청소년 및 학생용 중국어 어휘 및 대화 매뉴얼). Containing an easy introduction to the Ningbo Dialect.

Compiled and translated into English by P. Streenvasa Pilly, 1846, Chusan, 282면, 선장본, 대영.

본서의 중문명은 『英華仙尼四雜字文』이다. 천문, 인간사 등 72개 항목으로 분류한 어휘집으로 산스크리트어, 한자, 닝보[寧波]어(한자로 기재) 및 영어를 대조했다. 각 페이지는 6단으로 구분돼 있으며 각 단에는 단어 하나씩 배치돼 있다. 예로, 1권의 8페이지이다(산스크리트어 생략). 저자는 인도 마드라스 출신이다.

의미	水滂	井	溝壑	泥城	田塍	邊
영문번역	Buble	Well	Canal	Bund	Dam	The brink, Edge
한자음역	白別而	物而	割乃而	彭奪而	淡嘸	地滂令克 又, 愛地其

1876년

William T. Morrison, *An Anglo-Chinese Vocabulary of the Ningbo Dialect*(『字語彙解』; 영한 닝보 방언 어휘), 상하이[上海] 美華書館, 559면, 1876, 20.5cm, 동양/중산대학/북대/뉴도/쉬자후이/토론토대학.

먼저 영어를 제시한 후 로마자와 한자를 기재했다. 저자의 중문 이름은 睦禮遜이다. 1860년에 미국 장로교 파송으로 닝보[寧波]에서 선교했고, 1865년에 신체 부적응으로 인해 미국으로 돌아갔다. 서문에서 로브샤이트(Lobschied; 羅存德), 메드허스트(Medhurst),, 사무엘 윌리엄(Samuel Wells Williams; 衛三畏), 에드킨스(J. Edkins)의 사전을 참고해 편찬했다고 언급했다. 다섯 명의 중국어 선생님에게 협조를 요청한 적도 있었다. 동일한 한자를 현지 학자들이 다른 방식으로 쓸 수 있다는 점을 지적했다. 예로, nahwun(infant 영아[嬰孩])는 '奶歡, 奶喚, 奶花'로도 쓸 수 있으나 문어체 단어인 '嬰孩'로 대체했다. 일부 방언 단어는 쓸 수 있는 한자가 있지만 의미가 달라서 관화 단어로 대체했다. 예로, '小孩'는 닝보[寧波]어에서 '小人'이라 칭하지만, '小人'의 액면 의미가 '군자가 아닌 사람'이므로 '小孩'로 대체했다. 성조가 중요하여 '水-書', '冰-餅'와 같이 단어를 변별할 수 있다는 점, 성조가 불확실한 글자가 많아 성조를 표기하지 않았으므로 선생님에게 직접 배우기를 건의하지만, 선생님의 발음에도 차이가 있으니 주의해야 한다는 점을 지적했다. 서문 뒤에는 음절표가 있는데 한자로 표기하지 않은 음절도 있다. 예: dza, hwang. 책 뒤의 부록에는 지명의 음역, 중문과 로마자 간의 번역이 있다. *Chinese Recorder* 제7권(145-146면)에 서평이 있다. 33페이지 영인본은 그림 4.4를 참고하라.

4.2.1.3 원저우[溫州]

1905년 이전

E. W. Soothill, *The Student Pocket Dictionary*(학생용 포켓 사전), 213면. 4,300개 단어 수록. 제5판.

4.2.2. 민(閩)어
4.2.2.1. 푸저우[福州]
1832년

Walter Henry Medhurst, *Dictionary of the Hok-keen Dialect of the Chinese Language: according to the Reading and Colloquial Idioms*(중국어 하카 방언 사전: 독해 및 구어체 관용어), 860면, East India Company's Press, Macau, 1832, 동양/버클리/대영/쉬자후이.

12,000자 수록. 책 앞에 서문, 푸젠[福建]성의 약사(略史), 통계 자료, 인구론, 부현(府縣), 방언 병음법, 방언 성운표(聲韻表), 성모·운모 결합표, 15음과 50음 결합법, 성조론, 50자모와 8음 결합표, 문백이독(文白異讀)론 등이 수록되어 있다. 책 뒤에는 부수에 따라 배열한 한자 색인이 있다. 저자의 중문 이름은 麥都思이고, 생졸연대는 1796-1857이다. *Chinese Repository* 제6권(142면)을 참고하라.

1838년

Samuel Dyer, *Vocabulary of the Hok-kien Dialect*(하카 방언 어휘), 싱국대분관.

1856년

M. C. White, Language Spoken at Fuh-Chau(푸저우어), from *the Methodist Quarterly Review* for July, 1856, 60면, 코넬.

1866년

J. A. Winn, *A Vocabulary of the Hok-kien Dialect*(하카 방언 어휘), Singapore, 1866.

1870년

Robert Samuel Maclay & C. C. Baldwin, *An Alphabetic Dictionary of the Chinese Language in the Foochow Dialect*(榕腔注音字典; 중국어 푸저우 방언 알파벳 사전), Foochow: Methodist Episcopal Mission Press, 1,107면, 1870, 22cm; 754면, rev. ed., 1898. 푸단/상기도/북대/UCLA 초판 소장. 텐리/內閣/동양 초판 및 수정판 소장. 푸젠[福建] 1898년판 소장(목록 카드에 따른 것이며, 원서는 검색 불가). 버클리는 1929년판 소장 중이며, 이는 레거(S. H. Leger)가 수정, 확충해 상하이[上海] 미화서관에서 출간한 것으로 1,874면, 23cm이다. 대영은 1879년판과 1898년 수정판 소장, 뉴도는 1898년 수정판 소장.

저자 생졸연대는 1824-1907년이다.

제1판, 제2판, 제3판에 모두 서문이 있으며, 책 앞에는 머리말이 있다. 제3판의 서문에서는 푸저우[福州]어를 전면적으로 소개했는데, 책의 구성, 한자 분석, 성모 및 운모표, 음절표, 로마자의 발음 분석, 성조 및 중국어 학습법 등 내용이 풍부하다.

1870년

Robert Samuel Maclay & C. C. Baldwin, *Dictionary of the Foochow*

Dialect(푸저우 방언 사전), 상하이[上海] 美華書館, 1,874면, 1929, rev. & enl. by Samuel H. Leger. 1870년 초판. 푸젠[福建] 사범대학 린진수이[林金水]가 초판과 1929년 제3판 소장. 북대/푸젠 제3판 소장. 중산/뉴도 1929년판 소장. 1929년판은 상하이[上海] 廣學書局 출간, 21.5cm.

1871년

Moses Clark White, *The Chinese Language Spoken at Fuh Chau*(푸저우 중국어), Missionary Society of the Methodist General Biblical Institute, 44, Corncord, N. H..

1891년

T. B. Adam, *An English-Chinese Dictionary of the Foochow Dialect*(영어-중국어 푸저우 방언 사전), Methodist Mission Press, Foochow, 384면, 1891; 제2판, 상하이[上海], 1905, 344면, 17cm.

동양(東洋)에서 1판과 2판 소장, 대영(마이크로필름). 뉴도에서 1923년 수정증보본(修訂增補本) 소장. 피이트(L. B. Peet; 弼) 목사가 증보. 『序』에서 언급한 바에 따르면, 이는 볼드윈(Baldwin) 사전의 일곱 번째 부분을 확충한 것이다. 철자법은 볼드윈(Baldwin)을 참고하되 두 부분만 변경했는데, 하나는 a, e가 모음 뒤에서 자연스럽게 단음(短音)으로 되어 그 위의 부호를 삭제한 것이며, 다른 하나는 유기음 부호를 h로 나타낸 것이다. 사전은 英華學院(Anglo-Chinese College) 학생들이 편찬을 도와 선교에 활용됐다. 성조는 권법을 사용했고 중문은 한자 없이 로마자로 표기했다.

1897년

Edward Harper Parker, New Foochow Colloquial Words(푸저우 구어 신조어), *China Review* 1897, 7, 415-418, Hong Kong.

1906년

Robert Samuel Maclay & C. C. Balbwin, *Index to Characters by Means of the Radicals and Romanized Forms in the Foochow Dialect of the Chinese Language*(중국어 푸저우 방언의 부수와 로마자 표기를 통한 한자 색인), 175면, 1906, Foochow.

18??년

Manual of the Foochow Dialect(福州話手冊), 2,055면, 푸젠 1898년판 소장(목록 카드에 따른 것이며, 원서는 검색 불가. 초판 연대 미상).

4.2.2.2. 푸안[福安]

1943년

Diccionario Español-Chino: dialecto de Fu-an(스페인어-중국어 사전: 푸안 방언) 班華字典: 福安方言, por Ignacio Ibañez; refundido por el Blas Cornejo, Imprimerie Commerciale, "Don Bosco" School, 1941-1943, Shanghai, 1,041면, 19×12.5cm, 일본 학자 히라타 쇼지[平田昌司] 개인 소장서.

이 책은 히라타 쇼지 선생께 빌려 살펴본 적이 있다. 스페인어로 작성한 서문이 있는데, 스페인어로 항목을 적고 로마자로 의미를 풀이했다. 성조는 우측 상단에 숫자로 표기했으며, 글자마다 한자로 번역했다.

4.2.2.3. 샤먼[廈門]
1841년

A Lexilogus of the English, Malay, and Chinese Languages: Comprehending the Vernacular Idioms of the Last in the Hok-Keen and Canton Dialects(영어, 말레이어, 중국어 어휘 사전: 하카 및 광둥 방언의 속어 관용어), Malacca: Anglo-Chinese Press, 1841, 111면, 28cm, The groundwork is a collection of English and Malay phrases published by Mr. North of the American Mission, Singapore, 뉴도.

Chinese Repository 제11권(389면) 참고.

1848년

約翰·盧, 『羅馬化會話字典』(又名 『廈門詞彙』), 샤먼[廈門], 1848.

1853년

E. Doty, *Anglo-Chinese Manual with Romanized Colloquial in the Amoy Dialect*, 214면, 1853, Canton, S. Wells Williams.(羅啻가 『翻譯英華廈腔語彙』을 교정함) 쿄도인문연/동양/대영(2권).

머리말에 따르면, 이 책은 원래 폴만(W. J. Pohlman) 목사가 편찬한 것인데, 후에 내용 대부분을 증보해 새로운 모습으로 바뀌었다. 머리말에서는 모음, 이중모음, 자음(子音), 성조 및 성조 조합의 독음을 설명했다. 대략 다음과 같이 국제음성기호를 바꿨다.

단모음 부호 6개:
  a는 앞에 모음이 있고 뒤에 m·n·p·t가 올 때 æ로 읽음
  e는 개음절일 경우 ei로 읽고, 폐음절일 경우 e로 읽음
  i는 개음절과 일반적인 폐음절의 경우 i:로 읽고, 앞에 모음이 있는 폐음절일 경우 i로 읽음
  o는 실제 음가가 ou임
  o'는 실제 음가가 o:임
  u는 실제 음가가 u:임

이중모음 부호 2개:
  ai는 실제 음가가 ai임
  au는 실제 음가가 au임

성화운(聲化韻) 부호 2개:
  m는 실제 음가가 m임
  ng는 실제 음가가 ŋ임

자음(子音) 성모 부호 11개:
  b, ch, g, j(실제 음가는 dz임), 1, n, s, h, k, p, t.
  그중 ch, k, p, t는 유기음 자음(子音)임.

비음 성모 3개:
  m n ng(실제 음가는 ŋ임)

성조는 8개 부류가 있으며, 각각 음양으로 나뉨:

   음조류(陰調類):

   1 상평(上平) 고평조(高平調)

   2 상성(上聲) 고승조(高升調)

   3 상거(上去) 고강조(高降調)

   4 상입(上入) 고촉조(高促調)

   양조류(陽調類):

   5 하평(下平) 저평조(低平調)

   2 하상(下上) 저승조(低升調)

   6 하거(下去) 중강조(中降調)

   7 하입(下入) 저촉조(低促調)

상성과 하상이 합쳐져 실제로는 7개 성조만이 있다. 성조가 바뀌는 상황은 다음과 같다:

합성어의 마지막 음절은 원래 성조대로 읽고 그 외 다른 음절은 연독할 때 모두 성조가 바뀐다.

음평과 양평은 합성어에서 성조가 동일하게 평조(平調)로 바뀌나, 성조의 높이는 음평보다는 낮고 양평보다는 높다.

양평은 합성어에서 음평과 동일하다.

상성은 양평과 비슷하게 변한다.

음거는 양입과 비슷하게 변한다.

양입은 양평과 비슷하게 변한다.

양거의 변화는 가장 적으며 상성과 약간 비슷하게 변한다.

책 전체는 우주, 물질, 음식[食物], 해사(海事), 관료 등 26개 부분으로 구분된다. 영어, 한자, 로마자를 대조했다. 마지막 부분은 '품사'이며, 나열한 인칭으로 나 [我] goa, 우리 [我們] lan (포괄식), 우리 [我們] goan (阮, 배제식), 너 [爾] li, 당신 [您] lin, 그 [他] li (伊), 그들 [他們] in (伊等)가 있다.

1860년

민난[閩南]어 속어 사전 원고이다(서명과 저자명 없음).

속어 약 295조이다(중복 있음). 예: '鴨聽雷, 雙腳踏雙船'. 로마자 주음, 소형 포맷, 라이덴.

1866년

J. A. Winn, *A Vocabulary of the Hok-kien Dialect as Spoken at Amoy and Singapore*(아모이 및 싱가포르의 하카 방언 어휘), Singapore, 1866.

1873년

Carstairs Douglas, *Chinese-English Dictionary of the Vernacular or Spoken Language of Amoy with the Principle Variations of the Chang-chevu and Chin-chew Dialects*(아모이어 구어 혹은 속어의 중국어-영어 사전), 605면, Truber, London, 28cm, 컬럼비아/쿄도/동양/버클리. 1899년 개정신판, London, Publishing Office of Presbyterian Church of England, 612면, 27cm, 북대/라이덴.

색인: W. S. Wells, *A Syllabic Dictionary of the Chinese Language, A Swatow Index to*, by C. Gibson. Thomas Barcelay, Supplement to Dictionary of the Vernacular or Spoken

Language of Amoy, Shanghai, the Commercial Press Limited, 1923, 276면, 27cm, 북대/라이덴.

저자의 중문 이름은 杜嘉德(1830-1877)이다. 그의 "가문은 언어학적 연륜이 깊다. 그의 아버지는 언어학적 지식이 풍부하며, 그 자신도 어려서부터 고전 및 현대 언어를 공부했으며 히브리어를 잘 익혀 언어학적 기초가 탄탄하다."(홍웨이런[洪惟仁]의 『杜嘉德『廈英大辭典』簡介에서 인용) 더글러스(C. Douglas; 杜嘉德)는 영국 장로교 선교사로 1855년에 샤먼[廈門]에 선교하러 갔다가 1877년 현지에서 병으로 사망했다. 집필한 사전의 속칭은 『廈英大辭典』이며, 영문 원명은 『廈門話漢英口語大辭典, 附漳州話和泉州話讀音』로 번역할 수 있다. 로마 병음법은 모리슨이 편찬한 관화 사전의 영문식 병음법을 채택한 것이 특징이다. 1970년 사전에 이 책을 출판했다. 타이완 古亭書局에서 1970년에 중쇄 출간했다.

1882년

J. J. C. Francken & C. F. M. de. Grijs, *Chineesch-Hollandsch woorden-boek van het Emoi dialekt*(아모이 방언의 중국어-네덜란드어 사전), 774면, Batavia, 1882, 26cm, 동양/버클리/북대/쉬자후이. 저자는 J. J. C. Francken(1838-1864)와 C. F. M. de. Grijs(1832-1902)이다. Thomas Barclay(1830-1877)가 『補遺』(商務印書館, 1923년)를 편찬했다.

두 저자는 네덜란드 동인도회사에서 '통번역가'였다.

1883년

John MacGowan, *English and Chinese Dictionary of the Amoy Dialect*(아모이 방언의 영어 및 중국어 사전), Amoy: A. A. Marcal, 611면, 1883; 제2판, 1885, London, Kegan Paul, Trubner & Co., 601면, 1905, 동양/대영/코넬에서 1883년판 소장. 텐리에서 1905년판 소장. 1883년 8월 11일에 작성한 서론에 철자법, 발음, 복합모음, 비음, 성조 등의 내용이 있다. 저자는 중국의 민속학과 역사학 저작을 다수 출간한 바 있다. 예: *Chinese Folklore*(중국 민속학), *Sidelights on Chinese Life*(중국 생활 정보), *The Imperial History of China*(중국 제국사).

1888년

W. Cambell, 『廈門音個字典』, *A Dictionary of the Amoy Vernacular*, 로마자에 한자로 주를 달았다. 상하이[上海] 美國慈善教會 출판, 1888년; 타이난[臺南] 臺灣教會公報社, 1913년 재판, 타대도; 臺南新樓 1917년 재판; 상하이[上海] 美華書館 1923년 재판, 하버드-옌칭 TA 5156 4721; 臺南新樓 1924년 재판, 샤도/샤대도/싱국대분관; 臺南新樓 1933년 재판, 華大館/싱국대분관.

1894년

J. V. N. Talmage, *New Dictionary in the Amoy Dialect*(아모이 방언 신사전), 464면, 24.5cm, 로마자, 1894년, 뉴도. 저자 출생연도: 1819년.

1894년

Talmage pastor, 『廈門音詞典』, 469면, 대형 포맷, 샤먼[廈門] 鼓浪嶼 Chui Keng Tong, 1894년, 라이덴. 각 항목은 한자이고, 나머지는 모두 로마자이다. 소장자가 빨간 펜으로 주석을 단 것에 따르면, 저자는 영문명이 Tan-ma-ji Bok-su이며 미국 개혁 교회[American reformed church]에 소속이다. 한자 서명이 없다. 위 항목과 동일한 서적인지 검토가 필요하다.

1894년

Talmage John V. N., *A Dictionary of the Amoy Dialect*(아모이 방언 사전). Lai5 목사 보편. 한자 항목에 로마자로 주석을 달았다. 샤먼[廈門] 미국 네덜란드 개혁교회, 萃經堂, 1894년, 小傳文庫; 補編, 萃經堂, 1902년. 위의 두 항목과 동일한 서적인지 검토가 필요하다.

1899년

Castairs Castairs, *Chinese-English Dictionary of the Vernacular or Spoken Language of Amoy*(아모이 속어 혹은 구어의 중국어-영어 사전), London: The Presbyterian Church of England, 612면, 1899; Commercial Press, 1923, Shanghai; Ku-Ting, Taipei, repr., 1970.

1904년

Triglot Vocabulary, English, Malay, Chinese(Hok-kien, Hakka, Character) (영어·말레이어·중국어 삼국 어휘: 푸젠 하카 문자). 상하이[上海] 美

華書館, 제4판, 1904, 143면, 22cm.

초판 연도 미상. 1901년 제3판. 뉴도 제3판 소장.

1906년

John MacGowan, *A Translation of the Koan Hoa Chilam into Amoy Romanized Colloquil*, 129면, 샤먼[廈門] 鼓浪嶼 Chui Keng Tong, 1906년, 라이덴.

로마자로 번역함. 저자는 아모이 런던선교회 소속이다.

1913년

William Compbell, *A Dictionary of the Amoy Vernacular Spoken throughout the Prefectures of Chin-chiu, Chiang-chiu and Formosa*(『廈門音新字典』), 橫濱市福音印刷合資會社, 1067면, 1913년, 동양/상기도/라이덴. 저자는 타이난[臺南] 선교사 윌리엄 캠벨(William Campbell; 甘爲霖)이다. 상하이[上海] 美華書館, 1924년, 1025면, 뉴도/북대 1924년판 소장; 1933년 제4판, 臺南新樓 영국 선교사 거처에서 발행, 상하이[上海] 競新書局에서 인쇄, 1025면, 버클리 제4판 소장; 臺灣敎會公報社에서 1978년 제12판 출간. 저자의 생졸연대는 1841-1921년이다.

1913년

龍彼得(네덜란드), 『廈門音個字典』, 1913년.

1925년

Pedro Prat, *diccionario espanol-chino del dialecto de Amoy y formosa*(아

모이 및 타이완 방언의 스페인어-중국어 사전), Amoy: Imprenta de la Mision Catlica, 767면, 1925년.

1934년

Ernest Tipson, *Pocket Dictionary of the Amoy Vernacular*(아모이어 포켓 사전). English Chinese, Singapore: Lithographers, 215면, 1934; Shanghai Commercial Press, 2nd ed., 446면, 1940; Mimeogr. repr. by Maryknoll Fathers, 205면, 1954.

1935년

Ernest Tipson, *Pocket Dictionary of the Amoy Vernacular*(아모이어 포켓 사전). Chinese English, Singapore: Printers, 476면, 1935; Taichung: Maryknoll Language School, 366면, 1953; Mimeogr.

부록:

1840년

Happart, G., *Dictionary of the Favorlang Dialect of the Formosan Language*, 쉬자후이.

이는 타이완 지역 소수 민족어 방언 사전 중의 하나이다.

4.2.2.4. 차오산[潮汕]

1847년

Josiah Goddard, *A Chinese and English Vocabulary in the Tie Chiu Dialect*, Bangkok, Mission Press, 248p., 1847, 20cm. 1847년

방콕 초판. 1883년 상하이[上海] 미화서국 제2판. 동양/뉴도 1883년판 소장, 위드너l285.16/하버드대학도서관 1888년판 소장(상하이[上海] 미국장로회 출간, 237면).

책 앞의 서언에서 병음을 설명했다. 성조는 下平, 上平, 上聲, 下去, 去聲, 上去, 下入, 上入 8개이다. 내부 차이가 있는데, 예로 io는 iau로 자주 발음된다: lio, liau; mio, miau. 문백이독에 대한 설명이 있다. 본서는 자전으로 낱 한자만 있고 단어는 없으며, 뒤에 자음(字音) 색인이 있다. 저자의 생졸 연도는 1813-1854년이다.

1877년

Herbert Allen Giles, *Handbook of the Swatow Dialect with a Vocabulary*(산터우 방언 핸드북: 어휘 포함), [Published with the assistance of the straits' Government] 57면, 1877, 상하이[上海], 쿄도인 문연/동양.

1878년

A. M. Fielde and Festina Lente, *First Lessons in the Swatow Dialect*(산터우 방언의 첫 번째 강의), Swatow Printing Office Company, 1878, 427면, 中開本, 라이덴.

책 앞에 성조에 관한 설명이 있다. 각 과의 어휘는 한자로 제시하고 본문은 로마자와 영문으로 대역했다.

1878년

Miss A. M. Fielde & Miss. A. S. A, *An Index to William Dictionary in the Swatow Dialect*(산터우 방언으로 된 윌리엄 사전 색인), Swatow Printing Office Company, 1878.

1883년

A. M. Fielde, *A Pronouncing and Defining Dictionary of the Swatow Dialect Arranged according to Syllables and Tones*(음절·성조로 배열한 산터우 방언의 발음 및 정의 사전), 상하이[上海] 미화서관, 617면, 1883, 28cm, 쿄도/버클리/북대/쉬자후이/버클리 프라이어(J. Fryer) 장서. 저자의 생졸연대는 1839-1916년이다.

1883년

R. Lechler, ed. by William Ruffus, *English-Chinese Vocabulary of the Vernacular or Spoken Language of Swatow*(산터우 속어 혹은 구어의 영어-중국어 어휘), Swatow: English Presbyterian Mission Press, 302면, 1883, 23cm, 버클리/북대/대영/뉴도/스탠퍼드. 차오저우[潮州]부(府) 내의 방언으로 기록되어 있다. 방언 로마자로 영문을 해석했으며 한자는 없다. 본서는 바젤회의 레클러(R. Lechler)가 30년 이전에 작성한 원고이며, 처음에는 러퍼스(W. Ruffus)가 개인용으로 베껴 쓰다가 후에 책으로 출간됐다. 레클러는 현지에 파송된 첫 번째 개신교 선교사이다. 러퍼스는 1894년에 생을 마감했다.

1883년

Miss A. M. Fielde, Baptist Mission at Swatow: *A Pronunciation and defining Dictionary of the Swatow Dialect arranged according to*

Syllables and Tones(음절·성조로 배열한 산터우 방언의 발음 및 정의 사전), 상하이[上海] 美華書館, 1883년, 타도.

1886년

John Campbell Gibson, *A Swatow Index to the Syllabic Dictionary of Chinese by S. Wells Williams, LL. D. and to the Dictionary of the Vernacular of Amoy by Castairs Douglas, M. A., LL. D.*(『중국어 음절 사전』(S. W. Williams)에 대한 산터우어 색인과 『아모이 속어 사전』(C. Douglas)에 대한 색인), Swatow: English Presbyterian Mission Press, 제2판, 171면, 1886년, 동양/대영.

1897년

E. T. Brill, 『陸豐羅馬字發音字典』, S. H. Loch Foeng Dialect, Leiden, 1897년.

1907년

Cambell Gibson, *Manual of Swatow Vernacular*(산터우 속어 매뉴얼), Part1, 잉산[英汕] 로마자, 1907년, 타대도.

1909년

Steele, John, *The Swatow Syllabary Mandarin Pronunciation*(『潮正兩音字集』), 상하이[上海] 영국 장로교, 1909년, 샤대도/산도/타대; 1924년 제2판, 산도/타도.

1912년

Bechet Emile, *Essai de dictionnaire francais-chinois en caracteres romains*(프랑스어-중국어 로마자 사전), Bangkok, 1,350+55면,

1912-1917년, 차오저우[潮州] 방언. 저자의 생졸연대는 1877-1929년이다.

1923년

John Campbell Gibson, *Manual of Swataw Vernacular*(산터우어 매뉴얼), *Swatow:* English Presbyterian Mission Press, Swatow, 제2판, 184면, 1923년, 텐리.

4.2.2.5. 장저우[漳州]

1838년

A Vocabulary of the Hok-keen Dialect as Spoken in the Country of Tsheang-tshew(장저우 지역 하카 방언 어휘), Singapore: Anglo-Chinese College Press, 1838, 6+36+96+20면, 20cm, 뉴도.

1886-1890년

G. Schlegel, *Nederlandsch-chineesch moordenboek met de transcriptie der chineesche karakters in het tsiang-tsiu dialect. Hoofdzakelijk ten behoere der tolken Voor de Chineesch teal in Nederlandsch-Indie*, bewerkt door dr. G. Schlegel Leiden. E. J Brill, 27cm, 국도/라이덴.

중문 서명은 『荷華文語類參』이다. 장저우[漳州] 방언이다. 4책으로 1,470+1,132+1,212+1,403면이다. 저자의 생졸연대는 1840-1903년이며, 1875-1903년에 네덜란드 라이덴(Leiden) 대학의 첫 번째 한학(漢學) 교수였다.

4.2.2.6. 하이난[海南]

1898년

C. Madrolle, *Les Peuples Et les Langues de la Chine Méridionale*(중국 남부의 민족과 언어), I'lle d'Hai-Nan et presqu'le du Louitecheou. Paris, Augustin Challamel, 13면, 1898.

주로 하이난[海南] 푸라오[福佬]어 방언 어휘를 실었으며, 샤먼[廈門]어, 차오저우[潮州]어, 광둥[廣東] 푸라오[福佬]어와 대조했다. 하이난[海南] 지도가 있다.

1903년

Sousa, S. C. de, *A Manual of the Hailan Colloquial*, Bun sio Dialect(『海南口語手冊』), 新加坡: the Government Printing House, 1903.

4.2.3. 웨[粵]어

1823년

Sir John Francis Davis, *A Vocabulary, Containing Chinese Words and Peculiar to Canton and Macau and to the Trade of those Places*(『港澳商用詞彙集』), Macau: printed at the Honorable Company's Press, 1824, 77면, 15cm, 뉴도.

1828년

Robert Morrison, *A Vocabulary of the Canton Dialect*(『廣東省土話字彙』), 600여 면(면번호 미기재), 동인도회사, 1928년, 마카오, 동양/버클리/대영/뉴도.

3책, 제1책은 영어-중국어, 제2책 중국어-영어, 제3책 중문 단어 혹은 구. 저자의 생졸연대는 1782-1834년이다.

1840년

Robert Morrison, *English and Chinese Vocabulary, the Latter in the Canton Dialect*(영어와-중국어(광동 방언) 어휘집), 제2판, 18cm, Calcutta, 138면, 1840, 동양/대영.

책 앞에 영어와 프랑스어를 비교한 발음 설명이 있다.

1853년

S. W. Bonney, *Phrases in the Canton Colloquial Dialect*(광동 구어체 방언 단어집), 96면, Canton, 1853, 스탠퍼드. 중국어-영어 어휘 및 단어집.

1854년

Samuel W Bonney, *A Vocabulary with Colloquial Phrases in the Canton Dialect*(광동 방언 구어체 어휘집), Office of the Chinese Repository, 216면, 22cm, Canton, 1854, 동양/대영/뉴도.

책 앞에 발음 설명이 있다. 예: aw는 awe, draw, law, saw, hawk에서의 aw와 같고, kw는 quite, quire, quarter에서의 qu와 같다. 영어 단어로 항목을 제시했고, 그 뒤에 영어-중국어 단어 혹은 문장을 제시했다. 예: Magistrate 官府 koon foo The magistrates do not rule here 呢處官府唔理 nee chu koon foo'm lee. 방언 단어가 많은 편이다. 예: 乜野, 細蚊仔, 咁矮, 佢, 嘅, 冇, 我地(원문에는 '土'방(旁)이 없음).

1855년

John Chalmers, *A Chinese Phonetic Vocabulary*(『初學粵音切要』), The London Missionary Society Press, 홍콩, 1855년, 33엽, 버클리/동양.

이는 가장 많이 사용되는 한자의 광둥[廣東]어 주음 독본이다. 부수에 따라 배열하고 반절로 주음해 각 면의 상단에 반절 상·하자를 제시하고 로마자로 주음했다. 중국어-영어 서문이 있다. 저자의 중문 이름은 湛約翰이며, 런던회 선교사로 1852년 6월 28일에 홍콩에 왔다가 1859년 하반기에 광저우[廣州]로 갔다.

1856년

Samuel Wells Williams, *A Tonic Dictionary of the Chinese Language in the Canton Dialect*(『英華分韻撮要』, 衛三畏 편역, 羊城中和行梓行), Canton: Office of the Chinese Repository, 826면, 1856, 19cm, 버클리/국도/쉬자후이. 저자 생졸연대: 1812-1884년.

1858년

Thomas T. Devan, *The Beginner's Book, or Vocabulary of the Canton Dialect*(초보자용 광둥 방언 어휘집). Rev., corr., enl., and toned by William Lobscheid, 123면, 1858, 21cm, Hong Kong: China Mail Office, 동양/뉴도. 1861년 제3판, 홍콩 Shortrede & Company, 148면, 17cm, 국도 제3판 소장. 저자 생졸연대: 1809-1890년.

1859년

John Chalmers, *An English and Cantonese Pocket dictionary, for the Use of those Who Wish to Learn the Spoken Language of Canton Province*(『英粵字典』), 159면, 1859, Hong Kong. 동양/대영 1859년, 1870년(146면), 1891년, 1907년판 소장. 쉬자후이 1859년판 소장. 버클리 1862년 제2판 소장. 뉴도 제3판 소장.

1866년

John Chalmers, List of Characters Used in Spelling in the Concise Dictionary of Dr. Chalmers with Their Pronunciations in Pekingese and Cantonese(차머스 박사 사전 중의 한자 목록과 베이징어 및 광둥어 발음), *China Review*, 1866-1867, 15, 158-163.

1867년

Benoni Lanctot, 『華英通語』 *Chinese-English Phrase Book*, 88면. L.A.: A. Roman & Company, 1867, 버클리/코넬.
서명에서 "Chinese"는 광둥[廣東]어를 가리킨다. 이는 수정과 증보를 거친 제2판이다. 제1판 출간연도 미상.

1870년

저자 미상, *An English and Chinese Pocket Dictionary*(영·중 포켓 사전). Hong Kong: London Missionary Society Press, 146면, 1870.

1877년

Ernest John Eitel, *A Chinese Dictionary in Cantonese Dialect*(광둥어 중국어 사전). 1018면, 1877, London and Hong Kong. 24.5cm.

Rev. & enl. by Immanual Gottlieb Genahr, Hong Kong Kelly & Walsh, 1417면, 1910-1911. 동양/뉴도/국도 초판본과 수정본 소장, 버클리 제2판 영인본과 수정본 소장, 중산대학 초판 소장, 중산 수정본(1910-1911) 소장, 쉬자후이 1877년판과 1910년판 소장, 대영 1877년판 소장. 저자 생졸연대: 1838-1908년.

1878년

John Chalmers, *An English and Cantonese Dictionary, for the Use of Those Who Wish to Learn the Spoken Language of Canton Province*『英粵字典』), 제5판, 258면, 1878, Hong Kong; 제6판, with the changing of tones marked. 296면, 1891, Hong Kong. 19cm; 제7판 Rev. and enl. by T. Kirkma marked Dearly, 822면, 1907, Hong Kong. 동양 초판, 제5판, 제6판, 제7판 소장. 국도 제6판 소장, 296면. 버클리 제6판 소장. 저자의 중문 이름은 湛約翰(1825-1899)이며, 스코틀랜드 기독교 선교사이다. 본서의 초판은 159면으로 단어 9,568개 항목을 수록했다가, 1907년 제7판에서는 822면으로 확대하고 단어 11,926개 항목을 수록했다.

1880년

Edward Harper Parker, New Cantonese Words(광둥어 신조어), *China Review* 1880, 8, 18-22, Hong Kong.

1883년

J. Dyer. Ball, *Cantonese Made Easy Vocabulary*(쉽게 배우는 광둥어 어휘), 제3판, 294면, Hong Kong, 1908, 24cm, 동양/버클리/북대 제3판 소장, 대영 1883년판, 1904년판 소장, 쉬자후이 1908년판 소장, 코넬 1907년 제3판 Kelly & Walsh, Limited 소장.

간단한 광둥[廣東]어 문장, 영문 번역 및 어법 설명이 있다. 각 단어에 이와 배합하는 양사를 설명했다. 초판에는 서문 및 간행 날짜가 없다. 제2판의 서문은 1892년에 작성됐다. 제3판의 서문에서는 운미 -k에 只 chek, 落 lok 두 부류가 있다고 언급했다. 저자 생졸연대: 1847-1919년.

1886년

Edward Harper Parker, Canton Plants(광둥 식물), *China Review* 1886-1887, 15, 104-119, Hong Kong.

1886년

B. J. Dyer, *An English-Cantonese Pocket Vocabulary; Containing Common Words and Phrases*(영어-광둥어 포켓 어휘집: 상용어 및 구문 포함), Printed without Chinese characters, or tone marks, the sounds of Chinese words by an English spelling as far as practicable, Hong Kong China Mail Office, 1886, 23면, 18cm, 국도 1886년판 소장, 대영 1894년판, 1906년판, 1910년판 소장, 뉴도 1910년판 소장.

본서는 일반적인 어휘와 구만을 수록했고 성조를 표기하지 않았다. 홍콩에 거주하는 영국인이 현지인과 교류할 때 사용하도록 한 것이다. 저자는 홍콩 고등법원의 수석 통번역가이자 홍콩 YMCA 관리위원회 유럽부 위원장이었다.

1887년

G. M. H. Playfair, Notes on Parker's Canton Plants(파커의 『광둥 식물』에 대한 노트), *China Review* 1886-1887, 15, 178-179, Hong Kong.

1888년

John G. Kerr, *Selected Phrases in the Canton Dialect*(광둥 방언 관용구), 제4판, Hong Kong Kell & Walsh, 1888, 66면, 21cm, 국도.

1888년

Thomas Lathrop Stedman & Li kuei-p'an(李桂攀), *A Chinese and English Phrase Book in the Canton Dialect, or Dialogues on Ordinary and Familiar Subjects, for the Use of the Chinese Resident in America, and Americans Desirous of Learning the Chinese Language, with the Pronunciation of Each Word Indicated in Chinese and Roman Characters*(『英語不求人』; 중국어-영어 광둥 방언 숙어집. 미국 거주 중국인과 중국어를 배우고자 하는 미국인을 위한 일상적이고 친숙한 주제의 대화. 한자와 로마자로 단어 발음 표기), 177면, 1888, New York: Williams R. Jenkins, 19cm, 동양/버클리.

서문에서 로마자의 병음을 설명했다. 총 41과이며, 본문은 영어로 작성했으며 광둥[廣東]어 한자와 로마자를 대조했다. 부록에는 월, 요일, 숫자, 치수가 포함됐다. 저자 생졸연대: 1853-1938년. 1920년 재판. 185면, 뉴도/동양.

1902년

D. J. Stenens, *Cantonese Apothegms*(『粵語格言』), 粵東羊城西興街怡盛 刊印, 155면, 코넬. 저자는 런던선교회 소속이다.

1902년

Louis Aubazac, *Dictionnaire Francais-Chinois Dialecte Cantonais*(프랑스어-중국어 광둥어 방언 사전), Imprimerie de la Soxiete des Mission Etrangeres, 333면, 1902; Nouv. rev. & augm., Hong Kong, 1909, 469면, 22cm, 동양 제1판과 개정판 소장. 저자 생졸연대: 1871-1919년.

1903년

Louis Aubazac, *Dictionnaire Francais-chinois Dialecte Cantonnais*(『法粵字典』), Hong Kong, Imprimerie de la Societe des Mission Etrangeres, 333면, 1903; 469면, new ed., rev. & enl., 1909, 뉴도 1909년판 소장.

1903년

S. Wells Williams, *A Syllabic Dictionary of the Chinese Language: Arranged According to the Wu-Fang Yuen Yin, with the Pronunciation of the Characters as Heard in Peking, Canton, Amoy, and Shanghai* (중국어 음절 사전: 베이징·광저우·아모이·상하

이 한자 발음을 『오방원음(五方元音)』에 따라 배열), 美華書館, 1254면, 1903, 푸단.

1909년

Louis Aubazac, *Dictionnaire Francais-Cantonnais*(프랑스어-광둥어 사전), Hong Nazareth, 469면 수정본, 1909.

1909년

Louis Aubazac, *Liste des caracteres les plus usuels de la langue Cantonnaise*(광둥어 상용자표), Hong Kong, Imprimerie de la Societe des Mission Etrangeres, 46면, 22×17cm, 1909, 국도/동양.

1910년

James Dyer Ball, *An English-Cantonese Pocket Vocabulary*(영어-광둥어 포켓 어휘집), Hong Kong: Kelly & Walsh, 1910, 93면, 20cm, 뉴도.

간단한 어휘와 구만 있고 한자는 없으며, 영문 자모로 표음했다.

1910년

Eitel, E. J., *A Chinese-English Dictionary in the Cantonese Dialect*(중국어-영어 광둥어 방언 사전), 1910, 쉬자후이.

1912년

Louis Aubazac, *Dictionnaire Cantonnais-Francais*(『粵法字典』), Hong Kong, Imprimerie de la Societe des Mission Etrangeres, 1116면, 26cm, 1912.

1912년

G. S. Baronsfeather, *The ABC of Cantonese*(광둥어의 ABC), 9면, Pakhoi, C. M. S. Hospital, 1912, 동양.

1914년

C. G. S. Baronsfeather, *English-Cantonese Medical Dispensary Vocabulary from Chalmer's English and Cantonese Dictionary and other Sources*(차머스의 영어-광둥어 사전 및 기타 출처의 영어-광둥어 의약학 어휘), Pakhoi, C. M. S. Mission Press, 37면, 1914.

1914년

Roy T. Cowles, *A Pocket Dictionary of Cantonese, Cantonese-English with English-Cantonese Index*(광둥어 및 광둥어-영어 포켓 사전: 영어-광둥어 색인 포함), 296+124면, 1914, Hong Kong, 동양 1914년판 소장, 대영 1949년 제2판 소장. South China Panel Press, Hong Kong.

제2판은 증보한 부분이 있다.

1918년

Louis Aubazac, *Examen de conscience Cantonais-Francais a L'usage des nouveaux missionnaires*(신임 선교사용 광둥어-프랑스어 양심성찰서), Hong Kong: Impr. Nazareth, 42면, 21cm, 1918, 대영.

1918년

Louis Aubazac, *Lexique Francais-cantonnais des terms de religion*(프

랑스어-광둥어 종교 용어 사전), Hong Kong: Nazareth, 207면, 17cm, 1918.

1918년

Proverbes de la langue canntonais recueillis ca et la(광둥어 속담), Hong Kong: Impr. Nazareth, 176면, 17cm, 1918.

1924년

Francais-Marie Savina, *Dictionnaire etymologique Francais-Nung Chinois*(Cantonese)(프랑스어-눙[儂]어-중국어(광둥어) 어원 사전), 528면, 1924, based on Aubazac's dictionary, 대영.

1925년

Werner Rüdenberg, *Anhang Zum Chineisch-Deuschen Worterbuch von Werner Rüdenberg: enthaltend die 6400 schriftzei chen mit ihren aussprache und tonbezeichnungen in kantoner und Hakka-Mundart*(베르너 뤼덴베르그의 중국어-독일어 사전 부록: 광둥어와 하카어 방언의 발음과 성조를 포함한 6,400개 한자 수록), Hamburg. L. Frienderichsen & co., 1925, 58cm, 75면, 바젤/뉴도. 214부수와 6,400개 한자의 광저우[廣州] 발음과 하카[客家] 발음을 수록했다.

1931년

H. R. Wells, *An English-Cantonese dictionary*(영어-광둥어 사전), Hong Kong, Kelly and Walsh, 227면, 20cm, 1931, 쿄도인문연.

1933년

W. E. Soothill, *Pocket Dictionary vuith a Cantonese Syllabary*(광둥어 음절 문자 포켓 사전).

이 항목은 『中華基督敎文字索引』(상하이[上海] 廣協書局 편집 및 배포, 1933년)의 기록에 근거했다. 본서의 출판연도는 1933년보다 이르다고 생각한다.

1934년

M. E. P. Servus, *Locutions modernes dialecte cantonnais* (『粵法新詞句』), Hong Kong: Hong Kong, Imprimerie de la Societe des Mission Etrangeres, 20면, 1934.

1935년

Bernard Fr. Meyer and Theodore F. Wempe, *The Student's Cantonese-English Dictionary*(학생용 광둥어-영어 사전), H. K: ST. Louis Industrial School Printing Press, 187면, 1935, 18cm, 바젤.

1937년

Fabre Alfred, *Film de la vie Chinoise: proverbes et locutions*(중국인의 삶 다큐멘터리: 속담과 관용표현). Hong Kong, Imprimerie de la Societe des Mission Etrangeres, Nazareth, 694면, 22cm, 1937, 홍콩/대영.

저자는 M. E. P. 선교회 소속이다. 생졸연대: 1878-1967년.

1941년

L. G. Gomes (高美士), *Vocabulario Cantonese-Portugues* (『粵典』), 225면, 1941, Macau: imprensal, Nacional, 23cm, 동양/대영.

1947년

Bernard F Meyer, Theodore R. Wempe, *The Student's Cantonese-English Dictionary*(학생용 광둥어-영어 사전), New York, Field afar Press, 제3판, 1947, 19cm, 뉴도.
저자는 미국 천주교 외방 선교회(메리놀회)[Catholic Foreign Mission Society of America] 소속이며, 1891년 출생했다.

4.2.4. 하카[客家]어

1878년

Syuk wa hyen mi, 『俗話顯微』 원고이며, 첫째 면에 작은 글씨로 1878(년)이라는 주석이 있다. 599면. 한자로 항목을 제시했고 로마자로 발음을 표기했다. 예로, 『體形論』: 大大麻麻, 固固大等, 네덜란드어로 해석하고 예를 들었다. 별도로 로마자로 항목을 제시하고 네덜란드어로 의미를 풀이한 사전 원고도 합철되어 있다. 대형 포맷.

1894년

G. Fraser Melbourn, *The Planter's Manual, an English, Dutch, Malay and Keh Chinese Vocabulary*(영어, 네덜란드어, 말레이어 및 하카 중국어 어휘집), ff.57. Deli/Sumatra, 대영.

4종 언어 대조 어휘표이다. 기재된 하카[客家]어가 어느 지역에 속하는지는 알 수 없다. 저자는 Deli-Sumatra에서 서문을 작성했다.

例: ankle (영어), enkle (네덜란드어), mata kaki (말레이어), kiok-moek (하카[客家]어). 또 다른 예로,

영어	arise	ant	arrive	heat	her
하카어	hong-tjong	net	taw	njet	ki

1901년

Charles Rey, *Dictionnaire chinois-francais, dialecte Hac-ka, Precede de quelques notions et exercicies sur les tons*(하카 방언 중국어-프랑스어 사전: 성조 개론 및 연습 수록), 360+79면, Hong Kong, Imprimerie de la Societe des Mission Etrangeres, 1901; 1,444+81면, 1926, 21cm, 동양/중산대학/라이덴 1901년판 소장. 국도/뉴도/도쿄종합/도쿄중문과 1926년판 소장.

자잉[嘉應]주의 하카[客家]어로 기재되어 있다. 편폭은 맥클버(Maclver) 사전보다 길고 간단한 어법 설명도 있다.『서문』에는 하카[客家] 민족의 기원, 하카[客家]어 어음 및 표기법을 자세히 설명했으며, 어법도 기술했다. 총 11면이다.『서론』에서 이 지역 사람들이 글자를 읽을 때 두 가지 발음, 즉 서면음[書音]과 속음(俗音)이 있다고 언급했다. 책에 나오는 글자를 보면 그 발음이 관화의 발음과 비슷하다. 동일한 부류와 교차하면 그 발음을 구별했다. 예로, '我'는 '涯' 혹은 '雅'로도 읽

었다. 방언 글자도 있다. 예: 粗, neou, Epais gluant, 매우 걸쭉해질 때까지 죽을 요리해라. 저자는 Missionnaire Apostolique du Kouang-Tong에 소속되어 광둥[廣東]에서 선교한 바 있다. 생졸연대: 1866-1943년. 생각건대, 언급한 '書音, 俗音'은 동통허[董同龢]의 『華陽涼水井客家話』와 동일하다.

1904년

Donald MacIver, *A Hakka index to the Chinese-English Dictionary of Herbert A. Giles and to the Syllabic Dictionary of S. wells Williams*(게일즈의 중국어-영어 사전과 윌리엄의 음절 사전에 대한 하카어 색인), 상하이[上海] 美華書館, 150+5면, 1904, Shanghai, 23cm, 버클리/바젤/쉬자후이/코넬.

하카[客家]어의 자음집(字音集)에 해당한다. 책 앞부분에 평·입성이 음양으로 나뉘며 여기에 상·거성까지 보태어 6개의 성조가 있다고 설명했다. 입성은 -k, -p, -t로 끝맺으며, 상평 혹은 상성과 구별된다. 저자는 산터우[汕頭] 우징푸[五經富] E. P. 선교회 소속이다.

1905년

Donald MacIver, *A Chinese-English Dictionary, Hakka Dialect as Spoken in Kwangtung Province*(광둥성 하카 방언 중국어-영어 사전), 상하이[上海] 美華書館, 1221면, 1905, Shanghai, 쿄도/동양/중산대학/라이덴. Rev. & enl. by M. C. MacKenzie, Shanghai, 1926, 1142면, 24.5cm, 쉬자후이. 뉴도/도쿄중문

과/라이덴/중산대학/매디슨/국도/대영 1926년판 소장. Ku Ting Book Store, repr., 1142면, Taipei, 바젤선교회 초판과 1926년판 소장.

책 앞부분에 서문이 있는데 하카[客家] 사람과 하카[客家]어 두 부분으로 나누어져 있으며, 하카[客家]어 부분은 성모·운모, 성조, 다른 방언과의 관계, 로마자 체계로 구성되어 있다. 저자는 개신교 선교사로서 우징푸[五經富]에서 선교했다. 수정판은 우징푸[五經富] E. P. 선교회의 맥켄지(M. C. Mackenzie)가 증보한 것이다. 저자는 1852년 출생했다.

1909년

Donald MacIver, *A Hakka Syllabary* (『客音彙編』), 상하이[上海] 美華書館, 184+4면, 1909, Shanghai, 14cm, 동양/버클리/바젤.

본서는 하카[客家] 동음자 도표이며 로마자로 발음을 표기했다. 저자는 산터우[汕頭] 우징푸[五經富] E. P. 선교회 소속이다.

1909년

Kleines Deutsch-Hakka-Wörterbuch für Anfänger(초보자용 독일어-하카어 소사전), Von Basler Missionaren bearbeitet. Basel. Evangelische Missions-Gesellschaft. In Kommission bei der Basler Missions-Buchhandlung, 54면, 1909, 17.5cm, 바젤.

어의(語義)에 따라 분류한 어휘집이며, 의미 부류는 종교, 우주, 날씨[天氣], 시간 등이 있다. 제21장과 제22장은 일상회화이다. 먼저 독일어를 제시했고 뒤에 하카[客家]어를 제시했는데, 렙시우스 체계로 발음을 표기했고 한자가 없다.

1909년

Kleines Deutsch-Hakka-Wörterbuch für Anfänger(초보자용 독일어-하카어 소사전), Von Basler Missionaren bearbeitet. Basel. Evangelische Missions-Gesellschaft. In Kommission bei der Basler Missions-Buchhandlung, 79면, 1909, 17.5cm, 바젤.

제1부는 위의 항목과 동일하고, 제23-28장은 실사, 형용사, 동사, 부사, 연사인데 품사로 안배했다. 제21-22장을 삭제했다.

1912년

P. A. van de. Stadt, *Hakka-woorden-boek*(하카어 어휘집), S-Gravenhage: Martinus Nijhoff, 412면, 1912, 23cm, 동양.

책 앞부분에는 발음 설명과 음절표가 있으며, 책 뒤에는 한자의 독음과 의미 대조표가 있다. 저자 생졸연대: 1876-1940년. 통번역관과 화무사(華務司)를 역임했다.

1925년

Werner Rudenburg, *Auhang zum Chinesisch-Deutsches Wörterbuch von Werner Rudenburg*(루덴부르그의 중국어-독일어 사전 부록), enthatherd die 6400. Schriftzeichen miy Aussprache und Tonbe zeichnumgen in der kantoner und Hakka-Mundari bearbeitet von C. A. Kolleke Hamburg, L. Friederichchser, 1925, 75면, 28.5cm, 국도/버클리.

1926년

Ch. Rey. *Dictionnaire chinois-francais, dialecte Hac-ka, Precede de quelques notions sue la syntaxe chinois*(하카 방언 중국어-프랑스어 사전: 중국어 통사론 개요 수록). Hong Kong: Imperimerie de la Societe des missions-entrangeres, 1926, 1,444+81면, 26cm, 국도/뉴도/도쿄종합/도쿄중문과.

1???년

Ernest John Eitel, *Hakka Dictionary*(하카어 사전), 원고본, 1,304면, 대영.

말버(Malver)의 1905년 사전 서문에 따르면, 저자는 하카[客家]어의 Sin-on 방언도 연구한 바 있다.

4.2.5. 간[贛]어(젠닝[建寧])

1901년

William Charles White, *A Chinese-English Dictionary of the Kienning Dialect, Arranged Alphabetically according to the Kienning*(중국어-영어 젠닝 방언 사전, 젠닝 알파벳순으로 배열), Foochow Methedist Episcoped Anglo-Chinese book concern, 1901, 47면, 19cm, 뉴도.

4.3. 방언 교과서

4.3.1. 우[吳]어

4.3.1.1. 상하이[上海]

1850년

秦右 (Benjamin Jenkins), *Lessons in the Shanghai Dialect* (『上海土白』), 574면, 1850, 22cm, 버클리.

1855년

吉牧師(Cleveland Keith), 『上海土白入門』, 상하이[上海], 1855년, 77면.

소개, 발음 표기 설명, 수사(數詞)는 한자를 사용했다. 그 다음의 내용은 모두 로마자를 사용했다. 1음절, 2음절, 3음절 어휘; 성어; 정부 기관명; 왕조명; 신구약 제요; 기도와 교의 관련 대화. 1860년의 재판으로 판면이 작아졌고 총 77면이다. 초판의 중문 서문이 영문 서문으로 바뀌었다.

1862년

J. Mac Gowan(麥嘉湖), *A Collection of Phrases in the Shanghai Dialect*(상하이 방언 구문집), 상하이[上海] 美華書館, 193면, 1862, 24cm, 텐리/동양/국도/대영/쉬자후이.

1865년

『上海土白』, 붓으로 직접 씀. 면 번호를 표기하지 않았고 한자만 있으나, 앞부분의 다섯 면은 연필을 사용해 글자마다 로마자로 발음 표기를 함. 22cm, 버클리.

첫째 면에 "John Fryer, Shanghai. 上海傅蘭雅" 문구의 인장이 있다. 첫째 면의 만년필로 쓴 제자(題字)에 따르면, 본서의 영문명은 *Lessons in the Shanghai Dialect*이며, 내용은 안(Ahn)의 프랑스어 교과서를 참고했을 것이다. 저자는 젠킨스(R. Jenkins) 박사 혹은 훼리(J. Wherry) 목사이며, 1865년 정도에 편찬됐다. 전체 책은 31과로 구성되어 있다.

1883년

Leçons ou exercices de langue chinoise. Dialecte de Song-kiang(중국어 강의 또는 연습: 쏭장 방언), 1883, Zi-ka-wei (徐家匯) Imprimerie de la Mission catholique, A L'orphelinat de TOU-SE-VE (土山灣), 24cm, 320면, 동양/쉬자후이.

책 전체를 프랑스어로 작성했다. 책 앞부분에 서문이 있다. 책 전체는 40과로 구성되어 있으며, 앞의 10과는 단어의 어법 부류, 즉 대사, 실사, 수사, 비교, 정도, 연사 (두 과로 나뉨), 개사, 의문과 부정사로 구분하고, 뒤의 30과는 인체, 건축, 가구, 시간, 돈, 종교 의례 등 화제(話題)로 구분했다. 본문 앞에는 축약어에 대한 설명만 있고 발음 표기에 대한 설명은 없다. 각 과에서는 먼저 중문을 제시한 후 뒤에 로마자를 제시했으며 마지막이 프랑스어 번역문이다. 권법으로 입성을 표기했다. 입성은 음양으로도 구분하지 않고 -h, -k 두 부류로도 구분하지 않았다. 전통적인 구두점을 사용했다. 본서는 정식으로 출간된, 유일하게 서양어로 작성된 쑹쟝[松江] 어 교과서이다. 저자는 선교사이다. 원서에는 중문 서명이 없으나 『松江話課本』으로 번역할 수 있다.

1890년

C. Lyon, *Lessons for Beginners in the Shanghai Dialect* (『初學土白功課』), 상하이[上海], 1890, 137면, 美華書館 擺印, 20cm, 버클리. 총 66과로 구성되어 있다.

1899년

M. T. Yates, D. D.(晏瑪太), 『中西譯語妙法』 *First Lessons in Chinese*, 상하이[上海] 美華書館, 1899, 151면, 22cm; 수정본, 1904, 同志社荒木英學文庫/버클리/쉬자후이. 1871년판 224 면, 버클리.

저자는 미국 남침례회 소속이며, 『馬太―猶大』를 상하이[上 海] 방언으로 번역한 바 있다(1876-1888).

1906년

Gilbert McIntosh(金多士), *Useful Phrases in the Shanghai Dialect, with Index, Vocabulary and other Helps*, 상하이[上海] 美華書 館, 109면, 1906; 2nd ed., 113면, 19cm, 1908; 3rd ed., 4th ed., 1921; 5th ed., 121면, 1922; 6th ed., 1926, 상하이[上海] 廣協 書局總發行所. 쉬자후이 제3판 소장. 라이덴 제4판 소장. 푸 단 제7판 소장, 121면, 1927. 동양 초판 소장, 국도 및 쿄도 인문연 제2판 소장, 쿄도외대[京都外大] 제7판 소장. 본서는

1934년에 또 중판했는데, 색인, 어휘 등이 첨가됐다. 중문명은 『應用滬語類編』이다.

전체 책은 총 22개 단원으로 구성되어 있으며, 단원마다 영어, 중국어, 로마자를 대조한 문장들이 수록되어 있다. 책 앞부분에서 로마자 병음을 설명했다. 책 뒷부분에는 영어와 로마자를 대조한 어휘 색인이 있다. 제4판(1921년 저자 서문)부터 "新詞[새로운 단어]"(트램[有軌電車]과 트롤리버스[無軌電車]) 단원을 새롭게 추가했다. 추가한 단원은 몽고메리(R. P. Montgomery)가 작성했다. 성조를 표기하지 않았다. 제2판(1908) 서문에 의하면, 로마자 체계는 실스비(J. A. Silsby)가 고안한 체계를 참고했다. 이 체계는 처음에 상하이[上海]시 정부위원회가 발간한 경찰 규정에 사용됐으며, 1899년 滬語社(the Shanghai Vernacular Society)에서 채택했다. 초판 때 사용한 로마자 병음 체계에서는 입성을 -h와 -k 두 부류로 구분했다고 설명했다. -k 운미에 ak, ok, iak 세 개가 있는데, 이는 에드킨스(J. Edkins)의 기록에 비해 uak와 uok 두 개가 적다. 예는 다음과 같다. 郵政局 Yeu-tsung-jok (43면); 英國 lung-kok (5면); 著之 (外罩衣裳) tsak-ts (51면); 腳 kyak (28면); iak 운(韻)은 용례에 보이지 않는다. 제7판에서는 본문 앞에 상하이[上海]어 로마자 체계가 있으며, 입성도 위에서 서술한 바와 같이 분류되어 있다. 제4판(1921년)의 서문에서는 '東洋車'가 '黃包車'로 변한 예와 같이 어휘가 변화한 경우가 있다고 언급했다. 그러나 제7판까지도 이 단어는 본문에서 여전히 '東洋車'로 기재되어 있다. 반복의문문은 한 가지 격식만이 있다: 儂吃煙否?(3면). 그러나 『新詞』 단원에서는 세 가지 격식이 있다: 要換車否?(113면); 拉火車裏阿有得吃否?(109면); 夜班車阿有困車個?(108면). "勿要撥伊水吃"(66면) 같은 어순도 있다. 양사가 지시대사로 사용된 용례가 있다: 伊只馬有病(66면).

1906년

W. H. Jefferys, *Hospital Dialogue in Shanghai Thoobak*(상하이 방언 병원 회화), 상하이[上海] 美華書館, 1906, 63면, 18cm, 국도/쉬자후이.

폐색음 운미가 -k와 -h 두 부류로 나뉜다. 예: 藥 yak, 局 jok, 末 meh, 吃 chuh. 저자는 1871년에 출생했으며, 성요한대학(聖約翰大學) 외과 교수이자 성누가병원[聖路加醫院] 외과 과장 의사이며, 『中國醫療傳敎士』학술지 편집장이다.

1907년

F. L. Hawks Pott, D. D. (卜舫濟), *Lessons in the Shanghai Dialect*(상하이 방언 수업), 상하이[上海] 美華書館, 99면, 1907; 151면, 수정본, 1913; 174면, 수정본, Mei Hua Press, Shanghai, 1939 (French Translation, Imprimerie de la Misson Catholique, Shanghai, 1922; 1939).

간사이[關西] 1920년판 소장. 동양/라이덴 1907년판, 1913년판 소장. 라이덴 1913년판 소장. 버클리 1909년판 소장, 145면, 25cm. 뉴도 1917년판 소장, 151면. 국도 1924년판 소장, 상하이[上海] 商務, 174면, 19.5cm. 상기도 1934년판 소장. 쉬자후이.

책 전체가 정요(精要)하게 편찬됐으며, 책의 앞부분에는 '서문'과 '상하이[上海] 로마자 체계 설명'이 있는데 8개의 성조를 열거했으며 평상거입성이 각각 상하로 구분되어 있다. 1920년판은 총 32과로 나누어져 있는데, 각 단원에는 어휘, 연습문제, 본문(내용이 연관되지 않는 문장이 약간 포함되어 있음)이 있다. 어법 측면에서 볼 때, 각 단원에는 하나의 주제가 있다. 예를 들어, 19과는 Asking Questions[질문하기], Expecting Negative and Affirmative Answers[부정문 및 긍정문 답변 예상하기]이다. 책 끝부분에는 중국어-영어 어휘 비교표가 있다. 병음은 실스비(J. A. Silsby) 체계를 채택했다. 초판의 서문에 에드킨스(J. Edkins)를 Doctor로 칭했다. 저자 생졸연대: 1864-1947년. 본서의 수정본은 1941년에 출간됐으며, 책 전체의 서명은 *How to Speak Shanghai Dialect*이고, 본문 앞에 각 판의 서문이 있는데 마지막 판의 서문은 1924년 11월 18일에 작성됐으며 상하이[上海]어 로마자에 대해 소개했다. 본문을 시작하면서 *Lessons in the Shanghai Dialect*라고 칭했고, 총 32개 단원이다. 라이덴 1941년판은 소형 포맷이며 출판사명과 저자명이 없다.

1907년

J. A. Silsby, *Introduction to the Study of the Shanghai Vernacular*(상하이 방언 연구 서설). 상하이[上海] 美華書館, 32+21면, 1907년 초판, 1909년, 1911년, 1913년, 1924년 재판, 1941년 개정판. 1911년 버전 세로 18.5cm. 동양/상기도/버클리/국도. 1941년 개정판 194면, 소형 포맷, 라이덴 소장.

크게 두 부분으로 나뉘어져 있다. 첫 번째 부분은 상하이[上海]어 소개, 발음 표기 학습, 상하이[上海] 로마자, 상하이[上海]어 성모 및 운모 목록, 부수 목록, 부수 — 발음과 정의, 부수 구결(口訣)이다. 두 번째 부분은 본문인데, 전체 음절을 21개 단원으로 나누어 학습하게 했다. 저자는 『馬太福音』(1895)과 『四福音書』(1905)를 번역한 바 있다.

1908년

Tou-wo Tse-ne (『土話指南』), *Boussole du langage mandrin, traduit et romanisee en dialecte de Charighai*, 138면, Shanghai, 1908.

1910년

D. H. Davis, D. D., *Shanghai Dialect Exercises, in Romanized and Character, with Key to Pronunciation and English Index*(상하이 방언 연습: 로마자 및 한자 표기, 발음법과 영어 색인 포함), 278면, 상하이[上海] 徐家匯土山灣印書館 1910년 인쇄, 총 278면, 푸단/동양/쉬자후이.

본서는 상하이[上海]어를 배워야 하던 상하이[上海] 공무원의 월간 시험을 위해 편찬됐다. 독자는 많은 양의 어휘를 익히고 포트(Pott)의 교과서나 기타 입문 서적을 배운 적이 있어야 했다.

1914년

J. W. Crofoot and F. Rawlinson, *Conversational Exercises in the Shanghai Dialect*『滬語開路』, 상하이[上海] 美華書館 擺印, 21.5cm, 북대/대영.

총 47개 단원. 본문 앞부분의 영문 소개는 1914년에 작성됐는데, 본서가 포트(Pott) 교과서 중의 어휘에 근거해 본문을 편찬했다고 언급했다. 용례: "阿有啥新聞事體, 可以講點撥我聽聽否?" 생각건대, 이는 혼합형 반복 의문문이다. 저자는 영국인이다.

1914년

F. C. Cooper, *Short Readings in the Shanghai Vernacular*(상하이 방언 고사), 108면, Shanghai, 1914.

1915년

Crofoot, Jay Williams & F. Rawlinson, *Conversational Exercises in the Shanghai Dialect. A supplement to Dr. Pott's Lessons in the Shanghai Dialect*(상하이 방언 회화 연습: 포트 박사의 상하이 방언 수업 보충 자료), 상하이[上海] 美華書館, 24면, 1915, 23cm, 버클리.

1921년

Gilbert McIntosh, *Conversations Usuelles*, Lithographic of Tou-se-we, Zi-ka-wei, 97면, 1921.

1922년

Pott, Francis Lister Hawks, *Lecon sur le dialecte de Changhai*(상하이 방언 수업), Imprimerie de la Misson Catholique, 1922; Translated & romanized by Cours Moyen and A.M. Bourgeois, 399면, Tou-se-we, Shanghai, 1939.

1923년

R. A. Parker, *Lessons in the Shanghai Dialect*(상하이 방언 수업), Shanghai: Shanghai Municipal Council, Kwang Hsueh Publishing House (廣學書局), 1923, 푸단/대영/쉬자후이.

저자는 상하이[上海]시 정부 당국의 통번역가이다. 본서는 상하이[上海]시 정부 직원용 교과서로 사용됐다. 편집 스타일은 데이비스(Davis)가 편찬한 교과서를 따랐으나 각주가 없다. 본문은 로마자 병음과 한자로 대역했다. 본문 앞부분에 병음 표기에 대한 설명이 있다. 입성운 폐색음 운미는 -h와 -k 두 부류로 구분되며(예: ah, ak, eh, ih, auh, ok, oeh, uh, iak), h와 k는 실제로는 발음되지 않는다고 설명했다. 총 30개 단원이다. 각 단원의 편폭은 다양하다. 책 뒷부분에 각 단원의 어휘 목록이 있다.

1934년

F. L. Pott and A. M. Boureois, *Lecon sur le dialete de Changhai*(상하이 방언 수업), Shang-hai Imprimerie de la Mission Catholique,

Orphelinant de T'ou Se-we, 239면, 제2판, 1934, 텐리.

책 앞부분에 "1922年 A. M. Bourgeois"이라고 쓴 서문과 발음 표기 설명이 있다.

1939년

F. L. Hawks Pott, *Lessons in the Shanghai Dialect*(상하이 방언 수업), 174면, Mei Hua Press, F. L. Hawks Pott, Uchenik Shankhaiskago narechiia, translated by L. A. Slovodchikova, Tipografia Grafik, 240면, Shanghai, 텐리 영문판 소장.

1939년

F. L. Hawks Pott, *Lecons sur le dialecte de Changhai*(상하이 방언 수업), Traduction et romanisation francais par A. M. Bourgeois, Changhai, Impr. de la mission catholique, 1939, 399면 (ler ed. 1922), 1934년 제2판, 1939년 제3판. 土山灣/버클리 제3판 소장.

책 마지막에 친족 어휘 관계에 대한 목록이 있는데 매우 상세하다.

1939년

P. Bourgeois. S J., *Lecons sur le dialecle de Changhai*(상하이 방언 수업), Cours Moyen imp. de T' u-se-we, 399면, 1939, 텐리/쉬자후이. 저자는 卜舫濟의 상하이[上海]어 교과서를 프랑스어로 번역한 바 있다. 책 앞부분에 서언과 발음 표기에 대한 설명이 있다. 총 26과이며, 의미 부류에 따라 구분했다. 예로, 제

21과는 "요리"이다. 속담, 종교, 광물과 생물, 지명, 전문가 유형, 출판 용어 등에 관한 부록이 있다. 책 끝부분에 프랑스어 어휘 색인이 있다.

1940년

Charles Ho and Geoge Foe, *Shanghai Dialect in 4 Weeks*(4주 완성 상하이 방언), Chi Ming Book Co. LTD., 1940, 102+9면, 쿄도인문연.

본서 앞부분에 있는 발음 설명에서 웹스터(Webster; 韋氏)식 음성기호를 사용했다. 30개 단원이며, 각 과는 단어와 회화 두 부분으로 구성되어 있다. 본서 마지막 부분에는 어휘 목록, 일상 기본어휘, 상하이[上海] 지도가 있다.

4.3.1.2. 항저우[杭州]

1876년

G. E Moule, *Hangchow Premier*. Translation and notes. London: Society for Promoting Christian Knowledge, sold at the Depositories, 34면, 1876, 21.5cm, 동양.

책 앞부분에 있는 요점과 주의사항에 따르면, 성조는 5개로 평성이 상·하로 나뉘고 상성·거성·입성이다. 자모 목록은 *Ningbo Premier*를 참고했다. 성모는 『강희자전(康熙字典)』에 근거해 배열했고, 운모는 유럽 언어의 모음 순서에 따랐다. 책 전체는 9개 목록으로 구분했다. 1. nouns (예: heaven man), 2. nouns and adjective (예: great), 3. verbs (예: look), 4. particle and adverbial phrases (예: not still more), 5. classifier (예: a thing), 6. pronouns and polite address (예: I, thanks), 7. phrases in common use (예: It can be seen), 8. phrases in common use (예: Birds fly), 9. discourse of time (예: sixty years called a kyah-ts). 목록마다 주석이 있다. 예를 들어 목록 5의 주석에서 언급하기를, 항저우[杭州]의 '同'은 관화의 '和'에 대응하며 의미는 and 혹은 with이다. 병음으로 표기한 항저우[杭州] 방언 단어는 많지 않으며 주석에 대부분 보인다. 본서는 영문만 있고 중문은 없는 역본이다. 주석에는 항저우[杭州] 방언 단어의 로마자 발음 표기가 가끔 보인다. 본서 마지막에는 C. M. S. Mission, Hangchow, July, 1875로 서명되어 있다.

4.3.1.3. 닝보[寧波]

1846년

A Manual for Youth and Students or Chinese Vocabulary and Dialogue(청소년과 학생을 위한 중국어 어휘 및 회화 매뉴얼), Ningbo Dialect, Chusan (舟山).

1857년

Henry Van Vleck Rankin (藍亨利), Nying-po T'u-wo Ts'u' oh (『寧波土話初學』), 1857년, 닝보[寧波], 92면. 1868년 상하이[上海] 美華書館 재판, 상하이[上海]. 로마자. 동양/호튼. 많은 이들

이 연이어 완성했다. 코볼드(Cobbold)의 병음 체계를 사용했다. 로마자 발음 표기 소개, 음절, 어휘, 문장, 중국의 역사와 지리, 성경 선독, 친족 관계 목록이 포함되어 있다.

1896년
『寧波土話初學』, 상하이[上海] 美華書館 인쇄, 18면, 24.5cm, 국도.

18??년
丁韙良(W. A. P. Martin), *A Premier of the Ningbo (Chinese Language)*, 선장, 로마자, 54엽, 호튼.

1910년
P. G. Von Mollendorff, *The Ningbo Colloquial Handbook* (『寧波方言便覽』), 상하이[上海] 美華書館, 282면, 1910, Ningbo, 텐리/동양/버클리/라이덴/고베[神戶]외국어대학.

책 앞부분에 편찬자인 셰퍼드(Sheppard) 목사가 작성한 서문이 있다. 저자 묄렌도르프(P. G. Von Mollendorff; 1847.10-1901.04)는 닝보[寧波]의 관세청장이자 중국학자이었다. 『寧波方言音節表』를 저술한 바 있고, 생전에 『寧波話手冊』을 집필할 계획이었으나 완성하지 못했다. 본서는 편람의 일부 내용이며, 저자가 사망한 후 셰퍼드 목사가 편찬했다. 저자가 작성한 머리말은 중국어 방언의 분류를 언급했으며 우[吳]어 내부의 차이에 대해 더 상세하게 논의했다. 원저우[溫州]어는 우[吳]어에 속한다. 우[吳]어의 특징으로 -p, -t, -g, -m 운미가 없다는 점, 성모에 g, d, b, z가 있다는 점을 지적했다.

총 29개 단원이다. 각 단원에서는 새로운 단어와 구 두 부분으로 나누되 먼저 중문을 제시한 후 영문 번역을 제시했으며 로마자도 제시했다. 신약의 몇 개 단락의 중문, 영문, 로마자의 대조문을 덧붙였다. 이 외에도 관용어, 관세 용어, 종교 용어, 공식 용어, 예의 단원이 있다. 입성 운미는 -h만이 있다. 어휘 용례이다: 一直以來等西國弗相來往 ("等"은 "與, 和"의 의미임, 178면); 我有一件事幹托吾(81면). 예의 단원에서 사회적 교류에 대해 꽤 상세하게 묘사했는데, 그중에 가위바위보 용어도 있다. 본서는 실제로는 19세기 말에 작성됐다.

4.3.1.4. 원저우[溫州]

1893년

孟國美, *Introduction to the Wenchow Dialect*(원저우 방언 소개), Shanghai: Kelly & Walsh, 294면, 1893, 22cm, 텐리/도쿄종합/동양/북대/뉴도/쉬자후이.

표지에 있는 저자 신원 관련 설명에 따르면, 저자는 왕실 세관 직원이며 공식적인 중문 직함은 수사(水司)이다. 책에는 서문, 주석(성조에 대한 설명), 일자다음(一字多音), 단모음과 이중모음, 성조 부호, 40개 단원의 본문, 새로운 단어 색인, 양사, 쉬운 문장(즉 구), 가족 및 친척 명칭, 어휘 목록 등 총 13개 부분으로 구성되어 있다. 성조의 부류[調類]는 숫자로 나타냈다.

저자의 서문은 1892년 12월 29일에 작성됐다. 서문에 따르면, 본서는 원저우[溫州]에 거주하는 외국인을 위해 편찬된 것으로 현지 방언을 이해하도록 돕기 위함이었다. 『語言自邇集』에서 번역한 40과 본문은 저자의 선생님이자 현지 학자인 천메이성[陳梅生]이 관화를 원저우[溫州]어로 번역한 것이다. 현지에서 선교한 수트힐(W. E. Soothill; 蘇惠廉) 목사가 편찬 작업에 참여해 원고를 수정했다. 개별 한자의 성조에 대해서도 설명했다.

'일자다음'은 문백이독과 신구 세대 간의 차이를 포함한다. 예로, '不'는 paih와 fu 두 가지 발음이 있는데 이는 문백이독이고, '恭'은 chao와 kung 두 가지 발음이 있는데 이는 신구파 간의 차이다.

성조에 대한 주석 부분에서는 평상거입을 각각 음양으로 나누어 성조를 8개의 부류로 구분했으며, 곡선으로 성조의 형태[調形]를 그렸다. 음상(陰上)과 양상(陽上)은 아치형 굴곡선으로 그렸다. 그외 다른 성조는 현재의 원저우[溫州]어와 비슷하다(『溫州方言詞典』 참고하라). 지적할 점은, 중탁(重濁) 성모 음절인 b, d, g, j, v, wh, y, z는 양조(陽調) 부류와 배합했다. 차탁(次濁) 성모인 l, m, n, ng, ny은 음조(陰調)와 양조 두 부류로 구분됐으나 음조에 속하는 단어는 적은 편이었고 자모 상단에 아래로 향해 돌출된 호선(弧線: 활등 모양으로 굽은 선)

으로 나타냈다.

지적할 점은, 두 글자가 결합할 때 낱글자의 성조와 달리 성조에 변화가 있다. 특히, 앞뒤 글자가 모두 양평인 두 글자 조합의 경우 변조는 평평하다 올라가는 양상이다. 예로, '榮華' 두 글자의 경우 낱개로 읽을 때는 하강조이나, 연독할 때는 앞글자는 거성(去聲)과 같이 평조(平調)로 읽고 뒷글자는 입성과 같이 굽은 상승조로 읽는다. 앞글자가 양평이고 뒷글자가 양거인 두 글자 조합의 경우, 변조는 올라가다 내려가는 양상이다. 예로, '榮耀'을 낱글자로 읽을 때는 앞글자는 하강조이고 뒷글자는 평조인데, 연독할 때는 앞글자는 상승조이고 뒷글자는 하강조이다. 서술한 것은 현재 원저우[溫州]어와 비슷하다.

'반절음(反切音)'은 음절 목록이다. 음절 목록에서 총 451개 음절(성조 고려 안함)을 열거했는데, 각 음절은 평상거입 4개 성조로 구분해 4개의 란에 열거했고 성조와 음절의 교차점에 한자를 기입했으며 총 2,406개 한자를 수록했다. 그중 평성이 960자, 상성이 481자, 거성이 593자, 입성이 372자이다. 2,406개 한자 중에서 93자가 중복해서 출현했는데, 그중 54자가 성모와 운모가 다르고 39자가 성조가 다르다. 글자는 없으나 구어에서 존재하는 음절은 *로 나타냈다. 설첨모음은 표기하지 않았다. 예: 私 sz, 時 z, 知 tsz, 此 ts', 遲 dz. '反切音'의 앞부분 10개는 다음과 같다.

1	a [a]	挨	矮	0	阿押鴨壓
2	ha [ha]	哈	喊蟹	0	喝瞎
3	'a [ɦ]	閑骸鞋咸	0	限	陷　匣狹
4	cha [tɕia]	0	0	0	酌著腳爵
5	chha [tɕhia]	0	0	0	却鵲
6	dja [dʑia]	0	0	0	若著
7	fa [fa]	番蕃翻繙	歹	泛販	0
8	va [va]	凡煩藩磯	犯	飯萬	0
9	ia [ia]	0	0	0	約
10	ya [jia]	*	0	0	藥

음절 목록에 따라 당시 원저우[溫州]어 성모와 운모 체계를 정리하면 다음과 같다. 원서에서는 로마자 병음 체계로 음절을 표기했고, 여기에서는 각 음절의 성모와 운모를 분리하고 괄호([ ]) 안에 국제음성기호로 전사했다. 음절의 우측 상단에 *로 표기한 것은 현재 원저우[溫州]어에 없는 것이다. 네모 상자는 본서에는 없지만 현재 원저우[溫州]어에는 있는 것이다.

원저우[温州]어 성모와 운모 체계(1892년)

ㅡ 성모 (40)

| p 波本北 | ph 普品匹 | b 皮瓶別 | m 眉面密 | f 飛付福 |
| [p] | [pʰ] | [b] | [m] | [f] |

| v 舞文罰物 |
| [v] |

| t 刀東答 | th 剃通踢 | d 地洞讀 | n 奶農捺 | l 溜攏綠 |
| [t] | [tʰ] | [d] | [n] | [l] |

| ts 子棕汁 | tsh 雌猜尺 | dz 池呈直 | s 四送式 | z 事晴席 |
| [ts] | [tsʰ] | [dz] | [s] | [z] |

| ch 肌追株 | chh 吹炊欺 | dj 其奇除 | sh 尿書輸 | j 如誰儒 |
| [tʃ] | [tʃʰ] | [dʒ] | [ʃ] | [ʒ] |

| ch 張中接 | chʻ 牽冲切 | dj 丈蟲杰 | ny 粘女玉 | 香兄雪 |
| [tɕ] | [tɕʰ] | [dʑ] | [ɲ] | [sh] |

| j 弱嚼 |
| [j] |

| k 街公角 | kh 開孔客 | g 厚軋 | ŋ 熬瓦岳 | h 好烘黑 |
| [k] | [kʰ] | [g] | [ŋ] | [h] |

| ʻ 鞋紅盒 |
| [h] |

| *kw 規關 | *kʻw 魁虧 | *gw 閱領摜 |
| [kw] | [kʰw] | [gw] |

| *w 彎煨痿 | *hw 灰昏轟 | *wh 還湖回 |
| [w] | [hw] | [hw] |

| y 翼藥 |
| [j] |

표에서 *kw [kw], *kw' [kwʰ], *gw [gw], *w [w], *hw [hw], *wh [ɦw] 6개 성모는 현재 원저우[溫州]어에서 찾아볼 수 없다.

二 운모 (26)

水雞吹旗	i 衣移比歇	u 火布褲穀	ü' 女貴幹月
[ı]	[i]		[y]
a 爸拿他脚			
[a]	ia 曉鳥脚藥	ua 彎挽綰	
œ 亨桁鸚耕	iœ 表打叫腰		
[œ]	[iœ]	uie 亄	
û 夫布度醋			
[ɨ]			
e 戴菜開賊	*ie 央		*üe 元船汗月
[e]	[ie]		[ye]
öe 報刀早告			
[ə]			
ö 半短算盒			
[ø]			
o 馬沙家落			
[o]			yo 捉束玉局
oa 忙湯炒床	*iao 癱枉		
[oa]	yo 鍾雙床勇		
ai 杯對脆國	iai 一盆		
[ai] 并	[iai]	uai 畏煨痕	
ei 比低寫石			

제1부
고찰편

ao 透走久遊
[au]   iau 久球遊幼
iu 多做頭六
[iu]   iɤu 酒手肉熟
ang 門凳斤棍
[aŋ]   iaŋ 斤近忍印   uaŋ 溫揾
ing 餅亭井繩
[iŋ]
ung 捧洞送雄
[oŋ]   yoŋ 中春雄永
m 姆   n 唔   ng 兒吳我二
[m̩]   [n̩]   [ŋ̍]

표에는 현재 원저우[溫州]어에 없는 *i, *ie, *üe, *iao 운모 4개가 있고, 본서에서 찾아볼 수 없으나 현재 원저우[溫州]어에는 있는 운모 12개가 있다(네모 상자 부분). 혼동되는 이유는 고금음의 변화 외에도 대부분은 음운체계 분석 방법이 동일하지 않아 야기된 것이다. '溫'자가 uaŋ으로 읽히는 것은 문독(文讀)일 텐데, 예자는 문백음을 구분하지 않았다.

三 성조 (8)

"성조 설명"에 따르면, 낱글자의 성조는 평상거입 4성이 각각 고저로 나뉘어 총 8개가 있으며, 성조의 양상은 곡선으로 나타냈다. 원서에서 기재한 조류(調類)의 명칭 및 조형(調形)은 다음과 같다.

調類	上平	下平	上上	下上	上去	下去	上入	下入
調形	―	⌒	⌒	⌒	＼	―	／	⌣

원서의 조형 곡선에 따라 5도 체제로 조치(調值)를 환산하고 숫자로 나타냈으며, 자오위안런의 『現代吳語的研究』(1928)와 『溫州方言詞典』(1998)에서 기재한 것과 비교했다. 표 4.1을 보라.

표 4.1. 성조 조치(調值) 비교표

	陰平	陽平	陰上	陽上	陰去	陽去	陰入	陽入
孟國美(1892)	44	331	53	342	51	11	214	213
趙元任(1928)	44	41	53	241	41	213	324	324
鄭張尚芳(1964)	44	31	45	34	42	22	323	212
筆者	33	31	35	24	42	11	323	212

세 학자의 기록을 비교해 보면, 가장 큰 차이점은 상성에 있

다. 음상조(陰上調)의 경우 멍궈메이[孟國美]와 자오위안런은 하강조로 기록한 반면 필자는 상승조로 기록했고, 양상조 (陽上調)의 경우 두 학자는 승강조로 기록한 반면 필자는 상승조로 기록했다. 필자의 기록은 정장상팡[鄭張尙芳]이 1960년대에 기록한 것과 동일하다. 자오위안런은 1927년에 우 [吳]어를 조사했을 때 원저우[溫州]에 가서 현장 조사를 진행하지 못해 원저우[溫州] 발음은 사오싱[紹興]에 기재했고 녹음자1은 저우[周] 부인(연령 미상, 원저우[溫州] 시내 거주, "사오싱 [紹興] 부근")이고 녹음자2는 왕메이안[王梅菴](40여 세, 원저우[溫州] 시내 거주, "사오싱[紹興] 부근")이다. 필자의 녹음자인 예윈판 [葉雲帆]은 1908년에 출생했고 1927년 자오위안런이 우[吳]어를 조사했을 때 29세였다. 멍궈메이와 자오위안런이 양상조 (陽上調)를 승강조로 기록했는데 이는 녹음자가 낱글자의 성조를 읽을 때 속도가 느린 편이어서 성조 후미가 하강하는 경향이었기 때문이다. 필자가 상승조로 기록한 것과 실질적인 차이가 없다. 그러나 음상조(陰上調)를 하강조로 기록한 것에 대해서 필자는 따를 수 없다.

'일자다음'은 문백이독과 신구파 간의 차이를 포함한다. '不'자가 paih와 fu 두 가지로 발음되는 것은 문백이독이고, '恭'자가 chao와 kung 두 가지로 발음되는 것은 신구파 간의 차이다. 房, 亡, 防 세 글자는 voa로 표기하고 風자는 fung으로 표기한다. 음절 목록에 451개 음절을 열거했고 총 2,406

개 한자를 수록했다. 설첨모음은 표기하지 않았다. 예: 私 sz, 時 z, 知 tsz, 此 ts', 遲 dz. 또 다른 용례: 衣裳換壎 [goa] (71면); 吃耍, 走耍 (153면); |自 [k'a²z²] (91면); 行起著衣 (71면); 你到底 行來不行來? (238면) 글자가 없는 모든 음절은 대체로 방언 글자를 쓰지 않고 짧은 세로선으로 표시했다.

1901년

Ue-tsiu T'u-'o Ts'u'oh (『溫州土話初學』), 1901, 溫州內地會印書館 인쇄. 총 18개 단원. 또 다른 버전은 溫州內地會 인쇄, 1909년, 총 14개 단원이다. 성모를 '反字'라고 칭하고 운모를 '切字'라고 칭했다. '反字'는 총 36개이고 '切字'는 총 19개이다. 이외에 입성운으로 ah, aih, oh, uh, ueh 5개가 있다. 성조는 평성, 상성, 거성, 입성 4개 부류로만 구분하며 조치(調値)는 표기하지 않고 부호로만 나타냈다.

4.3.1.5. 진화[金華]

1898년

American Baptist Missionary Union, *A First Reader of Kinhwa Dialect with the Mandarin in Parallel Columns*. American Baptist missionary union, Shaohing, printed at the barber Baptist Mission Press, 1898, 46면, 5cm, 국도.

책 전체가 천문리 버전의 『馬可傳福音書』를 한 글자 한 글자 진화[金華] 발음의 로마자로 표기했다. 책 마지막에

Barbers' baptist mission press, Shao-Hing이라는 책 광고가 한 장 있는데, 거기에 『紹興羅馬字』와 『金華羅馬字』 두 종류가 있다.

4.3.2. 하카[客家]어
1869년

First Lessons in the Reading and Writing the Hakka Colloquial(하카 구어 읽기 및 쓰기 첫 수업), 60면, Basel, 1869, printed for the Evangelical Missionary Society, C. Schultze, Printer, 1899 제2판, 56면; 1909, 제3판, 56면.

대부분의 편폭을 로마자 익히기에 할애했다.

1879년

First Book of Reading in the Romanized Colloquial of the Hakka-Chinese in the Province of Canton (중문판 서명: 『啟蒙淺學』 광둥성 하카어 첫 번째 로마자 독본), printed for the Evangelical Missionary Society, 1879, 20.5cm, 198면; 1892년 제2판, 205면, 238장; 1900년 제3판, 198면, 238장. 홍콩 바젤선교회 인쇄·발행. 바젤.

238개 단원이다. 한자가 없고 성조 부호가 있다. 본서는 별도로 한자 버전이 있는데 출판연도는 미상이다. 몇몇 양사 용례는 다음과 같다: 一鋼樹, 一條馬, 一枚針, 一皮樹葉, 一只星.

1879년

『啟蒙淺學』, 100면, 상하 2권으로 구분했는데 상권은 『講論各樣生物及死物』이고 하권은 『講論生物及死物個性情』이다. 저자 및 출판연도 미상. 로마자본 *First Book of Reading*(첫 번째 독본)의 중문 버전이다. 바젤.

1881년

James Dyer Ball, *Easy Sentences in the Hakka Dialect, with a Vocabulary*(하카 방언의 쉬운 문장 및 어휘), Hong Kong: China Mail Office, 1881; 1896, 제2판, Hong Kong: Kelly & Walsh, 제3판, 57면, 1912, Hong Kong, 대영 초판 소장, 동양 제2판 소장, 바젤 제2판 소장. 본서는 게일즈(Giles)의 *Handbook of the Swatow Dialect*(산터우 방언 핸드북)을 번역한 것이다.

1892년

『三年熟讀』, 광서(光緒) 18년(1892년), 바젤선교회 인쇄. 본서는 문언으로 작성한 교과서로서, 심오한 어휘에 하카[客家]어 구어로 음성 표기를 했으며 방언어 주석을 달았다.

1897년

S. H. Schaank, *Het Loehfoeng Dialect*(루펑 방언), 226면, Boekhandelen Drukkerij voorheen, E. J. Brill, Leiden, 1897, 중형 포맷. 라이덴 3책 소장.

루펑[陸豐] 방언으로 기재했다. 6장으로 나뉘어져 있으며, 주요 내용은 어휘와 문장의 네덜란드어와 하카[客家]어 대역이다. 제1장은 어음이고, 제5장은 음절 목록이며, 제6장은 방언 비교이다. 저자 생졸연대: 1861-1935년.

1896년

James Dyer Ball, *Hakka Made Easy*(하카어 입문), Pt. 1, Hong Kong: Kelly Walsh, 63면, 22cm; repr. 1913, 버클리/대영 초판 소장. 동양 1913년 중쇄본 소장.

1896년 5월 1일 초판 서문. 서문에 따르면, 저자는 11년 전에 Giles' 게일즈(Giles)의 *Handbook of the Swatow Dialect*(산터우 방언 핸드북)을 기초로 하여 하카[客家]어 학습 소책자를 편찬한 바 있다. 총 35개 단원으로 구분했다. 서론에 하카[客家]인과 하카[客家]어를 소개했다. 별도로 발음, 철자법, 성조 설명이 있다. 저자 생졸연대: 1847-1919년. 본서는 저자가 저술한 *Sentences in the Hakka Dialect*(하카 방언 문장)와 대응한다.

1913년

J. H. Vomel, *Der Hakkadialekt (Lautlehre, silbenlehre und betonungslehre)* (하카 방언: 음운론, 음절 및 강세 이론), *T'oung Pao* 14 (1913), 597-696면, 버클리.

1917년

C. G. Kilpper, *Schprachbuch fur Umgangsprache* (『白話敎科』), 총 5권 45개 단원, 159(앞의 3권 면수)+57+62면, 바젤.

출판연도 표기가 안 되어 있으나, 본문에 근거하면 1917년에 작성되었을 것이다. 용례: 打早晨爭一刻七點䭜床, 爭五分八點食朝. 寫表仔系方先生個.

1926년

Introduction to Hakka(하카어 소개), Hong Kong: Nazareth Press, 1926, 298면, 23.5cm,북대/대영.

1929년

基督敎巴色會 편, *Hakka Lesebuch* (『客話讀本』), 총 3책, 240면, 바젤. 킬퍼(C. G. Kilpper)가 1929년 3월 자잉[嘉應]에서 서문 작성.

1930년

B. A. M, Mercer, H*akka-Chinese Lessons*(하카어-중국어 수업), London, 1930, 190면, 대영/뉴도.

1930년

基督敎巴色會 편, 『客話讀本』, 총 3책, 1,027면, 바젤.

1931년

梅縣德濟醫院 편, 『醫界客話讀本』, 총 3권, 188면, 바젤.

1932년

Miss. Kilpper, *Hakka Lesebuch Ubertragung in romanisierte Schrift*(하카어 독본의 로마자 표기 전사), 34면, 1932년 서문. 로마자, 한자 없음.

1936년

C. G. Kilpper, *Hakka Lesebuch* (『客話讀本』), Verlagsort: Basler. Mission, *language hac-ka* (하카어 구어체 회화집 — 문법 주석 포함),

총 8책, 840면, 바젤.

킬퍼(Kilpper)가 1936년 자잉[嘉應]에서 서문 작성.

1937년

Rey Charries, *Conversations chirioises prises sur le vif*, avec notes grammaticales: langage hac-ka(하카어 구어체 회화집—문법 주석 포함), Hong Kong: Nazareth, 734면, 22cm, 1937.

저자는 산터우[汕頭]에서 선교한 바 있다. 생졸연대: 1866-1943년. 台北東方文化書局에서 1973년 중쇄, 『亞洲民俗社會生活專刊』 제47-48집, 정장본 2책, 734면, 20.5cm. 프랑스어로 작성한 어법 주석이 있다. 유럽 어법 범주를 채택하지 않은 것이 특징이다.

1937년

Rey Charries, *Supplement aux conversations chinoises: terms de religion: langage hacka*(중국어 회화 보충편—종교 용어: 하카어), Hong Kong: Nazareth, 174면, 22cm, 1937.

저자는 산터우[汕頭]에서 선교한 바 있다. 생졸연대: 1866-1943년.

1948년

Beginning Hakka (『客話讀本』), Hong Kong: Mary knoll House, 270면, 25.5cm, 바젤. 60과로 나눴으며 성조 연습 부분도 있다.

4.3.3. 웨[粵]어
1839년

Elijah Coleman Bridgman, *A Chinese Chrestomathy in the Canton Dialect*(광둥어 방언 중국어 독본), 1839, 274면, 동양/뉴도. 버클리/북대 1841년 서(序) 간본 소장, 마카오, S. W. Williams, 697면, 26cm.

저자 생졸연대: 1801-1861년. 중문 이름: 裨治文. 1841년 6월 10일 저자가 마카오에서 작성한 서문에 따르면, 본서는 Society for the Diffusion of Useful Knowledge in China (中國益智會) 회원들의 재정 지원을 받았으며, 주니어 모리슨(J. R. Morrison; 小馬禮遜)이 원고의 대부분을 검토하고 수정했고, 윌리엄(S. W. Williams)이 "自然歷史" 부분 및 그 외 짧은 단락을 작성하고 색인을 편찬했다. 별도로 현지인 몇 명을 청해 편찬을 돕게 했다. 본문 앞의 머리말에서는 철자법을 설명했는데, 그중 "漢語語法" 절에서 본서의 많은 자료를 프레마르(Premare)가 저술한 *Notitia Linguae Sinicae*에서 가져왔다고 언급했다. 또한 레무사트(A. Remusat)가 저술한 *Elemens de la Grammire Chinoise*는 연구방법 측면에서 더 유용했다고 여겼다. 본문은 17장으로 구분했다: 언어학습편, 신체편, (친족)편, (인품)편, 일용편, 무역편, 공예편, 장인편, 경작편, 육예편, 수학편, 지리지편, 석학편, 초목편, 생물편, 의학편, 왕제편. 각 편은 몇 부분으로 나뉜다. 각 부분은 단어, 구, 문장

등 몇 가지 항목으로 구성되어 있으며, 각 항목은 영문, 한자, 광둥[廣東]어 병음 로마자로 대조한 후 어려운 항목에 영문으로 주석을 달았다.

1842년

Samuel Wells Williams, *Easy Lessons in Chinese, or Progressive Exercises to Faciliate the Study of the Language, Especially Adapted to the Canton Dialect* (『拾級大成』, 중국어 초급 교본—언어 학습을 위한 단계별 연습, 광둥 방언에 적합하게 편찬됨), Macao: Office of the Chinese Repository, 287면, 1842, 버클리/대영.

1842년

W. Samuel Bonney, *Phrases in the Canton Colloquial Dialect, arranged according to the Number of Chinese Characters in a Phrase, with an English Translation* (광둥 구어 방언 어구집—구절별로 한자 수에 따라 배열, 영문 번역 첨가), 98면, Office of the Chinese Repository, 238면, Canton, 1842, 22cm, 국도.

1847년

Thomas T. Devan, *The Beginner's of First Book in the Chinese Language (Canton Vernacular), Prepared for Use of the Housekeeper, Merchant, Physician and Missionary*(광둥 방언 중국어 초학서—가정부·상인·의사 및 선교사용), 161면, 1847, Hong Kong: China Mail, 22cm, 동양/대영. 대영은 1856년판도 소장.

책 앞에 로마자 병음 설명이 있다. 제1부는 어휘를 분류했다. 제2부는 구이며, 영문과 광둥[廣東]어(한자와 로마자 포괄)를 대조했다.

1858년

Lobscheid Wilhelm, *Beginner's First Book or Vocabulary in the Canton Dialect*(광둥 방언 입문서 겸 어휘집), Hong Kong, 1858, 8vo.

1865년

Lobscheid Wilhelm, *Selected Phrases and Reading Lessons in the Canton Dialect*(광둥 방언 선구(選句) 및 독해 교본), Hong Kong Noronha, 1865, 70면, 20.5cm, 국도/쉬자후이.

1874년

Nicholas Belfield Dennys, of the Consular Service, *A Handbook of the Canton Vernacular of the Chinese Language*(중국어 광둥 방언 입문서, 『初學階』), being a series of introductionary lessons for domestic and business purposes, London Trubner (가정 및 상업 목적 입문 강좌집), 1874, 195+331면, 25cm, 쿄도인문연/동양/대영/뉴도/코넬. 대영 소장본은 China Mail Office: Hong Kong에서 인쇄. 책 앞에 머리말, 중국어 단음절 특징, 광둥[廣東]어 성조 등이 있다.

1877년

Easy phrases in the Cantonese Dialect of the Chinese Language(중국어 광둥 방언 기초 어구집), 1866, 徐家匯. 제2판, San Francisco,

Bruce's Printing House, 1877, 버클리.

1879년

O. Gibson, *Easy Questions for Beginners in English and Chinese*(영어·중국어 초학 입문 문답, 『初學問答』), Foochow: ME. Mission Press, 109면, 1879, 본문은 광둥[廣東]어 한자로만 작성됨.

1880년

M. Condit, *English and Chinese Reader with a Dictionary*(영어·중국어 독본 및 사전, 『英華字典連通語英語入門英華字典』), Shanghai: Hua-mei shu-kuan, 144면, 1880; *English and Chinese Dictionary*, 134면.

1883년

J. Dyer Ball, *Cantonese Made Easy, A Book of Simple Sentences in the Canton Dialect, uuith Free and Literal Translations and Directions for the Rendering of English Grammatical Forms in Chinese*, 2nd ed. rev. & enl., 122+6+5면, Hong Kong, 1888; 4th. ed., Kelly and Walsh Ltd. Printer, Hong Kong, 동양 제2판 소장; 푸단 제4판 소장: 459.17/B187; 텐리·간사이 초판 소장; 쿄도·도쿄종합 제3판 소장; 중산 1908년 제3판 소장; 중산대학 1907년판 소장, 168면; 대영 1883년판, 1904년판 소장.

한자가 있고, 병음은 존스(Jones)의 체계를 채택했으며, 성조를 표기했다. 저자는 중국에서 출생했으며 부모는 유럽 출신이다.

1888년

A. A. Fulton, *Progressive and Idiomatic Sentences in Cantonese Colloquial*(광둥어 구어체 단계별 관용문집), 상하이[上海] 美華書館, 1888, 61면, 21cm, 5th. ed., 101면, Hong Kong: Kelly & Walsh, 1931, 국도 초판 소장; 동양 제3판 소장, 출판연도 미상; 상기도 제4판 소장, 텐리 제5판 소장.

저자는 장로교선교회(Presbyterian Mission) 소속이다. 키워드로 항목을 설정해 문장을 구성했다. 용례: 中國共(kung)外國嘅規矩大不相同.

1889년

J. G. Kerr, *Select Phrases in the Cantonese*(광둥어 선별 어구집), 3rd. ed., Kells & Walsh, Hong Kong, 1889, 푸단 제6판 소장, 쿄도 제7판 소장, 66면, 21.5cm; 중산대학 1888년판 소장, 66면; 중산 1889년 제7판 소장, 동양 제6판 소장; 버클리 제7판 소장.

제7판 본문 앞에 1889년 10월 3일에 작성한 영문 서문이 있다. 발음 표기 체계는 윌리엄의 Tonic Dictionary[4]를 참고했다. 권점법으로 성조를 표기했다. 저자 생졸연대: 1824-1901년.

1889년

J. Dyer Ball, *How to Speak Cantonese, Fifty Conversations in*

---

4   [역자 주] *Tonic Dictionary*는 윌리엄즈(S. W. Williams)의 *A Tonic Dictionary of the Chinese Language in the Canton Dialect*을 가리킨다.

Cantonese Colloquial(광둥어 회화 입문서: 광둥 구어체 50대화), 1889, 24.5cm; 제2판, 229면, Kelly & Walsh, Hong Kong, 1902, 26.5cm, 국도 제1판·제2판 소장. 푸단/간사이 제3판 소장. 텐리, 쿄도, 도쿄종합, 중산, 버클리 1902년 제2판과 1912년 제4판 소장; 대영 1889년판, 1902년판, 1904년판 소장; 쉬자후이 1902년판, 1912년판 소장; 뉴도 제2판 소장. 제4판의 본문 앞에 제1·2·3판의 서문이 있다. 제1판의 서문은 1889년 2월에 홍콩에서 작성됐다. 25.5cm. 본서는 *Cantonese Made*와 함께 보도록 쓰여졌다. 본문 중의 각 문장은 모두 영문·중문·로마자·영문자역으로 대조했다. 성조 부호가 있다. 총 50개 단원.

1891년

Emil Hess, *Chinesische PhraeoLogie, Nebstaus Fuhrlicher Gramjntik, Dialekt von Canton (longangssprache)*(중국어 어구학과 문법―광둥방언), Laipzig, C. A. Koch, 1891, 185면, 18.5cm, 국도/동양. 중문 서명:『你會講唐話唔曾』. 각 과는 한자, 로마자, 독일어로 대조했다.

1894년

J. Dyer Ball, *Readings in Cantonese Colloquial, being Selections from Books in Cantonese Vernacular with Free and Literal Translations of the Chinese Character and Romanized Spelling*(광둥어 구어체 독본―광둥어 방언서에서 발췌한 독해 자

료, 한자 직역과 의역 및 로마자 표기 병기), Kells & Walsh, Hong Kong, 171면, 1894, 동양/버클리/대영.

저자 생졸연대: 1847-1919년. 이외에도 *How to Write Chinese*를 저술했다. 1905년 제2판. 버클리.

1895년

『粤音指南』, 4권, 香港文裕堂活字版承印, 光緖 20년, 1+8+62+25+31면, 28cm, 버클리.

1900년

Commandant Lagarrue, *Elements de langue Chinoise Dialecte Cantoriais*(중국어 광둥 방언 기초), Paris: Ernest Leroux, 270면, 1900, 19cm, 동양.

머리말에서 발음을 설명했고, 각 단원은 품사 분류에 따라 어휘, 본문, 연습, 주석으로 구성했다. 광둥[廣東]어(로마자), 프랑스어, 월남어(병음)를 대조했고 한자는 없다.

1900년

Comdt Lagarrue, *Eléments de langue chinoise: dialecte cantonais, notation Quốc Ngu, à l'usage des officiers, fonctionnaires et colons* (중국어 광둥 방언 요소—꽉응우 표기, 군인·관료·식민지 거주자용), 290면, 1900, 19cm, Ernest Leroux, Editeur, Paris, 동양/뉴도. 어음, 어휘, 본문 세 부분으로 나뉘었으며, 어휘와 본문 부분에는 연습 문제가 있다. 어음 부분은 간단한 편이다.

1902년

Harry Jabez Stevens, *Cantonese Apothegms*, Classified, Translated & Commented upon by H. J. Stevens(광둥어 격언집—스티븐스 분류·번역 및 해설), London Missionary Society, 155면, 1902, Canton: E-Sing, 18cm, 대영/동양.

14개 절로 나누었으며 광둥[廣東]어 관용어를 수록했고 영문으로 주석을 달았다.

1904년

Walter Brooks Brounner and Fung Yuet Mow, *Chinese Made Easy* (중국어 학습 입문, 『你會講唐話峰?』), 351면, New York Macmillan Company and London Macmillan & Co. Ltd., 1904, 버클리.

서명에서 언급한 Chinese는 실제로는 광둥[廣東]어를 가리킨다. 총 33과.

1906년

Oscar Francis Wisner, *Beginning Cantonese* (광둥어 입문, 『敎話指南』), Canton: Chinese Baptist Publication Society, 138면, 1906, 동양.

1927년 중사본(重寫本) 출간, 25.5cm. 중사자(重寫者)[5]와 출판

---

[5] [역자 주] 전사본에 대한 보다 구체적인 표현으로는 명망 있는 학자가 손수 베껴 쓴 수사본(手寫本), 어떤 사본을 원본으로 삼아 거듭 베껴 쓴 중사본(重寫本), 정성을 들여 정갈하게 베껴 쓴 정사본(淨寫本), 원본의 이미지를 그대로 투사하여 베껴 쓴 모사본(模寫本), 글씨 학습을 위해 원본을 놓고 그대로 베껴 쓴 임사본(臨寫本) 등이 있다. (한국민족문화대백과사전 "전사본 (轉寫本)"에서 옮겨 씀)

사 미상. 버클리.

1907년

V. Jose Jorge, *San-tok-pun* (『新讀本』), Novo methodo de leitura, 161면, 1907-1908, Macau, 동양.

1907년

Le Tallandier Isidore, *Manuel de conversation Franco chinoise (dialecte Cantonais)*(『法漢談論廣東土話』), Hong Kong: Imprimeries de la Societe des Mission-Etrangeres, 94면, 21cm, 1907; 제2판, 92면, 21cm; Hong Kong: Catholic Truth Society, n, d, repr. 1927, 동양 초판 소장. 저자 생졸연대: 1857-1931년.

1909년

L. Aubazac, *Liste des caractères les plus usuels de la langue cantonnaise* (광둥어 상용 한자 목록), canton: Imprimerie de la Societe de Missions, Etrangeres, 47면, 1904, 21cm, 동양.

字音 목록 있음.

1910년

Leblanc, Joseph Alexis Marie, *Cours de langue Cours de langue chinoise parlée, dialecte cantonnais*(광둥 방언 구어 강의), Hanoi-Harphong, Impr. d1 Extreme-Orient, 1910, 25cm, 중산대학.

1912년

C. G. S Baronsfeather, *The A B C of Cantonese*(광둥어 입문 ABC), 9면, C. M. S Press, Pokhoi, South China, 18.5cm, 뉴도.

내용이 너무 간략하다. 어음, 양사, 관용어 등이 있다.

1913년

Eitel Methode, 『羅馬字初學』, China Baptist Publication Society, Canton and Montanus Und Ehrenstein Barmen, 1913년, 소형 포맷, 43면, 두 부분으로 구성된다. 첫 번째 부분에서는 서예를 가르치는데 필기체 본문이 있다. 두 번째 부분에서는 인쇄체 본문으로 대조했다. 라이덴.

1915년

Roy T. Cowles, *Inductive Course in Cantonese*(광둥어 귀납식 강좌), 3v., Vol.1, 2: 183+397+39면, Vol.3: 476면, 1915-1918, Hong Kong, 중산대학. 1920년 제2판, Kells & Walsh, Hong Kong, 225면, 20.5cm, 버클리.

제2판은 영문으로 작성했으며 본문의 성격으로 총 10개 단원으로 구성되어 있다. 서론 부분에서 성조를 오선보(五線譜)로 꽤 상세하게 소개했다. 동양(東洋) 소장 1915년판은 170면, 총 10과밖에 되지 않는다. 각 단원에는 새로운 단어와 본문으로 구성되어 있다. 18.5cm.

1926년

Georges Caysac, *Introduction à l'étude du dialecte cantonais* (광둥 방언 연구 개론), Hong Kong: Nazareth, 229면, 22cm, 1926.

저자는 파리 외방전교회 소속으로 광시[廣西]에서 선교한 적이 있다. 생졸연대: 1886-1946년.

1931년

Wells, H. R., *Cantonese for everyone*(누구나 배우는 광둥어), International Commercial Printing Press, Hong Kong, 1931; Rev. & enl., 301면, 1941, 대영 1931년판 소장, 중산 1941년판 소장.

1934년

Gustave Deswazieres, *dialecte cantonnais*(광둥 방언), Hong Kong: Imprimeries de la Societe des Mission-Etrangeres, 826면, 20cm, 1934. 저자는 M. E. P 선교회 소속이다. 생졸연대: 1882-1959년.

1934년

Sung Hok-p'ang, *Contonese Conversation (with English notes)*, 宋學鵬『廣州白話會話』, 영문 주석이 있다. 텐리. 총 194과.

1936년

何福嗣, Walter Belt(皮泰德)『增訂粵語撮要』, 廣州蔚興印書局, 96+24면, 22cm, 버클리.

1938년

O'Thomas A. Melia, *First Year Cantonese*(광둥어 1년 과정), Vol.1, 306면; Vol.2, 92면; Vol.3, 263면; Vol.4, 236면, Vol.4, 236면, Catholic Truth Society, 1938, Hong Kong, 263면, Vol.4. 2nd ed., 1941, 22cm, 쿄도외대 제2판 소장; 중산대학 1939년판 소장; 바젤 제2판 소장; 뉴도 1941년판 소장.

1???년

Cantonese for Beginners, 총 18과, 86면. 저자, 출판연도, 출판사 미상. 토론토대학.

4.3.4. 민(閩)어

4.3.4.1. 샤먼[廈門]

1852년

Talmage, *Primer of the Amoy Dialect*(아모이 방언 입문), 15엽, 로마자, 샤먼[廈門], 1852년.

1853년

E. Doty, *Anglo-Chinese Manual with Romanized Colloquial in the Amoy Dialect*(아모이 방언 로마자 구어 영·중 대조 교본), Canton, 1853, 8vo, 214면.

Talmage, *Small Primer of the Amoy Colloquial*(아모이 구어 초급 소교본), 2엽, 로마자, 샤먼[廈門], 1853년.

1869년

John MacGowan, *A Manual of the Ainoy Colloquial* (馬約翰 『英華口才集』), Hong Kong: De Sousa, 200면, 1869, 20cm; Amoy: Man shing, 2nd ed., 206면, 1880; 3rd ed. Amoy: Chui Keng Tong, 222면, 1892; 4th ed., 216면, 1898, 국도 초판 소장; 텐리 제2판 소장; 뉴도, 동양, 버클리 제3판 소장; 버클리 1869년 버전의 중쇄본 소장; 대영 초판, 1880년판(Man Shing: Amoy) 소

장; 라이덴 1898년 제4판 소장. 제2판 서문에 성·운·조에 대한 설명 있음. 저자는 런던선교회 소속이다.

1897년

George Thompson Hare [editor], *The Hokkien Vernacular*(하카어 구어), Singapore Government Printing Office, 1897-1904, 2v. Part1, Chinese text; Part2, English text, 뉴도. 저자는 중국학[漢學] 교수이다.

1898년

『廈拉字彙』, 샤먼[廈門], 수도원 교과서. 민난[閩南]어 교회 로마자 교과서. 타이완 方豪.

1911년

Abbe Livingston Warnshuis & H. P. de. Free, *Lessons in the Amoy Vernacular*(아모이 구어 학습서), 137면, 1911, Amoy, printed at the Chui-Keng-Tong Press, 24.5cm, 동양/라이덴.

총 30과. 내용은 포트(Pott)의 *Lessons in the Shanghai Dialect*를 참고했고, 본문 뒤에 어휘 색인이 있다. 머리말에서 로마자 발음과 성조를 소개했다. 본문은 품사와 어법에 따라 분류했다. 각 단원의 첫 부분엔 어법 설명이 있다. 한자가 없다.

1930년

A. L. Warnshuis and H. P. de Pree, *Lessons in the Amoy Vernacular*(아모이 구어 교본), enlarged by Rev. H. P. de Pree and K. G. Chin M. A., Amoy Univ. Press, 266면, 라이덴.

총 40과. 영문과 로마자를 대조했고 한자가 없다. 중형 포맷.

1934년

Ernest Tipson, *A Pocket Dictionary of the Amoy Vernacular, English-Chinese*(아모이 구어 소형 영중 사전), Lithographers Limited, Singapore, 215면, 소형 포맷, 1911년.

Abbe Livingston Warnshuis & H. P. de. Pree, *Lessons in the Amoy Vernacular*(아모이 구어 강좌), 137면, 1911, Amoy, printed at the Chui-Keng-Tong Press, 24.5cm, 동양/라이덴.

총 30과. 내용은 포트(Pott)의 *Lessons in the Shanghai Dialect* 를 참고했다. 본문 뒤에 어휘 색인이 있다. 머리말에서 로마자 발음과 성조를 소개했다. 본문은 품사와 어법에 따라 분류했다. 각 단원의 첫 부분엔 어법 설명이 있다. 한자가 없다. 영문과 로마자를 대조했으며 한자가 없다.

저자는 *Handbook of the Cantonese New Testament*의 저자이기도 하다.

4.3.4.2. 푸저우[福州]

1871년

C. C. Baldwin, *Manual of the Foochow Dialect*(푸저우 방언 교본), Foochow: Methodist Episcopal Mission Press, 1871, 256면, 22cm, Maclay (摩嘉立)『榕腔初學撮要』편역, 同治 10년, 푸저우[福州] 미화서국, 256면, 동양/상기도/버클리/국도/라

이덴.

저자는 미국 해외선교회 소속이다. 서언을 제외하면 7개 부분으로 나뉜다. 1. 어법 부분이며 발음도 설명한다; 2. 구; 3. 상업용어; 4. 종교, 문자, 정부용어; 5. 雜語; 6. 두 번째 부분의 어휘; 7. 영어-중국어 어휘 대조.

1904년

C. S. & A. E Champness 부부, *A Manual of the Foochow Dialect in Twenty Lessons*(20과로 배우는 푸저우 방언 교본), 체제는 『英華合璧(The Premier of the Mandarin Dialect)』을 따름, 1904년.

1923년

Southern Min Dialects Coi sing gi hok kuo, 로마자 서문 1면, 교수[教學] 지침 4면, 본문 25개 단원, 각 단원은 새로운 단어의 성운조와 간단한 문장으로 구성되어 있다. 총 26면, 하버드-옌칭 TA 5137 952.

4.3.4.3. 산터우[汕頭]

1877년

H. A. Giles, *Handbook of the Swatow Dialect*(산터우 방언 교본), with a vocabulary, 1877, 57면, Shanghai, published with the assistance of the Strait's Government, 22.5cm, 국도/텐리.

책 앞부분에 저자가 작성한 『독자 여러분께 드리는 글[致讀者]』에 따르면, 본서는 싱가폴에 온 이민자들의 산터우[汕頭]

어 학습을 돕기 위한 것이다. 산터우[汕頭]어에는 영어 자모로 기록할 수 없는 발음으로 스스로 음절을 이루는 m, 단어 첫머리의 ng, 글자 끝의 r 3개가 있으며, 이 3개를 발음하는 방법에 대한 설명이 있다. 『독자 여러분께 드리는 글』은 1877년에 주산터우[汕頭] 영사관에서 작성했다. 총 14과로 각 과는 32개 문장으로 구성되어 있으며, 영문과 로마자를 대조했고 한자가 없다. 한 면은 어법을 소개했다. 책 마지막에 어휘 목록이 있다.

1878년

Adele Marion Fielde, *First Lessons in the Swatow Dialect*(산터우 방언 입문 강좌), Swatow Printing Office Co., 427면, 21cm, 1878, 도쿄중문과/동양/국도/컬럼비아.

책 앞부분에 성조와 로마자 발음에 대한 설명이 나와 있는데, 성조는 평상거입성이 각각 둘로 나뉘어 8개이다. 각 단원이 10개 이상의 어휘와 20개 정도의 문장으로 구성되어 있다.

1883년

William Duffus, *English-Chinese Vocabulary of the Vernacular or Spoken Language of Swatow*(산터우 방언 구어 영중 어휘집), 302면, 1883, Swatow: Presbyterian Mission Press.

1886년

Lim Hiong-seng, *A Handbook of the Swatow Vernacular*(산터우 구어

입문서), 169+110면, 1886, 20cm, Singapore, 동양.

저자 중문 이름: 林雄成. 서문에 따르면, 저자의 모어가 산터우[汕頭]어다. 본서는 차오저우[潮州] 방언을 채택했다. 서문에서 어음에 대해 소개했으나 비교적 간단하다. 첫 번째 부분은 28개 단원의 본문이며 두 번째 부분은 어휘 등이다. 용례: 風台是荒險(30면); 日暗著去睡(34면); 有走去或[a]未?(44면)

4.3.4.4. 장저우[漳州]

1843년

R. Thom Esqr., S. Dyer and J. Stronach, *Esop's fables. As translated into Chinese colloquial of the dialects spoken in the department of Chiang-chiu, in the province of Hok-kien, and in the department of Tie-chiu, in the province of Canton*(이솝 우화: 푸젠성 장저우 및 광둥성 차오저우 방언 구어체로 번역), Singapore Mission Press, 39면, 1843, 21.5cm.

장저우[漳州] 발음은 첫째 역자가, 차오저우[潮州] 발음은 둘째와 셋째 역자가 번역했다.

1???년

A. A. dezongh, *Hollandsch-Chineesch Handbookje van het Tsiang-tsiu Dialect*(장주 방언 네덜란드어·중국어 소형 학습서), 347면, 중형 포맷. 원고이며 중문 서명이 없다. 내용은 허화[荷華] (장저

우[漳州]어) 어휘 대조 학습서이다. 로마자 병음이 있다. 연대 미상이다.

4.3.4.5. 차오저우[潮州]

1841년

William Dean, *First Lessons in the Tie-chiw Dialect*, 48면, Bangkok, 1841, 라이덴.

본문 앞의 서문에서 언급하기를, 광둥[廣東] 서부 사람들은 차오저우[潮州]어를 알아듣지 못하고, 푸젠[福建] 린셴[鄰縣] 사람들은 약간 알아들을 수 있으나 양자의 차이가 크고 분명하다. 방콕의 중국인 이민자는 25만에서 40만 정도이며, 그중 2/3는 차오저우[潮州]어를 사용한다. 차오저우[潮州]어와 현지의 타이어는 서로 차용 관계에 있다. 본문 앞에 별도로 모음 목록이 있는데, 총 18개 모음이지만 실제로는 16개이다. 그중 3개 부호가 동일하며 상이한 변이음을 나타내는 데에 사용된다. 각 모음의 실제적인 독음은 모두 영어 단어로 설명했다. 아래에 모음 16개를 국제음성기호로 전사하고 분류했다.

단모음: a: a ɔ: i: i u: ə: e
이중모음: ai au ei ou ou:
聲化韻: ŋ(성모나 운미로만 사용, 홀로는 운모로 사용되지 않음) m

숫자, 천문, 지리, 인체, 조충(鳥蟲) 등 32개 단원으로 구성되어 있다. 각 단원은 어휘 혹은 단어만 수록하되, 먼저 영문을 제시한 후 한자를 제시했고 마지막으로 로마자로 발음을 표기했다. 로마자 병음은 성모와 운모만 표기했고 성조는 표기하지 않았다. 본서 3면의 영인은 그림 4.5를 보라. 좌측 두 번째 열은 쑤저우[蘇州]의 코드로서 숫자를 기록하는 중국의 기호이며 예전에 상업 분야에서 흔히 사용했다.

4.3.4.6. 하이난[海南]

1903년

De Souza. S. C., *A Manual of the Hainan Colloquial (Bun-Sio dialect)* (하이난 구어 학습서), Singapore, no pub., 84면, 중산.

4.3.4.7. 푸저우[福州]

1856년

Moses Clark White, *The Chinese Language Spoken at Fuh-chau*(푸저우 구어체 중국어), Concord N. H.: Missionary Society of the Methodist General biblical Institute, 1856.

1870년

Maclay Robert Samuel & Baldwin C. C, *An Alphabetic Dictionary of the Chinese Language in the Foochow Dialect*(푸저우 방언 중국어 알파벳순 사전), 福州: Methodist Episcopal Mission Press,

1870, 1898.

1945년

Hermenegildo Corbato, *Chinese Language; Manual of the Foochow Dialect*(중국어: 푸저우 방언 입문 교재), revised for the California College by Paul P. Wiant. Berkeley, Cal., 1945, Loose-leaf; reproduced from type-written copy, 23cm.

저자 1894년 출생.

1???년

C. S. Champness & A. E. Champness, *A Manual of Foochow Dialect in twenty lessons*(20과로 배우는 푸저우 방언 교본), 147면, 동양.

출판연도 미상. 서문에 따르면, 애덤(Adam) 박사의 *English-Chinese Dictionary*(1891) 이후에 출판됐을 것이다. 로마자 병음은 맥클레이(Maclay)와 볼드윈(Baldwin)의 사전을 채택했다. 머리말에서 푸저우[福州]어의 연독 변조를 언급하면서 두 글자의 조합일 때 Huk-ciu처럼 항상 앞 글자가 모두 변한다고 하는데, 사실상 발음은 Hu-ciu이라고 했다. 다음절 조합 변조는 맨 앞의 글자와 두 번째 글자가 변조한다. 단원마다 새로운 단어, 본문, 주석, 연습으로 구성됐다.

4.4. 방언 어법

4.4.1. 우[吳]어

1853년

Joseph Edkins, *A Grammar of Colloquial Chinese, as Exhibited in the Shanghai Dialect*, Shanghai: London Mission Press, 248면, 1853; 제2판, 225면, 1868. 에드킨스(J. Edkins)가 『上海口語語法』을 저술했다. 런던선교회 1853년 초판, 상하이[上海] 장로회 1868년 재판, 225면. 푸단 초판 소장. 국도/푸단/쿄도/텐리 제2판 소장; 중산대학 초판 소장(원래 Library of the Canton Christian Colledge 소장); 대영 제2판 소장; 쉬자후이 제2판 소장. 영문으로 작성. 중국어 방언학사에서 본서는 어법을 연구한 첫 번째 단행본이다. 세 부분으로 이루어져 있는데, 첫 번째 부분은 '어음'으로 전체의 1/4을 차지하며 라틴 자모로 발음을 표기했고 서양 언어와 비교하면서 음가를 설명했다. 성모, 운모, 성조 이외에도 연독에서의 강세를 논의했다. 또한 상하이[上海]어와 관화 운모 대조 목록을 덧붙였다. 저자는 상하이[上海] 방언 발음에 대한 인지와 분석이 상당히 세밀했고 매우 정확했다. 두 번째 부분은 '품사'이며 세 번째 부분은 '어법'이다. 이 두 부분은 책 전체의 주요 부분으로 30개 단원으로 구성됐다. 본문은 어법 요점에 따라 배열했다. 예를 들어, 제1과는 '양사'이고 제2과는 '지시대사'

이다. 영어 어법 틀로 상하이[上海] 구어 어법을 분석했다. 예로, 제6장에서는 동사의 어법 변화를 묘사했는데, '吃'를 예로 들면 먼저 일반현재형, 현재진행형, 일반과거형, 과거진행형, 과거형 강조(예: "我是吃個."), 완료형, 과거완료형, 미래형 같은 진술체를 소개한 후 명령체(예: "吃末哉.")를 소개했고, 마지막으로 어미(예: "吃仔.")를 소개했다. 또 다른 예로, '個' 혹은 '拉個'가 동사 뒤에 쓰이면 사동사가 형용사로 변한다. "種拉個稻·話拉個物事."

저자의 중문 이름은 艾約瑟이다. 영국인이며 선교사이자 동양학자로서 1848년에 상하이[上海]에 와서 교직에 있으면서 중국의 종교와 언어를 연구했다. 언어학 저서로 본서 외에도 *A Grammar of the Chinese Colloquial Language, Commonly Called the Mandarin Dialect* (Foreign Associate of the Ethnographical Society of France of the London Missionary Society, Presbyterian Mission Press, 1857; 『北京話語法』), *China's place in phonology: an attempt to show that the languages of Europe and Asia have a common origin*(중국어의 음운론적 위치 — 유럽·아시아 언어의 공통 기원에 대한 시도) (London: Trubuner & co., 1871, 403면, 20cm, 중산대학 소장. 저자는 이 책에서 중국어와 인도-유럽어 간의 동원설을 처음으로 주창함), *Progressive lessons in the Chinese spoken language; with the list of common words and phrases, and appendix containing the laws of tones in the Peking* dialect(중국어 구어 단계별 교본: 상용 어휘·구절 목록과 베이징 방언 성조 규칙 부록 포함), Shanghai, London Mission Press, 1862, 102면 등이 있다. 이외에도 종교학 저서 몇 종이 있다.

1908년

P. Rabouin, *Petite grammaire, avecappendice et table comparative des sons*(간이 문법서—부록 및 음성 대조표 수록), Shanghai: Tou-se-we, 20면, reprinted from from his Dictionaire, 1894-1896.

1941년

A. Bourgeois S. J.(蒲君南), *Grammaire de Dialede de Changhai*(상하이 방언 문법서), Imprimerie de Tou-se-we, 1941, 190면, 푸단/텐리 두 권 소장; 뉴도/쉬자후이. 본문 앞에 서문이 있으며, 책 전체가 프랑스어로 작성됐다.

4.4.2. 민(閩)어(산터우[汕頭]어)

1884년

William Ashmore, *Primary Lessons in Swatow Grammar*(산터우 방언 문법 입문서), English Presbyterian Mission Press, 155면, 1884, 24cm, 국도/대영.

1884년

S. B. Patridge, *Dr, Ashmore's Swatow Grammar Representing the Sound of the Tie-Chiu Dialect*(애시모어 박사의 산터우 방언 문법 — 차오저우 방언 음운 수록), 1884.

4.4.3. 웨[粵]어
1864년

W. Robscheid, *Grammar of the Chinese Language*(중국어 문법서), Printed at the Office of the "daily Press", Hong Kong, UCLA 도서관.

중국의 언어와 문자를 소개한 편폭이 긴 머리말이 있다. 제목 중의 "Chinese"는 실제로 웨[粵]어를 가리킨다.

1869년

B. Castañeda, *Gramatica elemental de la lengua china, dialecto cantonés*(중국어 광둥 방언 초급 문법, 『廣東土音』). Hong Kong: Typ de Souza & Co., 137면, 1869 (嘉士打耶打創於香港, 梳沙印字館造, 同治己巳歲末), 23cm, 동양/뉴도.

두 부분으로 나뉘어 있는데, 첫 번째 부분은 서설로서 한자의 기원과 어음 등을 설명했고, 두 번째 부분은 라틴 어법 틀로 어법을 묘사했다.

1891년

Emil Hess, ed. *Sprechen Sie Chinesisch? Chiriesische Phraseologie nebst ausfurlicher Grammatik. Dialekt von Canton.* (Umgangssprache) (중국어 하세요?-중국어 어구집과 상세 문법, 광둥 방언 구어), 185면, Leipzig, 1891, 동양/대영.

1910년

Leblanc, *Cours de Langue chinoise parlée. Dialecte cantonnais, lere partie: grammaire*(중국어 회화 강좌—광둥 방언, 제1부 문법), 178면, Hanoi & Haiphong, 1910, 25cm, 동양.

먼저 성조(총 9개), 발음을 논한 후 조어법[構詞法]을 논했으며, 다음으로 품사 순으로 어법을 논했다.

4.4.4. 하카[客家]어
1909년

Kleine, *Hakka-Grammatic*(하카 방언 문법), Von Basler Missionren bearbeitet, Basel, 50면, 1909, 17cm, 바젤.

책 전체는 어음 소개, 조어법, 통사 세 부분으로 구성되어 있으며, 조어법이 주를 이룬다. 렙시우스 체계의 발음 표기를 긍정적으로 소개했다. 독일어로 작성했으며, 로마자만 있고 한자는 없다.

그림 4.1.

	入	去	上	平
	曷合			
Ah				
'Ah				
Ai		愛害案汗		
'Ai			藹	哀孩
An*			闇	安韓
'An*				
Ang				航杭
'Ang			襖	爊毫
Ao		奧號		
'Ao		罷		爬
Ba	拔	敗辦棒抱倍		
Bah				排
Bai				
Ban*				旁
Bang		笨避鰾		跑
Bao				培
Be	白			
Beh				
Ben				盆皮瓢
Bi				
Biao				

그림 4.2.

A VOCABULARY

OF THE

SHANGHAI DIALECT.

A, An, 一個 ih kú', (or kuh).

Abacus, 算盤 sùn' bén.

Abandon, 棄脫 k'í' t'eh, 廢 fi' t'eh, 甩 hwáh t'eh, 丟 tieu t'eh, 損 gwan' t'eh.

Abate, 減少 'kan 'sau, 減輕 'kan k'iung.

Ability, 才情 dzó dzing, 才具 dzó gù', 天才 t'ien dzó, 本事 'pun zz'.

Able, 能 nung (power), 會 wó' (skill).

Abolish, 除脫 dzú t'eh, 廢脫 fi' t'eh.

Abominable, 可惡 'k'ó ú', 可恨 'k'ó hung', (or ng').

About, (round) 周圍 tseu wé, (adv.) 差勿多 ts'ó veh tú, 頭 ten, 約規 yáh kwó, 約酌 yáh tsáh, 巴 pó, 光景 kwong 'kiun.

Above, 上頭 'zong deu.

Abridge, 減省 'kan 'sang, 減脫 'kan t'eh.

Abroad, 外頭 ngá' deu.

Abscess, 膿瘡 núng t'song, 爛洞 lan' dúng'.

Absent, 勿勒拉 veh leh 'lá, 出門者 t'seh mun 'tsó.

Absolutely, 必定 pih ding', 斷斷乎 tōn' tōn' hú, 斷然 tōn' zén, 決勿 klóh veh.

Abstain, 戒 ká', (from opium) 戒煙 ká' yíen.

Absurd, 勿合情理 veh heh dzing 'lí, 勿是理 veh 'zz 'lí.

Abuse, 妄用 vong' yúng' (of things), 罵人 mó' niun (of persons).

Accept, 收納 seu neh, 受 'zeu, 收領 sen ling.

Accidentally, 偶然 'ngeu zén.

Accompany, 一淘去 ih dau k'i'.

Accomplish, 成功 zung kúng, 做成功 tsú' zung kúng, 做好 tsú' 'hau.

Account, 賬 tsang', 賬目 tsang móh, (draw up an) 開賬 k'ó tsang'.

Accountable, (you are) 要問儂 yau' mun' núng', 要話儂 yau' wó' núng'.

Accountant, 管賬個 'kwén tsang' kú'.

그림 4.3.

AWL   33   BAG

AWL, tsön-ts,or cün'-ts 袋子 (ih-me)
AWNING, *to put up an* —, ts'ang tsiang'-bong 撐°帳逢; *ditto over a court*, (for some special occasion), mun-t'in-tsiang' 幔天帳
AWRY, hwa 歪; dzin 斜°; *all* —, bwa-cü'-p'ih'-kyiah 歪嘴僻脚
AX, AXE, fu'-deo 斧頭 (ih-pô)
AXIOM, z-jün'-ts-li' 自然之理
AXLE, leng-gyüoh' 輥軸; leng-bun'-sing-ts' 輥盤心子
AZURE, t'in-læn'-seh 天藍色

B

BABBLE, *senseless talk*, lön-shih'-diao-bin' 亂說刁°辯; wu-yin'-lön-dao' 胡言亂道
BABOON, keo-deo-weh-seng' 狗頭獼°猴
BABY, na-hwun' 嬰°孩° (ih-go)
BABYISH, na-hwun i'-tsi-ka 像° 嬰°孩°樣°式°
BACHELOR, kw'ông'-fu 曠夫 not common, but used in the Four Books; *very young* —, siao'-kwun-nying 小官人°; kwông-kweng' 光棍 (a term of reproach implying a bad character.)
BACK, *the* pe'-tsih 背脊; *to carry on the* —, pe 背; *behind one's* —, pe'-'eo 背後
BACK, *come* cün-læ' 轉來; kyü'-læ 歸°來; *walk* —, tao'-tseo-cün-læ' 倒走轉來; *when will* (he) *come* —? kyi'-z kyü-læ' 幾時歸°來?

BACK-BITE, *to* — *a person*, pe'-'eo kông nying 背後謗人°
BACK-BONE, tsih'-kweh 脊骨
BACK-COURT, 'eo-ming-dông'; 'eo-kyin-t'in' 後天井°
BACK-DOOR, 'eo'-meng 後門
BACK-STITCH, *to* keo 勾
BACKWARD, *to walk* —, tao'-t'eng'-bu tseo' 倒退°步走; *to fall* —, nyiang' t'in tih'-tao 仰天跌倒; *ditto*, (as in studies), t'e'-loh 退落; *walk* — *and forward*, tseo'-læ, tseo'-ky'i 走來走去°
BACKWARD, *averse to undertake*, p'o' zông-siu' 怕上手; *late in developing wisdom* (as a child), ts'ong-ming' k'æ-leh dzi' 聰明開得°遲; *dull*, dzi-deng' 遲鈍
BACON, *salted pork*, 'æn cü'-nyüoh 鹹猪肉°; *ditto smoked*, in'-cü-nyüoh' 醃猪肉°
BAD, *va* 孬°; feh-hao' 弗好; tæ 歹; *thoroughly* — *disposition*, 'o'-liu p'e'-ts 下°流胚子; 'o'-tsoh p'e'-ts 下°作胚子; — *name*, *va* ming'-sing 孬°名聲; *very* — *name*, ts'iu' ming'-sing 醜名聲
BADGE, 'ao 號; kyi'-'ao 記號; *distinguishing* —, pin-'ao' 編號
BAFFLED, tang'-sün feh-t'ong' 打算弗通; tang'-sön-feh-c'ih' 打算弗出
BAG, dæ 袋; *leather* —, bi-dæ' 皮袋 (ih-tsah)

제1부
고찰편

	NUMERALS.		I	Chĕk
1	｜ Chĕk		II	Naw
2	｜｜ Naw		III	Sa
3	｜｜｜ Sa		IV	Si
4	✕ Si		V	Gñou
5	ゟ Gñou		VI	Lak
6	ユ Lak		VII	Chıt
7	느 Chıt		VIII	Poi
8	늘 Poi		IX	Kaou
9	夕 Kaou		X	Chap
10	╟ Chap		XI	Chap it
11	╀ Chap it		XII	Chap ji
12	╀ Chap ji		XIII	Chap sa
20	╟╟ Ji chap		XIV	Chap si
30	╟╟╟ Sa chap		XV	Chap gñou
40	줘 Si chap		XVI	Chap lak
51	외 Gñou chap it		XVII	Chap chıt
55	뿅 Gñou chap gñou		XVIII	Chap poi
105	많 Pĕ lan gñou		XIX	Chap kaou
150	많 Pĕ gñou		XX	Ji chap

一 Chĕk
二 Naw
三 Sa
四 Si
五 Gñou
六 Lak
七 Chıt
八 Poi
九 Kaou
十 Chap
十一 Chap it
十二 Chap ji
十三 Chap sa
十四 Chap si
十五 Chap gñou
十六 Chap lak
十七 Chap chıt
十八 Chap poi
十九 Chap kaou
二十 Ji chap

그림 4.5.

제5장 선교사의 일반 간행물 방언 목록 집록(輯錄)

이 부분의 목록은 부수적으로 수집했기 때문에 소장처(일부 제외)도 조사하지 않았고, 원서도 필자가 육안으로 직접 검토한 경우가 적으며, 그중 몇 종은 원서 서명이 로마자로 표기되고 영문 서명도 있으나, 상당수의 한자는 필자가 고찰하거나 번역하지 못했다.

5.1. 우[吳]어

5.1.1. 상하이[上海] 토어

『禱告式文』Forms of Prayer, 메드허스트 편. 31엽, 상하이[上海], 1844년. 원본은 문리.

『進教要理問答』, 73엽, 상하이[上海], 1846년. 원본은 문리.

『早禱文』Selections from the Book of Common Prayer, McClatchie 편, 11엽, 상하이[上海], 연도 미상.

『講頭一個祖宗作惡』Sin of Our First Parents, 메드허스트 저, 6엽, 상하이[上海], 1847년.

『怕死否』, 6엽, 상하이[上海], 1848년, 재판 5엽, 역자: Mr. Shuck.

『中外理辨』Discussion of Chinese and Foreign Doctrines, McClatchie

저, 16엽, 상하이[上海], 1849년.

『耶穌拉山上敎衆人』 *Sermon on the Mount*, 10엽, 닝보[寧波], 1849년.

『油拉八國』, 원고. 필자가 2008년 일본 간사이대학 아시아문화교류연구센터에서 영인함. 완정본 아님, 97면. 유럽과 아시아 두 부분만 있음(『油拉八國』, 『愛息阿』). "油拉八"는 Europe을 영어로 번역한 것이다. 총서명을 고찰하지 않았으나 서술의 편의를 위해 『油拉八國』로 명명한다. 책 전체는 상하이[上海]어로 작성했고, 내용은 유럽과 아시아 두 대륙 각국의 지리와 인문 개황이며, 외국 지명을 많이 언급했다. 앞부분에 '註'라고 기재되어 있으므로 본서는 세계 지도집의 문자 해설일 가능성이 높다. 저자는 틀림없이 상하이[上海] 현지 학자일 것인데, 책에서 "耶穌降下來"라고 자주 언급했기 때문에 기독교인일 것이나 이름과 사적은 고찰할 수 없다. 책에서 "中國政令末·妒忌外國人個·格末許伊通商·只得五個海口·廣東·福建廈門·寧波·福建·上海."라고 언급했다. 그러므로 작성 연대는 틀림없이 1840년대 초 五口通商 이후, 1858년 톈진[天津] 조약 체결 이전일 것이다. 본서의 첫 페이지에 영문으로 "1849년 7월 10일"이라고 연필로 쓴 한 줄이 있다. 따라서 본서의 저작연대를 잠정적으로 1849년으로 하기로 한다.

『證據守安息日』 *Evidence for Observing the Sabath*, Carpinter 저, 13

엽, 상하이[上海], 1850년.

『耶穌來歷傳』, 테일러(C. Taylor) 저, 164엽, 닝보[寧波], 1854년.

『進敎要理問答』 *The Convert's Catechism*, 분(W. J. Boone) 저, 27엽, 상하이[上海], 1855년.

『十誡問答』 *Catechism of Decalogue*, 분(W. J. Boone) 저, 31엽, 상하이[上海], 1855년.

『聖敎幼學』, 7엽, 상하이[上海], 1855년, 키스(C. Keith) 목사 편.

『贊神詩』, 상하이[上海], 1855년, 크로포트(T. P. Crawford) 편.

『聖敎幼學』, 7면, 상하이[上海], 1855년, 분(W. J. Boone) 저. 교의, 십계 등의 내용이다.

Vung Keen loh (Scientific Manual), 15엽, 상하이[上海], 1856년, 크로포트(T. P. Crawford) 편. 크로포트(Crawford) 병음 기호를 채택했다. 내용은 구약의 8가지 이야기에서 뽑았다.

『福音眞理問答』, 26엽, 상하이[上海], 1855년, Cunnyngham 편. 96개의 질문이 포함됐으며 10개 부분으로 나누었다. 책 마지막에는 기도문과 찬송가가 있다. 제3판(1861년)은 상하이[上海]에서 출간했는데, 90개 질문을 포함하며 네 가지 유형의 아침 기도와 저녁 기도가 있다.

『亨利實錄』, 35엽, 상하이[上海], 1856년. 영문 원본에서 번역. 역자: 키스(C. Keith) 부인.

Hang-le zaeh-lok, 65면, 1856년. 『亨利實錄』의 로마자.

I soo boo kuh bi fong (Selection from Aesop's and other Fables), 『伊娑菩喩

言』(伊索寓言), 78엽, 상하이[上海], 1856년. 각 우화마다 편역자가 작성한 설명이 있다. 카바니스(Cabaniss) 편, 크로포트(Crawford) 병음 기호를 채택. 카바니스(Cabaniss) 부부는 미국 남침례회 파송으로 1853년에 상하이[上海]에 와서 1859년에 본국으로 귀국했다. 오스트레일리아. 본서 서명 페이지의 영인본은 5.1을 보라.

Zen oh kung (Sources of Good and Evil), 75엽, 1856년. 카바니스(Cabaniss) 편. 크로포트(Crawford) 병음 기호 채택. 책 앞부분에 크로포트(Crawford)의 병음 기호 체계를 설명했는데, 총 3면이며 한자로 작성했다.

『蒙童訓』, 26엽, 浦東問鳳翔 간인, 1857년. 영문 원본에서 번역. 역자: 키스(C. Keith) 부인. 코넬. 본서의 첫 번째 페이지는 그림 5.2를 보라.

『聖經節錄』, 93엽, 상하이[上海], 1857년, 크로포트(T. P. Crawford) 편. 크로포트(Crawford) 발음 표기 부호 채택.

Line upon Line, 176엽, 상하이[上海], 1857년. 크로포트(Crawford) 병음 기호 채택.

『佳客問道』, 25엽, 상하이[上海], 1858년.

『贊主詩歌』, 38엽, 상하이[上海], 1858년.

『耶穌贊歌』, 55엽, 상하이[上海], 1858년. 찬송가 100수 수록. 서문은 30조로 구성된 기독교 교의이다.

『贊美詩』, 26엽, 상하이[上海], 1859년. 찬송가 26수 수록. 카바니스

(Cabaniss) 편, 크로포트(Crawford) 병음 기호 채택.

『贊神詩』, 25엽, 상하이[上海], 1860년, 카바니스(Cabaniss) 편. 본서는 위 항목 『贊美詩』의 한자 역본이다.

『蒙養啟明』, 83엽, 상하이[上海], 1860년, 캐닝햄(Cunningham) 부인 편.

『贊美聖詩』, 74엽, 상하이[上海], 1861년. 한자 버전, 한 글자씩 로마 자모로 발음을 표기함.

『地理志問答』(Geographical Catchism), 114면, 상하이[上海], 로마자. 접이식 지도 7장이 있음. 1861년 중쇄. 135면, 판형이 작은 편이며 그림이 없다.

『論語』, 상하이[上海], 1861년, 로마자. 성조를 모두 표기함. 문독음 따름.

『大學』, 상하이[上海], 1861년, 로마자. 성조를 모두 표기함. 문독음 따름.

『中庸』, 상하이[上海], 1861년, 로마자. 성조를 모두 표기함. 문독음 따름.

『地理志略』 캐롤라인 피비 키스(Caroline Phebe Keith; 1821-1862) 저, 키스(C. Keith) 부인 역, 213면, 지도 7장 있음. 로마자. 출판연도 미상. 하버드-옌칭 TA 2368. 44. 문답 형식으로 지리 관련 지식을 대중화함. 로마자 서명은 *De-le-ts vung-toeh* (地理志問答)임.

De-le-ts vung-toeh. Catechism of Geography, 키스(C. Keith) 부인 역, 61엽, 상하이[上海], 로마자. 출판연도 미상.

De-le-ts vung-toeh. Catechism of Geography, 키스(C. Keith) 부인 역, 68엽, 로마자, 상하이[上海], 1861년.

『聖會禱』, 편별로 출간. 아침 기도문, 저녁 기도문 등 12편으로 구성 (11+24+17+8+4+27+35+13+14+6+6+11면), 상하이[上海], 1862년, 분(W. J. Boone) 저.

Kiau ts lok (敎子錄) *Galandet's Child's Book of the Soul*, 로마자, 키스 (C. Keith) 부인 역, 62엽, 상하이[上海], 1863년.

『公用禱文』, 160면, 상하이[上海], 1861년. 분(W. J. Boone) 원저, 키스(C. Keith) 역. 로마자.

『進敎要理問答』, 61면, 1861년. 키스(C. Keith) 편. 로마자. 분(W. J. Boone) 원저, 키스(C. Keith)역.

『贊美詩』, 48면, 1862년, 로마자, Miles 편.

『贊美詩』, 39면, 1864년.

『贊美詩』 *Hymn Book with Supplement*, 파넘(J. Farnham) 편, 83엽, 1868년.

『馬太傳福音書注解』, 102엽, 상하이[上海], 1865년.

『舊約問答』 *Old Testament Catechism*, Fay 小姐 저, 61엽, 상하이[上海], 1867년.

『出埃及問答』 *Catechism of Exodus*, Fay 小姐 저, 29엽, 상하이[上海], 1867년.

『創世記問答』 *Catechism of Genesis*, Fay 小姐 저, 25엽, 상하이[上海], 1868년.

『民數記·申命記·約書亞記·士師記問答』 *Catechism of Numbers, Deuteronomy, Jushua and Judges*, Fay 小姐 저, 25엽, 상하이[上海], 1868년.

『喜讀聖書小姐』 *The Girl Who Loved to Read the Bible*, 파넘(J. Farnham) 저, 3엽, 로마자, 상하이[上海], 1868년.

『審判日腳』 *The Judgement Day*, 파넘(J. Farnham) 저, 3엽, 상하이[上海], 1868년.

『趁早預備』 *Too Late*, 파넘(J. Farnham) 저, 7엽, 상하이[上海], 1868년.

『日腳長拉裏』 *Life is Long*, 파넘(J. Farnham) 저, 6엽, 상하이[上海], 1868년.

『剛擔丟士』 *Constantine*, 파넘(J. Farnham) 저, 7엽, 상하이[上海], 1868년.

『撒庇傳』 *Story of Sah-pet*, 파넘(J. Farnham) 저, 24엽, 상하이[上海], 1868년.

『曲譜贊美詩』 *Hymn and Tune Book*, 파넘(J. Farnham) 저, 72엽, 상하이[上海], 1868년.

『曲譜贊美詩』 *Hymn and Tune Book*, 파넘(J. Farnham) 저, 66엽, 로마자, 상하이[上海], 1868년.

『信經問答』 *The Creed Catechism*, 분(W. J. Boone) 저, 26엽, 상하이[上海], 연도 미상.

『聖書新報』 *The Bible News*, 파넘(J. Farnham) 편, 9엽, 상하이[上海],

1871년.

『福音新報』 *The Gospel News*, Fitch 부인 편, 2엽, 상하이[上海], 1871년.

『舊約問答』 *Old Testament Catechism*, Fay 小姐 저, 36엽, 상하이[上海], 1873년.

『聖敎問答』 *Catechism of the Christian Religion*, Murihead 저, 11면, 상하이[上海], 연도 미상.

『眞道問答』 *Catechism of the True Doctrines*, Farnharm 저, 12엽, 상하이[上海], 연도 미상.

『方言問答撮要』, 강남 주교 야오준[姚准] 撰, 총 160면, 중문과 영문 각 80면, 상하이[上海] 慈母堂 활판, 1883. 상도 소장본 제4판, 서명은 『方言問答撮要』(색인번호: 201222)임, 157면, 중문 버전, 1926년. 상하이[上海] 쑹장[松江] 방언 채택. 푸단 초본 소장, 모두 중문 부분이 있으며 10편으로 나누어 편성함, 총 60면, 그러나 면수를 표기하지 않음. (푸단대학 도서관 고적서고 쑹장[松江] 방언 문답, 원고, 색인번호: 380327) 소장); 북대 1909년 중쇄본 소장.

본서에서 작성한 것은 쑹장(지금의 상하이[上海]) 방언이다. 책 전체가 문답형으로 구성되어 있다. 한자, 로마자, 프랑스어를 대조했다. 글자 우측의 별표는 동음 대체를 나타내고, 글자 우측의 작은 더하기 부호는 토음으로 읽어야 함을 나타낸다. 본서에서 3인칭 단수인 '伊'가 접두사 '自'를 동반하기도 하는데 ze로 발음을 표기했고 입성 운미 h가 없으며 작은 원형 권점으로 구두를 나타냈다. 입성 운미는 -h 한 부류만 있다. 다음은 문답의 한 예로 한자와 로마자로 대조했다.

問: 壞之別人個名聲. 該當補還否.

答: 各人應該盡自己的力量. 補還人家. 因得失脫之名聲嗟. 受著個害處. 假使我預先料到拉個. 也該當補還自伊.

wa-tse bieh-gnen-ke ming-sang, kai-taong pou-we va?

Koh-gnen yeng-kai zin-ze-ka-lih-learng, pou-we bieh-gnen. Ye-teh seh-t'eh ming-sang lao zeu-zah-ke hai-ts'u. za-se ngou yu-sie leao-tao-la-ke, a kai-taong pou-we ze-i.

『使徒言行傳』, 상하이[上海] 美華書館 擺印, 38엽, 1890년, 신망애 사이트.

『耶穌言行傳』, 상하이[上海] 美華書館 擺印, 99엽, 1894년, 신망애 사이트. 서명 페이지 영인본은 그림 5.3을, 첫 번째 페이지 영인본은 그림 5.4를 보라.

『地理志問答』, 미국 博利亞 저, 상하이[上海] 美華書館 擺印, 1896년, 64엽. 책 앞부분에 장로회 博馬裏亞가 1895년에 작성한 서문(문언)이 있다. 오스트레일리아.

『阿裏排排逢盜記』, 1901년, 79면, 상하이[上海] 土山灣印書館 간인, 東北人民大學 소장. 생각건대, 1917년 중쇄.

『方言備終錄』, 1907년, 상하이[上海], 2권, 656면. 苗仰山이 광서(光緒) 32년에 서문을 작성했다. 상하이[上海]어 역본이며,

원본의 저자는 성(聖) 알퐁스 데 리구오리(Saint Alphonsus de Liguori; 1696-1787)이다. 푸단. 36일로 편성. 328면.

(푸단대 도서관 고적서고, 색인번호: 810030)

『方言敎理詳解』, 강남 주교 야오준[姚准] 찬(撰), 1912년, 土山灣印書館 인쇄·발행, 상중하 3권으로 구분했고 총 32장이며, 책 밖에 『聖敎要理總結』라는 문구를 더했다. 195면, 상도.

『舊約新約問答』, 램버스(Lambuth) 저, 기타 정보 미상.

『獨耶穌救靈魂』, 9엽, 상하이[上海], 출판연도 미상.

『三字經』, 10엽, 닝보[寧波], 출판연도 미상. 상하이[上海]에서 7엽으로 중쇄. 기독교 교리에 따라 6장으로 구성.

Sung kiau' yu'-yak, 『聖敎預學』, 7면, 상하이[上海], 출판연도 미상, 로마자, 분(W. J. Boone) 원저.

『常年早禱』, 14엽, 출판연도 미상. 『聖公會禮拜儀式』에서 정선(精選)해서 번역한 것이며, 역자는 분(W. J. Boone)이다.

『要理問答』, 96개 질문을 10개 부분으로 편성. 상하이[上海], 출판연도 미상. 테일러(Taylor) 저.

5.1.2. 닝보[寧波] 토어

『贊美眞神詩』 Tsaen me tsing jing s, 첫 번째 부분은 15수, 20면이고 두 번째 부분은 4수, 4면이다. 닝보[寧波], 1851년, 로마자, 하버드-옌칭, TA1979. 5 CN1851.

『一杯酒』 Ih-Pe Tsiu, 12면, 닝보[寧波], 1852년; 로마자; 하버드-옌

칭, TA1980. 2/341.

Se-lah teng Han-nah (Sarah and Hannh), 12면, 닝보[寧波], 1852년; 로마자.

『路孝子』 *Lu hyiao ts (Frank Lucas)*, 디비 베툰 매카티(Divie Bethune McCartee; 麥嘉締; 1820-1900) 저, 9면, 닝보[寧波], 1852년, 로마자, 하버드-옌칭, TA1980. 2 53.

『地理書』(Geography), 185면, 닝보[寧波], 3편으로 구분, 1852년, 로마자. 닝보[寧波]어 지리 교재. 호튼(제1편 없음). 제1편은 1859년 닝보[寧波]에서 중쇄, 52면, 대형 페이지 2장 삽입. 마틴(W. A. P. Martin) 편.

『地球圖·五大洲圖·本國圖·本省圖·本府圖·聖經地圖·地理問答·地名找引』(Atlas and Geographical Catchism), 10면 및 대형 페이지 지도 10면으로 구성, 닝보[寧波], 1853년, 마틴(W. A. P. Martin) 편, 로마자. 하버드-옌칭 TA2380 53.

ts'ing tao yoe-su u-sen loe (Come to Jesus), 126면, 닝보[寧波], 1853년, 로마자, 러셀(Russell) 저.

Son-fah K'oe-tong (Arithmetic), 63면, 닝보[寧波], 1854년, 로마자, 마틴(W. A. P. Martin) 편.

『旅人入勝』, 254면, 1855년, 닝보[寧波], 로마자, 서문 있음.

Hymn Book, 32면, 닝보[寧波], 1855년, 로마자.

『贊神樂章』(악보 포함) *Hymns and Tunes*, 총 25수, 한자, 로마자 대조, 1856년, 하버드-옌칭. 세 번째 곡의 가사 영인본은 그림

5.5 참고.

Jih tsih yüih le (Line upon Line), 2권, 272+158면, 닝보[寧波] 1856년, 1857년, 로마자.

『聖詩』 *Sing S*, 3면, 닝보[寧波], 1857년, 로마자, 총 25수, 한자·로마자·오선보 대조, 하버드-옌칭 TA1977. 32/CN1857.

『訓蒙聖經功課』 *Hyüing-mong sing-ky'ing kong-ko (Scripture Lessons for Children)*, 55엽, 닝보[寧波], 1857년, 로마자.

『天路指南』, 총 17장, 73엽, 닝보[寧波], 1857년. 현지 학자가 작성한 서문 2편이 있는데, 한 편은 머리말이다. 1861년 상하이[上海]에서 중쇄, 97엽.

『聖山諧歌』 *SING-SAEN-YIAE-KO*, 엘리아스 인슬리(Elias B. Inslee; 應思理; 1822-1871) 저, 72수, 80면, 함풍(咸豊) 8년 음력 8월 닝보[寧波] 華花書房 간행, 1858년, 로마자, 하버드-옌칭 TA1979.5/1858.

『訓幼韻文』 *Hyüing iu yüing veng (Instruction Verses for Children)* 126면, 닝보[寧波], 1858년, 로마자, 목판화와 배합시킨 것이 많다.

Jing-tsia lih djun (The Young Cottager), 45면, 닝보[寧波], 1858년, 란킨스(Lankins) 부인 편, 로마자.

Yin-meo hyüing-ts (The mother at home), 103면, 닝보[寧波], 1858년, 로마자, 고프(F. F. Gough) 저, 네비어스(J. L. Nevius) 협조.

Foh-ing dao-li ling-kying veng-teh (The assembly's Shorter Catechism), 22면, 닝보[寧波], 1859년, 로마자.

lu-dong ts'u-hyiao (Peep of day), 네비어스(J. L. Nevius) 부인 저, 92엽, 로마자, 1859년.

『贊美詩』, 155면, 닝보[寧波], 1860년, 166수의 찬송가 수록, 란킨스(Lankins) 편.

『小問答』 *Little Catechism*, 36면, 닝보[寧波], 1860년, 로마자, 7개 부분으로 구분. *Cong tao-kao veng (Prayer Book)*, 163면, 닝보[寧波], 1860년, 로마자.

Hyüing-mong sing-kying kong-ko (訓蒙聖經功課) *Scripture Lessons for Children*, 55엽, 1860년, 로마자.

『衆禱告文』, 여러 부분으로 구성되어 있으며 서문은 문언으로 작성함, 5엽; 아침 기도문, 22엽; 오후 기도문, 20엽; 일반 기도문, 13엽; 저녁 식사문, 32엽; 장년 세례문, 16엽; 유아 세례문, 15엽, 닝보[寧波], 1861년, 고프(F. F. Gough)·뮐레(G. Moule) 저.

『贊美詩』, 마틴(S. N. D Martin) and 란킨(Rankin) 편, 78엽, 로마자, 상하이[上海], 1863년.

『衆禱告文』, 고프(F. F. Gough)·뮐레(G. Moule) 저, 97엽, 닝보[寧波], 1864년. 1961년판의 재판본(再版本)으로 추정.

『旅人入勝』 *The Pilgrim's Progress*, Cabbold 편, 75엽, 로마자, 상하이[上海], 1864년.

『公戒』 *Kong-ka (Sermons)*, 제1권, 89면, 1866년, 닝보[寧波], 로마자. 짧은 서문 있음. 이는 설교문 다섯 편의 통합본이다. 이외에 다섯 편을 각각 제본된 단행본도 있다.

『要理問答』, 15면, 닝보[寧波], 1866년, 로마자.

『寧波土話贊美詩』, 로렌스(Lawrence) 부인 편, 제3판, 78엽, 로마자, 상하이[上海], 1868년.

『寧波敎會所用個贊美詩』, 마틴(S. N. D. Martin) and 랜킨(Rankin) 저, 제4판, 137엽, 상하이[上海], 1874년.

『贊美詩』, 로렌스(Lawrence) and 버틀러(Butler) 저, 241엽, 상하이[上海], 출판연도 미상.

『施壯年洗禮搭施嬰兒洗禮祝文』, 35면, 닝보[寧波], 1866년, 로마자, 뮐레(G. Moule) 번역.

『婚配禮節』, 1면, 닝보[寧波], 1866년, 로마자.

T'in lu ts nen (Guide to Heaven), 네비어스(J. L. Nevius) 저, 42엽, 상하이[上海], 1868년, 『天路指南』의 로마자.

Liang-t'ah-go siao-nying. & c. (Lighthouse-keepers daughtor. & c.), 뮐레(A. E. Moule) 부인 저, 12엽, 로마자, 런던, 1866년.

Yü-be voen-ts'oen zi-dzo-ta'ah zi (preparation for the holy Communion), 뮐레(A. E. Moule) 부인 저, 19엽, 로마자, 닝보[寧波], 1866년.

Kyin-sing li (Order of Confirmation), 9면, 닝보[寧波], 1866년, 로마자.

Gyüong-nying iah-seh (Poor Joseph), Crombie 저, 9엽, 로마자, 항저우[杭州], 1868년.

Siao Hyin-li teng gyi-go ti-'o nying Bu-zi (Henry and his Bearer), 매카티(D. B. McCartee) 부인 저, 로마자, 상하이[上海], 1868년.

Jill tsih yüih le (Line upon Line), Cobbold 저, 268엽, 로마자, 상하이[上海], 1868년.

Lu Hyiao-ts. Vu-zi son-tsiang. Ih-pe tsiu. Se-lah teng soe-nah (Frank Lucas and others), 매카티(D. B. McCartee) 저, 24엽, 상하이[上海], 1869년.

Fuh-ing dao-li ling-kying veng-teh (The assembly's Short Catechism), 丁韙良 저, 19엽, 상하이[上海], 1870년.

Yioe-su kyiao veng-teh (Christian Catechism), 로렌스(Lawrence) 부인 저, 13엽, 상하이[上海], 1872년.

Ts'u 'o di-li veng-teh (Catechism of the Elements of Geography), Leyenberger 저, 65엽, 로마자, 상하이[上海], 1873년.

『贊美詩』(Hymn Book), Leyenberger and 버틀러(Butler) 저, 241면, 상하이[上海], 출판연도 미상.

Di-li veng-teh (Catechism of Geography), 고프(F. F. Gough) 저, 56엽, 상하이[上海], 1875년.

Jih tsih yüih le pu-tsoh (Supplement to Line upon Line), 로렌스(Lawrence) 부인 저, 100엽, 상하이[上海], 1875년.

Siao-yiang tseo ts'o-lu (Lost Lamb), 고프(F. F. Gough) 부인 저, 9엽, 상하이[上海], 1875년.

Ah tia t'i ng-ts son tsiang 『阿爹替兒子算帳』(A Father instructing his Son on Setting Accounts), 12면, 닝보[寧波], 출판연도 미상, 로마자, Russell 부인 저.

lu-dong ts'u-hyiao『幼童初曉』, 155면, 닝보[寧波], 출판연도 미상, 로마자.

Foh-ing tsaen di, Synopsis Gospel Harmony(복음서 병행 개요), 로빈슨(Robinson) 역, 6면, 닝보[寧波], 출판연도 미상.

『問答』*Catetchism*, J. 브라운(Brown)의 원저를 번역함, 출판연도 미상.

5.1.3. 쑤저우[蘇州] 토어

『福音眞理問答』, 새포드(Safford) 부인 저, 18엽, 상하이[上海], 1974년.

『小問答』, 새포드(Safford) 부인 저, 35엽, 상하이[上海], 1975년.

『蒙童訓』, 새포드(Safford) 부인 역, 41엽, 상하이[上海], 1975년.

『天路歷程』, 쑤저우[蘇州] 선교사 로렌스[來恩賜] 역, 상하이[上海] 美華書館 擺印, 6권, 51면, 1896년, 오스트레일리아.

『耶敎要理』, 새포드(Safford) 부인 저, 상하이[上海], 연도 미상, Sheet tracts.

『禱告文』, 새포드(Safford) 부인 저, 상하이[上海], 연도 미상, Sheet tracts.

5.1.4. 항저우[杭州] 토어

『禱文經誡』 *Taou wan king keae, Prayer, Creed and Commandments*, 6엽, 항저우[杭州], 1867년, 로마자, 발렌타인(Valentine) 역.

『贊美詩』, 57엽, 1871년, 항저우[杭州], 성공회의 뮐레(G. Moule) 역.

『贊美詩』, 34엽, 1872년, 상하이[上海], 로마자, 성공회의 뮐레(G. Moule) 역.

『公禱書』, 57엽, 항저우[杭州], 성공회의 뮐레(G. Moule) 역, 연도 미상.

5.1.5. 충밍[崇明] 토어

『崇明方言問答』, 87면, 1930년 제5판, 상하이[上海], 『教理問答』와 내용 동일.

5.2. 민(閩)어

5.2.1. 푸저우[福州] 토어

『勸戒鴉片論』, 10면, 푸저우[福州], 1853년.

『神十誡其注釋』, 10엽, 푸저우[福州] 亞比絲喜美總會, 1853년, 두리틀(Dolittle) 저, 하버드-옌칭 TA 1980.219.

『神論』, 15엽, 푸저우[福州] 亞比絲喜美總會, 1853년, 칼렙 볼드윈(Caleb Cook Baldwin) 저.

『靈魂論』, 9엽, 푸저우[福州], 1853년, 피이트(L. B. Peet; 弼) 목사 저.

『靈魂篇』, 푸저우[福州] 亞比絲喜美總會, 볼드윈(C. C. Baldwin) 저, 두리틀(Dolittle) 역. 9면. 1853년. 성국대분관; 『鄉訓』, 7엽, 푸저우[福州], 1853년, 두리틀(Dolittle) 역, 밀른(W. Milne) 원저를 수정 번역, 하버드-옌칭TA 1980.2 19.

『聖學問答』, 63엽, 푸저우-[福州] 鋪前頂輔音堂, 1853년, 1864년 제2차 인쇄, 볼드윈(C. C. Baldwin) 저, 싱국대분관.

『天文問答』, 23엽, 푸저우[福州], 1854년, 두리틀(Dolittle) 역, 하퍼(A. P. Happer) 원저를 수정 번역.

『悔罪信耶穌論』, 10엽, 푸저우[福州] 亞比絲喜美總會, 1854년, 두리틀(Dolittle) 역, 메드허스트 원저 수정 번역, 하버드-옌칭 TA1980.2 19.

『守禮拜日論』, 푸저우[福州] 亞比絲喜美總會, 8엽, 1855년, 두리틀(Dolittle) 역, 볼드윈(C. C. Baldwin) 원저를 수정 번역, 하버드-옌칭 TA1980.2 19.

『媽祖婆論』, 6엽, 푸저우[福州] 亞比絲喜美總會, 1855년, 두리틀(Dolittle) 역, 메드허스트 원저 수정 번역, 하버드-옌칭 TA 1980. 2 19.

Sie uang ch'uang ung, Methodist Episcopal Communion Service, 14면, 푸저우-[福州], 1856년, 맥클레이(R. S. Maclay) 저, 로마자.

『勸戒鴉片論』, 10엽, 푸저우[福州], 1853년, 두리틀(Doolittle) 역, 트레이시(Tracy) 원문을 수정 번역.

『勸戒鴉片論』, 10엽, 푸저우[福州] 亞比絲喜美總會, 1856년, 두리틀(Dolittle) 역, 메드허스트 원저를 수정 번역, 하버드-옌칭 TA1980.2 19.

『勸善良言』, 두리틀(J. Doolittle) 역, 푸저우[福州] 亞比絲喜美總會, 9개 작품 모음집, 10+7+9+16+9+5+10+6+8면, 1856년, 하버

드-엔칭 TA1980.2 19.

『上帝十戒注釋』, 6엽, 푸저우[福州], 1860년, 피이트(L. B. Peet; 弼) 목사 저, 로마자.

『榕腔神詩』, 25엽, 30수, 겉표지 뒤편에 『基督蒙難』와 『謹守禮拜日』 2수가 더 있음. 1861년, 번스(W. C. Burns) 저, 로마자, 싱국대분관.

『上帝聖經篇』, 5엽, 푸저우[福州], 1862년, 피이트(L. B. Peet; 弼) 목사 목사 역, Premare 원저 수정 번역.

『祀先辨謬』, 7면, 푸저우[福州], 1862년, 하트웰(C. Hartwell) 편.

『辨鬼神論』, 3면, 푸저우[福州], 1862년, 하트웰(C. Hartwell) 편.

『辨性論』, 6면, 푸저우[福州], 1862년, 하트웰(C. Hartwell) 편.

『祈禱式文』, 6면, 푸저우[福州], 1862년, 하트웰(C. Hartwell) 편.

『上帝總論』, 6면, 푸저우[福州], 1862년, 하트웰(C. Hartwell) 편.

『耶穌上山傳道』, 푸저우[福州] 救主堂, 1862년, 로마자, 싱국대분관, 하버드-엔칭 TA 1977. 66 CF1962.

『新舊約書爲天示論』, 10면, 푸저우[福州], 1862년, 하트웰(C. Hartwell) 편.

『耶穌敎要旨』, 13면, 푸저우[福州], 1863년, 하트웰(C. Hartwell) 편.

『聖學問答』, 볼드윈(C. C. Baldwin) 저, 49엽, 푸저우[福州], 1863년.

『眞理易知』, 푸저우[福州], 로마자, 1863년, 培端 저, 하트웰(C. Hartwell) 교정, 싱국대분관; 푸저우[福州]美華·푸저우[福州]霞浦街輔音堂, 1881년 재판, 싱국대분관.

『十駁五辯』, 푸저우[福州] 太平堂復印堂 인쇄, 1864년(同治 3년), 하버드-옌칭 TA1739. 81.99.

『榕腔神詩』, 푸저우[福州] 美華書館, 1865년, 번스(W. C. Burns) & 윌리엄스(Williams) 저, 로마자, 싱국대분관.

『榕腔神詩』, 1865년, 俾士(George Piercy) 저, 로마자, 싱국대분관.

『上帝聖誡翻譯』, 푸저우[福州], 1866년, 로마자, 싱국대분관.

『箴言全書』, 保靈 저, 1868년, 로마자.

『箴言』, 대영성서공회, 푸저우[福州] 美華書館, 1868년, 로마자, 하버드-옌칭·영경회.

『耶穌上山教訓』, 하트웰(C. Hartwell) 저, 푸저우[福州] 미화서국 인쇄, 1868년, 로마자, 싱국대분관/하버드-옌칭 TA 1977. 66 CF1868.

『祀先辨謬』, 倪維思 저, 푸저우[福州] 太平街福音堂, 1869년, 로마자, 싱국대분관.

『聖敎例言』, 培端 저, 하트웰(C. Hartwell) 교정, 푸저우[福州] 太平街福音堂, 1869년 초판, 1882년 재판, 로마자, 싱국대분관.

『基督徒日用神糧書』, 우쓰밍[吳思明] 저, 푸저우[福州] 太平街福音堂 인쇄, 33면, 1869년, 하버드-옌칭 TA 1979. 6 95.

『榕腔神詩』, 푸저우[福州] 太平街福音堂 소장본, 1870년, 로마자, 싱중도·싱국대분관.

『敎會信錄』, 하트웰(C. Hartwell) 저, 푸저우[福州] 城內 太平街福音堂 인쇄, 1871년, 信 1개, 故務 9개, 會約 4개로 구성됨, 하버

드-옌칭 TA 1978. 8 36.

『童子拓胸歌』, 푸저우[福州] 太平街福音堂 인쇄, 15면, 1871년, 싱국대분관, 하버드-옌칭 TA 1979. 55 36.

『宗主詩章』, 하트웰(C. Hartwell) 저, 59엽, 푸저우[福州] 福音堂·救主堂, 1871년, 로마자, 싱국대분관.

『敎會信錄』, 하트웰(C. Hartwell) 편, 푸저우[福州] 太平街福音堂, 1871년, 로마자, 싱국대분관.

『五字經注解』, 하트웰(C. Hartwell) 저, 푸저우[福州] 太平街福音堂, 18면, 1871년, 싱국대분관, 하버드-옌칭 TA1980. 536. 3.

『正道啟蒙』, 하트웰(C. Hartwell) 저, 푸저우[福州] 太平街福音堂, 42면, 1871년, 싱국대분관, 하버드-옌칭 TA 1978 36.

『天文問答』, 盧公義 원본, 하트웰(C. Hartwell) 경정(更正),[1] 푸저우[福州] 太平街福音堂, 21회(回), 24면, 1871년, 로마자, 싱국대분관, 하버드-옌칭 TA 7140. 9 19. 1.

『甲乙二友論述』, 하트웰(C. Hartwell) 저, 28엽, 푸저우[福州], 1871년.

『上帝聖誡翻譯榕腔』, 하트웰(C. Hartwell) 저, 푸저우[福州], 1872년.

『敎會准繩』, 하트웰(C. Hartwell) 저, 푸저우[福州] 太平街福音堂, 1872년, 로마자, 싱국대분관.

『聖經圖說啟蒙』, Sites 부인 저, 166엽, 푸저우[福州], 1873년.

---

1   [역자 주] 경정(更正): "바르게 고침".

『天文問答』, Doolittle & 夏査理 저, 24엽, 푸저우-[福州], 1873년.
『童子拓胸歌』, 하트웰(C. Hartwell) 저, 14엽, 푸저우-[福州], 1873년.
『童子拓胸歌』, 하트웰(C. Hartwell) 저, 17엽, 푸저우-[福州], 1873년.
『十駁五辯歌』, 하트웰(C. Hartwell) 저, 8엽, 푸저우-[福州], 1874년.
『福音新報』, Misses Woolston and 페이슨(Payson) 저, 1874-1875년.
『小學四字經』, 하트웰(C. Hartwell) 저, 34면, 푸저우[福州] 미화서국, 1875년, 하버드-옌칭 TA 1980. 5. 36. 2.
『謝年歌』, 하트웰(C. Hartwell) 저, 6면, 푸저우[福州] 太平街福音堂 인쇄, 1875년, 로마자, 싱국대분관, 하버드-옌칭 TA 1979. 53 36, 1880년 재판.
『祈禱文式』, Osgood 저, 14엽, 푸저우-[福州], 1874년.
『西算啟蒙』, 우쓰밍[吳思明] 저, 60엽, 푸저우-[福州], 1874년.
『祈禱式文』(敎會信錄 덧붙임), 푸저우-[福州] 霞浦街福音堂 인쇄, 1875년, 로마자, 싱국대분관.
『榕腔神詩』, 번스(W. C. Burns), 맥클레이(R. S. Maclay), 하트웰(C. Hartwell) 저, 71엽. 푸저우-[福州], 1875년.
『眞理三字經』, 하트웰(C. Hartwell) 저, 26면, 푸저우[福州] 미화서국, 1875년, 하버드-옌칭 TA 1980. 5. 36, 본서 첫 면 영인본은 그림 5.6 참고.
『福音新報』, 총 9과, 1875-1876년, 푸저우[福州] 미화서국 인쇄, 하버드-옌칭 TA 1975. 1.3604.
『上帝總論』, 하트웰(C. Hartwell) 저, 푸저우[福州] 미화서국, 로마자,

1878년, 싱국대분관.

『貧女勒詩嘉』, 아델리아 페이슨(Adelia M. Payson) 역, 47면, 푸저우[福州] 미화서국 인쇄, 1878년, 하버드-옌칭 TA 1980. 2 68.

『聖敎三字經』, 夏査理 저, 푸저우[福州] 太平街福音堂 인쇄, 1879년, 로마자, 싱국대분관.

『十條聖誡』, 푸저우[福州] 霞浦街福音堂 인쇄, 1879년, 로마자, 싱국대분관.

『省身初學』, 헨리 휘트니(Henry Thomas Whitney; 惠亨通; 1849-1924) 저, 푸저우[福州] 미화서국, "問與應[질문과 응답]"의 대화 형식의 20개 단원으로 구성, 20면, 1891년, 하버드-옌칭 TA 7850 93.

『省身淺說』, 惠亨通 역, 푸저우[福州] 閩北聖書會 인쇄·발행, 푸저우[福州] 미화서국 활판, 56면, 하버드-옌칭 TA 7850 93. 1.

『我救主耶穌基督其聖新書』, 대영성서공회 인쇄, 로마자, 1900년.

『牧長詩歌』(唐意雅譯,榕腔), 푸저우[福州] 閩北聖書會 인쇄·발행, 푸저우[福州] 미화서국 활판, 38면, 하버드-옌칭 TA 1977. 32 57.

『福音書其隨記』, E. S. Hartwell 역, microform, 푸저우[福州], 로마자, 1902년.

『小子必讀』, 푸저우[福州] 羅馬字書局, 75면, 로마자, 1902년, 하버드-옌칭 TA 1980. 2 68. 1.

Hok Xng Su Ge Su Di, 夏査理(1859-1951) 저, 성경 이야기의 평이하고 쉬운 로마자 독본. 2책으로 구성되어 있는데, 제1책은 62면이고 제2책은 100면임, 푸저우[福州] 羅馬字書局, A. B. C.

F. M, 1902년, 하버드-옌칭 TA 1978. 29 361.

Geu Cio Heng Diong Chauk leu, Hannah Conklin Woodhull, 우쓰밍[吳思明] 저, 2개 단원으로 구성되어 있는데, 제1단원은 21개 질문과 답이, 제2단원은 78개 질문과 답이 있다. 총 53면, 로마자, 푸저우[福州] 羅馬字書局, 1903년, 하버드-옌칭 TA 1978. 29 951.

『至美之德』, Henry Drummond 저, Ling lu-cu 역, 로마자, Foochow College Romanized Press, Foochow City, 1903. 이는 교회 학교 교재임. 하버드-옌칭 TA 1979 1 19. 1.

Seng Sing Ci-Sa, Reuben Archer Torrey 저, Miss Chittenden & Kenneth C. Ding 역, 총 4장, 20면, 로마자, 1904년, 하버드-옌칭 TA 1978. 15 87. 1.

『贊主聖詩』(附美部會禮文), 256수, 총 224면, 토어 글자 사용, 푸저우[福州]羅馬字書局, 1906년, 싱국대분관, 하버드-옌칭 TA1979. 5. CF1906.

『贊主聖詩』(附美部會禮文), 256수, 총 272면, 로마자, 푸저우[福州] 羅馬字書局, 1907년, 하버드-옌칭 TA 1979. 5. CF1906. 위 서적의 로마자.

『福州奮興會詩歌』, 푸저우[福州] 羅馬字書局, 113수, 71면, 1906년, 로마자, 싱국대분관, 하버드-옌칭 TA 1979. 5 CF1906. lb; 영인본도 있음(TA 1979.5 CF1906. 1).

『聖書樂譜』(악보 포함), 256수, 354면, 푸저우[福州] 羅馬字局, 1906

년, 로마자, 싱국대분관.

『化學』, 11장, 32면. 푸저우[福州] 羅馬字書局. 1906년. 로마자. 하버드-옌칭 TA 7309 99.

『三字經』, 하트웰(C. Hartwell) 저, 푸저우[福州] 閩北聖書會 인쇄·발행, 啟明印刷公司 활판, 1913년, 로마자, 싱국대분관.

『救主行傳』, 연도 미상, 하버드-옌칭 TA 1978. 29 95.

5.2.2. 샤먼[廈門] 토어

『唐話番字初學』 *Tng-oe hoan-ji chhu hak* (Amoy Spelling Book), 15면, 탈마지(J. V. N. Talmage) 저, 샤먼[廈門], 1852년 초판. 1853년·1867년·1876년 재판. 로마자. 타성도 1876년 버전 소장.

『天路歷程卷壹』, Talmage and J. Macgowen 역, 77엽, 샤먼[廈門], 1853년, 로마자, 운각(韻腳)에 한자와 문독음 주석을 달아놓음.

Child's Premier in the Amoy Dialect, 17면, 1853년, 로마자.

『天路歷程』, 1853년, 60+58+60+55면, 로마자, 뉴도, 탈마지(J. V. N. Talmage) & J. MacGowen 역.

『路德個冊』, 탈마지(打馬字; Talmage) 저, 샤먼[廈門], 로마자, 1853년.

『開田仔心花個冊』 *A Delightful Book for Child*, 養爲霖 저, 9엽, 샤먼[廈門], 1853년, 로마자.

『養心神詩新編』(廈腔聖詩冊), 葉韙良(William Young), 10면, 13수 수록, 샤먼[廈門] 廖仔後花旗館寓 소장판, 1854년, 싱국대분관.

『悔罪信耶穌論』, 메드허스트 원저, J. Doolittle 각색/개작, 푸저우

[福州] 亞比絲喜美總會, 1854년, 싱국대분관.

『神詩合編』, 번스(W. C. Burns) 편찬 및 인쇄, 20수 수록, 1854년, 싱국대분관.

『入耶穌小引』, 볼드윈(C. C. Baldwin) 저, 푸저우[福州] 亞比絲喜美總會, 1854년 초판, 1856년 재판, 싱국대분관.

『眞道入門』, 鷺門花旗館寓, 1855년, 로마자, 싱국대분관.

『洗禮個條款』, 1856년, 로마자.

『養心神詩新編』(廈腔聖詩冊), 스트로나크(A. Stronach), 58수 수록, 40엽, 1857년, 1871년 재판.

『養心神詩』(廈門音), 탈마지(打馬字; Talmage) 저, 25수, 26면, 1859년, 로마자.

『漳泉神詩』, 杜嘉德 저, 39면, 샤먼[廈門], 1862년. 샤먼[廈門] 지역 방언으로 작성. 로마자.

『原腔神詩』, 번스(W. C. Burns) 저, 샤먼[廈門], 1862년, 총 20수, 그 중 4-5수는 새로 보탰고 나머지는 산터우[汕頭]와 푸저우[福州]에서 출간한 바 있음, 로마자.

『聖冊個問答』 *Catechism of Old Testament History*, 코위(Cowie) 저, 48엽, 로마자, 샤먼[廈門], 1869년.

『聖冊個問答新約』 *Catechism of New Testament History*, 코위(Cowie) 저, 51엽, 로마자, 샤먼[廈門], 1869년.

『養心神詩』, 28엽, 1871년.

『養心神詩』, 번스(W. C. Burns) and 더글라스(Douglas) 저, 42엽, 푸

저우[福州], 1872년.

『養心神詩』, 번스(W. C. Burns) and 더글라스(Douglas) 저, 24엽, 로마자, Glasgow, 1872년.

Sng siau e chho-hak (Sequel to Small Arithmatic, 초급 산수 속편), Van Duren 저, 10엽, 샤먼[廈門], 1873년.

『白話字養心神詩』, 50수, 47면, 로마자, 1873년, 신망애 사이트.

『養心神詩』, 번스(W. C. Burns) and 더글라스(Douglas) 저, 푸저우[福州] 미화서국 인쇄, 59수, 34면, 1875년, 신망애 사이트.

『地理的頭緖』, 샤먼[廈門], 1888년, 로마자.

『廟祝問答』, 캠벨(W. Campbell) 저, 민난[閩南] 방언 점자 서적, 런던, 1888년.

『論精神的工夫』, 1892년, 로마자.

『天文地理略解』, 샤먼[廈門], 1892년, 로마자.

『論聖神的工夫』, 1892년, 로마자.

『中國綱鑑撮要: 太古一秦代』, 샤먼[廈門], 1892년 출간, 1896년 재판, 로마자.

『聖會史記(一)』, 1893년, 로마자.

『亞非利加州志』, 샤먼[廈門], 1894년, 로마자.

The Trimentrical Classic in the Amoy Dialect, Shanghai, 1894, 179면, 뉴도. 샤먼[廈門]어『三字經』임.

『三字經新撰白話注解』, 餘饒理(George Ede) 저, 臺南新樓, 1894년: 타이난[臺南] 府城, 1904년 제2판, 로마자, 타도.

『身體理的總論』, 萃經閣, 1896년, 로마자, 타도.

『地勢略解』, 샤먼[廈門], 1897년, 로마자, 타도.

『天路歷程』(上下冊), 萃經堂·培文齋活板印刷印屆, 샤먼[廈門], 1897년 출간, 1906년·1950년·1954년 재판, 로마자.

『筆算個初學』(一·二), 萃經堂, 1897-1900년, 로마자, 타도.

『咱個救主耶穌: 基督新約』, 성공회 편, 1898년, 타도, 1902년 재판.

『亞伯拉罕的來歷』, 1898년 출간, 1912년 재판, 로마자.

『代數個初學』, 1899년, 로마자, 타도.

『筆算·數學』, 18??년, 타이난[臺南] 聚珍堂, 로마자.

『見證守主日的書』, 18??년, 타이난[臺南] 聚珍堂, 로마자.

『天文書』, 18??년, 타이난[臺南] 聚珍堂, 로마자.

『萬國記錄』(지리에 지도 포함), 18??년, 타이난[臺南] 聚珍堂, 로마자.

『筆算』, 1900년, 로마자.

『聖詩歌』, 캠벨(W. Campbell) 저, 타이난[臺南] 新樓書房 인쇄·발행, 118면, 로마자, 1900년, 신망애 사이트.

『敎會祈禱文附聖禮文』, W. H. Gomes 역, L. C. Giggs 협조, 英格蘭敎堂, 1901년, Widener l285.10.

『大學·中庸字音解說』, 鼓浪嶼, 1902년, 로마자, 타도.

『大學字音解說』, 鼓浪嶼, 1902년, 로마자, 타도.

『地理志略』, William Alexander Parsons Maitin 저, 총 24강, 10면, 지도 10개 포함, 로마자, 하버드-옌칭TA 2380 68. 1.

『天文道理』, 1903년, 로마자, 타도.

『論語字音解說』, 1903년, 로마자, 타도.

『繪圖字母』, 1903년 초판, 타도, 샤먼[廈門], 1934년 재판.

『三字經新撰白話注解』, 타이난[臺南] 府城 인쇄, 로마자, 1904년, 신망애 사이트.

『聖詩歌』, 타이난[臺南] 敎會公報社, 1905년, 로마자.

『治理敎會』, 臺南新樓, 1905년, 로마자, 타도.

『基督敎十字架個道理』, 高金聲 역, 타이난[臺南] 聚珍堂, 1906년, 로마자.

『羅馬批』, 캠벨(W. Campbell) 저, 로마 서신의 타이완 백화 번역, 臺南新樓書房, 1908년, 타도.

『論主耶穌的來歷』, 1908년, 로마자.

『羅馬白話』, 캠벨(W. Campbell) 저, 臺南新樓書房, 로마자, 1908년, 타도.

『彌撒祭禮』, 타이완 天主堂, 1908년, 로마자, 1908년, 타도.

『聖訓廣諭』, 캠벨(W. Campbell) 역, 臺南新樓書館, 1908년, 타도.

『養心神詩』, 타이완 북부, 1909년, 로마자, 타도.

『聖敎要理問答』, 타이완 羅厝莊天主堂, 1909년, 로마자, 타도.

『養心神詩』, 피아노 악보 포함, 閩南聖敎局, 로마자, 1912년.

『善生福終』, 장저우[漳州] 천주교 백화, 台中武西保羅厝天主堂 활판 인쇄자, 로마자, 1912년.

『以利亞的來歷』, 로마자, 1912년.

『訓蒙淺說』, 로마자, 1912년 초판, 1929년 재판.

『低智個鈕仔』, 1913년, 로마자.

『闢邪歸正』, 캠벨(W. Campbell) 저, 臺南新樓書房和臺南聚珍堂, 로마자, 1913년, 타도.

『古史錄』, 장저우[漳州] 천주교 백화, 台中武西保羅厝天主堂 활판 인쇄자, 로마자, 1913년 초판. 타도, 台中員林羅厝莊天主教堂 1914년 재판.

『得救個階級』, 로마자, 1914년.

『敎法』, 로마자, 1914년.

『表祝問答』, 캠벨(W. Campbell) 저, 로마자, 1914년, 台北市圖.

『新史錄』, 武西堡羅厝莊天主教堂 편, 로마자, 1914년.

『布道論』, 梅甘霧(Muikanbu) 저, 臺南新樓書房和臺南聚珍堂, 로마자, 1914년, 타도.

『養心神詩琴譜』, 199면, 로마자, 1914년, 신망애 사이트.

『聖冊個記錄』, 사취엔[廈泉] 음운체계 로마자, 탈마지(打馬字; Talmage) 목사 부인 번역, 閩南聖教局, 1916년.

『十個故事』, 文姑娘·朱姑娘 역, 閩南聖教局, 1917년.

『主日學教員個課本』, 宋忠堅(Duncan Ferguson) 저, 臺南新樓書房, 1918년, 타도.

『補添養心神詩』, 168수, 1918년, 신망애 사이트.

『臺灣教會個主日神糧』, 宋忠堅 저, 臺南新樓書房, 1918년, 타도.

『雜志摘錄』, 萬眞珠(Bernett Miss Mang) 저, 臺南新樓書房, 1919년, 타도.

『談論道理』, 梅鑒霧 저, 臺南新樓書房, 로마자, 1920년, 타도.
『初代教會歷史』, 梅鑒霧 저, 臺南教會公報社, 로마자, 1922년.
『活路問答』, 梅鑒霧 저, 로마자, 1922년.
『六百字編羅馬字注解』, 廉德烈·沈毅敦(Nelson Rev Andrew) 저, 臺南臺灣教會公報社·臺南新樓書房, 1925년.
『平民的基督傳』, 司馬斯 저, 高得章 역, 1933년.
『閩南基督教會聖詩』, 300수, 로마자, 1934년, 신망애 사이트.
『聖詩』, 타이완 基督長老教會, 로마자, 1936년, 신망애 사이트.
『聖詩』, 타이완 基督長老會大會, 342수, 381면, 로마자, 1947년.
Anthem Book. 臺南新樓臺灣教會公報社, 103수, 223면, 로마자, 1950년.
『嘉義中會聖詩』, 타이완 基督長老教會, 로마자, 1950년.

5.2.3. 차오저우[潮州] 토어

『祈禱神詩』, 번스(W. C. Burns) 편찬 및 인쇄, 기도문 및 찬송가 32수, 로마자, 방콕, 1840년.

Esop's Fables: as translated into Chinese, rendered into the colloquial of the dialects spoken in the department of Chiang-Chiu in the province of Hok-kien and in the department of Tie-Chiu in the province of Canton (이솝 우화: 푸젠성 장저우 및 광둥성 차오저우 방언 구어체로 번역, 意拾喻言). 장저우[漳州]어 역자는 다이어(Dyer; 戴爾)이며 차오저우[潮州]어 역자는 스트로나크

(Stronach; 施敦力)이다. 로마자, 77면, 싱가포르에서 출간했으며, 이솝우화 81개로 구성되어 있다.

『潮腔神詩』, 번스(W. C. Burns) 편찬 및 인쇄. 21엽, 산터우[汕頭], 1861년, 29수, 산터우[汕頭] 및 주변 지역 방언으로 작성, 로마자.

『潮音神詩』, 번스(W. C. Burns) 편, 81엽, 홍콩, 1873년.

『潮音神詩』, 번스(W. C. Burns) 편, 65엽, 홍콩, 1873년.

5.3. 웨[粵]어

『問答俗話』, 7엽, 1840년, 마카오, 마카오 방언으로 작성했으며 세 부분으로 구성했다: 첫째는 기독교 교리 문답이며, 본문 앞에 예루살렘 지도가 있다. 둘째는 지리이며, 본문 앞에 아시아 지도가 있다. 셋째는 성경 어록이다. 저자는 Heaou(孝)라고 서명했다.

『千字文』, 1857년, 홍콩, 홍콩공립학교에서 사용.

『四書俚語啟蒙』, 31엽, 홍콩, 1860년. 서문이 있으며, 그 뒤에 사서(四書) 관련 문답이 네 편 있고, 공자 및 그의 저서와 관련된 주석도 있다.

『張遠兩友相論』, 16엽, 광저우[廣州], 1862년, 하퍼(A. P. Happer) 역, 밀른(W. Milne)의 동일한 책 앞부분의 다섯 장을 번역함.

『曉初訓道』, Piercy 역, 95엽, 광저우[廣州], 1862년, 영어 원서인

*Peep of Day*를 번역, 책 앞부분에 서문과 목록이 있음.

『耶穌正敎問答』, 하퍼(A. P. Happer) 역, 저자의 관화 버전을 번역, 22엽, 1862년.

『眞神正論』, 하퍼(A. P. Happer) 저, 17엽, 1863년, 서문 두 편과 부록 2편이 있음.

『啓蒙詩歌』, Piercy 저, 53엽, 광저우[廣州], 1863년, 116수.

『耶穌言行撮要俗話』, C. F. Preston 저, 108엽, 광저우[廣州], 1863년.

『述史淺譯』, French 부인 역, 748면, 광둥[廣東], 출판연도 미상.

『籲主文式』, 69엽, 홍콩, 1866년, 서문 및 머리말 없음.

『眞道啓蒙』, Whilden 小姐 저, 26엽, 광저우[廣州], 1875년.

『贊羨神詩』, 47면, 광저우[廣州], 시 81수와 찬송가 2수, 재판에서는 시 6수를 보탬, 총 51엽, 처음 부분에 『孩童歸耶穌』 4엽 있음, 출판연도 미상.

『浪子悔改』, Legge 저, 6엽, 홍콩, 출판연도 미상. 내용이 탕자가 회개하는 이야기이며, 뒤에 이와 관련된 부분이 있다.

『落爐不燒』, Legge 저, 6엽, 홍콩, 출판연도 미상. 사드락(Shadrach), 메삭(Meshach), 아벳느고(Abednego) 관련 이야기이며, 뒤에 이와 관련된 부분이 있다.

『天路歷程土話』, Piercy 저, 134엽, 광저우[廣州], 1870년.

『聖會禱文』, Piper 저, 111엽, 홍콩, 1872년.

『續天路歷程土話』, Piercy 저, 114엽, 광저우[廣州], 출판연도 미상.

『聖會錄要』, Hutchinson 편, 3엽, 홍콩, 출판연도 미상.

5.4. 하카어[客話] 토어

Ka, tshu, 'sin, 'fun, tsho, hok (The four first Rules of Arithmetic, 산수 사칙연산), 43+11면, Basel, 1868, printed for the Evangelical Missionary Society, C. Schultze, Printer, 17.5cm, 로마자, 바젤.

Sin^4 Kin^1 Ts^1 Sz^3 $Tshot^6$ Wun^2. Ha^2-Ka^1 $Syuk^5$-Wa^4 (Biblical Histories in the Hakka Colloquial, 하카 방언 구어 성경사 이야기), 88면, 1868년, 로마자, 바젤.

Sin^4 Fui^4 $Khyong^1$ $Thyau^4$ (Music and romanized Hakka words, 악보와 로마자 하카어 가사), 79면, 바젤, 1868년, 20.5cm, 로마자, 노래 59수가 있음; 증보판, 215면, 18cm, 노래 140수, 1884년; 제3판, 227면, 바젤, 1894년, 18.5cm, 로마자, 중문 서명을 Sin^4 Fui^4 Yim^1 $Thyau^4$로 수정함, 바젤.

Ka^1 $Tshu^2$ Sin^4 Fim^1 $Tsho^1$ Hok^5. $Song^4$ Pun^3 (The Four First Rules of Arithmetic (First Part, 산수 사칙연산-제2편), 44면, 로미자, 바젤, 1868년, 20cm, 바젤.

Ka^1 $Tshu^2$ Sin^4 Fun^1 $Tsho^1$ Hok^5. Ha^4 Pun^3 (The Four First Rules of Arithmetic (Second Par, 산수 사칙연산-제2편), 로마자, 바젤, 1868년; 1892년, 2판, 44+11면; 1899년 제3판, 첫 번째 부분만 있음, 44면, 바젤.

『客家俗話破學』, 60면, 바젤, 1869년, 18.5cm, 바젤.

$Ya^2\ Sz^1\ Kau^4\ F\ Ui^4\ Hok^5$ (Short Catechism of the Christian Religion 기독교 간이 요리문답서), 19면, 1871년, 로마자; 1894년 제3판, 20면, 17cm, 1904년 4판, 바젤.

$Sin^4\ Su^1\ Kin^3$-$Yau^4\ Su^1$-$Tset^6$ (A Collection of Bible Passages in the Hakka Colloquial Language, 하카 방언 구어 성경 구절 선집), 115면(첫 번째 부분), 19면(두 번째 부분), 바젤, 1874/1875, 로마자, 바젤.

$Pit^6\ son^4\ fap^6$ (筆算法), 309면, 1875년 이전, 로마자, 산수 및 기하 교과서 원고, 바젤. 舒大辟 저. 『巴色傳道會1875年年報』에서 본서 언급.

『結過洗禮約問答書』, 19면, 1875년, 로마자, 바젤.

$Wan^4\ Kwer^5\ S^3\ Ki^4$ (『萬國史記』), 289면, 바젤, 1875년 이전, 로마자, 원고, 『巴色傳道會1875年年報』에서 본서 언급.

『聖經故事』, Evangelical 敎會, 바젤, 1878년, 206면, 22.5cm, 로마자.

『巴色傳道會在中國立倒嘅聖會所用嘅祈禱文報儀禮』, 138면, 바젤, 1878년, 로마자, 바젤.

$Sin^4\ Su^1\ Kai^4\ S^4\ Sit^5$ (Biblical Histories in the Romanized Colloquial of the Hakka Chinese in the Province of Canton, 광둥성 하카어 로마자 표기 구어 성경 역사서), 206면, 바젤, 1878년. 22cm, 로마자; 1889년 제2판, 212면, 22cm; 1898년 제3판, 212면, 22cm, 바젤, 성경 이야기 52개로 구성.

$Pho^4\ Hok^2\ Tsai^3\ Kai^4\ Sin^1\ Su^1\ S^1\ Sit^5$ (Biblische Geshichten fur

Unmundige, 아동용 성경 이야기), 광둥[廣東]성의 하카[客家]어, 렙시우스 병음, 74면, 1879년, 17cm, 로마자, 바젤.

『啟蒙淺學』, 198면, 바젤, 1879년, 21cm, 로마자; 1892년 2판, 205면, 238장, 21cm; 1900년 제3판, 198면, 238개 단락, 홍콩 바젤선교회, 22cm, 바젤.

『家藏禱文』, 30엽, 바젤선교회 인쇄, 1880년, 18cm, 로마자, 바젤.

『進敎初步』, 11엽, 바젤, 1880년, 『中國評論』 1880年 8期에 서평 있음, 바젤.

$Pho^4\ Hok^5\ Tsai^3\ Kai^4\ Sin^4\ Su^1\ S^4\ Sit^5$ (Biblische Geshichten uberstzt in die Umgangssprache der Hakka-Chinesen, 하카어 구어 성경 이야기 번역본), 76면, 구약의 32개 이야기와 신약의 40개 이야기로 구성, 바젤, 1883년, 21.5cm, 로마자; 1895년 2판, 바젤.

『聖書要錄』, 9+12+13+61엽, 바젤선교회 인장판(印藏版), 1883년, 21cm, 바젤.

『結過洗禮約問答書』, 16엽, 바젤선교회 인장판, 1883년, 바젤.

『聖經書節擇要』·『結過洗禮約問答書』, 103+17엽, 香港和盛印字館 활판, 1884년, 한자와 로마자 대조, 바젤.

$Sin^4\ Fui^4\ Phak^5\ Va^4\ Ko^1$ (Hyme book in the Romanized Colloquial of the Hakka Chinese in the Province of Canton, 광둥성 하카어 로마자 표기 구어 찬송가집), 노래 129수+96면. 바젤, 1884년, 18cm. 로마자. 제2판 96면, 1894년, 19cm. 제3판 96면, 1904년. 바젤.

『舊約聖史記』, 바젤선교회 인장판, 260면, 바젤.

『爲主做證(卷一)』, 174엽, 바젤, 1890년, 바젤.

『爲主做證(卷二)』, 245엽, 바젤, 1890년, 바젤.

Ha²-Ka¹ Syuk⁵-Wa⁴ Pho⁴ Hok⁵ (First Lessons in Reading and Writing the Hakka Colloquial, 하카어 구어 독해 및 작문 초학서), 56면, 바젤, 1891년, 로마자, 로마 자모 철자법, 렙시우스 로마자 병음 방안 음절 목록, 종교 이야기, 수사, 구구단으로 구성됨, 1899년 2판, 18.5cm, 1909년 제3판, 바젤.

『細字祈禱文』, 23엽, 바젤선교회 간행·출판, 1892년, 바젤.

Ka¹ Tshu² Sin⁴ Fun¹ Tsho¹ Hok⁵. Song⁴ Pun³ (The Four First Rules of Arithmetic (Second Part)산수의 네 가지 초급 규칙-제2편), 44+11면, 바젤, 1892년, 20cm, 로마자; 1892년 2판, 11면; 1898년 제3판, 44면, 바젤.

『舊約事實』, 37엽, 홍콩 바젤선교회 소장판, 1893년, 바젤.

『新約事實』, 43엽, 홍콩 바젤선교회 소장판, 1893년, 바젤.

『聖書摘要(卷一)』, 141엽, 홍콩 바젤선교회 소장판, 1895년, 바젤.

『聖書摘要(卷二)』, 160엽, 홍콩 바젤선교회 소장판, 1895년, 바젤.

『耶穌翻生升天嘅事實』, 37엽, 홍콩 바젤선교회 간인, 1895년, 바젤.

『祈禱禮儀』, 139엽, 홍콩 바젤선교회, 1896년, 바젤.

『啓蒙淺學』, 99엽, 상하 2권(상권 『講論各樣生物抵死物』, 하권 『講論各樣生物撒死物個性情』), 총 238개 단락[段]. 한자 버전. 바젤. 『啓蒙淺學』(1879-1900)의 한자 역본.

『進敎初步』, 11엽, 1902년, 홍콩 바젤선교회 장춘[樟村]교회 간행,

바젤.

『聖經事實 舊約』, 41면, 1903년, 홍콩 바젤선교회 소장판, 바젤.

『聖經事實 新約』, 41면, 1903년, 홍콩 바젤선교회 소장판, 바젤.

『明心圖』, 23엽, 별도로 하카[客家]어로 설명한 기독교 종교 그림 9엽이 있음, 1903년, 자잉[嘉應] 서문 밖 奇珍閣 간인, 황탕[黃塘]독일교회 보관.

『敎會幼學』, 13면+하카[客家]어 음운 목록, 1908년, 기독교 윤리를 선전하고 설명한 소책자, 바젤.

『新約事實』, 64엽+하카[客家]어 음운 목록 1엽, 1910년, 신약 이야기, 바젤.

『舊約事實』, 83엽+하카[客家]어 음운 목록 1엽, 1910년, 구약 이야기, 바젤.

『敎會少女歌』, 18엽, 1915년, 바젤선교회 소장판, 바젤.

『女徒鏡』, 하카어[客話] 신도 중 1인, 17엽, 1916년, 바젤선교회 소장판, 바젤.

『結過洗禮約問答』, 13엽, 1916년, 별도로 서명이 『新結過洗禮約問答』인 신판 있음, 16엽, 출판연도 미상, 바젤.

『聖經書節』, 41엽, 바젤선교회 소장판, 1916년, 바젤.

『路德事實』, 하카어[客話] 신도 중 3인, 20면, 1917년, 바젤회 인쇄·발행, 바젤.

『希望說』, 16면, 1917년, 바젤선교회 소장판, 바젤.

『學道識字課本』, 면 번호 없음, 앞뒤 양면 모두 인쇄, 출판연도 미상, 바젤.

『第三四學年聖經書節』, 완성 혹은 출판연도 미상, 바젤.

『初入敎門歌』, 14면, 69수. 완성 혹은 출판연도 미상, 바젤.

『信敎階梯』, 30면, 로마자, 렙시우스 병음. 완성 혹은 출판연도 미상, 바젤.

『家庭禱文』, 30면, 완성 혹은 출판연도 미상, 바젤.

『進敎初步略解』, 완성 혹은 출판연도 미상, 바젤.

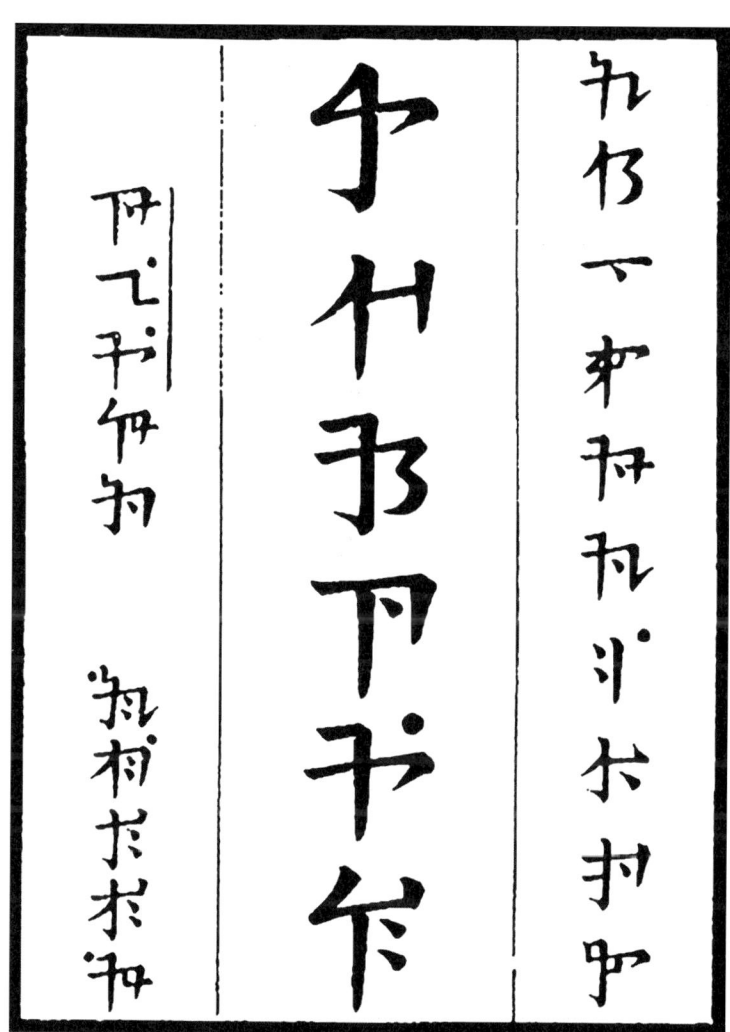

그림 5.1. 『伊娑菩喩言(伊索寓言)』 서명 페이지

蒙童訓上卷 上海土白

第一章

講究造成功天地哮萬百樣物事。

我愛拉个小囝呀、造成功天地个否、人勿郍心裏想想看、有啥人能殼造成功天地哮、啥人能殼造成功个、不過會担料作來做个多化物事、是房子哮箱子哮臺子哮椅子哮啥。比方有人會做箱子領伊到無啥料作个房子裏去、關子門哮對伊話儂勿可以出來、等到做好子箱子末可以出來者、第个人勿能殼空手做好一隻箱子因爲無沒料作

耶穌降世一千八百九十四年　　上海土白

耶穌言行傳 卷一第

大清光緒二十年歲次甲午　上海美華書館擺印

그림 5.3.

그림 5.4.

惟有真神不可欺
未曾舉意已先知
若裝外貌瞞人目
必製嚴刑向爾施
莫說暗房無漏處
宜思天眼沒停時
何如修德為良士
致獲常生到玉墀

3. TSING - JING DJÜN CÜ.

Vi yiu Tsing-Jing pch k'o ky'in
Vi dzeng kvü i yi sin - oii.
Ziah tsong wœ-mao mun jing moh.
Pih cii nyin ying hyiang r s.

Moh shih en vông vu leo c'ii.
Nyi s t'iu yiu moh ding z.
'o-jü sin teh we linng z.
Cü 'oh djông-song tao nyioh - dzi.

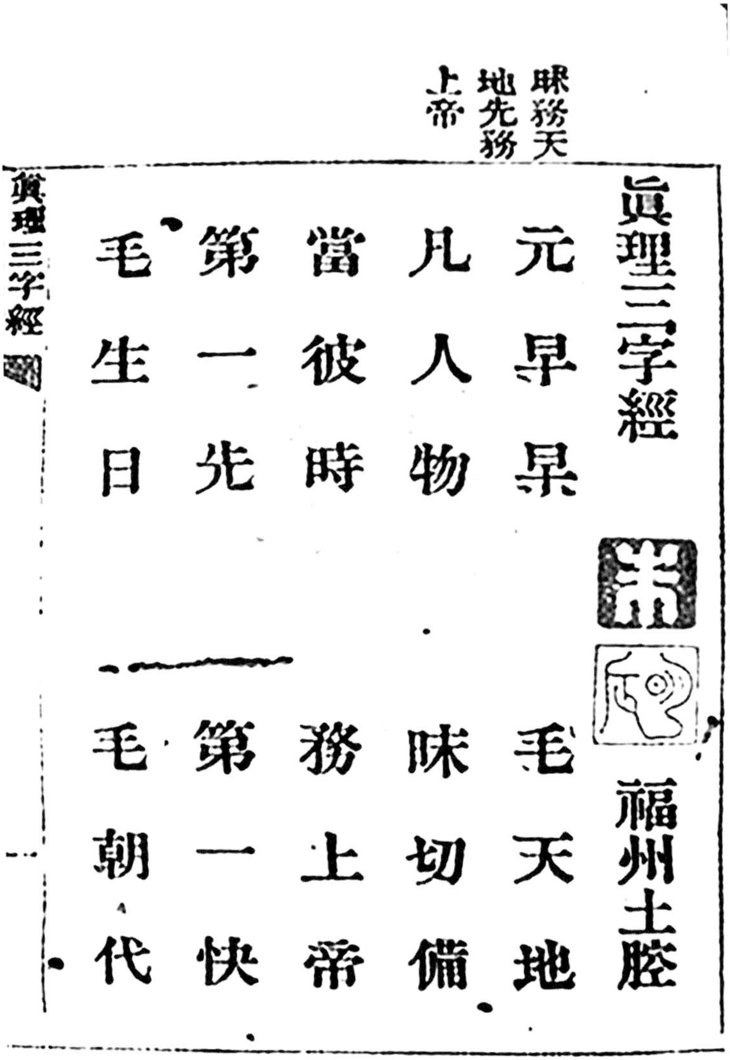

眞理三字經

眠務天
地先務
上帝

| 眞理三字經 | | 福州土腔 |

元旱杲　毛天地
凡人物　味切備
當彼時　務上帝
第一先　第一快
毛生日　毛朝代

그림 5.6.

제6장 중국 소수민족 언어의 『성경』 역본 목록 집록(輯錄)

본 목록의 체제는 제2장과 동일하다. 이 부분의 목록은 부수적으로 수집한 것으로, 원서를 필자가 직접 열람한 것은 일부에 불과하다. 각 언어 혹은 방언의 배열 순서는 유사성을 기준으로 했고 어족별로 분류했다.

6.1. 중국어-티베트어[漢藏]계 쟝통[壯侗]어족

6.1.1. 중자[仲家]어

『馬太福音』, 대영성서공회, 상하이[上海], 1904년, 166면, 17.5cm, 로마자, 동양/도시샤/미경회, 중국내지선교회의 클라크(S. R. Clarke) 역, 신망애 사이트.

6.1.2. 라카[拉咖]어(Laka)

『馬可福音』, 대영성서공회, 상하이[上海], 1912년, 96면, 21cm, 폴라드(Pollard) 문자, 폴라드(S. Pollard)식 먀오 문자[苗文]와 유사, 동양/도시샤/미경회, 중국내지선교회의 A. G. Nicholls & Gladstone Porteous 역.

『約翰福音』, 대영성서공회, 상하이[上海], 1936년, 중국내지선교회의 T. A. Binks 역.

6.1.3. 다이야[傣雅]어
『馬太福音』, 대영성서공회, 방콕, 1922년, 라오스[老撾; Yuan] 폰트 채택, 미경회, 장로회의 Belle E. Dodd 역.

6.1.4. 다이루(Tai Lu; 傣仂)어
『路加福音和約翰福音』, 미국성경공회, 요코하마, 1921년, 傣仂文 채택, 미경회, 미국장로회의 L. J. Beebe 역.
『路加福音』, 제2, 제3판, 1927년, 미경회, 미국장로회의 L. J. Beebe 역.
『創世記』, 제1—11장, 1928년, 미경회, 미국장로회의 L. J. Beebe 역.
『雅各書』, 1829년, 미경회, 미국장로회의 L. J. Beebe 역.
『馬可福音』, 1932년, 미경회, 미국장로회의 L. J. Beebe 역.
『使徒行傳—希伯來人書』, 1932년, 분책 합본, 미경회, 미국장로회의 L. J. Beebe 역.
『新約』, 미국성경공회, 방콕, 1933년, 미국장로회의 L. J. Beebe 역. 그는 라오스어를 사용하는 태국인 설교자와 현지 조수 세 명의 도움을 받아 라오스어를 채택했다.

6.1.5. 산[撣]어

『馬可福音』, 대영성서공회, 런던, 1931년, 윈난[雲南] 문자[Yunnanese character] 채택, 도시샤/미경회, 윈난[雲南] 산족 교사인 콩[孔] 선생 역. 그는 스웨덴 Free Mission의 Mary E. Johansson의 가르침을 받았다.

『馬可福音』, Burma Agency, 캘커타[加爾各答], 1943년, 미경회.

『使徒行傳』, 대영성서공회, 런던, 1948년, 미경회, Bible Churchmen's MS의 Mary E. F. Stileman이 Shan Cushing 역본에 근거해 개편한 것으로 어휘 측면에서만 약간 개정해 윈난[雲南] 산[撣]족에 적합했다.

6.2. 중국어-티베트어[漢藏]계 먀오야오[苗瑤]어족

6.2.1. 화먀오[花苗]어

『馬可福音』, 대영성서공회, Chaotung, 1907년, 폴라드(Pollard) 먀오 문자[苗文], 미경회.

『約翰福音』, 대영성서공회, 1908년, 폴라드(Pollard) 먀오 문자[苗文], 미경회.

『馬可福音』, 대영성서공회, 상하이[上海], 1910년, 수정본, 84면, 21.5cm, 폴라드(Pollard) 먀오 문자[苗文], 동양/미경회.

『馬可福音』, National BS of Scotland, 안순[安順]부(府), 1910년, 로마자, 미경회, 중국내지선교회의 J. R. Adam 역.

『約翰福音(1-3장)』, National BS of Scotland, 안순[安順]부(府), 1910년, 로마자, 미경회, 중국내지선교회의 J. R. Adam 역.

『馬太福音』, National BS of Scotland, 안순[安順]부(府), 1911년, 로마자, 미경회, 중국내지선교회의 J. R. Adam 역.

『約翰福音』, National BS of Scotland, 안순[安順]부(府), 1911년, 로마자, 미경회, 중국내지선교회의 J. R. Adam 역.

『羅馬人書』, National BS of Scotland, 안순[安順]부(府), 1911년, 로마자, 미경회, 중국내지선교회의 J. R. Adam 역.

『加拉太書』, National BS of Scotland, 안순[安順]부(府), 1911년, 로마자, 미경회, 중국내지선교회의 J. R. Adam 역.

『馬太福音』, 대영성서공회, 1912년, 폴라드(Pollard) 먀오 문자[苗文], 미경회.

『使徒行傳』, 대영성서공회, 상하이[上海], 3915년, 106면, 21.5cm, 폴라드(Pollard) 먀오 문자[苗文], 동양/미경회.

『新約』, 대영성서공회, 1917년, 폴라드(Pollard) 먀오 문자[苗文], 1929년 중쇄본, 미경회.

『新約』, 대영성서공회, 상하이[上海], 1936년, 수정본, 폴라드(Pollard) 먀오 문자[苗文], 1947년 중쇄, 미경회.(위의 화먀오어 성경에서 사용한 먀오 문자[苗文]는 Bible Christian의 사무엘 폴라드(Samuel Pollard)가 창안한 것으로, 그는 W. H. Hudspeth, Gladstone Porteous, A. G. Nicholls의 도움을 받았다.)

6.2.2. 촨먀오[川苗]어

『馬可福音』, 윈난[雲南](출판사 미기재), 1922년, 98면, 19cm, 선장, 폴라드(Pollard) 먀오 문자[苗文], 동양/도시샤/미경회.

『馬可福音』, United Methodist의 H. Parson 역. 그는 화먀오족 교사인 Yang K'uan-I의 도움을 받았다. China Bible House, 상하이[上海], 폴라드(S. Pollard)식 먀오 문자[苗文], 1938년, 59면, 동양/도시샤/미경회/텐리/신망애 사이트, 화먀오족 교사 역. 속표지 영인본은 그림 6.1 참조.

6.2.3. 헤이먀오[黑苗]어

『馬太福音』, 대영성서공회, 상하이[上海], 1928년, 주음자모 버전, 1932년 개정판, 미경회, 중국내지선교회의 허튼(H. M. Hutton) 역, 현지 양[楊] 선생의 도움을 받음.

『馬可福音』, 대영성서공회, 상하이[上海], 1928년, 주음자모 버전, 미경회, 중국내지선교회의 허튼(H. M. Hutton) 역, 현지 양[楊] 선생의 도움을 받음, 1932년 개정판.

『路加福音』, 대영성서공회, 상하이[上海], 1932년, 주음자모 버전, 미경회, 중국내지선교회의 허튼(H. M. Hutton) 역, 현지 양[楊] 선생의 도움을 받음.

『約翰福音』, 대영성서공회, 상하이[上海], 1932년, 주음자모 버전, 미경회, 중국내지선교회의 허튼(H. M. Hutton) 역, 현지 양[楊] 선생의 도움을 받음.

『使徒行傳』, 대영성서공회, 상하이[上海], 1932년, 주음자모 버전, 미경회, 중국내지선교회의 허튼(H. M. Hutton) 역, 현지 양[楊] 선생의 도움을 받음.

『新約』, 대영성서공회, 상하이[上海], 1934년, 1304면, 21.5cm, 활판 인쇄, 양장, 주음자모 버전, 북대/도시샤/동양/미경회. 중국내지선교회의 허튼(H. M. Hutton) 역, 현지 양[楊] 선생의 도움을 받음.

6.2.4. 미엔[勉]어

『馬可福音』, 미국성경공회, 방콕, 1932년, 타이어[泰文], 미경회, 베트남 교사 Francois와 미국성경공회의 C. K. Trung 역.

6.3. 중국어-티베트어[漢藏]계 티베트-버마[藏緬]어족

6.3.1. 리쑤[傈僳]어(Lisu)

『馬太福音』, 대영성서공회 인쇄·발행, 상하이[上海], 1912년, 128면, 21.5cm, 동양/도시샤/미경회, 폴라드(Pollard) 문자, 폴라드(S. Pollard)식 먀오 문자[苗文]와 유사, 중국내지선교회의 A. G. Nicholls와 조지 맷커프(George E. Metcalf) 역, 신망애 사이트. 서명 페이지 영인본은 그림 6.2를 보라.

『路加福音』, 대영성서공회, 상하이[上海], 1917년, 136면, 18.5cm, 선장, 동양/미경회, 폴라드(Pollard) 문자, 폴라드(S. Pollard)

식 먀오 문자[苗文]와 유사.

『使徒行傳』, 대영성서공회, 상하이[上海], 1928년, 미경회, 폴라드(Pollard) 문자, 폴라드(S. Pollard)식 먀오 문자[苗文]와 유사.

『約翰福音』, 대영성서공회, 상하이[上海], 1936년, 미경회, 폴라드(Pollard) 문자, 폴라드(S. Pollard)식 먀오 문자[苗文]와 유사.

6.3.2. 서부 리쑤[傈僳]어(Western Lisu)

『馬可福音』, 대영성서공회, 상하이[上海], 1921년, 서부 리쑤어, 중국내지선교회의 J. O. Fraser 역, 병음으로 표기한 서부 리쑤어는 침례회 선교사가 1915년에 창안한 것이다.

『約翰福音』, 1923년, 서부 리쑤어.

『路加福音』, 대영성서공회, 양광[仰光], 1930년, 서부 리쑤어, G. Gowman 역.

『馬太福音』, 대영성서공회, 상하이[上海], 1932년, 서부 리쑤어, A. B. Cooke와 C. G. Gowman 부인 역.

『四福音書和使徒行傳』, 1933년.

6.3.3. 화리쑤[花傈僳]어(Hwa Lisu)

『使徒行傳』, 대영성서공회, 상하이[上海], 華北芝果(Chefoo) James McMullan & Co. 인쇄, 1932년, 101면, 18.5cm, 동양/도시샤, 폰트는 라틴 자모를 위주로 했으며, 뒤집은 글자와 부가 기호를 첨가했다.

『馬可福音』, 대영성서공회, 상하이[上海], 華北芝眾(Chefoo) James McMullan & Co. 인쇄, 1932년, 65면, 18.5cm, 동양.

『約翰福音』, 대영성서공회, 상하이[上海], 1933년, 75면, 18.5cm, 동양.

『路加福音』, 대영성서공회, 상하이[上海], 1933년, 112면, 18.5cm, 동양.

6.3.4. 눠쑤[諾蘇]어(Nosu)

『路加福音』, 대영성서공회, 상하이[上海], 1923년, 159면, 19cm, 동양/도시샤/미경회, 폰트가 폴라드(S. Pollard)식 먀오 문자[苗文]와 유사, 폴라드(S. Pollard) 창안, 선장.

『使徒行傳』, 대영성서공회, 상하이[上海], 1926년, 200면, 선장, 동양, 폰트가 폴라드(S. Pollard)식 먀오 문자[苗文]와 유사, 폴라드(S. Pollard) 창안.

『新約』, China Bible House, 상하이[上海], 1948년, 미경회, 폰트가 폴라드(S. Pollard)식 먀오 문자[苗文]와 유사, 폴라드(S. Pollard) 창안, 중국내지선교회의 Gladstone Porteous 역.

6.3.5. 이[彝]어

『約翰福音』, 대영성서공회, 상하이[上海], 1938년, 85면, 텐리.

6.3.6. Kopu어

『馬可福音』, 대영성서공회, 상하이[上海], 1913년, 폴라드(S. Pollard)가 창안한 문자 채택, 미경회, 중국내지선교회의 A. G. Nicholls와 감리회연합선교회의 A. Evans 역, Kopu어는 이어[彝語]의 북부 방언이다.

6.3.7. 라후[拉祜]어

『馬可福音』, 미국침례회, 양광[仰光], 1924년, 1938년 수정본, 로마자, 미경회, ABFMS의 J. Haxton Telford 역. Potun, David, Ai Pun, Chit Swe의 도움을 받았다.

『馬可福音』, 미국침례회, 양광[仰光], 1925년, Yuan 폰트, 미경회, 라오스 선교사 Duang Dee 역.

『使徒行傳』, 미국침례회, 양광[仰光], 1926년, Yuan 폰트, 라오스 선교사 Duang Dee 역.

『馬太福音』, 미국침례회, 양광[仰光], 1928년, Yuan 폰트, 라오스 선교사 Duang Dee 역.

『路加福音』, 미국침례회, 양광[仰光], 1928년, Yuan 폰트. 라오스 선교사 Duang Dee 역.

『新約』, 미국침례회, 양광[仰光], 1932년, 미경회, ABFMS의 J. Haxton Telford 역. Potun, David, Ai Pun, Chit Swe의 도움을 받았다.

『馬可福音』, Scripture Gift Mission, 런던, 1938년, 로마자, 미경회,

ABFMS의 J. Haxton Telford 역. Potun, David, Ai Pun, Chit Swe의 도움을 받았다.

『詩篇』, 미국침례회, 양광[仰光], 1939년, 로마자, 미경회, ABFMS의 J. Haxton Telford 역. Potun, David, Ai Pun, Chit Swe의 도움을 받았다.

『新約』, 양광[仰光], 1949년, 수정본, 로마자, 미경회, ABFMS의 J. Haxton Telford 역. Potun, David, Ai Pun, Chit Swe의 도움을 받았다.

6.3.8. 나시[納西]어

m-ko te-bd (Na-Hsi Mark) (馬可福音), 대영성서공회, 상하이[上海], 1932년, 개정한 폴라드(Pollard; 柏格理) 문자 채택, 도시샤/미경회, 네덜란드 장로회의 Elise Sharten 역, 신망애 사이트.

6.3.9. 하니[哈尼]어(Kado)

『路加福音』, 대영성서공회·미국성경공회, China Bible House, 상하이[上海], 1939년, 121면, 폴라드(Pollard) 문자 채택, 텐리/미경회, 리쑤족 출신 Ch'i 선생 역, 하니족 출신 교사의 도움을 받았다.

6.3.10. 징포[景頗]어

『約翰福音』, 미국침례회, 양광[仰光], 1895년, 미경회.

『路加福音』, 미국침례회, 양광[仰光], 1896년, 미경회.
『創世記』, 미국침례회, 양광[仰光], 1897년, 미경회.
『出埃及記』, 미국침례회, 양광[仰光], 1898년, 미경회.
『俄巴底亞書』, 미국침례회, 양광[仰光], 1899년, 미경회.
『約拿書』, 미국침례회, 양광[仰光], 1899년, 미경회.
『詩篇』, 미국침례회, 양광[仰光], 1901년, 미경회.
『使徒行傳』, 미국침례회, 양광[仰光], 1902년, 미경회.
『馬太福音』, 미국침례회, 양광[仰光], 1903년, 1912년 수정본, 1943년 정정본, 미경회.
『馬可福音』, 미국침례회, 양광[仰光], 1903년, 1912년 수정본, 1943년 정정본, 미경회.
『雅各書至猶大書』, 미국침례회, 양광[仰光], 1904년, 미경회.
『新約』, 미국침례회, 양광[仰光], 1912년, 1945년 정정본, 미경회.

6.3.11. Atsi어

『馬可福音』, 개인 인쇄, 산둥[山東] 즈과[芝果], 1939년, 중국내지선교회의 J. Fitzwilliam 역, Fraser 병음 문자 채택. Atsi어는 티베트-버마어족 버마-이[緬彝]어계 Burmish어 북부 방언에 속하며 중국 내에서는 윈난[雲南]에서 사용한다.
『聖經』, 미국침례회, 양광[仰光], 1927년, 1937년 중쇄, 미경회.

6.3.12. Akha어

『馬可福音』, Scripture Gift Mission, 런던, 1939년, 로마자, 미경회, Karen족 목사 Tun Jaw 역, ABFMS의 J. Haxton Telford의 도움을 받았다. Akha어의 병음 문자는 후자가 창안한 것이다. Akha어는 티베트-버마어족 버마-이[緬彝]어계 Burmish어 남부 방언에 속한다.

6.3.13. 티베트문[藏文]

『使徒行傳』, 개인 인쇄, Kyelang, 1862년, H. A. Jaeschke(모라비아인) 역.

『羅馬人書』, 개인 인쇄, Kyelang, 1865년, 미경회, H. A. Jaeschke 역.

『歌羅西書』, 개인 인쇄, Kyelang, 1865년, 미경회, H. A. Jaeschke 역.

『馬太福音』, 개인 인쇄, Kyelang, 1866년, 미경회, H. A. Jaeschke 역.

『約翰福音』, 개인 인쇄, Kyelang, 1868년, 미경회, H. A. Jaeschke 역.

『哥林多前後書』, 개인 인쇄, Kyelang, 1868년, 미경회, H. A. Jaeschke 역.

『加拉太書一腓立比書』, 개인 인쇄, Kyelang, 1868년, 미경회, H. A. Jaeschke 역.

『帖撒羅尼迦前後書』, 개인 인쇄, Kyelang, 1868년, 미경회, H. A. Jaeschke 역.

『馬可福音』, 개인 인쇄, Kyelang, 1873년, H. A. Jaeschke 역.

『雅各書』, 개인 인쇄, Kyelang, 1873년, H. A. Jaeschke 역.

『猶大書』, 개인 인쇄, Kyelang, 1873년, H. A. Jaeschke 역.

『提摹太前書—腓利門書』, 개인 인쇄, Kyelang, 1875년, H. A. Jaeschke 역.

『彼得前書—約翰三書』, 개인 인쇄, Kyelang, 1873년, H. A. Jaeschke 역.

『創世記』, 개인 인쇄, Kyelang, 1881년, A. W. Heyde, H. A. Redslob, T. D. L. Schreve 등 번역.

『出埃及記(1-20章)』, 개인 인쇄, Kyelang, 1881년, A. W. Heyde, H. A. Redslob, T. D. L. Schreve 등 번역.

『馬太福音』, 개인 인쇄, Kyelang, 1883년, A. W. Heyde, H. A. Redslob, T. D. L. Schreve 등 번역, 미경회.

『馬可福音』, 개인 인쇄, Kyelang, 1883년, A. W. Heyde, H. A. Redslob, T. D. L. Schreve 등 번역.

『路加福音』, 개인 인쇄, Kyelang, 1883년, A. W. Heyde, H. A. Redslob, T. D. L. Schreve 등 번역.

『約翰福音』, 개인 인쇄, Kyelang, 1883년, 미경회, A. W. Heyde, H. A. Redslob, T. D. L. Schreve 등 번역.

『使徒行傳—啟示錄』, 대영성서공회, 베를린, 1885년, 미경회, A. W. Heyde, H. A. Redslob, T. D. L. Schreve 등 번역.

『申命記』, 개인 인쇄, Kyelang, 1890년, A. W. Heyde, H. A. Redslob, T. D. L. Schreve 등 번역.

『馬太福音』, 수정본, 대영성서공회, 상하이[上海], 1894년, MS 선교사 Alliance(스칸디나비아인) 수정.

『馬可福音』, 수정본, 대영성서공회, 상하이[上海], 1894년, 미경회, MS 선교사 Alliance 개정.

『路加福音』, 수정본, 대영성서공회, 상하이[上海], 1894년, MS 선교사 Alliance 개정.

『約翰福音』, 수정본, 대영성서공회, 상하이[上海], 1894년, MS 선교사 Alliance 수정, 1899년 중쇄.

『約翰福音』, 개인 인쇄, 홍콩, 1898년, A. Giraudeau 역

『馬可福音』, 수정본(원고), 대영성서공회, Calcutta Auxiliary, Ghom, 1899년, A. W. Heyde, H. A. Redslob, T. D. L. Schreve 등 번역.

『新約』, 대영성서공회, Calcutta Auxiliary, Ghom, 1903년, A. W. Heyde, H. A. Redslob, T. D. L. Schreve 등 번역, 1933년 중쇄.

『創世記』, 대영성서공회, 베를린, 1905년, 미경회, A. W. Heyde, H. A. Redslob, T. D. L. Schreve 등 번역.

『出埃及記』, 대영성서공회, 베를린, 1905년, 미경회, A. W. Heyde, H. A. Redslob, T. D. L. Schreve 등 번역.

『撒母耳記上』, 원고, Mission Press, Leh, 1906년.

『詩篇』, 대영성서공회, 加爾加答, 1906년, 미경회, A. W. Heyde, H. A. Redslob, T. D. L. Schreve 등 번역.

『利未記』, 대영성서공회, 베를린, 1907년, 미경회, A. W. Heyde,

H. A. Redslob, T. D. L. Schreve 등 번역.

『約書亞書』, 대영성서공회, 런던, 1912년.

『士師記―撒母耳下』, 대영성서공회, 런던, 1922년.

『列王紀上―歷代志下』, 대영성서공회, 런던, 1930년, 미경회.

『以賽亞書』, 대영성서공회, 런던, 1933년, 미경회.

『耶利米書』, 대영성서공회, 런던, 1933년, 미경회.

Damn pa'i gsun rab ces bya ba bzugs so, zal chad gsar ba'i mdo mams ni, 티베트어 신약 수정본, 1933, Heinrich August Jaschke 역, Augustus William Heyde, Friedrich Adolphus Redslob, Nathaniel가 구성한 위원회에서 개정, 티베트어, British & Foreign Bible Society, Shanghai, 1933, Tibetan New Testament, R(evised).V(ersion).

『聖經』(신약 수정본 포함), Bible Society of Indian and Ceylon, Lahore, 1948년, Moravian Mission의 A. H. Francke, Y. Gergan 등 번역, 미경회.

『新舊約全書』, 約瑟·索南(Yoseb Sonam) 역, 1948년, 신망애 사이트.

6.4. 오스트로아시아[南亞]어계 몬크메르[孟高棉]어족

6.4.1. 와[佤]어

『約翰福音』, 미국침례회, 양광[仰光], 1934년, 미경회, M. S. Yang 역, 와족[佤族] 교사인 Sara Yaw Su, Sai Pluik, Sara Ngao

Meung의 도움을 받음.

『馬太福音』, 미국침례회, 양광[仰光], 1935년, 미경회, M. S. Yang 역, 와족[佤族] 교사인 Sara Yaw Su, Sai Pluik, Sara Ngao Meung의 도움을 받음.

『馬可福音』, 미국침례회, 양광[仰光], 1935년, 미경회, M. S. Yang 역, 와족[佤族] 교사인 Sara Yaw Su, Sai Pluik, Sara Ngao Meung의 도움을 받음.

『路加福音』, 미국침례회, 양광[仰光], 1935년, 미경회, M. S. Yang 역, 와족[佤族] 교사인 Sara Yaw Su, Sai Pluik, Sara Ngao Meung의 도움을 받음.

『新約』, 미국침례회, 양광[仰光], 1935년, 미경회, M. S. Yang 역, 와족[佤族] 교사인 Sara Yaw Su, Sai Pluik, Sara Ngao Meung의 도움을 받음.

6.5. 알타이[阿爾泰]어계 몽골[蒙古]어족

6.5.1. 몽골문[蒙文]

『馬太福音』·『約翰福音』, Russian Bible Society, 상트페테르부르크, 1819년, I. J. Schmidt, 몽골인 Badma와 Normiu 2인 역.

『新約』, 1827년, 미발간.

『舊約首五卷』, 대영성서공회, Slengisky, 1836년, LMS의 E. Stallybrass, W. Swan, R. Yuille 역.

『詩篇』, 미국성경공회, 상트페테르부르크, 1836년.

『新約全書』, 그리스어에서 번역, 대영성서공회, 런던, 1846년, 施德華(Edwand Stallybrass), 史維廉(William Swan) 역, 신망애 사이트, 속표지 영인본은 별지[附件]를 보라.

『新約全書』, 그리스어에서 번역, 대영성서공회, 상트페테르부르크, 25cm, 658면, 1880년, 施德華(Edwand Stallybrass), 史維廉(William Swan) 역, 하버드-엔칭 TMO 1977. 5 1880.

『舊約』, 대영성서공회, 런던, 1846년, 1886년 상트페테르부르크에서 중쇄, 만주어 자모 채택.

『基督徒問答』(Christian Catechism), 26엽, Xylog, Peking, 1866.

『馬太福音』, 대영성서공회, 베이징[北京], 1872년, 1894년 중쇄, 미경회, 몽골 라마 역, S.I.J. Schereschwsky와 에드킨스(J. Edkins) 개정.

『馬太福音書』, 대영성서공회, 상하이[上海], 15.5cm, 141면, 1872년, 하버드-엔칭TMO 1977. 62.

『路加福音書』, 대영성서공회, 상하이[上海], 92면, 19.5cm, 1900년, 하버드-엔칭 TMO 1977. 64.

『約翰福音書』, 대영성서공회, 상하이[上海], 7면, 19.5cm, 1900년, 하버드-엔칭 TMO 1977. 65.

『使徒行傳』, 대영성서공회, 상하이[上海], 87면, 19.5cm, 1902년, 하버드-엔칭 TMO 1977. 67 1902.

『四福音書和使徒行傳』, 대영성서공회, 상하이[上海](일본 요코하마

[橫濱] 인쇄), 1911년.

『創世記』, 상하이[上海], 1913년, 미경회.

『約拿書』, 대영성서공회, 상하이[上海], 15cm, 1913년, 미경회/하버드-옌칭 TMO 1977. 492 1913.

『四福音書和使徒行傳』, 상하이[上海], 1913년, 1939년 중쇄, 미경회.

『箴言』,대영성서공회, 상하이[上海], 23cm, 1921년, 미경회/하버드-옌칭 TMO 1977. 37 1921.

『創世記』, 대영성서공회, 상하이[上海], 23cm, 1911년, 하버드-옌칭 TMO 1977. 21 1932.

『馬太福音書』, 대영성서공회, 상하이[上海], 78면, 19.5cm, 1929년, 하버드-옌칭 TMO 1977. 62 1929.

『馬可福音書』, 대영성서공회, 상하이[上海], 48면, 19.5cm, 1929년, 하버드-옌칭 TMO 1977. 63 1929.

『約翰福音書』, 대영성서공회, 상하이[上海], 69면, 19.5cm, 1929년, 하버드-옌칭 TMO 1977. 65 1929.

『出埃及記』, 대영성서공회, 상하이[上海], 23cm, 1933년, 미경회/하버드-옌칭TMO 1977. 22 1933.

『馬太福音書』, 대영성서공회, 상하이[上海], 78면, 19.5cm, 1929년, 하버드-옌칭 TMO 1977. 62 1933.

『馬可福音書』, 대영성서공회, 상하이[上海], 48면, 19.5cm, 1933년, 하버드-옌칭TMO 1977. 63 1933, 1929년 버전의 재판본.

『路加福音書』,대영성서공회, 상하이[上海], 86면, 19.5cm, 1933년, 하버드-옌칭 TMO 1977. 64 1933.

『使徒行傳』, 대영성서공회, 상하이[上海], 88면, 19.5cm, 1933년, 하버드-옌칭 TMO 1977. 67 1933.

『但以理書』, 상하이[上海], 1934년, SDA Mongolian MP, 미경회.

『馬太福音』, China Bible House, 상하이[上海], 1940년, 미경회.

『馬可福音』, China Bible House, 상하이[上海], 1940년, 미경회.

『路加福音』, China Bible House, 상하이[上海], 1947년, 미경회.

『新約全書』, 그리스어에서 번역, 대영성서공회, 상하이[上海], 25cm, 925면, 1846년, 施德華(Edwand Stallybrass), 史維廉(William Swan) 역, 하버드-옌칭 TMO 1977. 5 1846 Bible. 몽골어의 전통 몽골 문자 폰트[蒙古文字體]로 작성. 이 역본은 몽골어의 '佛'로 여호와 하나님을 번역했고, 불교에서 기원한 몽골어 어휘로 성경 어휘를 번역했다. 번역자 2인 모두 런던선교협회 LMS 소속이다.

6.6. 알타이[阿爾泰]어계 만주어-몽골[滿·蒙古]어족

6.6.1. 만주[滿]어

『馬太福音』, 대영성서공회, 상트페테르부르크, 1822년, 미경회, 만주 문자 채택, 러시아 외교관 S. V. Lipoftsoff 역.

『新約』, 대영성서공회, 상트페테르부르크, 1835년, 1929년 중쇄,

미경회/하버드-엔칭 TMA 1977. 65 1911c, 러시아 동방정교회 수도사 바실리예비치 리포프초프(Степан Васильевич Липовцов; Stepan Vaciliyevich Lipovtsov; 斯捷凡·利波夫左夫; 1770-1841) 역, 그는 러시아 외교관이기도 하다. 신망애 사이트, 겉표지 영인본은 부록 참조.

『馬太福音』(만주어와 중국어), Wylie 역, 70엽, 상하이[上海], 1859년.

『馬可譯音』(만주어와 중국어), Wylie 역, 43엽, 상하이[上海], 1859년.

Ice Hese(만주 문자 신약전서: Part1), 만주어, 1911, 리포프초프(Lipovtsov) 역, 만주 문자, 신망애 사이트.

Ice Hese(만주 문자 신약전서: Part2), 만주어, 1911, 리포프초프(Lipovtsov) 역, 만주 문자, 신망애 사이트.

『新約全書』, 만주어(1850-1869), 리포프초프(Lipovtsov) 역, 동방정교회 신부 리포프초프(Lipovtsov)가 만주 문자와 만주어로 번역한 신약성서(1850-1869판), 총 8권, 8권이 단독으로 1책을 이룸, 한 권으로 엮임, 516면. 하버드-엔칭 TMA1977 65 1911b. 오스트레일리아 뉴사우스 웨일즈 주립도서관에 소장되어 있으며 2권 합본으로 묶었다. 만주 문자에 능통한 친구 Dalt가 지적한 바에 따르면, 이 2책의 만주 문자 신약성서 8권 중 제1책은 1권, 2권, 3권, 4권으로 구성되어 있고, 제2책은 4권, 5권, 6권 하, 7권으로 구성되어 있다. 이 때문에 이 신약성서는 결본[殘本]으로 4권(요한복음)은 중복되어 있고 6권 상(로마서·고린도전서·고린도후서·갈라디아서)은 누락되어 있다.

『約翰福音』, 대영성서공회, 상하이[上海], 선장, 53엽, 1911년, 하버드-옌칭 TMA 1977. 65 1911.

『馬可福音』, 만주어, 연도 미상, 리포프초프(Lipovtsov) 역, 만주어, 만주 문자.

『滿漢合璧新約聖書』(馬太福音), 만주어, 1911년, 만주 문자, 중문은 위원회 역본의 번역문이다. 중앙민족학원 도서관/신망애 사이트.

『滿漢合璧新約聖書』(馬可福音), 만주어, 1911년, 만주 문자, 중문은 위원회 역본의 번역문이다. 중앙민족학원 도서관/신망애 사이트.

6.7. 알타이[阿爾泰]어계 튀르크[突厥]어족

6.7.1. 카자흐[哈薩克]어

『新約』, 俄國聖經會, Astrakhan, 1820년, 미경회, 아랍 문자 채택, 스코틀랜드 성경회의 C. Fraser 역, 그중 『馬太福音』은 1818년에 단독으로 발간됨.

『新約』, 대영성서공회, 카잔(Kazan; 喀山), 1888년, 1887년, 1910년 중쇄, 아랍 문자 채택, 미경회.

『馬可福音』, 대영성서공회, Tomsk, 1894년, 키릴(Cyrillic; 西裏爾) 자모 채택.

『馬太福音·馬可福音和使徒行傳』, Tihwa, 1917년, 아랍 문자 채택, 유인본(油印本).[1]

『馬可福音』, 수정본, 대영성서공회, 상하이[上海], 1918년, 아랍 문자 채택.

『使徒行傳』, 수정본, 대영성서공회, 상하이[上海], 1927년, 아랍 문자 채택, 미경회.

『馬可福音』, 대영성서공회, 상하이[上海], 1927년, 아랍 문자 채택, 미경회.

『路加福音』, 대영성서공회, 상하이[上海], 1927년, 아랍 문자 채택, 미경회.

『約翰福音』, 대영성서공회, 상하이[上海], 1927년, 아랍 문자 채택, 미경회.

『創世記』, 대영성서공회, 상하이[上海], 1930(1931?)년, 아랍 문자 채택, 미경회.

6.7.2. 우즈벡[烏茲別克]어

『四福音書』, 대영성서공회, 라이프치히, 1891년, 1913년 중쇄, 아랍 문자, 미경회, M. Ostroumoff 역, 그는 타슈켄트 학교의 감독이다.

---

1 [역자 주] 유인(油印): "등사기로 찍음.=등사."

6.7.3. 위구르[維吾爾]어

『維吾爾語馬可福音』, 연도 미상, 위구르어, 키릴 문자. 버전 미상.

『聖經』(위구르 문자), 현대 위구르문 역본, 2005년, 위구르어, 아랍 문자, 『引支勒』全集, 『討拉特』節集(Ingil or New Testament + Paraphrased Torah or the Mosaic Law), 人們活書出版社(LBA) 출판. 판권 2005 위구르문성경협회. (The work is currently protected by copyright. Uncertain if the translation is published online with the permission of the copyright holder.)

6.8. 어계 및 어족 미상

6.8.1. 모쒸[摩梭]어

『馬可福音』, 미국성경공회, Chiengmai(清邁), 1929년, 라오스 문자 채택, 라오스 선교사 Duang Dee 역.

6.8.2. Keh-deo어

『馬可福音』, National BS of Scotland, 상하이[上海], 1937년, 미경회, 중국내지선교회의 허튼(H. M. Hutton) 역, 1933년 Keh-deo어 문자 창안함.

『約翰福音』, National BS of Scotland, 상하이[上海], 1937년, 미경회, 중국내지선교회의 허튼(H. M. Hutton) 역.

6.9. 오스트로네시아[南島]어계 고산족 제 언어

타이완의 고산족(高山族) 언어 7종으로 번역된 성경도 있으나, 가장 먼저 출간된 것은 연도 미상이다. 이 7종 언어는 파이완(Paiwan; 排灣), 부눈(Bunun; 布儂), 타야(Tayal; 泰雅爾), 타로코(Taroko; 泰魯閣), 야미(Yami; 耶美), 포모산(Formosan)이다. 맨 뒤의 포모산은 중문 번역명이 알려지지 않았으며 현대 고산족 언어 분류에서도 포모산이라는 명칭이 없다. '福摩薩'라는 일반 명칭[通名]일 수 있다.

위의 자료로 보건대, 중국 소수민족 언어나 방언으로 번역되어 1950년 이전에 출간된 성경은 총 178종이다. 이에 각종 소수민족 언어로 번역된 성경이 출간된 최초 연대를 다음의 표로 나열해 비교했다. 표 6.1을 보라.

표 6.1. 소수민족 언어『聖經』의 최초 출간 연도

語種	單篇	『新約』	『聖經』全書	文字	數量
중자[仲家]	1904年			로마자	1
라카[拉咖]	1912年			먀오문과 유사	2
다이야[傣雅]	1922年			라오스문	1
다이루[傣仂]	1921年	1933年		다이루문	7
산[撣]	1931年			윈난문	3
화먀오[花苗]	1907年			폴라드(Pollard)식 먀오문	12
촨먀오[川苗]	1922年			폴라드(Pollard)식 먀오문	2
헤이먀오[黑苗]	1912年	1934年		주음자모	7
미엔[勉]	1932年			타이문	1

리쑤[傈僳]	1912年			먀오문과 유사	4
서부 리쑤[傈僳]	1921年			서부 리쑤어	5
화리쑤[花傈僳]	1932年			라틴 자모 위주	4
눠쑤[諾蘇]	1923年			먀오문과 유사	3
이[彝]	1938年			?	1
Kopu	1913年			폴라드(Pollard)식 먀오문	1
모쒀[摩梭]	1929年			라오스문	1
라후[拉祜]	1924年	1939年		로마자	9
나시[納西]	1932年			폴라드(Pollard)식 먀오문	1
하니[哈尼]	1939年			폴라드(Pollard)식 먀오문	1
징포[景頗]	1895年	1912年		?	12
Atsi	1939年		1927年	프레이저(Fraser) 병음 문자	2
Akha	1937年			로마자	1
Keh-deo	1937年			허튼(Hutton) 병음 문자	2
티베트[藏]	1862年	1903年	1948年	티베트문	39
와[佤]	1934年	1935年		?	5
몽골[蒙]	1819年	1827年		몽골문	30
만주[滿]	1822年	1835年		만주문	9
카자흐[哈薩克]	1894年	1820年		아랍문	10
우즈벡[烏茲別克]	1891年			아랍문	1
위구르[維吾爾]	未詳			슬라브문	1
總計					178

  1951년 홍콩의 China Bible House에서 출간한 동부 리수[傈僳]어 『新約』도 있으며, 역자는 중국내륙선교회의 맷커프(G. E. Metcalf)이다. 표 6.1에는 타이완 고산족의 언어로 번역된 『聖經』은 포함되지

않았다. 네덜란드인이 타이완 통치 때 사용한 고급 언어는 고산족의 시라야(Siraya; 西拉亞)어였다. 이 언어는 한때 타이완의 남서부, 현재의 타이난[臺南] 일대에서 사용됐다. 침략한 네덜란드인들이 그 당시에 바로 이 일대에 정착했다. 네덜란드인들은 시라야어를 위해 로마자를 창안하고 행정·교육·무역의 수단으로 삼았으며, 이는 '新港文字'라 불렸다.

이 문자는 청(淸)나라 가경(嘉慶) 연간까지 줄곧 사용되다가 폐지됐다(洪唯仁 1994). 1661년에 이 문자로 번역된 『聖經』 단편이 출간됐는데, 이는 중국 소수민족 언어로 번역된 최고(最古)의 『聖經』 단편이다. '新港文字'로 번역한 핑푸[平埔]어와 네덜란드어 간에 대조한 『馬太福音』(1888)은 영국 선교사 캠벨(W. Campbell)이 영인한 것인데, 총 288면이며 신망애 사이트에서 찾아볼 수 있다. 서명 면의 영인본은 그림 6.3에서, 본문 첫 면의 영인본은 그림 6.4를 보라.

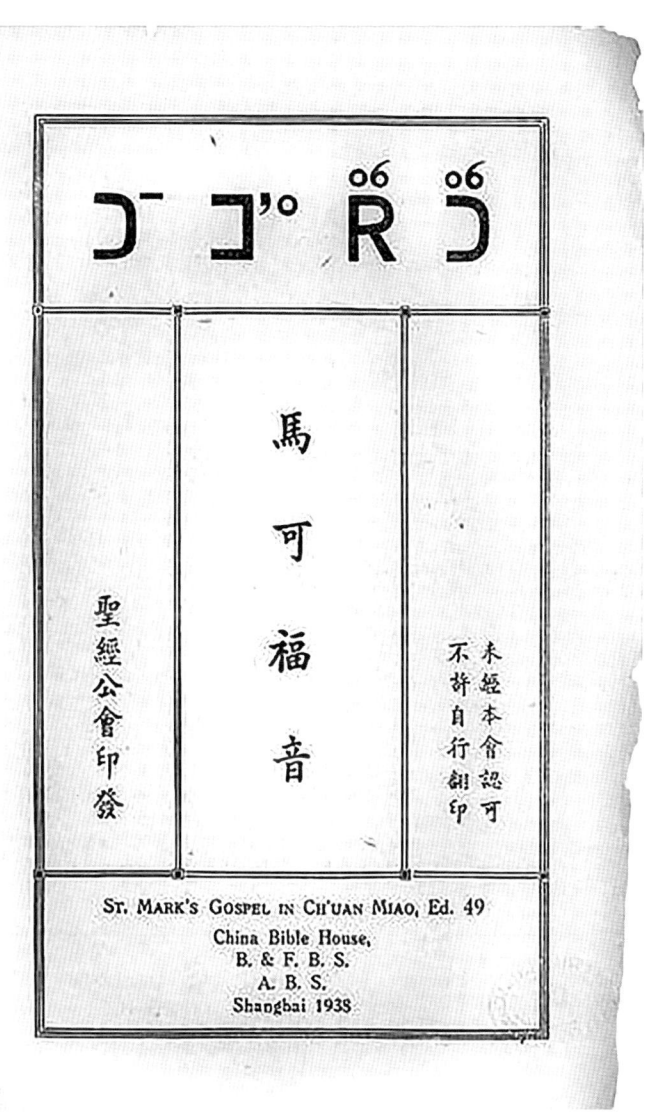

그림 6.1.

그림 6.2.

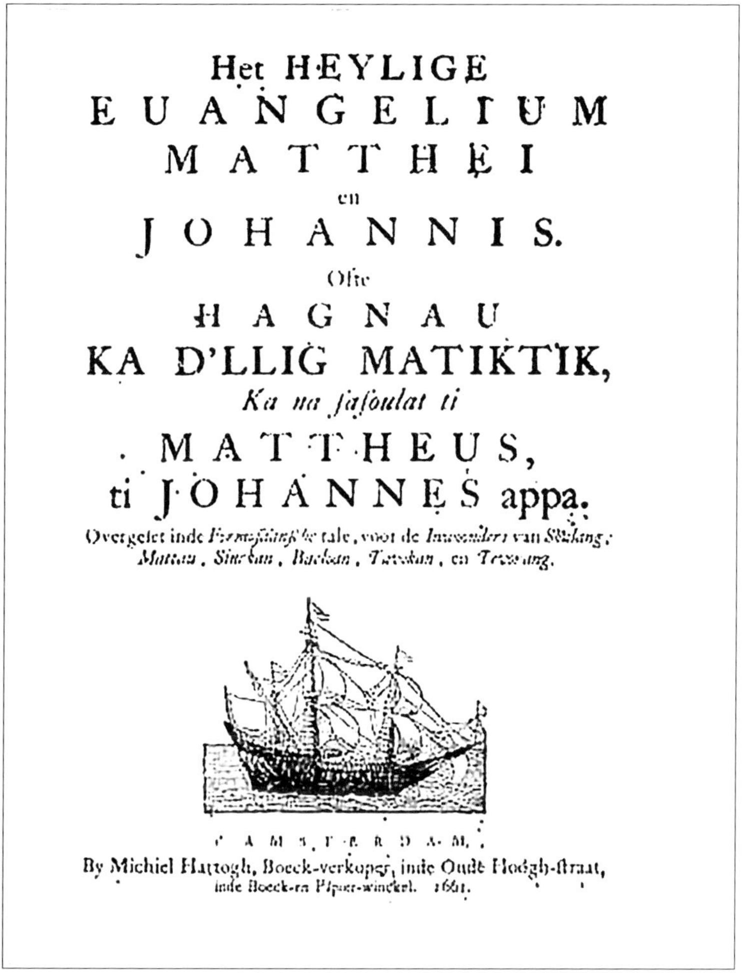

Het HEYLIGE
EUANGELIUM
MATTHEI
en
JOHANNIS.
Ofte
HAGNAU
KA D'LLIG MATIKTIK,
Ka na jafoulat ti
MATTHEUS,
ti JOHANNES appa.

Overgeset inde *Formosaansche* tale, voor de Inwoonders van *Sideia;*
Mattau, Soulang, Bacloan, Tavokan, en Tevorang.

't A M S T E R D A M.
By Michiel Hartogh, Boeck-verkoper, inde Oude Hoôgh-ftraat,
inde Boeck-en Pijper-winckel. 1661.

그림 6.3.

그림 6.4.

부록1
일본 학자의 중국어 방언학 저작 목록

상하이[上海]에 거주한 일본 학자들의 저작은 거의 상하이[上海] 방언에 관한 것이다. 대부분의 저작은 교과서(회화 手冊 포함)로서, 무역 및 상하이[上海] 사람들과의 교류를 위해 편찬됐다. 1930-40년대에 비교적 많이 출간됐다. 다음은 유형을 구분하지 않고 출판연도별로 정렬했다.

미와타 마사부미[禦幡雅文], 『滬語便商總譯』, 日本堂 발행, 1878년 (明治 11년 1월 25일) 초판, 1892년 중쇄. 본서는 1908년·1913년·1917년·1924년 여러 차례 상하이[上海] 日本堂에서 재판함. 1924년(大正 13년) 6월 증보 및 정정해 인쇄했고, 같은 해 7월에 발행함. 이 증보본은 단편 이야기 12장 72면, 문답 50장 88면으로 구성되어 있다.

스기에 후사조우[杉江房造], 『改正增補上海語獨案內』, 1904년 초판, 日本堂 발행. 단어와 문답 각 17장, 총 93면으로 구성. 여러 차례 재판, 제13판은 1923년에 출간.

미와타 마사부미[禦幡雅文], 『滬語津梁』, 1907년 상하이[上海] 出新(Tso-Hsin)社 출간, 1926년 상하이[上海] 東亞同文書院 정정판

(訂正版). 상인들 간의 문답 50장 175면, 단편 이야기 75면으로 구성됨.

미와타 마사부미[禦幡雅文], 『滬語便商(一名上海話)』, 상하이[上海] 日本堂書店 明治 41년(1908) 초판 발행. 大正 13년 재판 발행.

고토 아사타로[後藤朝太郎], 『現代支那語學』, 博文館 明治 41년(1908) 2월 1일 발행.

林通世 편, 『瀛滬雙舌(日支雙用)』, 1914년 상하이[上海] 日本堂 초판, 이후 몇 차례 재판, 1936년 17판. 중문-일문 대조 회화 수책. 총 113면.

사바 코이치로[稻葉鼎一郎] 지음, 왕팅줴[王廷珏] 선생 보충, 『上海話指南』, 도쿄[東京] 求文堂 인쇄·발행. 92면. 昭和 10년(1935) 서문. 백화편, 작문 예 두 부분으로 구성. 앞 앞부분에서 발음을 설명했다.

사바 코이치로[稻葉鼎一郎] 저, 『日滬小字典』, 67면. 일본어 50음으로 배열. 昭和 11년(1936), 文求堂書店.

카게야마 토모[影山巍] 저, 『詳註現代上海話』, 도쿄[東京] 求文堂 1936년(昭和 11년) 인쇄·발행, 총 131면. 본서는 1940년까지 11판(총 315면). 저자는 본서를 저술하기 전 이미 상하이[上海]에서 거주했으며 중국어 방언을 20여 년 연구했다. 본서는 상하이[上海]어에 어느 정도 기초가 있는 일본인을 대상으로 했다. 총설과 부록 외에 3편으로 구성되어 있다. 총설에서 베이징[北京] 발음과 상하이[上海] 발음 간에 간단하게 비교했다. 부록에는 『賞俗語林』 등이 있다. 제2편 『要語用法和用例』는 책 전체의 주요 부분으로 어법 문제를 매우 많이 다뤘다. 대사, 부사, 허사 용법을 조금 논의했으며, 예문도 있다. 베이징[北京]어와 비교하며 해석했다. 예로, '者'는 (1) 단순히 과거 나타냄(조동사); (2) 완료 '了'를 나타냄; (3) 긍정 어말 어미로 베이징[北京]어의 '了'에 대응됨. 예: 伊前年回國者.

왕팅줴[王廷珏] 저, 『實用上海話』, 상하이[上海] 日本人基督敎靑年會 출간. 단편 이야기 10개 부류 20과, 문답 20과로 구성됨. 총 119면. 1919년(大正 8년).

왕팅줴[王廷珏] 저, 『增補實用上海話』, 상하이[上海] 小林榮居 발행 및 인쇄. 1919년(大正 8년) 초판. 단편 이야기 13개 부류 30과, 문답 30과로 구성됨. 총 226면. 본서는 여러 차례 재판됨, 1939년(昭和 14년) 10판.

후지마사 준[藤正純], 『上海話獨案內』, 1922년 서문 간행. 日商公大紗廠用書. 단어와 구 800개 항목 및 방직 관련 전문 어휘로 구성. 중문-일문 대조.

오카와 유슈오[大川與朔], 『活用上海話』, 1924년(大正 13년) 출간, 218면. 1926년(大正 15년) 5판. 라틴 자모로 발음을 표기하고 日文으로 해석함. 대중 용어, 대중 용어 문답, 상업 용어 3편으로 구성됨. 조동사와 동사 배합을 설명함. 총 218면.

진도 후미오[金堂文雄], 『紡織工場技術用上海語』, 상하이[上海] 日

本堂書店, 1926년(大正 15년) 1월 10일 발행. 총 272면.

진도 후미오[金堂文雄], 『白話體支那語手紙』, 1926년 출간. 어구와 상하이[上海]어 백화문 서신 1,200개 항목으로 구성됨.

시즈오 카시와기[柏木節], 『兵用上海話』, 1932년 초판, 1937년 제3판. 총 130면. 일본 해군 해병대용.

기타 아오키[喜多青磁], 『實用上海話』, 1933년 도쿄[東京] 春陽堂 출간. 총 139면. 자료는 주로 왕팅줴[王廷珏]의 『實用上海話』에서 가져옴.

진탕 후미오[金堂文雄], 陳受益, 『滬語規範』, 1933년 상하이[上海] 東京堂 출간. 총 245면, 앞의 61면은 어법 관련 단편 이야기로 가장 이해하기 어려운 동사와 조동사를 해석했다. 나머지는 회화 50과이며, 각 단원에는 새로운 단어에 일본어로 번역했다.

진탕 후미오[金堂文雄], 천서우이[陳受益] 저, 『역본滬語規範』, 상하이[上海] 東京堂, 1934년.

이나바 다이이치로[稻葉鼎一郎], 『上海聲音字彙』, 상하이[上海] 日本堂, 昭和 10년(1935) 8월 5일 발행.

카게야마 토모[影山巍], 『實用速成上海語』, 1937년 초판, 1944년 제24판. 저자가 저술한 『速成北京話』・『速成廣東話』와 내용이 일치하여 비교하기 용이함.

진탕 후미오[金堂文雄], 『上海話名詞集』, 1938년 상하이[上海] 至誠堂書店 출간. 보통명사 6,300개, 추상명사 1,700개, 대명사

342개(대부분 지시대명사) 세 가지 항목으로 구성, 총 487면. 저자는 지시대명사가 근칭[近指: '地頭'], 중칭[中指; '格頭'], 원칭 [遠指; '伊頭']으로 삼분해야 한다고 여김.

히로 주케멘[崛朱雀門], 『新編支那語讀本』, 1939년 도쿄[東京] 自强館 출간. 단편 이야기와 문답 크게 두 부분으로 구성됨. 총 110면.

사카모토 이치로[阪本一郞], 『上海話會話』, 『支那語雜志』 1권 10기부터 3권 1기까지 간행. 1941-1943년. 입문서, 시내 젊은층의 어음을 채택.

사카모토 이치로[阪本一郞], 『標准上海話讀本』, 1942년 상하이[上海] 東亞同文書院大學 출간.

부록2
소장처 약칭과 정식 명칭[1]

[오스트레일리아] 오스트레일리아국가도서관 澳大利亞國家圖書館
[바젤] 스위스바젤회 도서관 瑞士巴色敎會圖書室
[국도] 국가도서관 國家圖書館
[북대] 베이징대학도서관 北京大學圖書館
[버클리] 미국버클리대학분교도서관 美國加州大學伯克利分校圖書館
[대영] 대영도서관 大英圖書館
[도호쿠] 일본동북대학도서관 日本東北大學圖書館
[도쿄중문과] 일본도쿄대학중문과도서실 日本東京大學中文系圖書室
[동양] 일본동양문고 日本東洋文庫
[도쿄종합] 일본도쿄대학종합도서관 日本東京大學綜合圖書館
[푸단] 푸단대학도서관 復旦大學圖書館
[푸젠] 푸젠성도서관 福建省圖書館[2]

---

1   [역자 주] 약칭은 되도록 원서를 따랐다.
2   [역자 주] 원서에는 '福建師範大學圖書館'이 나열되어 있으나 소장처에 해당 예가 없으므로 '福建省圖書館'으로 대체했다.

[컬럼비아] 캐나다브리티시컬럼비아대학아시아학과 加拿大英屬哥倫比亞大學亞洲學系
[하버드-옌칭] 미국하버드대학옌칭연구소 美國哈佛大學哈佛燕京學社
[호튼] 호튼희귀본도서관 霍頓圖書館(Houghton Rare Book Library)
[쿄도] 일본쿄도대학도서관 日本京都大學圖書館
[쿄도인문연] 일본쿄도대학인문과학연구소도서관 日本京都大學人文科學研究所圖書館
[코넬] 미국코넬대학도서관 美國康奈爾大學圖書館
[라이덴] 네덜란드라이덴대학한학원도서관 荷蘭萊頓大學漢學院圖書館
[매디슨] 미국위스콘신주립대학매디슨캠퍼스도서관 美國威斯康星州州立大學麥迪遜校區圖書館
[뉴도] 미국뉴욕공공도서관 美國紐約公共圖書館
[미경회] 미국성경공회도서관 美國聖經會圖書室
[일성도] 일본기독교성경도서관 日本基督敎聖經圖書館
[산도] 광둥성산터우시도서관 廣東省汕頭市圖書館
[상기도] 상하이기독교삼자애국회도서실 上海基督敎三自愛國會圖書室
[상도] 상하이도서관 上海圖書館
[스탠퍼드] 미국스탠퍼드대학도서관 美國斯坦福大學圖書館
[텐리] 일본텐리대학도서관 日本天理大學圖書館

[타대] 타이완대학도서관 臺灣大學圖書館

[타성도] 타이완성도서관 臺灣省圖書館

[타도] 타이완성국가도서관 臺灣省"國家"圖書館

[도시샤] 일본도시샤대학도서관 日本同志社大學圖書館

[위드너] 위드너도서관 外德納圖書館(Widener Library)

[샤대도] 샤먼대학도서관 廈門大學圖書館

[샤도] 샤먼시도서관 廈門市圖書館

[싱국대분관] 싱가포르국립대학중문분관 新加坡國立大學中文分館

[싱중도] 싱가포르중앙도서관 新加坡中央圖書館

[홍콩] 홍콩성서공회 香港聖經公會

[쉬자후이] 상하이도서관쉬자후이장서루 上海圖書館徐家匯藏書樓

[영경회] 대영성서공회도서실(케임브리지대학도서관 부설) 大英國聖經會圖書室(附設在劍橋大學圖書館)

[중산] 광동성립중산도서관 廣東省立中山圖書館

[중산대학] 광저우중산대학도서관 廣州中山大學圖書館

참고문헌

Eric M. North, *The Book of A Thousand Tongues*, Harper & Brothers, New York and London, 1938.
Geraldine Guinness, *The History of the China Inland Mission*, 2nd edition. London: Morgan and Scott, 1893.
Hilary Chappell and Christine Lamarre, *A Grammar and Lexicon of Hakka, Historical Materials from the Basel Mission Library*, 曹西蕾·柯里思『客家話的語法和詞匯瑞士巴色會所藏晚晴文獻』. Ecole des Hautes Etyudes en Sciences Sociales Centre de Recherches Linguistiques sur V Asie Orientale, Paris - 2005.
Hubert W. Spillett, *A Catalogue of Scriptures in the Languages of China*, British and Foreign Society, London, 1975.
John Pollock, *Hudson Taylor and Maria*, Hodder and Stoughton Ltd., England. 1962. 中譯本嚴彩綉譯, 臺灣校園書房出版社, 1977.
Marshall Broomhall, The Chinese Empire, *A General & Missionary Survey*, Morgan & Scott, London, 1907.
Memorials of Protestant Missionaries to Chinese: Giving a List of their Publications, and Obituary Notices of the Deceased with copious indexes. Shanghae: American Presbyterian Mission Press. 1867.
One Hundred Years Being the Short History of the Church Missionary Society. 3rd edition, London Church Missionary Society. 1899.
William Gammel. A. M Boston, A History of American Baptist Missions, 1849.
陳澤平,『19世紀以來的福州方言―傳教士福州 方言文獻之語言學研究』, 福建人民出版社, 2010.
古屋昭弘,『宣教士著作所見明代官話』, 早稻田大學『文學研究科紀要』35輯, 1989.
柯理思,『關於REY神父的客家話資料』,『大阪女子大學國文科紀要』國文篇49號, 1989.

柯理思, *Early Hakka Corpora in the Basel Mission Library*, 『國際中國語言學評論』第二期, 1999, 荷蘭.

羅常培, 「耶穌會士在音韻學上的貢獻」, 『中央研究院歷史語言研究所集刊』1本3分, 1930.

羅常培, 『西洋人研究中國方音的成績和缺點』, 『國語周刊』72期, 1933.

密立根, 『新約聖經流傳史』(附『漢文聖經譯本小史』), 廣學會, 上海, 民國二十三年.

木津佑子, 『關於同志社大學藏漢語方言譯等聖書』, 『同志社女子大學學術研究年報』第45卷第4期(1994).

馬西尼, 『羅馬所藏1602年手稿本閩南話一西班牙語詞典—中國與西方早期語言接觸一例』(游汝杰譯), 鄒嘉彥·游汝杰主編『語言接觸論集』, 上海教育出版社, 2004.

錢乃榮, 『西方傳敎士上海方言學著作研究』, 上海大學出版社, 2014.

秋谷裕幸, 『*The Gospel of Saint Matthew in Ting-chow* 的音系』, 『愛媛大學敎養部紀要』27號, 1994.

秋谷裕幸, 『*Gospel of Matthew Kien-yang Colloquial* 的音系』, 『愛媛大學敎養部紀要』28號, 1995.

聖經公會目錄, 聖書公會·美華聖經會印發, 上海, 1935.

信望愛網站.

游汝杰, 『西洋傳敎士著作所見上海話的塞音韻尾』, 『中國語文』1998年2期.

游汝杰, 『十九世紀後半期至二十世紀上半期吳語語法研究資料述略』, 『國際中國語言學評論』第二期, 1999, 荷蘭.

袁進主編, 『新文學的先驅一歐化白話文在近代的發生·演變和影響』, 復旦大學出版社, 2014.

張嘉星, 『閩方言研究專題文獻輯目索引(1403-2003)』, 社會科學文獻出版社, 2004.

張美蘭編, 『美國哈佛大學哈佛燕京圖書館藏晚清民國間新敎傳敎士中文譯著目錄提要』, 廣西師范大學出版社, 2013年5月.

志賀正年, 『中文聖書的基礎研究』, 株式會社天理寺報社印刷, 1973年3月.

周同春, 『19世紀的上海語音』, 『吳語論叢』, 上海敎育出版社, 1988.

 연구편

서양 선교사 저작 중의 상하이어 폐색음 운미

『切韻』음운체계에는 비음 운미가 3개, 폐색음 운미가 3개 있다. 현대 우[吳]어에는 비음 운미가 일반적으로 [ŋ] 1개밖에 없고, 폐색음 운미도 일반적으로 [ʔ] 1개밖에 없다. 본문에서 논의하고자 하는 문제는 우[吳]어 중의 운미 3개가 어느 시대에 [ʔ] 운미로 합병되었으며, 운미 3개가 어느 시대에 1개로 합병되었느냐이다. 필자가 알고 있는 고대 우[吳]어 문헌 자료가 충분하지 않으므로 이 문제에 관한 연구는 피상적일 수밖에 없다.

이 문제를 논의하려면 반드시 연대가 명확한 우[吳]어 관련 역사 문헌을 참고해야 한다. 필자가 보건대 이러한 문헌에는 대략 아래의 몇 가지 부류가 있다. 첫째는 타오쭝이[陶宗儀]의 『南村輟耕錄』이고, 둘째는 왕잉뎬[王應電]의 『同文備考·聲韻會通』이며, 셋째는 성화(成化)[1]본 남희(南戲) 『白兔記』이고, 넷째는 『南詞敍錄』 등 남곡(南曲) 곡운(曲韻)이며, 다섯째는 명청(明淸) 지방지에 수록된 우[吳]어 자료이고, 여섯째는 펑멍룽[馮夢龍]이 집록(輯錄)한 『山歌』이며, 일곱째는 리루전[李汝珍]의 『李氏音鑒』이고, 여덟째는 서양 선교사의 방언학 저작이다.

---

1 [역자 주] 성화(成化): "중국 명나라 헌종 때의 연호(1465-1487)."

본문은 서양 선교사의 방언학 문헌을 통해 이 문제를 논증하고자 한다.

1. 에드킨스(J. Edkins) 저작 중의 근거

서양 선교사 조셉 에드킨스(Joseph Edkins; 艾約瑟; 1823-1905)가 저술한 A Grammar of Colloquial Chinese as Exhibited in Shanghai Dialect(『上海話口語語法』, Presbyterian Mission Press, 1853년 초판, 1868년 제2판, 225면)은 중국어 방언 어법학 저작이다. 초판본과 제2판은 내용상 차이가 없다. 이 책의 제1장 제4절 마지막에서 당시 상하이[上海]어의 폐색음 운미를 언급했는데, 이 단락의 글이 길지 않으나 우[吳]어 폐색음 운미의 역사적 연구에 있어 매우 중요하다. 번역하면 다음과 같다.

운모 목록에서 알 수 있는 가장 놀라운 사실은, -k (양조(陽調)인 글자 앞에서 g로 변함) 운미인 촉성운(促聲韻)은 모음이 비슷하다는 점이다. 이 특징은 상하이[上海] 서남 방향으로 약간 떨어진 지역에서는 이미 소실됐고, 닝보[寧波]어에서도 이를 언급한 사람이 없다.

관화 중의 촉성자(促聲字; 모음)의 주요 형태를 통용되는 몇 가지 정자법에 비추어 나열하면 다음과 같다.

-k로 끝나는 촉성자의 모음 대부분은 표에서 마지막의 3개 모음인 u, ú, ó이다. 그 밖의 다른 촉성자, 예를 들어 ih를 포함한 글자가 -k로 끝난다면 단모음 u를 삽입하는 경우가

많다. 예로, '力'자는 lik 혹은 liuk으로 들린다. 마찬가지로, uh 혹은 oh를 포함한 글자가 만약 -k로 끝나지 않으면 úh 혹은 óh가 eh로 변한다. 따라서 '末' móh가 meh로 변한다. 이 규칙에 부합하는 많은 글자는 운미가 모두 이처럼 변하며, -k를 피한 경우 ah, e와 배합한다. 만약 -k로 끝나는 운모로 되면 순서대로 u, ú, ó로 변한다. 그러나 관화의 a가 촉성조(促聲調)에서는 a로 변하고 장음 a만이 u의 백독(白讀) 형식으로 사용된다는 점을 유의해야 한다. 예를 들어, '百'은 백독은 pák이고 문독은 puk이다. 따라서 상하이[上海]어의 촉성조에서 á, u, ó, o는 -k 운미와 배합하며, a, e, ö는 자음(子音) 운미와 대응하지 않으며, i는 일반적이다(즉, 자음(子音) 운미와 대응하기도 하고 대응하지 않기도 하다).

Morrison, Medhurst	ă	ĕ	eĕ	eĭh ih	uĕ	iu	ŭh	ŏ
Premare	ă	ĕ	ié	ĭ	ue	ĕ	uh	ŏ
Williams	áh	eh	ieh	ih	ueh	eh	uh	óh
本書	ah	eh	ieh	ih	iöh	uh	úh	óh

푸젠[福建]어와 남방 기타 방언과 비교하면, 이 규율은 간단한 편이다. 운서에 기재된 바에 따르면, 그러한 방언에서는 p, t, k 3개의 운미가 있으며 모음과의 관계도 찾을 수 있다. 푸젠[福建]어에서 이 3개의 운미는 모두 a와 배합할 수 있는 점 외에는 각각 특정한 모음과만 배합할 수 있을 뿐이다.

촉성조 중의 k, t, p는 (양성조(陽聲調)의) 운미 ng, n, m과 배합하는데, 남방 방언의 고유한 이 규칙은 상하이[上海]의 북쪽 방언에는 적용되지 않는다. 운미 체계의 경우, 이런 제한은 확실히 있으나 그리 엄격하지는 않다. -t로 끝나는 글자는 -ng로 끝나는 글자 뒤에 배열되기도 하고 -n으로 끝나는 글자 뒤에 배열되기도 한다. 그밖에 -k로 끝나는 글자가 모음으로 끝나는 글자 뒤에 배열되기도 한다. 그러나 부합하는 글자가 예외자보다 훨씬 많으므로 이 규칙은 의심할 여지가 없다. 상하이[上海]어에서 운미 k-만이 여전히 사용되고 있다면 운서에 보이는 오래된 이 어음 규칙이 현대에 사용되는 중심 지역은 틀림없이 더 먼 남방일 것이다. 실제로 사용 범위는 상하이[上海]에서 광저우[廣州]까지의 해안 지역 및 장시[江西]와 후난[湖南]을 포함한다.

이에 운류(韻類)의 각도에서 이 책 중의 -k 운미와 -h 운미인 글자들을 분석해 보자. 위에서 서술한 번역문에서 다음과 같은 사실을 알 수 있다. 첫째, 에드킨스(J. Edkins)는 『切韻』 음운체계 중의 운미 체계 및 이와 당시 방언과의 관계를 상당히 이해하고 있었다. 둘째, 당시 상하이[上海]어에는 여전히 -k 운미가 있었다. 그에 대한 저자의 묘사와 분석이 매우 자세하다. 저자가 기록한 입성 글자는 운미 측면에서 두 부류로 구분할 수 있다. 한 부류는 '法' fah, '瞎' hah, '月' nioh, '熱' nyih처럼 -h로 끝나고 또 한 부류는 -k로 끝난다. -k 운미의 존재는 분명히 신뢰할 만하다. 셋째, 당시 상하이[上海]어의 -k 운미는 모음과의 관계가 밀접해 특정 모음과만 배합했다.

에드킨스(J. Edkins)는 운류와의 관계에 대해서는 분석하지 않았다. 이 책의 운모 목록 및 그 외 부분에서 -k로 끝나는 글자 및 독음

(讀音), 운섭(韻攝)은 표 1과 같다.

표 1.

字	若	略	郭	削	樂	作	霍	腳	虐	格	逆	
音	zak	liak	kwok	siak	lok	tsok	hok	kiak	ngok	kak	niuk	
韻	藥	藥	藥	藥	鐸	鐸	鐸	鐸	藥	陌	陌	
攝	宕	宕	宕	宕	宕	宕	宕	宕	宕	梗	梗	
字	百	劃	射	額	革	毒	築	熟	獄	屋	直	刻
音	pak	vuak	zok	ngak	kak	dok	tsok	zok	niok	ok	dzuk	k'uk
韻	陌	麥	昔	陌	麥	沃	屋	屋	濁	屋	職	德
攝	梗	梗	梗	梗	梗	通	通	通	通	通	曾	曾

표 2.

字	角	落	國	目	木	吃	讀	薄	各	腳	縮	約	獨	學	石
音	kok	lok	kok	mok	mok	k'iuk	dok	bok	kok	kiak	sok	yak	dok	hok	zak
	koh	loh	koh/kwoh	moh	moh	k'iuh	doh	boh	koh	kiah	soh	yah	doh	hoh	zah
韻	覺	鐸	德	屋	屋	錫	屋	鐸	鐸	鐸	鐸	藥	屋	覺	昔
攝	江	宕	曾	通	通	梗	通	宕	宕	宕	宕	宕	通	江	梗

'木'자는 운모 목록에서 mok과 moh 2개의 독음이 있고, '石'자는 zak로 표기되어 있으나 20면의 단어 '寶石' 항목에서는 zah로 표기되어 있다. 운미가 -k와 -h 두 가지 독음[兩讀]이 있는 이 부류의 글자 및 그 독음, 그리고 속한 운섭은 표 2와 같다.

표 1과 표 2로 보건대, 이 책에서 -k 운미인 운은 ak, ok, uk, iuk, iak, iok, uak 7개이다.

책 전체에서 -k로 끝나는 입성 글자는 총 37개인데, -k와 -h 두 가지 모두로 끝맺는 입성 글자 15개를 포함한다. 그 중 '射'자는 특수하다. 『廣韻』에서는 假攝 禡韻 혹은 梗攝 昔韻에 속하는데 현재 우[吳]어에서도 입성 독음이 있다. 나머지 36개 글자는 『切韻』 음운체계에서 각각 江攝, 宕攝, 曾攝, 通攝, 梗攝에 속한다. 이 (5개) 攝에 속하는 입성 글자는 中古 중국어에서 모두 -k 운미이다. 에드킨스(J. Edkins)가 기록한 운미 -h의 실제 음가는 틀림없이 후색음[ʔ], 즉 현재 우[吳]어 입성 운미의 독음일 것이다. '어휘확산이론' 관점으로 고찰하면, 두 가지 운미가 가능한 이 15개 글자는 현재 변화 중인 것으로, 나머지 22개 글자는 이미 변화를 끝마친 것으로 -h로 끝나는 글자는 아직 변화하지 않은 것으로 간주할 수 있다. -h로 끝나는 글자의 모음은 i, ɿ, ə, e, ø, æ이고, -k로 끝나는 글자의 모음은 ɔ와 a이다. ɔ와 a는 후설 저모음이다. 후설 저모음은 발음할 때 구강과 목구멍의 벌어짐이 큰 편이어서 발음을 마친 후 설근 폐색음과 결합하기가 쉽다. 음운 이치로 볼 때, 에드킨스(J. Edkins)의 기록은 신빙성이 있다.

거의 같은 시기에 영국 선교사인 에드킨스(J. Edkins)는 『上海方言詞彙(*A Vocabulary of the Shanghai Dialect*)』; (上海美華書館, 151면, 1869)를 출간했다. 이는 최초의 상하이[上海] 방언 사전이다. 저자는 그의 저서 『上海口語語法』과 함께 보고자 이 사전을 편찬했다. 이 책의 폐색음 운미 또한 -h와 -k 두 부류로 구분된다. -h 앞의 모음은 -ih '必'처럼 짧으며, -k 앞의 모음은 ok '屋'처럼 길다.

이 책에 보이는 -k로 끝나는 글자(총 9개)와 독음, 속한 운섭은 표 3을 보라.

표 3.

字	托	虐	若	宅	陌	學	錄	熟	肉
音	t'ok	ngok	zak	dzak	mak	ok	lok	zok	niok
韻	鐸	藥	藥	陌	陌	覺	燭	屋	屋
攝	宕	宕	宕	梗	梗	江	通	通	通

표 4.

字	惡	著	格	革	陌	隔	百	剝	讀	獨	毒	齷
音	ok	dzak	kak	kak	mok	kak	pak	pok	dok	dok	dok	ok
	oh	dzah	kah	kah	moh	kah	pah	poh	doh	doh	doh	oh
韻	鐸	藥	麥	陌	陌	陌	陌	覺	屋	屋	沃	燭
攝	宕	宕	梗	梗	梗	梗	梗	江	通	通	通	通

이 책에서 운미가 -k와 -h 두 가지 독음 모두 가능한 글자(총 12개)와 독음, 속한 운섭은 표 4를 보라.

에드킨스(J. Edkins)의 기록으로부터 보건대, 당시 상하이[上海]어에서는 폐색음 운미 -k와 -ʔ가 병존했다. 현대 중국어에서도 이 두 폐색음 운미가 병존하는 현상을 볼 수 있는 방언이 있다. 예로, 현대 하이난[海南] 원창[文昌] 방언에는 4개의 폐색음 운미가 있고(納 -p, 力 -t, 六 -k, 臘 -ʔ), 현대 푸저우[福州]어 폐색음 운미는 대부분 -ʔ로만 읽으나, 일부 노인층과 중년층은 -ʔ와 -k 두 가지로 읽기도 하는데 대체로 ɛ, æ, ɔ운의 경우는 -ʔ 운미로 읽고 나머지 운의 경우는 -k 운미로 읽는다. 다만 -k로 끝나는 운은 점차 감소하는 추세이다. 따라서 방언 간의 비교 측면에서 볼 때, 에드킨스(J. Edkins)의 기록은 마찬가지로 신뢰할 만하다.

2. 그 밖의 다른 선교사 저작 중의 근거

상하이[上海]어와 관련해 동시대에 그 밖의 다른 선교사의 저작에서도 폐색음 운미를 -k와 -h 두 부류로 구분했는데, 필자가 살펴본 바로는 다음의 몇 가지가 있다.

첫째, J. MacGowan, *A Collection of Phrases in the Shanghai Dialect*, Shanghai: Presbyterian Mission Press, 193면, 1862.

저자의 중문 이름은 麥考文이다. 이 책은 초학자를 위해 집필한 상하이[上海]어 교재이다. 서양어로 작성한 최초의 상하이[上海]어 교재이기도 하다. 책 전체를 가장(家長), 숫자(數目), 상업(商業) 등 화제에 근거해 29과로 구분했다. 본문 앞부분에 로마자 자모로 된 발음 표기에 관해 설명했다. 예로, h 앞의 a가 mat 중의 a와 비슷하다는 부분은 주로 모음을 설명한 것이며, 자음(子音)에 관해서는 j가 프랑스어와 비슷하고 언급한 부분 외에는 영어와 비슷하다고만 간략하게 했을 뿐이다. 단원마다 중문을 제시한 후 로마자를 제시했다. 성조를 표기하지 않았다. 입성 운미는 -h와 -k 두 부류로 구분했다.

이 책에 보이는 -k 운미인 글자(총 33개) 및 독음, 속한 운섭은 표 5 를 보라.

표 5.

字	擱	落	惡	烙	絡	作	霍	索	各	鑿	酌
音	kok	zak	ok	lok	lok	tsok	hok	sok	kok	zok	tsak
韻	鐸	鐸	鐸	鐸	鐸	鐸	鐸	鐸	鐸	鐸	鐸
攝	宕	宕	宕	宕	宕	宕	宕	宕	宕	宕	宕
字	略	著	約	覺	樂	戳	濁	角	齷	學	捉
音	leak	tsak	yak	kok	ngok	tsok	dzok	kok	ok	ok	tsok
韻	藥	藥	藥	覺	覺	覺	覺	覺	覺	覺	覺
攝	宕	宕	宕	江	江	江	江	江	江	江	江
字	逆	射	石	麥	劃	速	簏	讀	屋	祝	燭
音	niuk	sok	sak	mak	vak	sok	lok	tok	wuk	tsok	tsok
韻	陌	昔	昔	麥	麥	屋	屋	屋	屋	屋	燭
攝	梗	梗	梗	梗	梗	通	通	通	通	通	通

운미로 -k와 -h 두 가지 독음이 있는 글자(총 9개) 및 독음, 속한 운섭은 표 6을 보라.

표 6.

字	藥	築	剝	國	直	測	木	六	福	督	玉
音	yak	tsok	pok	kok	tsuk	t'sak	mok	lok	fok	tok	niok
	yah	tsoh	poh	koh	tsuh	t'sah	moh	loh	foh	toh	nioh

韻	藥	屋	覺	德	職	職	屋	屋	屋	沃	燭
攝	宕	通	江	曾	曾	曾	通	通	通	通	通

표 5와 표 6에서 알 수 있듯이, 이 책에서 -k 운미는 ok, ak, uk, iuk, eak, iok 6개가 있다. 운류로 보건대, 맥고완(Macgowan; 麥考文)의 -k 운미가 에드킨스(J. Edkins)보다 uak 1개가 적을 뿐만 아니라 자음(字音) 분포에서도 차이가 있다. 예로, '學·各' 2개 글자는 맥고완(Macgowan; 麥考文)에서는 -k 운미이고 에드킨스(J. Edkins)에서는 -k와 -h 두 가지 운미이다.

둘째, 상하이[上海] 토어『馬太福音』(로마자 버전), 1895년.

이 책에서 운미가 -k인 입성자는 총 61개이며, 각 섭에서의 분포는 다음과 같다.

宕攝 15자: 約著博藥若腳卻摸弱雀縛薄髆削酌
梗攝 15자: 伯百石麥役白掰嚇客隔拆只責赤
通攝 25자: 督牧束禿獨伏服福獄役蓄木屋讀族菊哭囑祝瀆六覆
　　　　　 復仆錄
江攝 1자: 剝
曾攝 3자: 國或惑
臻攝 1자: 實
山攝 1자: 活

그 나머지 입성자는 일률적으로 운미 -h로 끝맺는다. 동일한 입성자는 운미가 1개만 있어서 어떤 때는 -k 운미로 끝나고 또 어떤 때는 -h 운미로 끝나는 경우가 없다.

셋째, Gilbert McIntosh, *Useful phrases in the Shanghai dialect, with index, vocabulary and other helps*, Shanghai: American Presbyterian Mission Press, 109면, 1906; 2nd ed. 113면, 19cm. 1908; 5th ed. 121면, 1922; 7th ed. 1927. 책 전체는 22과로 구성되어 있으며, 각 단원에는 영문, 중문, 로마자를 대조한 문장들도 있다. 책 앞부분에서는 로마자 병음을 설명했다. 책 뒷부분에는 영문과 로마자를 대조한 어휘 색인이 있다. 제4판(저자가 1921년에 서문 작성)부터 『新詞語』(有軌電車和無軌電車)라는 한 단원이 첨가됐다. 첨가된 단원은 R. P. Montgomery가 작성한 것이다. 성조를 표기하지 않았다. 제2판(1908년) 서문에 따르면, 로마자 체계는 실스비(J. A. Silsby)가 창안한 체계를 따랐다. 이 체계는 상하이[上海]시 정부 위원회에서 출간한 경찰 수칙에 처음으로 사용됐고, 1899년 滬語社에서 채택했다. 초판 때 작성한 로마자 병음 체계에서 입성을 -k와 -h 두 부류로 구분한다고 설명했다. -k 운미에는 ak·ok·iak 세 가지가 있으며, 에드킨스(J. Edkins)의 기록에 비해 uak와 uok 두 개가 적다. 용례는 다음과 같다. 郵政局 Yeu-tsung-jok (43면); 英國 Iung-kok (5면); 著之(外罩衣裳) tsak-ts (51면); 腳 kyak (28면); iak운은 용례에 없다. 동일한 입성자는 1개의 운미만 사용했고, 어떤 때는 -k 운미를 사용하고 어떤 때는 -h 운미를 사용해 두 가지 독음이 모두 가능한 경우는 없었다.

넷째, Hawks Pott, D. D., *Lessons in the Shanghai Dialect*, Shanghai

Presbyterian Mission Press, 99면, 1907; 151면, rev. ed., 1913; 174면, rev. ed., Mei Hua Press, Shanghai, 1939. (French Translation, Imprimerie de la Misson Catholique, Shanghai, 1922; 1939).

이 책에서 입성운은 ah, eh, ih, auh, oeh, uh와 ak, ok, iak처럼 -k와 -h 두 부류로 구분된다. 동일한 입성자는 1개의 운미만 사용했고, 어떤 때는 -k 운미를 사용하고 어떤 때는 -h 운미를 사용해 두 가지 독음이 모두 가능한 경우는 없었다. 1907년 서문의 머리말에서 알 수 있듯이, 이 책의 병음 표기법은 상하이[上海] 선교사가 사용했던 로마자 체계[Shanghai System of Romanization]를 채택했다. 이 체계는 실스비(J. A. Silsby) 목사가 맨 처음으로 제정했을 것이다. 그는 1897년에 상하이[上海]어 음절 목록을 출간했다(J. A. Silsby, *Shanghai Syllabary*, Arranged in phonetic order, 42면, Shanghai: American Presbyterian Mission Press, 1897).

다섯째, D. H. Davis, D. D., *Shanghai Dialect Exercises*, in romanized and character, with key to pronunciation and English index, 278면, 상하이[上海] 쉬자후이[徐家匯] 土山灣印書館 1910년 인쇄. 총 278면.

이 책은 입성운을 h, eh, ih, auh, oeh, uh와 ak, ok, iak처럼 -k와 -h 두 부류로 구분했다. 상술한 포트(Pott; 卜舫濟)의 교재와 동일하다. 동일한 입성자는 1개의 운미만 사용했고, 어떤 때는 -k 운미를 사용하고 어떤 때는 -h 운미를 사용해 두 가지 독음이 모두 가능한 경우는 없었다. 이 책의 머리말에서 "운미 -k가 나타나는 지역에서 -h를 사용하는 경우가 틀림없이 있다"라고 지적했다.

여섯째, R. A. Parker, *Lessons in the Shanghai Dialect*, Shanghai: Shanghai Municipal Council, Kwang Hsueh Publishing House(廣學書局), 1923.

책 앞부분의 표음 설명에서 입성운을 ah, eh, ih, auh, oeh, uh와 ak, ok, iak처럼 -k와 -h 두 부류로 구분했다. 상술한 포트(Pott)의 교재와 동일하다. 동일한 입성자는 1개의 운미만 사용했고, 어떤 때는 -k 운미를 사용하고 어떤 때는 -h 운미를 사용해 두 가지 독음이 모두 가능한 경우는 없었다. 저자는 h가 그 앞의 모음을 가리키는 데에 사용되기도 했다고 지적했다. ah의 발음은 영어 at 중의 a와 비슷하고, ak의 발음은 영어 what 중의 a와 비슷하다.

3. 결론

위의 8개 문헌에서 다음과 같은 사실을 알 수 있다.

첫째, 서양 선교사의 저작에서는 상하이[上海]어의 입성운을 -k와 -h 두 부류로 구분했다.

둘째, -k로 끝맺는 입성운은 宕攝·江攝·通攝·梗攝·曾攝에 속한다. 이러한 섭의 입성자는 중고 중국어에서 모두 *-k 운미였다.

셋째, 宕攝·江攝·通攝·梗攝·曾攝 글자의 운미는 3개 부류로 구분된다. 첫 번째 부류는 -k 운미로 끝나고, 두 번째 부류는 -h 운미로 끝나며, 세 번째 부류는 -k 혹은 -h 운미로 끝난다.

넷째, 상하이[上海]어의 입성운을 -k와 -h 두 부류로 구분한 것은 에드킨스(J. Edkins)의 저작에서 맨 처음 찾아볼 수 있으며 거의 동시대의 맥고완(Macgowan; 麥考文)의 저작에서도 찾아볼 수 있으나, 운류와 자음(字音) 분포 측면에서는 양자가 똑같지는 않다. 입성운이 -k 운미와 -h 운미 두 부류로 구분되는 이러한 발음 표기 원칙은 이후에 출간된 영국과 미국의 선교사들이 채택했을 뿐만 아니라 1899년에 滬語社도 공인했다.

위에서 언급한 8개 문헌에 대한 분석을 통해 다음의 몇 가지 결론을 도출할 수 있다.

첫째, 19세기 상하이[上海]어의 폐색음 운미는 -k 운미와 -h 운미 두 부류로 구분된다. 전자는 지금의 웨[粵]어의 -k 운미에 대응하며 후자는 지금의 우[吳]어 후색음 운미 -ʔ에 대응한다.

둘째, -k 운미를 가진 입성운은 주요모음이 대부분 저모음 a 혹은 후모음 o이다.

셋째, -k 운미는 현재 -ʔ 운미로 변화하는 과정 중에 있다.

넷째, 에드킨스(J. Edkins)와 맥고완(Macgowan; 麥考文)의 기록은 신뢰할 만하며, 20세기 초반의 문헌들은 실스비(J. A. Silsby) 목사가 제정한 병음 체계를 따랐을 것이다. 에드킨스(J. Edkins)와 맥고완(Macgowan; 麥考文) 저작 중에서 -k 운미로 끝맺는 모든 입성자와 독음은 본문 부록을 참고하라.

다섯째, 상하이[上海]어의 폐색음 운미 -k가 후색음 운미 -ʔ로 병입된 연대의 하한선은 19세기 말에서 20세기 초까지이다.

(『中國語文』1998年 2期. 108-112면.)

19세기 중반 상하이어의 후치 처소사

우[吳]어에서 독립적으로 사용될 수 없고 대사(代詞)나 명사(名詞) 뒤에만 위치하며 처소의 의미를 나타내는 단어 혹은 형태소는 후치 처소사 혹은 후치 처소 형태소로 칭할 수 있다. 예로, 원저우[溫州]어: "書是我拉(書在我那兒)"; 사오싱[紹興]어: "小毛拉爺(小毛家父親)". 이 두 예문에서 괄호를 한 부분이 후치 처소 형태소이다. 이러한 처소사는 현대 상하이[上海]어에서 이미 거의 사용되지 않으나, 서양 선교사들이 기록한 19세기 중반의 상하이[上海]어에서는 자주 찾아볼 수 있다('場化'·'壚頭'·'蕩'·'拉').

1. 문헌 소개

본고는 주로 다음의 세 가지 서양 선교사 저작에 근거해 19세기 중반 상하이[上海]어의 후치 처소사를 논의했다.

첫째, 젠킨스(B. Jenkins)가 편찬한 *Lessons in the Shanghai dialect* (1850년)이다. 책 앞부분의 속표지에 만연필로 쓴 영문 제첨(題簽)[1]이 있는데 내용은 다음과 같다. Lessons in the Shanghai Dialect from

---

1   [역자 주] 제첨(題簽): "표지에 직접 쓰지 아니하고 다른 종이 쪽지에 써서 앞표지에 붙인 외제(外題)."

Ollendorff Systems. Romanized words on Keith's system. Supported & have been arranged by Dr. B. Jenkins, Shanghai, about 1850." 제첨은 틀림없이 장정한 이나 소장한 이가 했을 것이다. 속표지에 인장이 있는데 내용은 다음과 같다. "Private Library of John Fryer, University of California, Berkeley, California." 이에서 추측할 수 있는 점은, 이 원고가 맨 처음에는 프라이어(J. Fryer)의 개인 소장이다가 후에 UC Berkley에 기증됐다.[2] 이 책은 본래 서명이 없다가 저자가 속표지의

---

2 존 프라이어(John Fryer; 傅蘭雅)는 영국인으로 1839년 8월 6일에 영국 하이드(켄트)의 빈곤한 목사 가정에서 태어났다. 그는 어려서부터 중국을 동경했다. 1861년에 런던 하이버리 대학[Highbury Training College; 倫敦海伯裏師範學院]을 졸업한 후 영국 성공회의 파송을 받아 이 단체가 속한 세인트 폴 칼리지(St. Paul's College; 聖保羅書院) 학장을 역임했다. 2년 후 베이징[北京]으로 올라가 동문관(同文館)의 영문 교수를 역임했다. 2년 후에는 상하이[上海] 영화학숙(英華學塾; Anglo-Chinese School)의 교장을 역임했다. 홍콩·베이징[北京]·상하이[上海] 등지에서 그는 현지 방언을 빠르게 섭렵했다. 프라이어가 비록 교회의 파송을 받았으나 선교에 대한 의욕은 그다지 크지 않았기 때문에 성공회와 자주 갈등을 빚었다. 1868년 5월, 그는 영화학숙을 사직하고 교회를 떠났으며, 상하이[上海] 제조국에 고용되어 서양 과학 기술 저작의 번역 작업에 종사했다. 제조국에서는 프라이어가 번역한 번역서가 113종에 달했는데, 그중 95종은 출간됐고 18종은 출간되지 않았다. 출간된 95종의 번역서로는 수학 9종, 물리학 4종, 화학 및 화학공학 12종, 광업 및 야금 10종, 기계 공학 9종, 의학 4종, 농업 3종, 측량 및 지도 제작 5종, 군수 무기 15종, 기타 기술 10종이 있다. 이러한 많은 번역서 중에는 관련 학문 분야에 대해 처음으로 체계적인 소개를 한 것도 있고, 이미 번역 및 소개한 학문 분야에 대해 새롭게 더 나은 번역서를 제공한 것도 있다. 예: 『決疑數學』·『聲學』·『電學』·『化學鑒原』·『西藥大成』 등. 1875년부터는 상하이[上海] 격치서원(格致書院; Shanghai Polytechnic)을 창건하는 데에 적극적으로 참여했다. 1876년에는 최초의 중문 과학기술 학술지인 『格致匯編』(1876-1892)을 편찬하고 창간했다. 제조국에서 28년간 번역했으며, 1896년 미국으로 건너가 캘리포니아 대학교에서 최초의 동양어문 교수를 역임했다. 1928년 미국 캘리포니아주 오클랜드에서 사망했다.

제첨과 전체 책의 내용에 근거해『上海話功課』라고 명명했다. 저자 미상. 이 책은 당지(唐紙)³ 모필(毛筆) 친필 원고본으로 높이가 22cm이고 넓이가 27cm이며, 종이를 1엽으로 반으로 접어서 양면에 붓으로 글자를 썼다. 전체 책은 6권으로 나눠 하나로 합본했으며, 총 31과이다. 제1책은 1일부터 8일까지의 수업이고, 제2책은 9일부터 15일까지의 수업이며, 제3책은 16일부터 19일까지의 수업이고, 제4책은 20일부터 23일까지의 수업이며, 제5책은 24일부터 27일까지의 수업이고, 제6책은 28일부터 31일까지의 수업이다. 책등의 "上海土白"라는 네 글자는 소장인 프라이어(J. Fryer)가 기록한 것일 가능성이 있다. 각 단원의 문장마다 먼저 한자를 제시한 후 로마자와 병음 기호를 사용해 한 글자씩 번역했다. 본문의 내용은 올렌도르프(Ollendorff) 체계에 근거했고, 로마자는 키스(Keith) 체계에 근거했으며, 병음은 크로포트(Crawford) 체계를 근거했는데 이러한 병음 체계는 정방형 한자의 필획을 기초로 창안한 것이다.⁴ 전체 책의 반 정도에 만연필로 수기(手記)한 영어 번역문이 있는데 삽입된 면에 기재했

---

3 [역자 주] 당지(唐紙): "예전에 중국에서 만든 종이를 이르던 말. 닥나무 껍질과 어린 대나무의 섬유에 수산화 나트륨을 섞어서 뜬 것으로 색이 누렇다. 찢어지기 쉬우나 먹물이 잘 흡수되어 묵객(墨客)들에게 애용되었다." '毛邊紙'(중국어).

4 크로포트(Crawford)의 병음 표기 체계에 관해서는 크로포트(T. P. Crawford)가 저술한 『上海土音字寫法』(上海, 1855년. 22엽)을 참고하라. 이 책은 크로포트(T. P. Crawford)가 창안한 글자로 상하이[上海]어를 쓰는 방법을 가르치는 상하이[上海]어 병음법 입문서이다. 키스(C. Keith) 목사가 1859년에 번역한『路加福音』은 세바니스(A. B. Cebaniss)가 크로포트(T. P. Crawford)가 고안한 어음 부호로 전사하고 1872년에 출간했다.

으며 양쪽 면의 중간에 끼어 있다. 면수는 표기하지 않았다. 필자의 검산 결과에 따르면, 각 책의 면수 및 6책의 총 면수는 다음과 같다. 89+89+89+100+99+104=570면. 표점 기호가 없다. 사각형 한자는 약 27,500개이다. 일반적으로 통용되는 한자 외에 '佲'(你們)·'囝'(小孩) 등과 같은 소수 방언 글자도 있다. 또한, '邱'(差·壞)·'一顏'(一點兒)과 같은 個別 방언 동음어도 있다. 권점법을 사용해 낱글자의 성조를 표기했으나 변조는 표기하지 않았다. 성모는 첨음과 단음[尖團]을 구분했다. 예: 槍 tshiang, 心 sing. 입성 운미가 -h와 -k 두 부류로 구분된다. 예: 筆 pih, 只 tsak. 이 책은 현재 자오위안런의 미국 UC Berkely 동아시아도서관에 소장되어 있으며, 1997년 가을에 필자가 방문했을 때 영인해서 가져왔다. 책 앞부분 속표지의 복사본은 그림 1을 보라. 이 책 본문의 격식을 이해하기 편하도록 제4과 맨 마지막 면의 영인본은 그림 2를 보고, 이 페이지의 영문 역본은 그림 3을 보라.

둘째, J. Mac Gowan, *A Collection of Phrases in the Shanghai Dialect*, Shanghai: Presbyterian Mission Press, 193면, 1862년. 24cm. 책 앞부분의 서문에서 초학자들을 위해 집필했다고 밝혔다. 화제에 따라 29과로 구성했다(예: 가사[家務], 숫자, 상업 등). 본문 앞에서 로마자 자모 발음 표기를 설명했다. 예를 들어, h 앞의 a는 mat의 a와 매우 비슷하다. 주로 모음을 설명하고, j가 프랑스어와 비슷하다고 한 점을 제외하면 자음(子音)에 대해서는 영어와 비슷하다고 간략하게만 설명했다. 각 단원에서는 먼저 중문을 제시한 후 로마자를 제시했다. 성조를 표기하지 않았다. 표점 기호가 없다. 입성은 -h와 -k 두 부류로 구분된다. 예: 角 kok, 一 ih, 百 pak, 國 koh (98면). 일부 글자의 용례: "有巢氏教人擔木頭做仔窠巢勞住垃壎(hay)" (175면); "茶壺裏倒點滾水壎(heh)" (8면); 帽子要戴來端端正正 (9면); 鞋子要刷得亮 (8면); 鏡子垃垃那裏塊買? (8면). 본서는 서양어로 작성되어 공식적으로 출간된 최초의 상하이[上海]어 교과서이다. 저자는 선교사이다. 원서에는 중문 서명이 없으나 『上海方言語句集錦』으로 번역할 수 있다. 서명 속 표지의 영인본은 그림 4를, 14-15면은 그림 5를 보라.

셋째, Lecons ou exercise de langue chinois. Dialecte de Song-kiang, 1883, Zi-ka-wei(徐家匯). 책 전체는 프랑스어로 작성됐다. 책 앞에 서문이 있다. 40개 단원으로 구성되어 있는데, 앞의 10개 단원은 단어의 어법적 범주, 즉 대사·실사·양사·수사·비교·정도·연사(2개 단원으로 구분)·개사·의문·부정사 등으로 나뉘어져 있고, 뒤의 30개 단원은 화제, 즉 인체·건축·가구·시간·금전·종교의례 등으로 나뉘어져 있다. 본문 앞에 축약어에 대한 설명이 있고 발음 표기에 대한 설명은 없다. 각 단원은 먼저 중문을 제시한 후 로마자를 제시했고 마지막에 프랑스어 번역문이 있다. 권점법으로 입성을 표기했다. 입성은 음양으로 구분하지 않으며 -h와 -k 두 부류로도 구분하지 않았다. 전통적인 구두점을 사용했다. 본서는 영문으로 작성되고 공식적으로 출간된 유일한 쏭쟝[松江]어 교과서이다. 저자는 선교사이다. 원서에 중문 서명이 없으나 『松江話課本』으로 번역할 수 있다. 서명 속표지의 영인본은 그림 6을 보라.

본고 예문을 두 번째 문헌에서 가져온 경우는 예문 뒤에 다음과 같이 괄호와 주석을 달았고(sh1862), 세 번째 문헌에서 가져온 경우는 예문 뒤에 다음과 같이 괄호와 주석을 달았으며(sj1883), 첫 번째 문헌에서 가져온 경우는 예문 뒤에 괄호와 주석을 달지 않았다. 예문의 모든 구두점은 저자가 추가한 것이다.

2. 후치 처소사

위의 세 문헌에서 볼 수 있는 후치 처소사는 네 가지이다: 場化·壜頭·蕩·拉. 본 절에서는 예를 들면서 어법적, 의미적 구조 측면에서 어떤 선행 구성 요소와 배합하는지 기술하고자 한다. '물주명사(物主名詞)'와 '비물주명사(非物主名詞)'는 의미론적 각도에서 구별되는 명사 범주이다. '물주명사'는 '물주대사(物主代詞)'(possessive pronoun)를 모방한 것으로, 이 부류의 명사가 가리키는 것이 재산을 소유할 수 있는 것을 의미한다. 예: 형제·의사·이웃·백화점·방직공장 등. '비물주명사'는 재산을 소유할 수 없다. 예: 탁자·창문·의복·나무 등.

2.1. 場化(dzang hau)

2.1.1. 人稱代詞+場化

垃拉我場化. 到我場化來.

到儂場化.

垃拉伊場化. 到伊場化去.

垃拉伲場化. 到伲場化來.
垃拉俹場化. 到俹場化去.
垃拉伊拉場化. 到伊拉場化去.
垃拉別人場化. 到別人場化去

2.1.2. 疑問代詞+場化

烘物事人要想到啥場化去
要到鄉下去
船停拉啥場化. (sh1862)
垃拉啥人場化. 到啥人場化去.
儂要想到啥人場化去.
我勿到啥人場化去.

2.1.3. 物主名詞+場化

垃拉朋友場化.
儂想到我場化呢啥? 勿是, 到我阿哥場化去.
船主垃拉屋裏否? 勿垃拉, 到伊兄弟場化去者.
一封信俹相幫人肯擔到我爺場化去否? 只怕肯個.
俹兒子有膽量到船主場化去否? 膽量伊有個, 獨是嘸工夫.
儂是要差人擔物事到皮匠場化否? 是要擔鞋子去
牽之俹兒子哖是到郎中先生場化去否?
俹鄰舍日多到花旗國人場化去否? 日多去個?

2.1.4. 形容詞+場化

別場化.

勿拉別場化.

勿到別場化去.

2.2. 墻頭(han du/ han deu)

2.2.1. 人稱代詞+墻頭

儂可以領我到伊墻頭去否? 可以個.

到明朝我又到伊墻頭去. (sh1853)

儂要到伊墻頭去打聽打聽看. (sh1862)

2.2.2. 物主名詞+墻頭

鄉下人背之袋哗到啥人場化去? 到伊爺墻頭去.

郎中先生幾時到㑚阿哥墻頭去? 今朝.

儂肯差小囡到郎中先生墻頭去否? 肯個

儂吃早飯前頭是到我爺墻頭去否? 是到㑚爺墻頭去.

儂到㑚爺墻頭只怕忒晏者. 勿晏個哩.

儂肯差伊到我爺墻頭去否?

2.2.3. 非物主名詞+墻頭

放拉那裏蕩.

放拉火爐墻頭個角角裏.

河塍上咾勿深殺個. (sj1883)(?)

2.3. 蕩(dong/daong)

2.3.1. 人稱代詞+蕩

我伲蕩生意軋實個. (sh1862)

我伲蕩老小無欺. (sh1862)

佴蕩秤量准作個哇. (sh1862)

佴蕩烙鐵有勿有. (sh1862)

2.3.2. 疑問代詞+蕩

那裏蕩? 那裏頭? 啥場化?

做生意人拉拉那裏蕩? 垃拉棧房裏.

相幫人拉那裏蕩? 垃拉棧房裏.

放拉那裏蕩? 放拉火爐壚頭個角角裏.

格末銅錢儂放拉那裏蕩? 垃拉帳房裏

2.3.3. 指示代詞+蕩

此地蕩.

登拉屋裏. 登拉此地蕩. 登拉第頭.

第蕩生意嘸得啥討價還價個. (sh1862)

第蕩過去有一個山頭. (sh1862)

2.3.4. 物主代詞+蕩

判官垃垃淨王蕩掌管善惡簿個. (sh1862)

長毛蕩肯通商唔? (sh1862)[5]

客人蕩還要加兩樣點心, 一樣澆花雞蛋糕, 還有一樣花籃糖. (sj1883)

2.3.5. 非物主代詞+蕩

第塊一個窗蕩要砌沒伊. (sh1862)

炭茅蕩. (sh1862)

2.4. 拉(la)

2.4.1. 物主名詞+拉

儂擔拉個書是我個呢鄰舍拉個? 是鄰舍拉個

儂擔拉個書是啥人個? 是鄰舍拉個.

第個說話儂拉啥場化聽著個?拉鄰舍拉聽著個

彌撒前, 教友拉要念經. (sj1883)

菜油末勿但正是燒小菜裏用拉, 就是夜裏上火咾女眷拉抹頭, 齊用得著個. (sj1883)

第個幾樣末, 客人拉也好用個. (sj1883)

---

[5] 예전에 민간에서는 '太平天國'을 '長毛'라고 칭했다.

3. 후치 처소사의 종합적 비교

위에서 서술한 처소사 네 개의 어법 기능상의 분포, 즉 전치 성분 비교는 표 1을 보라. 의미상의 분포는 표 2를 보라.

표 1. 후치 처소사의 분포 비교

	+人稱代詞	+疑問代詞	+指示代詞	+物主名詞	+非物主名詞
場化	+	+	-	+	-
墟頭	+	-	-	+	+
蕩	+	+	+	+	+
拉	-	-	-	+	-

* '+'는 이 부류에 후치할 수 있음을, '-'는 이 부류에 후치할 수 없음을 각각 나타낸다.

표 2. 후치 처소사의 의미 비교

	場所	那兒	家
場化	+	+	-
墟頭	-	+	-
蕩	+	+	-
拉		+	+

* '+'는 이 의미가 있음을, '-'는 이 의미가 없음을 각각 나타낸다.

전치 성분으로 말하자면, 이 4개 처소사의 공통 특징은 물주명사에 후치할 수 있다는 점이다. 이 중 '蕩'의 분포가 가장 광범위하여 표 1에서 나열한 5개 품사에 모두 후치할 수 있다. '拉'의 분포는 가장 협소하여 물주명사에만 후치할 수 있다. '場化'는 지시대사(指示

代詞)에 후치할 수 없고, '墻頭'는 의문대사(疑問代詞)와 지시대사에 후치할 수 없다.

'場化'는 '장소'와 '거기'라는 두 가지 의미가 있다. 후자의 의미는 전자의 의미에서 어법화한 것이다. '墻頭'는 '거기'라는 의미만 있다. 인칭대사(人稱代詞)와 물주명사에 후치할 때 '거기'라는 '場化'의 의미와 그 용법은 '墻頭'와 동일하다. 예:

> 牽之佾兒子哞是到郎中先生場化去否
> 勿是到郎中場化去到我朋友場化去
> 郎中先生幾時到佾阿哥墻頭去? 今朝.
> 儂肯差小囝到郎中先生墻頭去否? 肯個

'拉'는 '거기'와 '집' 두 가지의 의미가 있다. '거기'라는 '拉'의 의미와 용법은 '蕩'과 동일하다. 예: "我想要用第一樣大英火腿批片頭, 客人蕩末囫圇火腿, 第二樣末[火+黨]羊肋膀, 第三樣小炒鴿子, 第四樣油燜芋艿圓, 第五樣烘野雞拖表粉, 第個幾樣末, 客人拉也好用個, 客人拉再加五樣, 三樣肉, 兩樣素小菜, 拜對, 小炒兔子, 烘羊腿, 黃湯包心菜, 炒葫蘿蔔, 生菜末要用包心生菜, 克來沫呢, 用蛋沫克來沫, 客人蕩還要加兩樣點心, 一樣澆花雞蛋糕, 還有一樣花籃糖."(sj1883)[6] 이 단

---

6 이 예에서 '拜對'는 프랑스어 Pate에서 유래한 외래어이며 '심장·마음·감정[餡心]'이라는 의미이다. 원문은 "Pa-tei. Paté, vou-au-vent"이다. '克來沫' 또한 프랑스어 crème에서 유래한 외래어이며 '버터·크림[餡心]'이라는 의미이다. 원문은 "克來沫 Ke-lai-mo. ENTREMETS; CREMES."이다.

락 중 '客人拉'와 '客人蕩'의 용법은 동일하다.

'拉'는 '집'이라는 의미가 있어서 '장소'를 나타내는 '場化' 혹은 '蕩'에 후치할 수 있다. 예:

佴爺是要到儂阿哥場化去否?
勿是到鄰舍拉場化去.
到親眷拉蕩去望病. (sj1883)

4. 원저우[溫州]어와 상하이[上海]어 후치 처소사 비교

원저우[溫州]어에서의 후치 처소사에는 '拉'와 '宕' 두 개가 있다. 이 둘은 상하이[上海]어에서의 '拉'와 '蕩'의 용법과 동일하거나 비슷하므로 기원이 동일함에 틀림없다.

4.1. 원저우[溫州]어 후치 처소 형태소 '拉'[la⁰]

처소 형태소 '拉'는 인칭대사 혹은 물주명사에 후치하면서 전치한 인칭대사 혹은 물주명사가 처소를 나타내는 의미를 가지도록 한다. 즉, '…… 집/거기'라는 의미를 나타낸다. '拉'는 단어 혹은 문장 중에서 경성으로 읽는다. 어원과 본자(本字)는 알려진 바가 없다.

4.1.1. 人稱代詞+拉

書在我拉. (書在我 / 那兒 / 家裏.)

渠拉屋裏養金魚個. (他家養金魚的.)

大家人沃走你拉吃飯. (大家都到你家裏吃飯.)
秤自拉有個, 勿用走別人拉借. (自己家裏有秤, 不必向人家借.)

4.1.2. 物主名詞+拉

簿兒還是先生拉. (練習本還在老師那兒 / 家裏.)
該日黃昏阿德宿舅舅拉困. (今晚阿德在舅舅家睡.)
我倈走先生拉拜年. (我們到老師家拜年.)
阿光是我拉屋裏著棋. (阿光在我家裏著棋.)

　이러한 문장 중의 '拉'는 처소대사(處所代詞)가 아니다. 처소대사로는 '該裏', '該抵'(여기), '旁搭'(거기) 등이 있다. '拉'는 문장에서 경성으로 읽으며, 단독으로 사용될 수 없다. 처소대사는 문장에서 경성으로 읽지 않으며, 단독으로 사용한다. 원저우[溫州]의 후치 처소 형태소인 '拉'는 상하이[上海]어 중의 '拉'와 어법 기능과 독음을 동일하므로 기원이 같은 형태소임에는 틀림 없으나, 어원과 본자는 알려지지 않았다. 사실 다른 우[吳]어에도 이러한 후치 처소 형태소가 있다. 예로, 닝보[寧波]어: "葛把椅子是阿姨拉個." 그중 '阿姨拉'는 '阿姨家'이다(吳新賢, 『寧波方言研究』, 復旦大學碩士學位論文, 1996年).

4.2. 원저우[溫州]어 후치 처소 형태소 '宕'[du⁴]

　처소 형태소 '宕'는 지시대사·의문대사·비물주명사·동사에 후치하며 '······는 곳'이라는 의미를 나타낸다.

4.2.1. 指示代詞+宕

毃宕 kau⁷ duɔ⁴ 這兒

孤宕 hau³ duɔ⁴ 那兒

4.2.2. 疑問代詞+宕

若宕 ȵiau⁸ duɔ⁴ 哪兒

4.2.3. 名詞+宕

烏煙宕 u¹ i¹ duɔ⁴ 舊時供吸食鴉片的煙館

大毛宕 dʐu⁶ mə² duɔ⁴ 妓院

後宕 ɦau⁴ duɔ⁴ 舊式房屋中堂的後半部分, 與前半部分有板壁隔開

4.2.4. 動詞+宕

吃飯宕 tshɿ⁷ va⁶ duɔ⁴ 飯廳

賭宕 døy⁴ duɔ⁴ 供賭博的場所

'宕'은 위에서 언급한 후치하는 처소 형태소로 사용되는 경우를 제외하면 단독으로 사용될 수 없는 형태소이며, '屋宕'[u⁷ duɔ⁴](房子)로도 사용되고 '처소'를 의미하는 '宕地'[duɔ⁴ dei⁶] 혹은 '地宕'[dei⁶ duɔ⁴] 두 단어로도 사용된다. 상하이[上海]어의 '蕩'도 단독으로 사용될 수 없는 형태소이며, 후치하는 처소 형태소로 사용되는 경우 외에도 '처소'를 의미하는 '戶蕩'[ɦiu⁶ dɑ̃⁶] 단어로도 사용된다. 원저우[溫州] 방언을 연구한 저작은 지금껏 이 처소 형태소를 '宕'자로 기록했는데, 이는 『廣韻』거성 宕韻 定母 徒浪切이다: "宕, 洞屋." 『說文』: "宕, 一曰洞屋." 段注: "四周無障避也." 오늘날의 원저우[溫州]어와 의미는 대략 비슷하나 성조는 다르다. 이 글자는 『廣韻』에서 거성에 수록되었으나 원저우[溫州] 방언에서는 2음절어 성조 변화 규율로 보면 '宕'은 양상성(陽上聲)으로 읽어서 상하이[上海]어의 '蕩'(宕開一上蕩定, 徒朗切)과 완전히 동일하다. 명청(明淸) 시대의 우[吳]어 문헌에서 의미가 '장소[地方]' 혹은 '못[池塘]'인 '蕩'자가 간혹 '宕'자로도 쓰였다. 예: "謂何處曰喇裏, 謂所在曰宕子." (重修『靖江縣志』5卷) "以大竹篾浸西瓜, 四浸宕裏." (『陶庵夢憶』6卷). 오늘날 황옌[黃岩]어에서 '부근'을 '宕裏'[dɔ²⁴ li¹³⁻³¹]라고 한다.

5. '壋頭'의 독음과 어원 문제

동시대의 쑤저우[蘇州] 일대의 우[吳]어 문헌에서도 '壋頭' 이 단어를 찾아볼 수 있으나 서법은 약간 다르다.

"四鄰八舍阿哥兄弟朵, 隆興當檯汪先個入娘賊, 無法無天欺我錢篤笞嘘." (淸彈詞『描金鳳』8回)
"介末個冷德龍雖則官家公子, 面皮擡老赤得及." (淸彈詞『文武香球』24回)
"我想吃子擡酒壯壯膽, 殺只娼根." (淸彈詞『文武香球』58回)

위의 세 가지 예는 스루제[石汝傑]·미야다 이치카[宮田一郞] 주편(主編)의 『明淸吳語詞典』(上海辭書出版社, 2005年)에서 가져왔다. 편찬자는 이 단어가 "발음을 확정하기 어렵다"라고 여겼다.

'壃頭'의 '壃'의 독음은 『上海話功課』에서는 han으로, 『上海話課本』에서는 han으로, 『松江話語句集錦』에서는 ai(壃 Ai. Dedans.)로 기재되어 있다. '壃'가 체조사(體助詞)로 사용될 때 『上海話課本』에서는 hay이며 '來'자와 동일한 운이라고 기재했다: "茶壺裏倒點滾水壃".

『上海話功課』에서 咸攝와 山攝 글자의 운미를 전설 비음으로 일률적으로 음절의 우측 상단에 기재했다. 예:

咸攝: 擔 ta^n 斬 tsa^n 三 sa^n 點 te^n
山攝: 錢 de^n 剪 tse^n 顏 nga^n 盤 pa^n

이 글자들이 모두 비음화하고 '壃'도 비음화했다고 저자가 여긴 것 같다. 『上海話功課』에서는 이 글자들의 운미를 일률적으로 전설 비음으로 기재했다. 그러나 '壃'이 체조사로 사용될 때("茶壺裏倒點滾水壃"), 『上海話課本』에서는 hay로 기재해 '來'자와 동일한 운으로 운미가 없었다. 이후에 출간된 상하이[上海] 방언 저작에서는 이 처소사를 '海'로 기재했으니 분명히 운미가 이미 탈락했다. 이 처소사의 자형, 기재된 발음, 현재 발음으로 보건대, 원래 비음 운미가 있다가 후에 탈락했음이 틀림없다. 지금까지 일부 북부 우[吳]어 중에는 이 단어가 여전히 비화음으로 읽히기도 한다. 예: 사오싱[紹興]음: haŋ,

'亨'으로 쓴다.

'壎'자는 『廣韻』 거성 震韻 徐刃切에 수록되어 있다. "石似玉". '墋'자는 『廣韻』 상성 軫韻 即刃切에 수록되어 있다: "『埤倉』雲盂也". '壨'자는 『廣韻』에 수록되어 있지 않다. 자의(字義)는 처소사 '壨'와 관련이 없다. 이후에 출간된 상하이[上海]어 저작에서 '壨頭'는 일반적으로 '海頭'로 썼다. '壨'의 어원이나 본자는 더 세밀한 연구가 필요하다.

6. 맺음말

6.1. 서양 선교사가 기록한 19세기 중반의 상하이[上海]어에서 흔히 보이는 후치 처소사로 '場化'·'壨頭'·'蕩'·'拉'가 있다. 이들의 전치 성분은 각각 다르며 의미 성분 또한 다르다.

6.2. 상하이[上海]의 '蕩'은 원저우[溫州]의 '宕'과 틀림없이 기원이 동일한 형태소일 것이다.

6.3. 상하이[上海]의 '拉'는 원저우[溫州]의 '拉'과 틀림없이 기원이 동일한 형태소일 것이다.

6.4. '壨'의 어원이나 본자는 더 세밀한 연구가 필요하다.

(復旦大學『語言研究集刊』第三集, 上海辭書出版社, 2006年 7月. 1-12면)

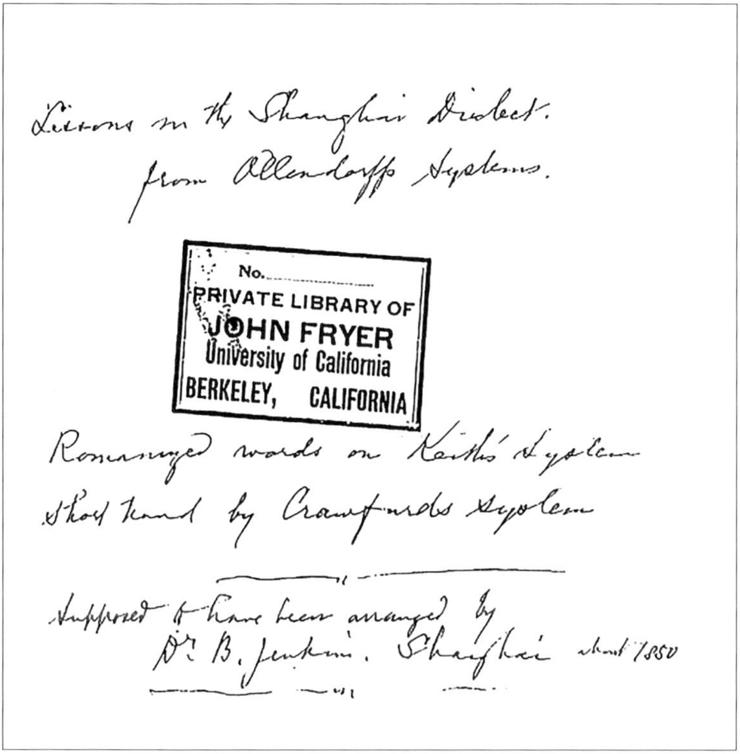

> Lessons in the Shanghai Dialect.
> from Ollendorff's Systems.
>
> PRIVATE LIBRARY OF
> JOHN FRYER
> University of California
> BERKELEY, CALIFORNIA
>
> Romanized words on Keith's system
> Short hand by Crawford's system
>
> Supposed to have been arranged by
> Dr. B. Jenkins. Shanghai about 1850

그림 1. 『上海話功課』 속표지

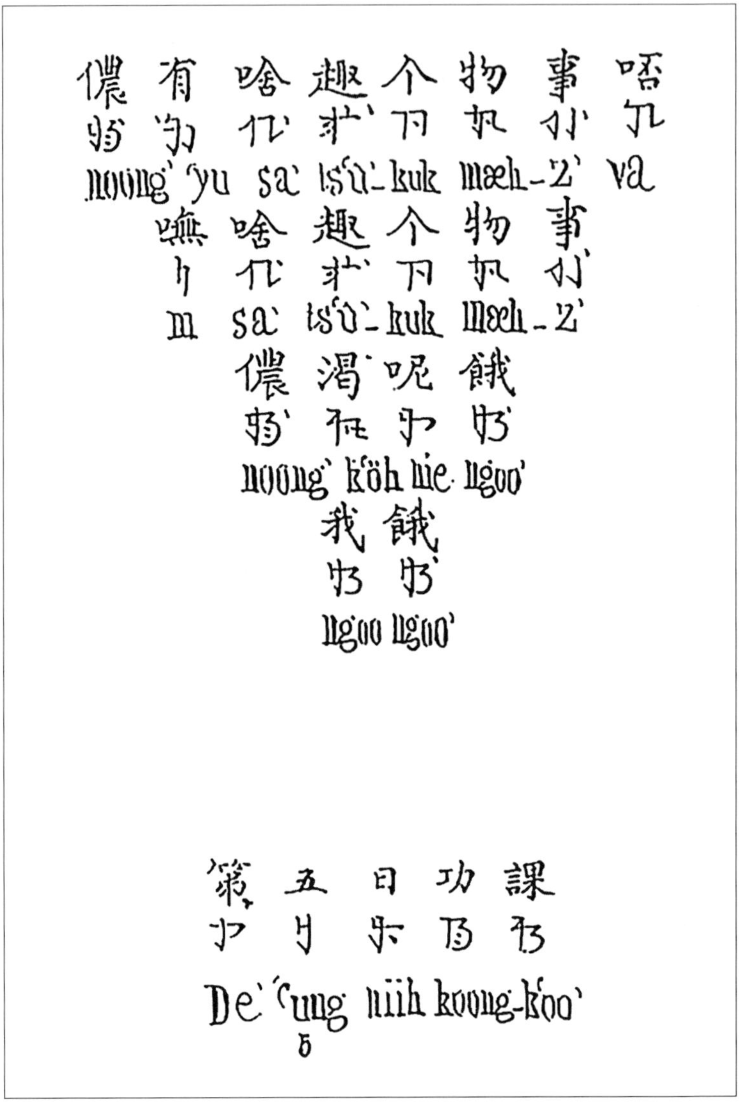

儂 有 啥 趣 个 物 事 唔
ᵑnoong' 'yu sa' ts'ü'-kuh mæh-z' va

嘸 啥 趣 个 物 事
m sa' ts'ü'-kuh mæh-z'

儂 渴 呢 餓
ᵑnoong' k'öh nie ngoo'

我 餓
ngoo ngoo'

第 五 日 功 課
De' 'ung niih koong-k'oo'
5

그림 2. 『上海話功課』 제4과

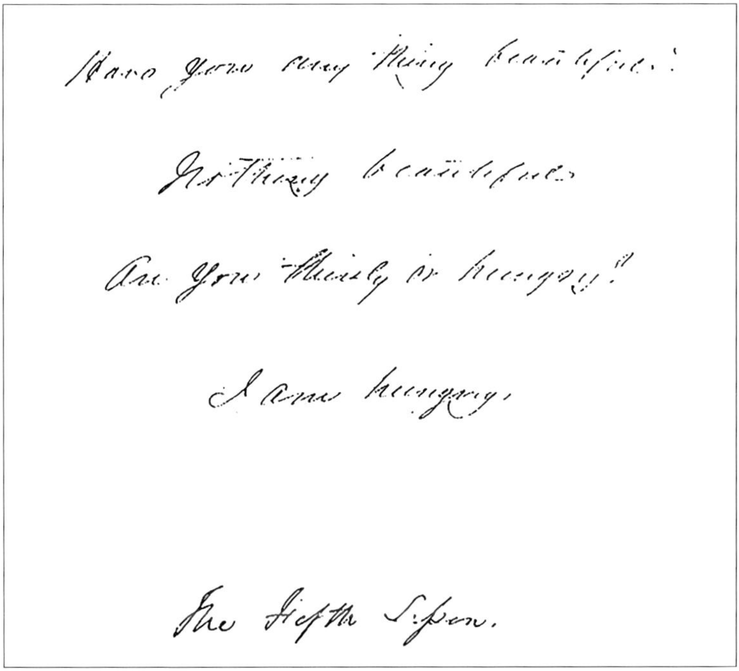

Have you any thing beautiful?

Nothing beautiful

Are you thirsty or hungry?

I am hungry.

The Fifth Lesson.

그림 3. 『上海話功課』 제4과 영문 번역

그림 4. 『上海方言語句集錦』(1862) 서명

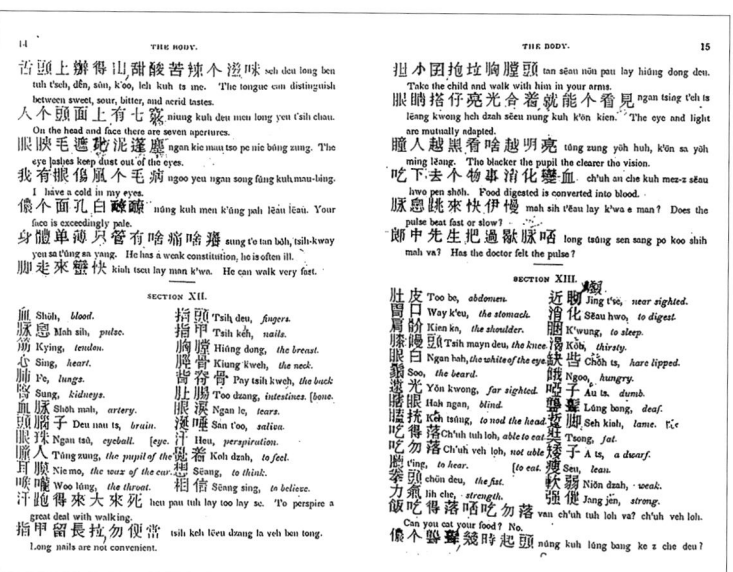

그림 5. 『上海方言語句集錦』(1862) 14-15면

LEÇONS

ou

EXERCICES

DE LANGUE CHINOISE

DIALECTE DE SONG-KIANG.

ZI-KA-WEI,

IMPRIMERIE DE LA MISSION CATHOLIQUE,

A L'ORPHELINAT DE TOU-SÈ-VÈ

1883.

그림 6. 『松江話課本』(1883) 서명

— 111 —

兒女羨之一,大澳。 *Eul-gnu yang-tse i-dou-dao.* (Il) a élevé beaucoup d'enfants.

過房兒子。 *Kou-waong eul-tse.* Enfant adoptif.

立嗣兒子。 *Li-ze eul-tse.* Id. avec future succession.

晚爺。 *Mè-ya.* Beau-père (mari de la mère remariée).

晚娘。 *Mè-gnang.* Belle-mère (femme du père remarié).

伊拉正羨女团㗒,兒子無得。 *I-la tseng yang gnu-neu lao, eul-tse m-te.* Ils ont bien élevé des filles, mais il n'ont pas de fils.

第个小姐,八字出,拉末。 *Di-ko siao-tsia, pè ze ts'é-la-mé?* Cette demoiselle a-t-elle déjà été fiancée (a-t-on livré les huit lettres qui indiquent l'année, le mois, le jour et l'heure de sa naissance)?

弟兄幾个。 *Di-hiong ki-ke.* Combien de frères êtes-vous?

弟兄兩个。 *Di-hiong leang-ke.* Nous sommes deux frères.

阿,哥拉讀書,兄弟末,小拉哩。 *A-kou la dó su, hiong-di mé siao-la-li.* Mon frère aîné étudie les livres, et mon frère cadet est encore tout jeune.

儂弟兄幾个拉 攏總三个,一,个阿,哥,一,个弟弟。 *Nong di-hiong ki-ke la? — Long-tsong sè-ko : i-ke a-kou, i-ke di-di.* Combien en tout êtes-vous de frères? — En tout nous sommes trois; j'ai un frère aîné et un frère cadet.

令兄做啥个、家(舍)兄是種田个。 *Ling hiong tsou sa-ke? — Ka (só) hiong ze tsong-dié-ke.* Que fait votre (noble) frère aîné? — Mon frère aîné est cultivateur.

世兄澳裡好好能,勿,要相打㗒做鬧。 *Se-hiong dao-li h'ao-h'ao-neng; vè yao siang-tang lao tsou-nao.* Entre condisciples il faut bien (agir); il ne faut pas se battre et se disputer (faire du bruit).

儂姊妹有否, 有兩个拉。 *Nong tse-mei yeú va? — Yeú leang-ke-la.* Avez-vous des sœurs? — J'en ai deux.

大个妹妹末,出嫁拉者, 還有一,个小妹妹末,聽見話要守貞㗒住拉屋,裡个者。 *Dou-ke mei-mei mé, ts'é-ka-la-tsé : wè yeú i-ke siao mei-mei mé; t'ing-kié wo yao seú tsong lao, zu-la ó li-ke tsé.* La 1ère des cadettes (relativement à moi) est mariée : il y a encore la plus jeune; j'ai entendu dire (on dit) qu'elle veut rester vierge et demeurer à la maison.

阿,姊有幾个拉 也是兩个,大阿,姊末,進堂拉者,小阿,姊末,勿,曾進堂。 *A-tsi yeú ki-ke-la? —*

그림 7. 『松江話課本』 111면

초기 서양 선교사의 중국어 방언 분류와 지역 구분 연구

提要 19세기 말부터 20세기 초까지 중국어 방언 분류를 연구한 서양 선교사의 저작 2종은 중국어 방언사에서 중요한 위치를 차지한다. 첫째는 묄렌도르프(P. G. Von Mollendorff; 穆麟德)의 『現行中國之異族語及中國方言之分類』(1896)이며, 저자는 중국어 방언을 웨[粵]어·민(閩)어·우[吳]어·관화 4개의 대부류로 구분했다. 각 부류에서 사용 인구를 기술했다. 둘째는 『中華歸主―中國基督敎事業統計』(1901-1920)인데, 이 책은 중국어 방언을 관화와 연해 방언 2개의 대부류로 구분했다. 각 부류는 몇 개의 소부류로도 구분된다. 이 책에는 중국 언어 구역 구분도 한 장이 있는데, 이는 최초의 중국어 방언 구분도이다. 본고에서 중국과 서양 학자들의 관련 저작을 비교했다.

關鍵詞 중국어 방언 지역 구분; 언어지리학; 중국어 방언학사

19세기 말부터 20세기 초까지 중국어 방언 분류를 연구한 서양 선교사의 저작 2종은 중국어 방언학사에서 중요한 위치를 차지하지만, 언어학계에서 지금껏 언급되지 않았다. 예를 들어 『中國語言地圖集』의 그림 A2의 본문에서 『漢語方言的分區』를 설명하고 있는데, 그중 제1절의 『二十世紀前半期全國漢語方言分區的著作』에서 이 2

종의 저작을 언급하지 않았다. 본고에서 간략하게 소개 및 논평하고 아울러 관련 중국학자의 저작과 비교하기로 한다.

중국 전통 문헌학에서는 한(漢)나라 양시웅[揚雄] 이후 역대로 방언의 차이와 유형을 관찰한 바가 있었다. 예로, 남북조 시기 옌즈투이[顔之推]의 『안씨가훈·음사(顔氏家訓·音辭)』: "南方水土和柔, 其音淸擧而切詣, 失在浮淺, 其辭多鄙俗; 北方山川深厚, 其音沉濁而鈋鈍, 得其質直, 其辭多古語." 수(隋)나라 루파옌[陸法言]의 『절운서(切韻序)』: "吳楚則時傷淸淺, 燕趙則多傷重濁". 당(唐)나라 루더밍[陸德明]의 『경전석문·서록(經典釋文·敘錄)』: "方言差別, 固自不同, 河北江南最爲巨異, 或失在淸淺或滯於重濁." 북송(北宋) 시기 선쿼[沈括]의 『몽계필담보(夢溪筆談補)』 권1(卷一): "『經典釋文』, 如熊安生輩, 本河朔人, 反切多用北人音; 陸德明, 吳人, 多從吳音; 鄭康成齊人, 多從東音. 如'壁有肉好', 肉音揉者, 北人音也……." 그러나 엄격한 의미의 전국적인 방언의 지역 구분 연구와 실행은 없었다.

아편전쟁 이후 중국에 온 서양 선교사들은 선교적 필요를 위해 지역별로 방언을 조사·기록·연구·학습하여 중국어 방언 지리에 대해 이해하지 못하는 바가 없었고, 그들의 방언학 저작에서도 방언 지리 관련해 산발적으로 논의했음을 알 수 있다. 예로, 에드킨스(J. Edkins)는 『上海口語語法』(1853)에서 폐색음 운미의 지리적 분포를 언급했다. 『北京口語語法』(1857)에서도 관화를 중부·북부·서부 세 부류로 구분하고, 각각 난징[南京]·베이징[北京]·청두[成都] 세 곳의 방언을 대표로 삼았다. 후에는 우쓰밍[吳思明; S. F. Wood]이 *Records of*

Missionary Conference(1890)에서 방언을 좀 더 상세하게 분류했는데, 그는 중국어 방언을 10개 부류로 구분했다.

   1. 官話
     (1)北方   (2)南方   (3)西方
   2. 蘇州
   3. 上海
   4. (1)寧波   (2)金華   (3)溫州   (4)台州
   5. 福州
   6. 廈門
   7. 汕頭
   8. 客家
   9. 廣東
   10. 南海

그가 관화를 북방관화·남방관화·서방관화로 구분한 것은 분명히 에드킨스(J. Edkins)의 분류에 기초한 것이며, 그의 '남방'은 에드킨스(J. Edkins)의 '중부'에 대응된다. 그가 남방 방언을 9개 부류로 구분한 것은 분명히 체계가 없는 듯하다. 넷째 부류는 총칭이 없고, 그중 닝보[寧波]어는 셋째 부류의 상하이[上海]어에 더 가까우므로 원저우[溫州]어와 한 부류로 합해서는 안 된다.

  19세기 말과 20세기 초에 다음의 두 저작이 중국어 방언 분류를 전반적이고 체계적으로 연구했다.

1. 묄렌도르프의 중국어 방언 분류와 지역 구분

동서양의 방언학자 중에서 독일 출신의 묄렌도르프(P. G. Von Mollendorff; 穆麟德)가 가장 먼저 언어학의 관점으로 중국의 중국어 방언을 전반적이고 체계적으로 분류하고 지역 구분했다.

묄렌도르프의 중문 이름은 馬倫篤夫·莫棱道夫라고도 번역한다. 묄렌도르프는 독일 출신이며 1848년에 출생해 1901년에 사망했다. 1874년에 중국에 와서 중국 세관에 재직했으며, 이후 톈진[天津] 영사를 역임했고, 1883년 리훙장[李鴻章]의 추천으로 조선(朝鮮) 국왕의 고문이 됐으며, 중국으로 돌아온 후 중국 세관에 재직하다가 1901년 닝보[寧波] 세무사로 재직하던 중에 사망했다. 저술한 *The Ningbo syllabary*는 1901년 장로회출판사가 상하이[上海]에서 출간했다. 이 책의 머리말에서 성조·운모·성모·일자다음을 설명한 부분이 있다. 첫 번째 부분은 닝보[寧波]어의 762개 음절인데, 총 4,000개 한자를 동음자 목록 형식으로 배열했다. 두 번째 부분은 방언 글자인데, 대부분 다른 지역 방언에서는 찾아볼 수 없으며 오늘날에도 사용되지 않는다. 세 번째 부분은 닝보[寧波]·사오싱[紹興]·타이저우[台州] 세 지역의 방언음 대조 목록이다. 이 책으로 보건대, 묄렌도르프의 방언 연구는 당시 최고 수준이었다.

묄렌도르프가 저술한 『現行中國之異族語及中國方言之分類』(원문은 *China Mission Year Book*(1896)에 실렸고, 번역문은 『歌謠周刊』 89號(1925.05.03)에 실림)은 중국어 방언을 4개 대부류로 구분했다(괄호 안의

숫자는 인구수임).

一. 粵語
 1. 廣東 (1,500萬)
 2. 客家 (500萬)
二. 閩語
 3. 漳州(廈門·福建話) (1,000萬)
 4. 潮州(汕頭·福佬) (500萬)
 5. 福州 (500萬)
三. 吳語
 6. 溫州 (100萬)
 7. 寧波 (2,500萬) (分紹興·台州)
 8. 蘇州·上海 (1,800萬) (分徽州)
四. 官話
 9. 北部·中部·西部 (30,000萬)

하카[客家]어·민(閩)어·관화의 지리적 분포를 설명했다. 지적할 점은, 후이저우[惠州]의 10개 현 중 7개 현에서는 하카[客家]어를 사용한다. 차오저우[潮州]부(府) 8개 현과 하카[客家]족이 거주하는 다푸[大埔]현(縣)에서는 산터우[汕頭]어를 사용한다. 푸라오[福佬]어는 동부 강남(江南)의 루펑[陸豊]·하이펑[海豊]·구이산[歸善] 세 개 현의 대부분 지역, 둥관[東莞]현(縣), 광저우[廣州]부(府) 내의 룽먼[龍門]·쩡청[增城]·판위[番禺]·신안[新安]·샹산[香山]·신닝[新寧]에 널리 퍼졌으며, "福佬與客家本地人難處"라고 지적했다.

묄렌도르프가 분류하고 통계한 자료에 따르면, 각종 중국어 방언을 사용하는 인구는 총 3.84억이다.

여기에는 방언 지도가 없고 문자 설명만 있다.

중국어 방언 지역 구분 측면에서 묄렌도르프의 주요 성과는 다음의 몇 가지이다.

1.1. 우[吳]어의 지리적 범위를 최초로 확립함

20세기 초 이전에는 역사적인 문서나 일반 사람들의 인식이나 관계없이, 이른바 '우[吳]어'는 쑤저우[蘇州]·우시[無錫] 일대의 방언만을 지칭했고 지리적 범위가 대체로 타이후[太湖] 유역을 넘지 않았으며 최대로 하더라도 저장[浙江]성의 닝사오[寧紹] 지역까지 포괄할 수 있었다(기타 방언에서 일반적으로 '웨어(越語)'라 칭함). 현대 방언학에서 이른바 우[吳]어의 지리적 범위는 대단히 넓어서 대략 장쑤[江蘇]성의 남부와 저장[浙江]성의 대부분 지역을 포함하며, 북으로는 창장[長江] 하구 북쪽 기슭부터 남으로는 저장성 남부의 원저우[溫州]까지이다. 우[吳]어 구분의 현대적 개념은 자오위안런의 『現代吳語的研究』(1928)에서 유래한 것으로 방언학계에서는 이제껏 믿어왔으나, 사실상 이 개념을 최초로 제안한 이는 묄렌도르프(1896)이다. 주목할 부분은, 우[吳]어 여부를 구분하는 공인된 주요 기준이 고대 유성음[古濁音]의 보존 여부인데, 바로 묄렌도르프가 최초로 제기했다는 점이다. "이는 타타르 세력의 침공 이전의 관화를 대표할 수 있다. 5개의 성조가 있고, k·t·p와 m 운미가 없으나 때때로 불명확한 k가 있기도 하며, b·d·g와 병존한다. 언어학 연구로서 매우 중요하다. 특히, 이는 일본에서 이른바 우[吳]어 발음의 기초가 된다."가 우[吳]어에 대해 그가 내린 정의이다. 자오위안런은 30년 후에도 여전히 유성음 유무로 우[吳]어의 지리적 범위를 확정했는데, 그 기준은 뮐렌도르프와 동일하다.

1.2. 후이[徽]어의 독립

맨 처음으로 후이[徽]어를 독립시켜 우[吳]어의 하위 범주로 삼았다. 그가 지적하기를, "안휘[安徽]성(省) 후이저우[徽州]어도 이 범주에 속하는데([案] 쑤저우[蘇州] 및 상하이[上海] 우[吳]어), 이 부류에 대해선 아는 바가 없다. 다만 주위 방언과 다르다는 점만 일반적으로 동의할 뿐이다. 저장[浙江]성에서 멀지 않으며 오(吳)나라의 일부였다.

1.3. 민(閩)어가 장저우[漳州]·차오저우[潮州]·푸저우[福州] 세 부류로 구분됨

이 세 부류는 오늘날의 閩南片·潮汕片·閩東片에 대응된다. 이는 민(閩)어가 맨 처음으로 세 부류로 구분된 것으로 매우 통찰력이 있다고 평가할 수 있다. 이러한 분류는 1960년대까지 줄곧 계속되었다. 역사상 민난[閩南] 지역에서는 장저우[漳州]의 지위가 샤먼[廈門]보다 높으므로 민난[閩南]은 '장저우[漳州]'를 으뜸으로 삼는다. 샤먼[廈門]의 지위는 5개 무역항을 개방[五口通商]한 이후에야 비로소 점차 장저우[漳州]를 앞섰다. 1920년의 『中國基督敎事業統計』에 이르러서야 '샤먼[廈門]'가 민난[閩南]어의 으뜸이 됐다.

1.4. 신(新) 샹[湘]어가 관화 서부 방언으로 귀속됨

간[贛]어를 중부 관화로 병입시키고 신(新) 샹[湘]어도 독립시키지 않고 서부 관화에 병입시켰으나, "후난[湖南]성(省) 남부의 말은 남방 방언과 비슷해졌다."라고 지적했다. 실제로 샹[湘]어를 남과 북 둘로 구분했다. 신(新) 샹[湘]어와 구(舊) 샹[湘]어의 구분은 묄렌도르프에서 유래됐다고 할 수 있다. 이른바 '후난[湖南]성 남부의 말'은 틀림없이 '구(舊) 샹[湘]어'일 것이다. 중국학자들은 늦게는 1950년대에 이르러서야 신(新) 샹[湘]어와 구(舊) 샹[湘]어를 구분했다.

1.5. 서어[畲話](折南)와 촨어[船話](廣東) 최초 보고

묄렌도르프가 지적하기를, "…… 묘[苗]족은 창장[揚子江] 이남에만 있다. 그들은 작은 식민지 사회를 형성했으며 널리 분포했는데, 저장[浙江]성 남서부의 산간 …… 윈난[雲南]성·광시[廣西]성에도 많다. 광둥[廣東]성의 뱃사공들은 중국어를 사용하지만 민족지학적 관점에서 볼 때 묘[苗]족에 속하는 이들이 있다." 이른바 "저장[浙江]성 남서부의 산간"의 묘[苗]족, 즉 서[畲]족의 언어는 오늘날 '서[畲]어'라고 칭하는데, 하카[客家]어에 가깝고 일부 단어는 야오[瑤]어와 동일하다. 광둥[廣東]성 수상(水上) 거주민의 방언은 오늘날 '촨[船]어'라고 칭하는데, 웨[粵]어에 속하지 않으며 민족지학에서도 묘[苗]어의 일종이 아니다. 묄렌도르프의 설명은 정확성이 떨어진다.

1.6. 방언 분류에 이해도 참고

묄렌도르프는 방언 간의 상호이해도[mutual intelligibility]를 방언 분류의 중요한 근거로 삼았으며, 그 중요성은 흔히 언어의 특징과 병치된다. 예로, "원저우[溫州]어를 사용하는 이들은 원저우[溫州] 일대의 약 100만 명이다. 유성음만 있고 -p··-t··-k 및 -m 등의 운미가 없으며 그 밖의 측면에서는 푸젠[福建]어와 매우 비슷하며 성조가 8개이다. 그가 접했던 중국인들은 이러한 말을 이해하지 못했다." 또 말하기를 "타이저우[台州]어는 매우 복잡하나 닝보[寧波] 사람과는 서로 쉽게 이해할 수 있다. 영문(英文)을 이해하는 닝보[寧波] 사람이 타이저우[台州]어로 번역한 신약성경을 읽는 것이 닝보[寧波]어로 번역한 신약성경을 읽는 것과 같은 노력이 든다. 사오싱[紹興]어는 이해하기 어려운 편이나 청각상의 문제일 따름이다."

각종 방언의 상호이해도에 대한 그의 설명은 모두 정확하다. 이후의 중국 언어학자들도 일반적으로 언어 구조 자체의 특징에 근거하고 상호이해도라는 요소를 고려하지 않아 구조 언어학의 입장과 관점을 견지한다. 최근 들어서야 중국 및 외국 언어학계에서 상호이해도로 방언 간의 근접성을 연구하는 것에 대해 다시 논의하고 있으며, 이를 방언 분류의 참고자료로 제공하고 있다. 상호이해도에 따른 분류법은 방언 분류법 중 하나로 간주할 수 있으나, 묄렌도르프가 엄밀한 의미에서의 상호이해도에 따른 분류를 결코 실행한 적이 없으며, 다만 일반인의 청각적 인상에 근거했을 따름이다.

1.7. 각 방언 사용 인구 자료 있음

중국어 방언학사에서 각종 방언의 사용 인구에 대한 통계 자료를 묄렌도르프의 글에서 최초로 찾아볼 수 있다.

중국의 역대 정부 혹은 민간에서는 각종 방언의 사용 인구를 조사하고 통계한 적이 없으며, 묄렌도르프가 직접 전국 각지를 다니며 방언을 조사했다는 기록도 없다. 그렇다면 방언 사용 인구에 대한 자료는 어디에서 유래한 것일까?

표 1. 기독교가 우[吳]어 지역에서 개척하거나 設站한 지점과 연대

	上海	寧波	奉化	寧海	紹興	新昌	台州	黃岩	太平
개척	1843	1847	1866	1868	1866		1867		
선교 본부 설립		1865							
선교 지부 설립						1888前		1867	1874

	蘇州	湖州	杭州	衢州	常山	蘭溪	永康	溫州	平陽	龍泉
개척		1889	1861					1867		1894
선교 본부 설립	1883			1875		1886			1893	
선교 지부 설립				1872		1870	1882			

* 표에서 공백은 정보가 없음을 나타낸다

방언의 유형과 사용 인구에 대한 정보가 기독교 선교에 매우 중요하기 때문에 선교사들은 어느 지역에 가든지 방언과 사용 인구 상황을 항상 조사하고 이해해야 했다. 그들의 발자취는 남동쪽 연해 방언 지역과 심지어 외딴 지역에도 있다. 우[吳]어 지역에 관해 언급

하지만, 19세기 말까지 교회가 있던 지점에서는 응당 거의 100곳에 달했다. 표 1은 필자가 아는 범위 내에서 기독교가 우[吳]어 지역에 개척하거나 선교 본부를 둔 지점과 연대를 열거한 것이다.

이른바 선교 '본부'는 선교사와 신도도 비교적 많고 선교 역사도 비교적 길며 규모도 비교적 큰 도시이며, '본부' 아래에는 '지부'를 두었다. 예로, 타이저우[台州]는 '본부'이고 황옌[黃巖]과 타이핑[太平]은 타이저우[台州]의 '지부'이다. 선교사들은 지부가 없는 곳도 자주 방문했다. 선교사들은 모이고 회의하는 것을 포함해 늘 정보를 교환한다. 예로, 상하이[上海]의 선교사들은 '滬語社'를 조직해 상하이[上海]어를 연구하고 상하이[上海]어의 병음 방안을 제정하기도 했다. 기독교선교협회는 확실히 체계적인 조직으로서 이를 통해 방언을 조사하고 정보를 수집하는 것이 효과적이다. 실제로 유럽의 방언학자들도 각지 선교사들 간의 연락을 통해 방언을 조사한다. 뮐렌도르프의 이 논문은 당시 출간됐던 수백 권의 성경 방언 역본과 방언학 저작을 포함해 수십 년간 각지 선교사가 방언을 조사하고 연구한 성과의 덕을 입었음이 틀림없다. 각종 방언의 사용 인구는 틀림없이 각지의 교회·선교단체·지부의 보고에 근거해 통계 낸 것이다.

뮐렌도르프 분류의 주요 단점은 하카[客家]어를 웨[粵]어의 하위 범주로 간주했다는 점이다. 그는 또 저장[浙江]성의 진화[金華]어와 닝보[寧波]어가 차이가 별로 없다고 여겼다. 그가 말하기를, "진화[金華]어는 닝보[寧波]어와의 차이가 화두의 변화만 약간 다를 뿐이므로 아직은 독립시킬 수 없다." 실제로 진화[金華]어에는 문독과 백독 두 가지 발음이 있으며 문독은 비교적 쉽게 이해할 수 있다. 당시 진화[金華] 사람들이 선교사들과와 대화할 때 문독을 사용했기 때문에 선교사들이 진화[金華]어가 닝보[寧波]어와 별 차이가 없다고 여겼던 것으로 추정된다.

1899년에 그는 방언의 분류를 연구한 전문저서를 또 출간했다(*Classification des dialects chinois*. 34면. Ningbo: Imprimerie de la catholique, 1899). 아쉽게도 이 책은 필자가 아직 읽지 못했는데, 내용은 틀림없이 1896년 논문보다 더 상세할 것이다.

2.『基督敎事業統計』의 방언 분류와 지역 구분

『中華歸主―中國基督敎事業統計』(1901-1920)에『中國語言的區域和發展』이라는 제목의 절이 있다. 이 절은 6개 부분으로 구성되어 있다. 1. 각 성(省)에 대한 간략한 소개(『中國語言區域分劃圖』 포함); 2. 중국어와 방언; 3. 언어와 구역 요약; 4. 로마자 표기; 5. 국음자모(國音字母); 6. 신사조와 문학혁명. 저자는 중국어 방언을 두 개의 주요 범주로 구분하고, 각 주요 범주를 하위 범주로 세분화했다.

2.1. 관화(官話)

(一) 관화 자체가 북부관화·남부관화·서부관화 세 부류로 나뉜다. 3억 명.

(二) 客家話. 700만 명 이상.

(三) 杭州話. 100만 명.

(四) 海南官話.

(五) 기타 변이.

2.2. 연해(沿海) 방언

(一) 吳語

(1) 蘇州話: 1000만 명.

(2) 上海話: 1000만 명을 초과하지 않음.

(3) 寧波話: 저장[浙江]성의 주요 방언, 약 600만 명.

(4) 台州話: 닝보[寧波]어의 변이, 약 50만 명.

(5) 金華話: 저장[浙江]성 진화[金華]에서 통용됨, 약 3만 명.

(6) 溫州話: 약 100만 명.

(7) 기타.

(二) 閩語

(1) 建陽話: 50만 명.

(2) 建寧話: 50만 명.

(3) 邵武話: 10만 명.

(4) 福州話: 800만 명.

(5) 汀州話: 100만 명.

(6) 興化話: 200만 명.

(7) 廈門話: 1000만 명.

(8) 海南話: 샤먼[廈門]어의 분파.

(9) 기타.

(三) 粵語

(1) 汕頭話: 300만 명.

(2) 客家話: 옛 관화 일부와 광둥[廣東]어 일부 포함, 관화 위주

(3) 三江(Samkong)話: 30만 명.

(4) 廣州話: 150~200만 명.

(5) 기타.

이 책의 지역 구분도와 관련 설명으로 볼 때, 중국어 방언 분류의 몇 가지 특징은 다음과 같다.

(1) 항저우[杭州]어를 관화의 하위 범주로 나열했다. 항저우[杭州]어는 우[吳]어 지역에 있는 방언섬으로서 어음 체계는 우[吳]어에 가깝고 어휘 체계와 어법 체계는 관화에 가깝기 때문에 반관화(半官話)라고 할 수 있으므로 '관화의 하위 범주'로 간주하는 것이 무리가 아니라고 생각된다.

(2) 우[吳]어의 하위 분류가 묄렌도르프보다 더 상세하다. 1980년대의 『語言地圖集』의 원형을 갖췄다.

(3) 하이난[海南] 관화를 관화의 하위 부류로 추가했다. 하이난[海南] 관화가 관화의 변이라는 점은 지적됐으나 그 특징에 대해서는 그다지 파악된 바가 없다. 관화의 방언섬인 '軍話'로 해석해야 한다.

(4) 후이[徽]어를 우[吳]어 지역으로 병입시켰다. 성(省)별로 안후이[安徽]성을 설명할 때, 성 전체적으로 북부 관화가 통용되나 "최남

단의 후이저우[徽州] 일대는 예외로 저장[浙江]성의 우[吳]어를 사용한다."고 명시됐다. 묄렌도르프가 후이[徽]어를 하나의 하위 부류로 독립시켰으나 이 책에서는 저장[浙江]성의 우[吳]어와 동일시했으니 한 발 후퇴한 것으로 볼 수 있다.

(5) 민(閩)어의 하위 분류가 비교적 자세하다. 즉, 젠양[建陽]어(현재의 閩北片에 해당), 젠닝[建寧]어(현재 간[贛]어에 속함, 당시 간[贛]어에의 귀속 여부는 검토가 필요함), 푸저우[福州]어(閩東片), 싱화[興化]어(莆仙片), 샤먼[廈門]어(閩南片), 하이난[海南]어(海南片), 사오우[邵武]어(민(閩)어·간[贛]어·하카[客家]어의 과도(過渡) 지역)이다.

(6) 저장[浙江]성 남부에는 민(閩)어가 일부 분포되어 있다. 저장[浙江]성 남부의 민(閩)어는 명(淸)나라 말, 청(淸)나라 초에 푸젠[福建]성으로부터 이입된 것으로 추정한다.

(7) 팅저우[汀州]어를 독립된 하위 부류로 나열하며 "팅저우[汀州] 사람들이 사용하는 것은 순수한 하카[客家]어이다."라고 지적했다. 사실이지만, 연해 방언 항목에서는 이를 민(閩)어의 하위 부류로 분류해 혼란을 야기시켰다.

(8) 하카[客家]어를 독립시켰다. 묄렌도르프가 하카[客家]어를 독립시켰으나 이 책에서는 이를 관화의 하위 범주로 나열했고 동시에 웨[粵]어 항목에도 나타나며, 팅저우[汀州] 하카[客家]어는 민(閩)어 항목에 나열되어 매우 혼란스럽다. 저자는 "하카[客家]어에는 관화 일부와 광둥[廣東]어 일부가 포함되어 있으나 관화가 지배적이다."라고 생각했다. 이 결론은 완전히 잘못됐다. 하카[客家] 사람들은 지금껏

하카[客家]어를 사용해 왔으며 언어 충성도도 줄곧 매우 높았다. 다만 한 가지 가능성은, 하카[客家] 사람들이 공부할 때 관화를 사용한다는 점이다. 보통화나 광둥[廣東]어를 사용한 것은 최근 몇 년 사이에 일어난 일이다. 저자가 하카[客家] 사람들의 언어 사용 상황에 대해 그다지 이해하지 못하고 바젤선교회에도 문의한 적이 없는 것으로 보인다. 바젤선교회는 1845년부터 이미 하카[客家] 방언을 조사하기 시작했으며, 최초의 하카[客家]어 성경 역본인 마태복음(로마자 버전)이 1860년에 출간됐다.

(9) 산터우[汕頭]어를 한 부류로 독립시키면서 "산터우[汕頭] 지역에서는 민난[閩南]어와 유사한 토어가 통용된다."라고 지적했다.

(10) 샹[湘]어는 서부 관화로, 간[贛]어는 남부 관화로 분리 편입시켰다.

이 책에는 각 방언의 사용 인구에 대한 통계 정보가 포함되어 있는데 묄렌도르프의 통계 결과와 다르다. 다시 통계를 내어 더 상세하다.

이 책에 『中國語言區域分劃圖』가 있는데, 이는 필자가 본 최초의 중국어 방언 구역도이다. 지도에 관화·우[吳]어·민(閩)어·웨[粵]어·하카[客家]어 5개 주요 중국어 방언을 구분한 것 외에도 부족어[土番語; tribal dialect], 티베트어[藏語], 몽골어[蒙古語]도 포함되어 있다. 이 지도가 지금껏 언어학계에서 언급되지 않은 점이 유감이다.

3. 중국 및 서양 학자의 초기 중국어 방언 분류법 비교

맨 먼저 중국 전체의 중국어 방언을 분류한 중국학자는 청말민초(清末民初)의 장타이옌[章太炎]이며, 그는 중국어 방언을 10개로 구분했다.

(1) 河朔—北塞, 山東·山西·河南의 漳德·衛輝·懷慶

(2) 陝西(甘肅 포함)

(3) 河南 開封 서부, 汝寧·南防 등지, 湖北 沿江 이하 鎭江까지

(4) 湖南

(5) 福建(浙江 溫州·處州·台州 포함)

(6) 廣東

(7) 開封 동부, 山東 曹沂—江淮(四聲)

(8) 江南 蘇州·松江·常州·太倉, 浙江 湖州·嘉興·杭州·寧波·紹興

(9) 徽州·寧國(浙江 衢州·金華·嚴州, 江西 廣信·饒州 포함).

(10) 四川·雲南·貴州·廣西(음류(音類)는 湖北와 비슷, 湖南 沅州 포함).

장타이옌의 위의 방언 지역 구분은 『章太炎文鈔』권2를 보라. 다만 『章氏叢書·檢論·卷五方言』(1900-1901)에서는 (3)과 (4)를 한 부류로 합쳐서 총 9개 부류이다.

장타이옌은 범주별로 분류한 이유를 제시하지 않았고, 전통 어문학의 관점에서 특정 범주의 특징을 지적하기도 했다. 예로, 그는 위 (8)의 '강남'이 "해안 지역이 습하고 안으로는 도랑, 호수와 늪이 많

아 소리가 부드럽고 약하다."라고만 지적했다. 그 자신이 직접 현장으로 가서 조사하고 기록하지 않고 일반적인 관찰을 토대로 대략 구분했을 뿐이다.

장타이엔의 (10)은 '西南官話區에 해당하며, 그가 "湖南 沅州도 이에 속함"이라고 지적한 것은 사실이다. 湖南의 서북부는 湘語區에 속하지 않으며 官話區에 속해야 한다.

다만 유의할 점은, 장타이엔이 처음에 徽語를 첫 번째 층위의 대부류 방언으로 독립시키고 浙江 嚴州도 이에 병입시킨 것은 탁월한 식견이다(9를 보라). 그러나 浙江 衢州·金華, 江西 廣信·饒州도 이에 병입시킨 것은 큰 실수이다. 그는 또 "浙江 溫州·處州·台州를 福建에 병입시켰다"(5를 보라). 장타이엔의 생각은, 吳語의 지리적 범위가 太湖 유역과 浙江 북부의 寧紹 지역만을 포함했을 뿐이다(8을 보라). 이 점 또한 일반적인 전통 관념과 일치한다. 그가 浙江의 나머지 지역을 부득불 별도로 안배한 결과 "溫州·處州·台州는 福建에 병입시키고" 衢州·金華는 徽語에 병입시켰다.

장타이엔 분류법에서 가장 불합리한 부분은 客家 방언을 고려하지 않았다는 점이다. 廣東 嘉應은 客家 사람들의 근거지인데, 장타이엔은 '廣東'(6을 보라)만 나열하고 嘉應을 열거하지 않았다. 그가 客家語를 粵語에 병입시켰음을 알 수 있다. 客家 사람들은 명청(明淸) 시기에 매우 특출난 민족이었고 客家語는 客家 사람들의 중요한 특징이었으므로 소홀히 할 수 없다. 이전의 묄렌도르프는 客家語를 하나의 부류로 독립시켰으나 粵語로 병입시키는 오류를 범했다.

장타이옌에게 방언의 인구 통계 데이터가 없었던 점은 묄렌도르프만 못하다.

장타이옌의 분류가 (시기적으로) 뒤이고 묄렌도르프의 분류가 앞이나 전후의 계승 관계는 전혀 없다.

자오위안런의 『中華民國新地圖·語言區域圖』(1934)에서는 중국어 방언을 다음의 몇 가지 부류로 구분했다.

北方官話區·下江官話區·上江官話區·吳方言·皖方言·閩方言·汕頭方言·客家方言·粤方言. 이외에 '古方言'(青海省 일대)도 있다. 지역 구분도만 있고 문자 설명은 없으며 방언 인구 통계 데이터도 없다. 지역 구분도로 보건대, 그 특징은 다음의 몇 가지이다.

(1) 오늘날의 贛語區는 下江官話區에 귀속된다. 묄렌도르프·『中國基督敎事業統計』 분류와 대략 비슷하다. 이후에는 채택한 이가 없다.

(2) 오늘날의 湘語區는 上江官話區에 귀속된다. 묄렌도르프·『中國基督敎事業統計』 분류와 대략 비슷하다. 이후에는 채택한 이가 없다.

(3) 오늘날의 海南 閩語區는 汕頭方言區에 귀속된다.

(4) 徽語는 독립시켰다.

(5) 浙江 남부에는 閩語가 없다. 정확성이 『中國基督敎事業統計』에 미치지 못한다.

(6) 客家話가 처음으로 하나의 대부류로 독립했다.

위에서 언급한 두 학자 뒤를 이어, 20세기 상반기에 리진시[黎錦熙], 중앙연구원 역사언어연구소, 리팡구이[李方桂] 등이 방언 분류에 대해 논한 바가 있는데, 여기서는 논의하지 않겠다.

자오위안런이 후에 저술한 *Cantonese Premier*(Greenwood Press, Publishers, New York, 1969)에서는 중국어 방언을 다시 다음과 같이 9개 부류로 구분했다.

第一區六組:
(1) 廣州方言
(2) 客贛方言
(3) 廈門―汕頭方言
(4) 福州方言
(5) 吳方言
(6) 湘方言
第二區三組:
(7) 北方官話 ― 黃河 유역, 東北 지역
(8) 南方官話 ― 漢口―南京
(9) 西南官話 ― 四川, 雲南, 貴州, 廣西 일부, 湖北 일부

1950-60년대 중국 언어학계에서 널리 받아들여졌던 방언 7분법 혹은 8분법은 자오위안런의 분류법과 기본적으로 일치한다.

미국 언어학자인 제리 노먼(Jerry Norman; 羅杰瑞)은 중국어 방언을

(1) 북방방언(관화), (2) 중부방언(吳·湘·贛), (3) 남부방언(閩·粤·客家) 3개의 대부류로 구분하고, 晉語·徽語·平話는 언급하지 않았다(Jerry Norman 1988). 이는 중국과 오스트레일리아가 공동으로 작업한『中國語言地圖集』과 크게 다르다. 후자는 중국어 방언을 첫 번째 층위에서 10개 부류(官話·晉語·吳語·徽語·湘語·贛語·閩語·粤語·客家語·平話)로 구분했다. 각 대부류 방언을 몇 개의 소부류로도 구분했다. 그중 晉語와 平話의 독립 여부에 대해서는 상당히 논쟁이 많다. 제리 노먼의 분류법에 대해 필자가 논평을 한 바 있으므로 여기서는 언급하지 않겠다. 1990년대에 영국과 미국에서 출간된『世界語言地圖集』은 제리 노먼의 분류를 따랐다(C. Moseley and R. E. Asher, 1994).

4. 맺음말

(1) 중국 언어학사에서 독일 학자인 묄렌도르프가 중국 전체의 중국어 방언을 맨 먼저 전면적이고 체계적으로 분류했을 뿐만 아니라 사용 인구수에 대한 데이터도 제공했다.

(2) 중국 언어학사에서 첫 번째 중국 전체의 중국어 방언 지역 구분도는 서양 선교사가 제작해서『中華歸主－中國基督敎事業統計』(1901-1920)에 게재했다.

(3) 19세기 하반기에서 20세기 초기까지 중국 현대 방언학은 아직 등장하지 않았으며, 당시에 중국에 온 서양 선교사들이 유럽 언어학의 학술적 규범으로 중국어 방언을 조사·연구하고 중국어 방언

학 관련 저작 수백 권을 출간했다. 방언 분류를 연구한 이 2종의 저작 또한 이러한 학술적 배경에서 탄생했다.

(4) 서양 선교사의 이 2종의 저작이 중국학자에게 끼친 영향은 자오위안런의 『中華民國新地圖·語言區域圖』(1934)에서 그 자취를 찾아볼 수 있으며, 가장 뚜렷한 점은 다음의 두 가지이다. 하나는 贛語區를 下江官話區에 편입 귀속시킨 점이며, 또 하나는 湘語區를 上江官話區에 편입 귀속시킨 점이다

(5) 방언 분류는 각지 방언에 대해 상세하면서도 확실하고 일관된 항목을 갖춘 조사 자료를 기초로 해야 한다. 이 점에서 위의 두 서양 선교사의 저작은 엄밀한 의미에서 방언 분류를 연구한 저작은 아니다. 중국어 방언 분류 연구는 1950-60년대에 이르러 비로소 진정으로 성숙해지는 추세였고, 상징적인 저작은 위엔자화[袁嘉驊] 등이 저술한 『漢語方言槪要』(文字改革出版社, 1960)이며, 기초가 가장 견실한 저작은 『中國語言地圖集』(1987)이다.

(6) 뮐렌도르프를 시작으로 방언 지역 구분은 이미 100년의 역사를 가지며, 지역 구분의 결과는 다양하여 지금까지도 여전히 논의가 끊이지 않는다. 방언 지역 구분은 음운 귀납과 마찬가지로 유일하면서도 정확한 답안이 없으며, 다른 기준을 선택하면 다른 결과가 도출되기 마련이다(游汝杰, 2000).

(復旦大學『語言硏究集刊』第5集, 上海辭書出版社, 2008.9, 89-101)

『성경』 화합본과 상하이 토어본 간의 비교

0. 해제

본고에서의 이른바 『聖經』 화합본은 1919에 출간된 국어 『聖經』(신구약) 전체 역본을 가리킨다. 사실 국어 『新約全書』 화합본은 1907년에 이미 출간됐다. 번역자는 마티어(C. W. Mateer; 狄考文), 굿리치(C. Goodrich; 富善), 오웬 목사(G. Owen; 文), 발러(F. W. Baller; 鮑康寧), 루이스(S. Lewis; 鹿依士)이다. 그들은 각종 문언 역본에 근거해 번역했다. 문헌 기록에 따르면, 『聖經』 중문 역본의 번역자는 모두 서양 선교사이지만, 실제로 대부분 익명의 중국학자들이 참여해 번역을 도왔고 그들의 행적도 추적하기 어려우므로 본고에서도 어쩔 수 없이 간략히만 하고 논하지 않는다.

1. 화합본 이전의 『聖經』 중문 역본

『聖經』 화합본이 1919년 초판 발행되기 전에, 『聖經』의 중국어 역본은 어종(語種) 측면에서 4개의 대부류로 구분할 수 있다. 첫째는 문언 역본으로 '심문리 역본'이라고도 칭한다. 둘째는 준문언 역본으로 '천문리 역본'이라고도 칭한다. 셋째는 관화 역본으로 '백화문 역본'이라고도 칭하며, 지역 방언이 다름에 따라 난징[南京]

어 역본, 한커우[漢口] 관화 역본 등의 구분이 있다. 넷째는 토어 역본으로 '방언 역본'이라고도 칭하는데 유형이 매우 많다.

근대 최초의 『聖經』 중국어 역본은 1822년에 출간됐으며, 번역자는 영국 선교사인 馬士文(J. Marshman)과 拉撒(J. Lassas)이다. 영국 선교사인 馬禮遜(R. Morrison)의 역본은 그다음 해에 출간됐다. 이 두 역본은 모두 문언을 사용했다. 즉 '심문리 역본'이다. 후에 모리슨 역본을 기초로 개정, 중역(重譯)하고서 『新遺詔書』라 명명하고 1837년에 인도네시아에서 출간했다. 번역자는 선교사 4인으로 메드허스트, Gutzlaff, Bridgeman, 馬禮遜(J. R. Morrison)이다. 주석[眉批][1]이 있고, 구두와 표점이 있다.

1842년 아편전쟁 후, 홍콩의 英美傳敎機構에서 12인의 위원회를 재조직하여 『聖經』을 중역하되 중국학자 왕타오[王韜]의 도움을 받아 1854년에 출간했고 '대표역본'(delegation version)이라 칭했다. 위의 역본은 모두 '심문리 역본'이다.

미국 선교사 고다드((J. Goddard; 高德)는 馬殊曼 역본을 정정하고 평이한 문언으로 고쳐 1853년에 출간했다. 이외에도 楊格非(Griffith John) 목사도 '천문리 역본'을 번역, 출간했다.

'심문리 역본'과 '천문리 역본'은 문언 역본이라 통칭(統稱)할 수 있다.

사실 아편전쟁 후에도 각지의 구어로 방언 『聖經』을 번역 출간한

---

1 [역자 주] 眉批: 책·서류 등의 윗부분에 써넣는 평어나 주석.

서양 기독교 선교사가 있었다. 이러한 방언『聖經』은 유형과 수량 면에서 백화문(관화 토어) 역본을 크게 앞서며, 역사 또한 후자와 비교해 약간 이르다.

첫 번째 백화문(관화 토어) 역본은 1857년에 상하이[上海]에서 출간됐다. 이후 1872년에서 1916년까지 계속해서 다양한 관화 성경이 출간, 발행됐다.

방언 역본의 역사는 관화 토어 역본의 역사보다 약간 이르다. 첫 번째 방언『聖經』(단편)은 1847년에 출간된 상하이[上海] 토어『約翰福音書』이다.

방언 토어의『聖經』전체 역본으로는 10종이 있다(上海·蘇州·寧波·台州·福州·廈門·興化·廣東·汕頭·客話). 그리고 젠닝[建寧]와 원저우[溫州] 방언은『新約』만 번역 출간됐다.

토어 역본은 문자의 유형 측면에서 세 가지 대부류로 구분할 수 있다. 첫째는 사각형 한자 버전이고, 둘째는 로마자 버전이며, 셋째는 그 외 병음 기호 버전이다. 최초로 출간된 토어 사각형 한자 버전은 1847년 상하이[上海]에서 출간된 상하이[上海] 토어『約翰福音書』이다. 최초로 출간된 토어 로마자 버전은 1852년 닝보[寧波]에서 출간된 닝보[寧波] 토어『路加福音書』와 같은 해 광저우[廣州]에서 출간된 광저우[廣州] 토어『約翰福音』이다. 그 외 병음 기호로 번역 출간된 토어 역본은 매우 적어 몇 되지 않으며, 푸저우[福州] 토어 역본 5종은 국어 注音符號(1913년 독서통일회(讀書統一會)가 제정했을 때 '注音字母'라 칭함)로 표기된 것이며, 또 다른 1종의 초기 상하이[上海] 토어 역본이 사용한 것은 선교사가 고안한 병음 기호이다. 이러한 부호로 방언학과 관련 없는 저작을 편찬한 경우도 있다(예: 『造洋飯法』).

구두점으로 말하자면, 사각형 한자 버전은 표점과 구두 두 가지 유형으로 구분할 수 있다. 쉼표[逗號]만 있고 마침표[句號]가 없는 구두 버전도 있다. 로마자 버전은 단어를 나누고 연결하여 쓸 때 영문 표점 기호를 사용했고, 권점법으로 글자의 성조를 나타내기도 한다. 서명과 저작권 페이지에만 영문과 사각형 한자가 같이 있다.

방언 유형의 관점에서 토어 역본은 우[吳]어·민(閩)어·웨[粵]어·하카어[客話]·간[贛]어 다섯 가지 대부류로 구분할 수 있다.

토어 『聖經』 역본이 있는 지역 방언으로, 우[吳]어에 속한 경우가 7종, 민(閩)어에 속한 경우가 8종, 웨[粵]어에 속한 경우가 2종, 간[贛]어와 하카어[客話]에 속한 경우가 각 1종씩 해서 총 19종이다. 홍콩 하카어[客話], 우징푸[五經富] 하카어[客話], 지아잉[嘉應] 하카어[客話] 등 하카어[客話] 내부에서도 차이가 있지만 크지 않아 여기에서 하나로 통합했다. 역본의 수량으로 말하자면, 광저우[廣州]가 136종으로 가장 많고, 그다음이 푸저우[福州]·상하이[上海]·산터우[汕頭]·닝보[寧波]·하카[客家]어·샤먼[廈門]·타이저우[台州]·싱화[興化]·하이난[海南]·쑤저우[蘇州]·젠닝[建寧]·원저우[溫州]·롄저우[連州]·항저우[杭州]·차오저우[潮州]·젠양[建陽]이며, 진화[金華]와 사오우[邵武]가 1종으로 가장 적다. 이상 총 609종이다.

한자 버전이 59%로 로마자 버전보다 약간 많다. 각 대부류 방언 역본의 수량은 민(閩)어가 38.6%로 가장 많고, 그다음이 우[吳]어·웨

[粵]어·하카어[客話]이며, 간[贛]어가 가장 적다. 샹[湘]어와 후이[徽]어의 역본은 아직 발견된 바가 없다. 그중 로마자 버전도 민(閩)어가 116종으로 가장 많으며, 우[吳]어가 그다음으로 82종이다.

    이외에, 선교의 필요에 부응하기 위해 기독교 선교사들은 19세기 중반부터 그들이 제정한 중국어 병음 방안을 사용하여 『聖經』을 각지 중국어 방언으로 번역하고 공식적으로 출판하고 판매하는 데에 몰두하기 시작했다. 1890년부터 1920년까지 30년 동안 판매한 로마자 병음 『聖經』과 『舊約全書』가 18,055권이었고 『新約全書』가 57,693권이었다. 그러나 이런 『聖經』 병음 번역 사역은 실제로 1920년대에 실패했다고 할 수 있으며, 이는 『聖經』의 로마자 병음 역본의 판매량이 급격하게 감소한 것에서 알 수 있다. 표1은 각지 방언 병음 『聖經』(『聖經』, 『舊約全書』·『新約全書』·『聖經』 단편 포함)의 1890년부터 1915년까지의 연평균 판매량과 1916년에서 1920년까지의 연평균 판매량을 비교한 것이다. 표1에서의 데이터로 알 수 있듯이, 샤먼[廈門]어를 제외하고 나머지 방언 7종의 병음 역본의 판매량은 1916년에서 1920년까지 모두 급격하게 감소해 그 세력이 끝나가는 추세를 보였다. 병음 역본의 쇠퇴에 따라 이를 대신한 것은 사각형 한자를 사용해 번역한 방언 구어 역본이었다. 이런 방언 구어 『聖經』 역본은 1970년대까지 줄곧 출간됐다(예: 香港聖書公會가 인쇄한 『聖經』 백화 버전).

표 1. 『聖經』 방언 역본 판매량 비교

年份＼地區	廈門	廣州	福州	海南	寧波	汕頭	台州	溫州
1890-1915	2276	988	1031	297	994	783	59	147
1916-1920	5836	105	286	88	281	335	17	39

2. 화합본의 사회 문화적 배경

화합본의 탄생과 인기의 원인은 세 가지 측면에서이다.

첫째, 19세기 말과 20세기 초에 문언 역본이 갈수록 대중화되기가 어려워졌는데, 이는 중국의 언어·문자·문체 변화라는 큰 배경과 밀접하게 연관되어 있다.

1919년 5·4 운동 이전에 중국어의 서면어는 문언문이었다. 문언문은 일종의 고전어이자 순수한 서면어이며, 초방언적이고 유럽의 라틴문과 유사하며 구어로 사용되지 않았다. 문언문과 구두 언어 간에는 매우 큰 차이가 있어 일반 사람들은 몇 년간 공부해야만 비로소 문언문으로 글을 쓸 수 있었다. 옛날에는 소수의 사람만이 글을 읽고 쓸 수 있었다. 문언문은 시대에 낙후되어 새로운 사물과 사상을 기록하는 데에 불편할 뿐만 아니라 교육을 대중화하고 대중의 문화 수준을 제고시키는 데에도 불리하며 폐단 또한 매우 분명하다. 문언문을 개혁하고 '언문이 통일[言文統一]'되도록 하는 것이 추세라고 말할 수 있다. 19세기 말에 개혁주의자들도 '언문합일(言文合一)'을 강력하게 제창했을 뿐만 아니라 白話 신문을 출간했는데, 가장 초기의 신문이 1898년에 창간된『無錫白話報』였다. 이 시기에는 백화 소설도 대량으로 출간됐다.

문언 역본은 분명히 시대의 필요에 부합하지 않았으므로 장로회는 1907년의 전국회의에서 문언으로『聖經』번역하는 것을 그만두기로 의결했다. 문언 역본은 이때부터 없어졌다.

둘째, 현대 중국어 표준어, 즉 국어 지위가 날로 공고해졌다.

비록 아편전쟁 후에 서양 선교사들이 각지 구어로 방언『聖經』을 번역 출간하거나 방언 구어로 그 외 저작을 집필하고 출간했으나, 이런 작품은 기본적으로 기독교 신도에게만 사용되어 확산 영역이 매우 좁았고 학술계의 관심이나 사회의 인가를 받지 못했으며, 당시의 종교계(기독교)와 학술계 사이에 상당한 격차가 있었다. 그들은 이후의 백화문 운동을 직접적으로 추진하는 역할을 감당하지 못한 것 같다.

5·4 백화문 운동은 19117년에 시작됐다. 이 운동은 결코 정부가 주도한 것이 아니라 지식인 엘리트 몇 명이 제창한 것으로, 가장 중요 이는 후스[胡適]·천두시우[陳獨秀]·루쉰[魯迅]·첸센통[錢玄同]·리우반농[劉半農] 등이었다. 백화문 운동 초기에는 반대하는 이들도 적지 않았다. 예로, 린친난[林琴南]은 백화문을 "일반 백성들이 사용하는 말[引車賣漿之徒所操之語]"[2]이라 배척했으며 논쟁이 매우 치열했다.

---

2 [역자 주] '引車賣漿' yǐn chē mài jiāng 은『史記·魏公子列傳』에 나오며 수레를 끌며 장사 하는 사람이란 뜻으로 일반 백성을 가리킨다.

1920년대 초에 교육부에서 초등학교 1·2학년에 백화를 가르쳐야 한다고 규정하면서 백화는 법적 지위를 가지게 됐다. 백화문은 시대와 사회발전의 요구에 부응했기 때문에 곧바로 거침없이 추진됐고, 1930년대에는 문언문을 완전히 대체하면서 현대 중국어 표준어가 됐다.

백화문 운동과 이후 국어 대중화 사업은 역으로 성경 번역에 결정적인 영향을 끼쳤다. 백화문 운동과 이후 국어 대중화 사업의 지속적인 발전과 성공으로 인해 1930년대 이후에는 관화 화합본(1919년 초판)과 국어 역본이 방언 역본을 점차 대체하게 됐다. 필자가 아는 바에 따르면, 현재는 홍콩의 오순절 교회만이 광둥[廣東]어 성경을 사용할 뿐이다. 타이완과 해외 다른 지역의 상황은 알려진 바가 없다.

셋째, 선교 사업의 필요성이다.

당시 각지에 널리 사용되던 중문 역본 『聖經』 버전은 번잡하고 일치하지 않아서 선교와 교리의 통일에 불편했기 때문에 중국 교회 지도자들과 외국 선교사들이 공동으로 역본을 개정하여 1919년에 성경 전체 역본을 출간했으며, '국어 화합 역본'이라 칭했다. 화합 역본은 1885년에 출간된 Revised Version(R. V.)를 근거로 삼았다. 당시에 제정한 번역 원칙은 다음의 5개 항목이다.

1. 번역문은 백화이어야 하며 식자층이 이해할 수 있어야 한다.

2. 번역문은 일반적인 언어이어야 하며 현지 토어나 방언을 사용하지 않는다.
3. 문체는 쉽게 이해할 수 있어야 하지만 참신하고 아름다우며 낭송할 수 있어야 한다.
4. 번역문은 원문에 부합해야 한다.
5. 이해하기 어려운 부분은 최선을 다해 번역하되 대략적인 의미만 번역하지 않는다.

위에서 서술한 1·2 두 항목의 원칙으로 보건대, 그들은 문언 역본과 방언 역본을 단호하게 부정한다.

3. 화합본 등장 이후의 중문 토어 『聖經』 역본

『聖經』 화합본이 등장한(1919) 후, 각 대부류 방언의 토어 역본의 출간 수량이 급격한 감소세를 나타냈다. 표 2에서 표 7, 그림 1에서 그림 4를 보라.

표 2. 화합본 출간 전후 민(閩)어 『聖經』 출간 유형수 비교표

	廈門	福州	汕頭	潮州	興化	建陽	邵武	海南	建寧	총계
1919년 이전	32	83	56	2	19	2	1	14	9	218
1919년 이후	11	14	2	0	0	0	0	0	1	28

그림 1. 화합본 출간 전후 민(閩)어 『聖經』 출간 유형수 비교도

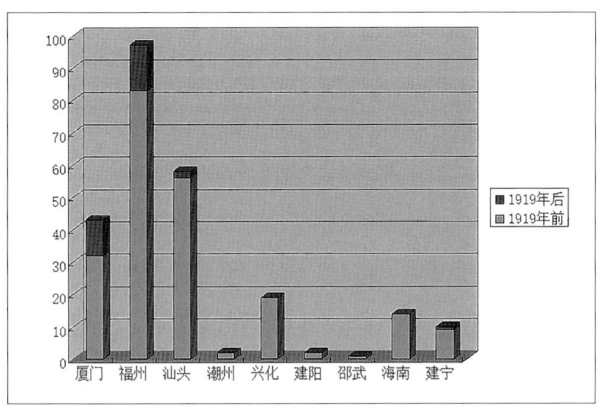

표 3. 화합본 출간 전후 우[吳] 방언 지역별 『聖經』 출간 유형수 비교표

	上海	蘇州	寧波	杭州	金華	台州	溫州	총계	백분율
1919년 이전	56	12	49	4	1	24	5	151	93%
1919년 이후	5	3	4	0	0	0	0	12	7%

표 4. 화합본 출간 전후 粤방언 지역별 『聖經』 출간 유형수 비교표

	廣州	連州	總計	백분율
1919년 이전	118	4	122	87%
1919년 이후	18	0	18	13%

표 5. 화합본 출간 전후 客방언 지역별 『聖經』 출간 유형수 비교표

	客家	백분율
1919년 이전	48	92%
1919년 이후	4	8%

그림 2. 화합본 출간 전후 지역별 방언 『聖經』 출간 유형수 비교도

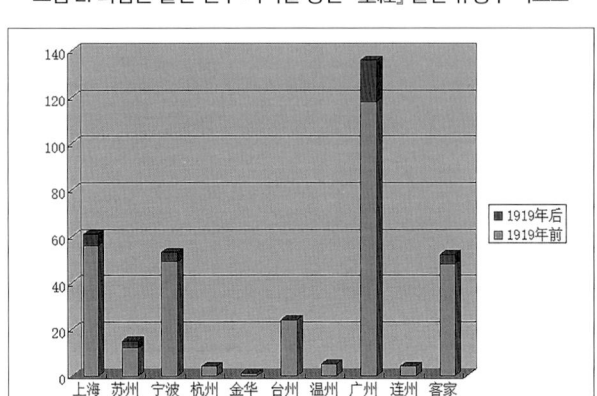

표 6. 화합본 출간 전후 방언 『聖經』 출간 유형 수치 비교표

	吳語	閩語	粤語	客家	총계	백분율
1919년 이전	151	218	122	48	539	89.70%
1919년 이후	12	28	18	4	62	10.30%
총계	163	246	140	52	601	100%

그림 3. 화합본 출간 전후 방언 『聖經』 출간 유형 수치 비교도

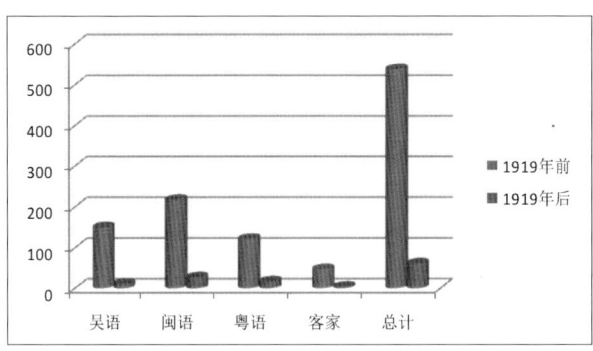

표 7. 화합본 출간 전후 방언 『聖經』 출간 유형 백분율 비교표

	吳語	閩語	粤語	客家	평균 백분율
1919년 이전	92.10%	88.60%	87.20%	92.30%	89.70%
1919년 이후	7.90%	11.40%	12.80%	7.70%	10.30%

그림 4. 화합본 출간 전후 방언 『聖經』 출간 유형 백분율 비교도

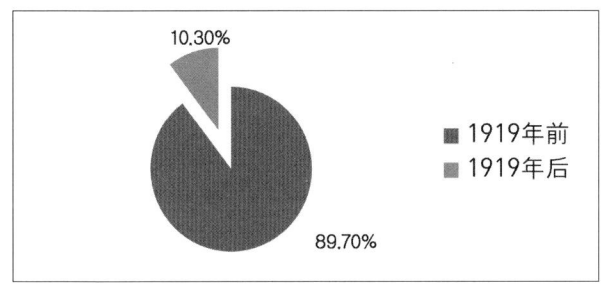

4. 『聖經』 화합본과 상하이 토어 버전 언어 비교

상하이[上海] 토어 역본에는 로마자와 한자 두 가지 버전이 있다.

최초의 한자 역본은 『約翰傳福音書』인데, 번역자는 런던선교회의 메드허스트로 1847년에 장쑤성 쏭장[松江]부(府) 상하이[上海]현(縣) 墨海書館 소장판이며 총 90엽이다. 런던의 Bible House Library 소장 초본은 71-74엽이 없다[缺]. 이는 최초의 『聖經』 방언(한자) 역본이다. 이 책의 주요 역자인 메드허스트는 책 전체의 번역문도 맨 마지막에 개정했다. 이 책의 서명 페이지 영인본은 그림 5를 보라.

이 책의 본문 1면은 그림6을 보라.

小米鄰(W. C. Milane)이 번역한 『馬太福音』과 T. McClatchie가 번역한 『路加福音』이 1848년에 출간됐다. 오웬(G. Owen; 文) 주교도 동역자 2인과 『馬太福音』을 번역했으며 1850년에 닝보[寧波]에서 출간했고 1856년 중쇄했다. 이후 각종 『新約』 단편이 계속해서 출간됐다.

서머즈(J. Summers)가 로마자로 번역한 『約翰福音』이 1853년 런던에서 출간됐다. 방언 로마자 『聖經』 역본 역사상 1852년 닝보[寧波]에서 출간된 『路加福音』과 같은 해에 출간된 광저우[廣州] 토어 『約翰福音』에 이어 두 번째이다. 키스(C. Keith)가 1859년에 번역한 『路加福音』은 세바니스(A. B. Cebaniss)가 크로포트(T. P. Crawford)가 고안한 어음 부호를 사용해 전사했고 1872년에 출간했다. 완전한 『新約全書』는 1870년에 다수의 번역자가 공동으로 번역 출간했다. 주요 번역자로 분(W. J. Boone), E. W. Syles, F. Spaulding, T. McClatchie, 키스(C. Keith) 목사, R. Nelson, H. Blodget이다. 그중 분(W. J. Boone)은 상하이[上海] 미국 성공회 최초의 주교급 선교사로서 1837년에는 바타비아(Batavia; 巴達維亞)에서 선교했고 1842년에는 샤먼[廈門]에서 선교했으며 1845년에는 상하이[上海]에서 선교했다. 그와 裨治文(Dr. E. C. Bridgman)은 최초로 중국에 와 선교한 미국 선교사이다. 裨治文은 회중교회[Congregational Church]의 대표이며, 1847년에 광저우[廣州]를 떠나 상하이[上海]로 갔다.

키스(C. Keith) 목사는 로마자로 『新約全書』도 번역해 1872년에 출간했다. 그는 1855년에 『上海土白入門』을 출간했다.

1876년에 『新約』의 새 역본을 출간하기 위해 미국성경공회가 선교사로 구성된 위원회를 설립해 구 역본을 개정했는데, 위원으로는 Dr. 파넘(J. Farnham)과 로버츠(Roberts) 등이 포함됐고, 새 역본은 1881년에 인쇄·발행됐다. 같은 시기에 뮤어헤드(W. Muirhead)도 문리 버전 주석을 포함한 『新約』을 번역 출간했다.

　화합본 『新約』의 첫 번째 상하이[上海] 토어 역본은 1897년에 출간됐다. 번역자는 미국과 영국의 선교사이다.

　첫 번째 단편 『舊約』은 1854년에 출간된 『創世紀』이며, 번역자는 분(W. J. Boone)과 키스(C. Keith) 목사이다. 첫 번째 『舊約』 완정본은 1908년에 출간됐다.

　첫 번째 신구약 합본은 1913년에 출간됐다.

　신도들은 일반적으로 한자 버전을 사용했으며, 로마자 버전을 사용하는 신도들이 갈수록 적어져 1877년에 이르러서는 거의 사용되지 않았다.

　『約翰福音』 화합본, 상하이[上海] 토어 1847년 버전과 1923년 버전을 언어 측면에서 비교하기로 한다. 제1장 시작 부분의 10개 절을 예로 들자. 표8을 보라. 1행은 영문 역본이고, 2행은 화합본이며, 3행은 상하이[上海] 토어의 1847년 버전이고, 4행은 상하이[上海] 토어의 1923년 버전이다.

표 8. 約翰福音 화합본, 상하이[上海] 토어 1847년 버전과 1923년 버전 대조

1:1 In the beginning was the Word, and the Word was with the God.

太初有道, 道與神同在, 道就是神.

起頭道已經有拉個·第個道忒上帝兩一淘個·道就是上帝拉.

起初有道·第個道忒上帝一淘拉·道就是上帝.

1:2 He was with the God in the beginning.

這道太初與神同在.

第個道勒拉起頭忒上帝一淘個.

第個道起初是搭上帝一淘拉.

1:3 Through him all things were made; without him nothing was made that has been made.

萬物是藉著他造的. 凡被造的, 沒有一樣不是藉著他造的.

樣樣物事·但憑道造個·唔沒道末·一樣物事勿有拉.

萬物是靠道咾造個·凡系受造的, 無一樣勿靠伊咾造個.

1:4 In him was life, and that life was the light of men.

生命在他裏頭. 這生命就是人的光.

勒拉道是活個·而且活拉個·是人個亮光拉.

在於伊·有生命·第個道就是人個光.

1:5 The light shines in the darkness, but the darkness has not understood it.

光照在黑暗裏, 黑暗卻不接受光.

亮光照亮暗洞裏·但是暗洞裏個·勿識個拉.

光照拉暗裏·暗倒勿受.

1:6 There came a man who was sent by God; His name was John.

有一個人, 是從神那裏差來的, 名叫約翰.

上帝打發個人·名頭叫約翰.

有一個人是上帝差來個, 名頭叫約翰.

1:7   He came as a witness to testify concerning that light,so that through him all men might believe.

這人來, 爲要作見證, 就是爲光作見證, 叫眾人因他可以信.

伊來做亮光個幹證·叫衆人信亮光.

第個人來做幹證·就是為之光咾來做幹證·以致衆人從伊咾相信.

1:8   He himself was not the light;He came only as a witness to the light.

他不是那光, 乃是要爲光作見證.

約翰勿是亮光·是亮光個幹證拉.

約翰勿是第個光·不過為之光咾做幹證.

1:9   This was the true light that gives light to every man who comes into the world.

那光是眞光, 照亮一切生在世上的人.

眞亮光末·照亮世界上各樣個人拉.

伊個眞個光·到世界上照亮攏總人.

1:10 He was in the world, and though the world was made through him, the world did not recoganize him.

他在世界, 世界也是藉著他造的, 世界卻不認識他.

第個亮光也造世界個·但是世界上勿認得伊拉.

伊垃拉世界上·世界上是從伊咾造個, 世界倒勿認得伊.

　　표 8에서의 번역문으로 볼 때, 다음의 몇 가지 측면에서 화합본이 상하이[上海] 토어 버전보다 낫다.

　　첫째, 의미가 더 정확하다. 예: In him was life. 화합본에서는 "生命在他裏頭"로 번역했고 토어 버전에서는 "勒拉道是活個"로 번역했다. 토어 버전의 번역이 틀렸다고 할 수 있다.

둘째. 텍스트가 더 간결하다. 예: 첫 번째 문장 "In the beginning was the Word, and the Word was with the God." 화합본은 "太初有道, 道與神同在"로 번역했고, 토어 버전은 "起頭道已經有拉個·第個道忒上帝兩一淘個·道就是上帝拉."으로 번역했다. 토어 버전이 장황하게 보인다.

셋째, 표점이 더 정확하다. 여섯 번째 문장 "There came a man who was sent by God;His name was John." 화합본은 "有一個人, 是從神那裏差來的, 名叫約翰."로 번역했다. 토어 버전은 "上帝打發個人·名頭叫約翰"로 번역했다. 토어 버전이 전통적인 구두·표점법을 사용하여 화합본의 새로운 표점법과 다르나, 이 문장 끝에 마침표를 사용해야 한다는 것은 의심의 여지가 없다.

넷째, 단어 사용이 더 적절하다. 예로, witness의 경우 화합본은 "見證"으로 번역했고 토어 버전은 "幹證"으로 번역했다. darkness의 경우 화합본은 "黑暗"으로 번역했고 토어 버전은 "暗洞"으로 번역했다.

백화문 운동의 역사로 볼 때, 화합본 『聖經』은 백화문 운동의 선구자이자 백화문이 문언문을 대체한 문학에서 모범이라고 할 수 있다. 그러나 그 또한 결국은 100년 이전의 출간물로서, 근 100년 동안 중국어는 어휘·구문·문체 측면에서 큰 변화가 있었다. 현대적인 관점에서 볼 때, 화합본 번역문에는 여전히 개선할 수 있는 여지가 있다. 예로, ""太初"는 현대 중국어에서 거의 사용하지 않기 때문에

"世界"로 바꿔 번역할 수 있다. "照亮一切生在世上的人"는 "照亮世界上的每一個人"로 바꿔 번역할 수 있다. '一切'는 사물을 수식하는 데에 쓰이며, 사람을 수식할 때는 '所有' 혹은 '每一個'가 보다 적절하다.

香港天道書樓가 1993년에 『聖經新譯本』을 출간했는데, 화합본의 번역문을 개정한 부분이 있다. 예로, '神'을 '上帝'로 바꿔 번역했다. 비록 문체는 현대 중국어에 가까운 편이나, 여전히 초기 백화문의 흔적이 있다.

한마디로 현대 중국어 문체로 『聖經』을 다시 번역할 필요가 있다고 생각한다.

필자는 화합본 『約翰福音書』의 처음 부분 문장 10개를 현대 문체로 다음과 같이 고쳐 번역했다(표 9를 보라). 표에서 1행은 화합본이고, 2행은 영문 번역문이며, 3행은 필자의 번역이다.

표 9. 『約翰福音書』화합본과 현대 중국어 번역 간의 비교

1:1　　太初 有道, 道和神同在, 道就是神.
　　　　In the beginning was the Word, and the Word was with the God.
　　　　世界最初就有道, 道和上帝同在, 道就是上帝.

1:2　　這道 太初 與神同在.
　　　　He was with the God in the beginning.
　　　　這道當初就和上帝同在.

1:3　　萬物是 藉著 他造的. 凡被造的, 沒有一樣不是 藉著 他造的.

Through him all things were made;without him nothing was made that has been made.

萬物都是通過他造就的; 凡是已經造出來的, 沒有一樣不是通過他造的.

1:4 生命在他裏頭, 這生命就是人的光.

In him was life,and that life was the light of men.

生命在他裏頭, 這生命就是人的光.

1:5 光照在黑暗裏, 黑暗卻不 接受 光.

The light shines in the darkness, but the darkness has not understood it.

光照在黑暗裏, 黑暗卻不理會光.

1:6 有一個人, 是 從神那裏 差來的, 名叫約翰.

There came a man who was sent by God;His name was John.

有一個人, 是上帝差來的, 名叫約翰.

1:7 這人來, 爲要 作見證 , 就是爲光作見證, 叫眾人因他可以信.

He came as a witness to testify concerning that light, so that through him all men might believe.

他來是爲做證人, 就是爲光做見證, 使大家通過他的見證都可以相信.

1:8 他不是那光, 乃是要爲光 作見證 .

He himself was not the light;He came only as a witness to the light.

他不是光本身, 而只是光的證人.

1:9 那光是眞光, 照亮 一切 生在世上的人.

This was the true light that gives light to every man who comes into the world.

這光是眞光, 照亮世界上的每一個人.

1:10 他在世界, 世界也是 藉著 他造的, 世界卻不認識他.

He was in the world,and though the world was made through him,the world did not recoganize him.

他在世界, 雖然世界是通過他造就的, 但是世界卻不認識他.

참고문헌

『約翰傳福音書』, 江蘇省松江府上海縣墨海書館藏版, 1847年. 共90葉.
『新約全書』, 上海美國聖經會印發, 1923年, 18cm. 614.
志賀正年『中文聖書的基礎研究』, 株式會社天理寺報社印刷, 1973年3月.
游汝杰『西洋傳敎士漢語方言學著作書目考述』, 黑龍江敎育出版社, 2002年12月.
Holy Bible, New International Version, International Bible Society (H.K.) Ltd. 1996.

부록

출판연도가 가장 이른 중국어 방언 『聖經』 단편 제1장 원문

約翰傳福音書
耶穌降世壹千捌百肆拾柒年
江蘇省松江府上海縣墨海書館藏板
約翰傳福音書
第一章

起頭道已經有拉個・第個道忒上帝兩一淘個・道就是上帝拉. 第個道勒拉起頭忒上帝一淘個. 樣樣物事・但憑道造個・唔沒道末・一樣物事勿有拉. 勒拉道是活個・而且活拉個・是人個亮光拉. 亮光照亮暗洞裏・但是暗洞裏個・勿識個拉. 上帝打發個人・名頭叫約翰・伊來做亮光個幹證・叫眾人信亮光・約翰勿是亮光・是亮光個幹證拉. 眞亮光末・照亮世界上各樣個人拉. 第個亮光也造世界個・但是世界上勿認得伊拉. 伊到本地・本地人勿接伊・接受伊個人・就是信伊名頭個・賞撥伊威勢能幹・做上帝個兒子・伊個生出來・不是打血脈・邪想・人個意思來個・是上帝生來個拉. 第個道成功之肉身・住拉倪當中・可以看見伊個榮耀・就是天爺個獨養子・裝滿恩典眞實拉. 故個約翰做幹證・喊起來話・吾話拉個・第個人・雖然勒吾後頭來・但是勒吾前頭有個・因爲本來勒我

前頭拉·打伊個大德性·倪全受恩典·加添恩典上拉. 摩西是賞撥拉律法個·單單恩典是耶穌基督立拉個. 唔啥人看見過上帝·但是上帝獨養子·亥勒拉上帝胸前個·話明白上帝拉. 約翰做幹證·是實蓋·猶太國人打發祭祀老師·搭之利未支[氵+瓜]上人·打耶路撒冷走來·問約翰話·儂是啥人. 約翰就話明白·勿敢推頭·擔自家話清爽個·話·吾勿是基督. 伊拉又問話·儂是啥人·是以利亞否·話·勿是·話·儂是聖人否. 話·勿是. 聖話·到底儂是啥人·請儂自家話·我好去回覆打發我個人·儂自家話是啥人. 約翰話·古是間聖人以賽亞先話過·話·鄉下有聲音·喊起來話·修好之上帝個路·第個聲音·就是我拉. 是修行人·所以問話·倘若儂勿是基督·勿是以利亞·也勿是聖人·爲啥行洗禮呢. 約翰話·吾擔水來行洗禮·單單那淘裏有一個人·那勿認得個·伊勒吾後頭來·但是實在勒吾前頭·就是伊個鞋帶·吾勿敢忒伊解拉. 第個事體全成功·勒拉約耳但河外·伯大巴喇縣·就是約翰行洗禮個戶堂·到明朝·約翰看見耶穌來·話·看看第個人·是上帝個小綿羊·能殼除脫世界上人個罪拉. 吾話個第個人·勒吾後頭來·但是勒吾前頭有個·因爲伊本來吾前頭拉·吾原來勿認得伊個·但是吾來行洗禮·不過話明白第個人·叫以色列百姓曉得拉. 約翰又話·吾看見聖神像鴿子·打天上下來·住勒伊身上拉·吾勿曾認得個歇·但是伊打發我行洗禮·已經告訴我·話·儂看見聖神降下來·住勒伊身上·伊將來擔聖神行洗禮拉. 吾看見之咾做幹證·第個人是上帝個兒子拉. 到明朝·約翰搭之兩個徒弟立拉·看見耶穌走過·就話·第個人是上帝個小綿羊拉. 兩個徒弟聽見之·就跟之耶穌. 耶穌拶轉頭來·睒睒伊跟個人·勒拉後頭·話·儂要啥·話·先生·住

勒那裏. 耶穌話・跑來看・就看之耶穌個住處・已經到之申時者・故日上一淘住拉. 聽之約翰個說話・跟從耶穌個・一個是西門彼得羅個阿哥・名頭叫安得列. 伊先去尋著之兄弟西門・對伊話・吾碰著彌賽亞・即是抹過油個. 就領西門見先生・耶穌看見之西門話・儂是約拿個兒子名頭叫西門後來要改名頭・叫磯法・就是解說話磐石拉. 到明朝耶穌到加利利碰著非立話・跟我去. 非立本戶堂肋拉伯賽大・就是安得烈・搭之彼得羅兩家頭一個戶唐拉. 非立碰著拿但以利話・摩西律法上記載・各聖人寫拉個・吾已經碰著拉就是拿撒勒戶堂人・約色弗個兒子耶穌拉. 拿但以利話拿撒勒戶堂・有啥好人物出來麼. 非立話跑來・看耶穌看見拿[亻+且]以利走來話・眞正是以色列人・一眼勿差・個拿但以利話那能曉得我・耶穌話・非立勿曾招來個辰光・儂肋拉無花果樹底下・吾已經看見儂個. 拿但以利答應話・老師眞正是上帝個兒子・以色列個王拉. 耶穌話・吾話樹底下看見儂・儂就信我麼・將來一定亥要看見更大個事體拉. 又話吾老實告訴儂・將來一定看見天開・天神肋拉人個兒子・喊頭上咾下拉. (第一章)

(謝品然・曾慶豹 合編『自上帝說漢語以來――和合本聖經九十年』, 香港研道社出版, 2010年12月. 37-52)

耶穌降世壹千捌百肆拾柒年

約翰傳福音書

江蘇省松江府上海縣墨海書館藏板

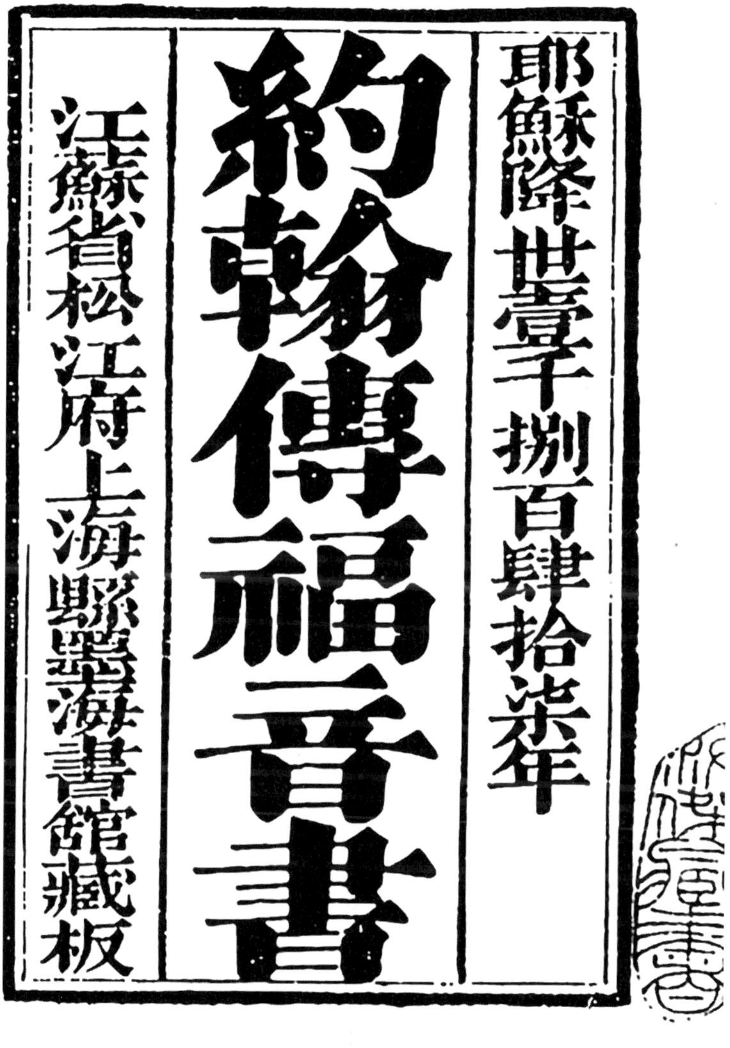

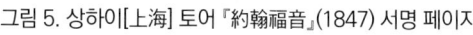

그림 5. 상하이[上海] 토어 『約翰福音』(1847) 서명 페이지

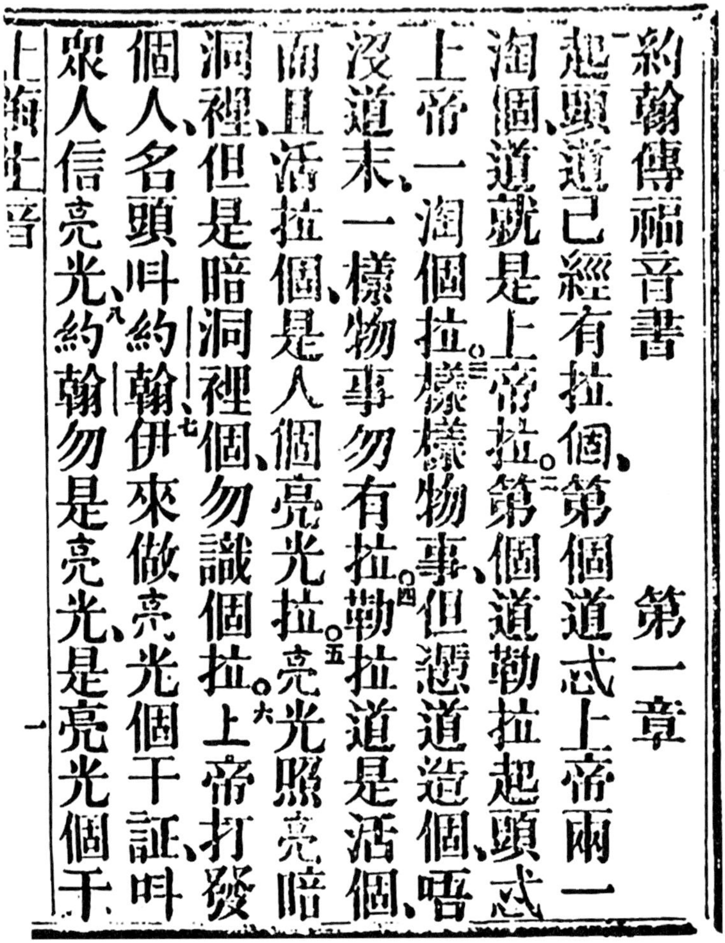
約翰傳福音書　第一章
起頭道已經有拉個、第個道忒上帝兩一
淘個道就是上帝拉。二第個道勒拉起頭忒
上帝一淘個拉。三樣樣物事、但遲道造個、唔
沒道末、一樣物事勿有拉。四勒拉道是活個、
而且活拉個、是人個亮光拉。五亮光照亮暗
洞裡、但是暗洞裡個、勿識個拉。六上帝打發
個人、名頭吽約翰、七伊來做亮光個干証、吽
眾人信亮光、八約翰勿是亮光、是亮光個干、
上海土音　一

그림 6. 상하이[上海] 토어 『約翰福音』(1847) 본문 첫 페이지

『旅居上海手冊』중의 피진 영어 연구

提要 본고는 『旅居上海手冊』에 보이는 피진 영어의 어원과 어법 특징을 연구하여 그 어휘들이 영어·상하이[上海]방언·포르투갈어·인도어·일어 등 여러 언어에서 유래했다는 점을 지적했다. 어법 측면에서는 영어 어법은 고려하지 않고 되도록 중국어 어법에 집중했다. 본고 전반부에서 피진 영어의 함의와 역사 등을 간략히 언급했으며, 후반부에서 『旅居上海手冊』에 보이는 피진 영어에 해당하는 모든 문장을 열거했다.

關鍵詞 語言接觸 洋涇濱語 洋涇濱英語 上海方言

1. 피진 영어 약설(略說)

1.1. '피진어[洋涇濱語]'의 어원에 관해

피진(pidgin)어는 '比京語'·'皮欽語'·'別琴語'라고도 번역한다. 단어 '양징방[洋涇濱]'의 유래는 옛 상하이[上海] 쑤저우허[蘇州河]의 지류, 즉 洋涇濱과 관련이 있을 것이다. 1845년 상하이[上海]에 영국 조계지[租界][1]가 건립된 이후, 洋涇濱은 조계지와 화계(華界; 중

---

1 [역자 주] 조계(租界): "『역사』 19세기 후반에 영국, 미국, 일본 등 8개국이 중국을 침략하는 근거지로 삼았던, 개항 도시의 외국인 거주지. 외국이 행정권과 경찰권을

국 땅)의 경계선이 됐고, 연안 또한 상하이[上海]에서 가장 번화한 지역이 됐으며, 영어와 중국어가 가장 빈번하게 접촉하는 장소이기도 했다. 상하이[上海]의 피진 영어가 바로 이곳에서 탄생했다. '피진 영어'는 영어로 pidgin English라고 한다. 영어 pidgin은 pigeon("비둘기")과 독음 및 철자가 모두 비슷해 pigeon English로도 오해됐는데, 중문으로 번역하면 '鴿子英語("비둘기 영어")'가 된다. '洋涇濱'이 영어 business에서 유래했다는 설도 있다. 예로, 『旅居上海手冊』의 저자는 "Pidgin is a corruption of business, so pidgin-English means business English('피진'은 '비즈니스'의 변형된 표현이므로 '피진 영어'는 '비즈니스 영어'를 뜻한다)."라고 생각했다(Robert A. 1944). 이 단어는 상하이[上海]에서 맨 처음에 '別琴'로 번역됐으며, 1873년에 출간된 『別琴竹枝詞』에서 찾아볼 수 있다.

1.2. "피진어"의 함의

피진어는 접촉이 빈번한 지역에서 두 개 이상의 서로 다른 언어가 혼합해 이루어진 언어를 가리킨다. 피진어가 통용되는 범위는 제한적인데, 일반적으로 서로 다른 언어를 말하는 사람들이 서로 소통해야 할 필요가 있는 상황에서만 사용되고 같은 언어를 사용하는 공동체 내부에서는 사용되지 않는다.

현재 비교적 많이 이해되는 피진어는 대부분 콜럼버스가 신대륙

행사하였으며, 한때는 28개소에 이르렀으나 제이차 세계 대전 이후에 폐지되었다."

을 발견한 후 유럽인들이 세계 각지에서 무역하고 세력을 확장한 결과이다. 유럽인들은 현지인들과 소통할 때 소통하는 내용을 서로 이해하기 위해, 누구도 화려한 어휘나 엄격한 어법을 중요시하지 않았고 일종의 간편한 수단이 있기를 희망했다. 이렇게 해서, 토착 언어에 유럽 언어의 요소가 차츰 섞여 들어가기 시작했고 어법 구조와 어휘 용법이 매우 간단한 언어가 형성됐다.

피진어는 식민지와 반식민지 문화의 산물이다. 그 형성과정은 일방적이다. 즉 토착민들이 유럽어를 배우는 과정 중에 형성됐기 때문에 그 기저층[底層]은 토착어이지 유럽어를 기저층으로 하는 피진어는 절대 없다. 예로, 상하이[上海]의 피진 영어에서는 '三本書'를 three piece book이라고 말한다. 그 중국어 기저층의 표현은, 양사 piece가 있고, 명사는 복수가 없어 book을 복수 형식으로 사용하지 않으며, [piːs]라는 음절이 없어서 piece를 [pisi]로 읽는다.

구 상하이[上海]의 피진어 영어는 비록 오래전부터 사용되지 않았지만, 지금까지 계속 사용되는 어휘들도 있다. 예: '癟三'('畢的生司'의 축약 형식) · '那摩溫' · '麥克麥克'. '剛白度'(즉 '江擺渡', 매국노)도 초기의 현대 중국어 서면어에 사용됐다.

피진어 단어는 일반적인 외래어와 분별하기 어렵기도 있지만, 둘 간에는 적어도 두 가지 다른점이 있다.

첫째, 피진어는 구두의 언어접촉에만 사용되어 처음에는 文字形式이 없으나, 일반적인 외래어는 대부분 서면 번역 과정에서 생겨난 것이다. 그러나 피진어 중에서 외래어의 사용 범위가 일단 현지인 간의 일상적인 소통의 영역으로 확대되거나 서면어로 진입하게 되면 바로 일반적인 외래어로 된다. 예로, '瘟三·邢摩溫'는 처음에는 피진어로 사용됐으나 후에 상하이[上海] 사람들이 자주 사용하는 일반적인 외래어가 됐다.

둘째, 피진어 중의 많은 단어는 영어 구, 심지어 문장에 대응하며 단어에 대응하지 않는다. 예: 納浮埋因(勿介於心) ← Never Mind, 也司屋拉挨 ← Yes, all right.

피진어와 혼합어(Creole)는 적어도 다음의 몇 가지 차이가 있다.

첫째, 혼합어는 전체 사회에서 사용되며 가정 내에서도 사용된다. 피진어는 전체 국민의 언어가 아니며, 사용할 필요가 있는 특정 의사소통 상황에서만 사용되고 가정 내에서도 모어가 서로 다른 주인과 하인 간에만 사용된다.

둘째, 혼합어는 한 사람의 모어가 될 수 있으나, 피진어는 모어 이외에 사회적 의사소통 중에 배우는 제2 언어이다. 중국의 피진 영어는 지금껏 한 사람의 모어가 될 수 없었다.

셋째, 피진어는 식민지와 반식민지 문화의 산물이지만, 혼합어는 반드시 그런 것은 아니다. 예로, 우툰[五屯]어는 한족과 티베트족의 잡거(雜居)와 문화교류의 결과이다.

넷째, 혼합어 내부에는 어음·어휘·어법의 완전한 규범이 있으나, 피진어는 그렇지 않다.

다섯째, 혼합어 중에는 피진어에서 발전해 온 경우가 있다. 예로, 아이티[海地; Haiti]어는 처음에 일종의 피진어에 불과했다. 그러나 모든 피진어가 모두 혼합어로 발전하는 것은 아니다. 피진어는 식민지와 반식민지 문화의 중지 혹은 쇠퇴로 인해 흔히 소멸한다(예: 중국의 피진 영어).

1.3. 중국 피진 영어의 약사(略史)

사람들의 이목을 비교적 많이 끄는 중국의 피진어에는 피진 영어와 피진 협화어(協和語) 두 유형이 있으며, 그중 피진 영어가 전형적이다.

중국의 피진 영어는 18세기 초기에 형성됐고, 주로 마카오·광저우[廣州]·홍콩·상하이[上海]에서 주로 사용됐으며 그밖에 닝보[寧波]·하이커우[海口]·한커우[漢口]·우후[蕪湖]·베이징[北京]·난징[南京] 등 무역항에서도 사용됐다. 영국인과 미국인, 그들이 중국에서 고용한 직원 혹은 하인 및 그들과 접촉한 중국 상인들이 주로 사용했다. 처음에는 업무상 관련되거나 매매 및 무역에 사용됐고(예: 외국인이 물건을 구매하는 소매점에서 사용), 후에는 중국인과 외국인이 서로 접촉하는 다른 상황에서도 사용됐다. 다만 고용인과 상인 외에 상류층에서도 피진 영어를 사용하기도 했다.

중국의 피진 영어의 역사는 탄생기(1715-1748년; 광저우[廣州]와 마카오에서 誕生), 초기(1748-1842년; 광저우[廣州]와 마카오에서 사용), 확장 및 흥성기(1842-1890년; 홍콩과 각지의 통상 항구), 쇠락기(1890년-현재) 네 시기로 구분할 수 있다. 쇠락의 원인은 영어 수준이 보편적으로 높아지고 일반인들이 (피진 영어보다) 오히려 순수한 영어 사용을 선호하는 것 외에도 다른 사회적, 문화적 측면과 관련되어 있다.

그러나 20세기 전반기의 상하이[上海]에서는 외국인과 접촉하는 중국인 사이에서 피진 영어의 사용은 상당히 활발했다. 1845년 영국 조계지가 성립된 데에 이어 1848년에는 미국 조계지가, 1849년에는 프랑스 조계지가 성립됐다. 1863년에는 영국의 조계지와 프랑스의 조계지가 통합됐고 '공공 조계지[公共租界]'라고 칭했다. 주요 도시 중 외국인 거주민이 가장 많았던 상하이[上海]는 전성기에 상주하는 외국인의 수가 5만 명에 달했다. 홍콩의 상황을 비교해 보면, 1966년의 통계에 따르면 모국어[家庭語言]가 영어인 인구가 29,300명, 전체 인구의 0.8%를 차지하는 것에 불과했다.

당시 상하이[上海]에서의 피진 영어는 내부적으로 엄격한 기준이 없었기 때문에 사용하는 상황에 따라 달라지기도 하고 사람에 따라 달라지기도 하는 등 최소한의 의사소통이라는 필요를 충족시키는 것이 목적이었다. 공통점은 어음·어휘·어법의 전체적인 간략화와 혼합화였다. 예로, 사회 하층민인 인력거꾼, 소상인, 짐꾼 등은 심지어 필수 단어 몇 개만을 말할 수 있었다. 예: '也司'(yes, 예[是的]), '溫大拉'(one dollar, 1달러[一塊錢]), '銅生斯'(1센트[一分錢的銅幣]. '生斯'는 센트(cent)의 음역), '哈夫哈夫'(half half, 균등분배[利益均分]), '森克油河'(Thank you), '生發油抹來抹去'(Thank you very much, 매우 고마움[非常感謝])·long time no see(오랜만임[長久不見]) 등. 직업적으로 피진 영어를 말하는 사람들을 '露天通事[옥외 통역사]'라고 하는데, 주로 전업한 매판노[2]와 마차꾼

---

2 [역자 주] 매판2(買辦): "『역사』1770년 무렵부터 중국에 있었던 외국 상관(商館)과 영

등으로 큰 거리나 관광지에서 처음 상하이[上海]에 도착한 선원·관광객 등 외국인의 임시 통역과 가이드 역할을 맡았다.

상하이[上海]가 개항하자 '피진 글자[洋涇濱字]'가 인기를 끌었다. 중국인과 외국인이 접촉해서 의사소통하던 초기에는 영어 교육이 전혀 없었고 중국인들이 영문 26개 알파벳을 꽤 흉내는 냈으나, 라틴 자모의 자형이 한자와 많이 달라 모사하기 어려워 26개 한자 부수를 선택해 표기에 사용했다(예로, 'ㅣ·ㅅ·ㄴ' 등으로 26개 자모를 대신함). 이런 유형의 문자는 청(淸)나라 도광(道光) 말년에 하층민 사회에서 성행했었다. 함풍(咸豊) 시기에 리우리촨[劉麗川]이 소도회(小刀會) 봉기를 주도했는데, 청(淸)나라 관료들에게 비밀로 하기 위해 이런 유형의 피진 글자로 서양인과 서신 왕래를 했었다.

1.4. 구 상하이 피진 영어의 예

『華英初階』 등 영어 학습용 교과서가 출간되기 전, 상하이[上海]에서는 『洋涇濱英語實用手冊』 등의 책이 인기를 끌었고 대중들 사이에서는 쉽게 기억할 수 있는 가결(歌訣)과 미출간 원고도 인기를 끌었다. 다음은 왕중센[汪仲賢]이 저술한 『上海俗話圖說』(上海社會出版社, 1935)에 수록된 유명한 가결(歌訣) 한 수이다.

來是"康姆"(come), 去是"穀"(go),

사관 등에서 중국 상인과의 거래 중개를 맡기기 위하여 고용하였던 중국 사람."

廿四銅鈿"吞的福"(twenty four),
是叫"也司"(yes), 勿叫"拿"(no),
如此如此"沙鹹魚沙"(so and so),
眞嶄實貨"佛立穀"(very good),
靴叫"蒲脫"(boot), 鞋叫"靴"(shoe),
洋行買辦"江擺渡"(comprador),
小火輪叫"司汀巴"(steamer), "翹梯翹梯"(吃tea吃tea)請吃茶,
打屁股叫"班蒲曲"(bamboo chop), 混帳王八"蛋風爐"(damned fool),
"那摩溫"先生是阿大(number one), 跑街先生"殺老夫"(shroff),
"麥克麥克"(very much)鈔票多, "畢的生司"(petty cents)當票多,
紅頭阿三"開潑度"(keep door), 自家兄弟"勃拉茶"(brother),
爺要"發茶"(father)娘"賣茶"(mother),
丈人阿伯"發音落"(father-in-law),
......

이런 유형의 가결(歌訣)은 대부분 닝보[寧波] 사람들이 지었기 때문에 닝보[寧波]어로 소리 내어 읽으면 가장 좋다. 각 단어 뒤에 괄호 안의 영어 단어는 필자가 보탠 것이다.

다음은 『上海通俗語及洋涇濱』에 수록된 피진어의 예이다.

[鹹水妹]	美少女	Handsome maiden
[富而好施]	客滿	Full house
[騷來]	對不起	Sorry

[森克油河]	謝謝你	Thank you
[生發油買來賣去]	多謝你	Thank you very much
[納浮埋因]	勿介於心	Never mind
[也司屋拉挨]	好	Yes, all right
[買司幹]	不要緊	Maskee
[哥特罷哀]	再會	Good bye
[麥卡]	富有	Very much
[畢的生司]	窮	Petty cents
[喔開]	如意, 算數	O. K., all correct
[豁根油河]	不中用的家夥	What can you do?
[血湯]	短期(一度春風)	Short time
[門甘別士納司]	猴戲(玩耍)	Monkey business

2. 『旅居上海手冊』에 수록된 피진 영어 초탐[初探]

2.1. 『旅居上海手冊』 소개

서면 문헌에 수록된 완전한 피진 자료가 많지 않다. 필자가 보건대, 피진 영어 문장 100개 이상을 나열한 문헌은 다음의 하나밖에 없다. Shanghai: *A handbook for travelers and residents to the chief objects of interest in and around the foreign settlements and native city* by REV. C. E. Darwent, M. A., minister of Union Church , Shanghai. Kelly and Walsh, Limited, Shanghai, Hongkong, Singapore,& Yokohama. 책 전체가 영어로 작성됐으며 중문 서명도

없다. 1902년 상하이[上海]시 지도 한 장과 삽화 64개가 덧붙여져 있다. 편찬 시기는 틀림없이 1902년보다 약간 늦을 것이다. 저자는 연합선교회의 C. E. Darwen 목사로 당시에 교회선교회의 수장을 맡았다. 그 교회는 쑤저우[蘇州]로(路)에 위치하며, 일상적인 활동은 저자가 주최했다. 저자의 그 밖의 사적은 알려지지 않았다. 이 책의 겉표지 영인본은 부록을 보라.

서명은 『旅居上海手冊—租界和華界要覽』로도 번역할 수 있다. 전체 책은 Ⅰ. Introductory(머리말), Ⅱ. Routes with Chief Objects of Interests(주요 관광지), Ⅲ. Public Institutions(공공시설), Ⅳ. Clubs and associations(클럽 등), Ⅴ. Historical and Descriptive(역사와 현황) 크게 다섯 부분으로 나뉜다. 첫 번째 부분의 첫 번째 절은 Pidgin English(피진 영어)이다. 이 절의 시작 부분은 '머리말'이며, 피진 영어의 용도와 특징을 간략하게 서술하고 피진 단어 10여 개의 어원에 대해 간략하게 논의했다. 그다음은 피진 영어 105개 문장의 한 장짜리 목록인데, 표제가 Useful sentences(실용 어구)이며, General(일상 표현), Jinrickshaw(인력거 탈 때 쓰는 표현), At a Hotel(호텔에서 쓰는 표현)·Shopping(물건 살 때 쓰는 표현), at a Photographer's(사진관에서 쓰는 표현) 다섯 부분으로 나뉘어 있다. 각 부분의 예는 다음과 같다(왼쪽은 피진 영어이고, 오른쪽은 표준 영어임).

(1) General

| That will do. | can do. |

That will not do.	no can do. (These have a very wide application)
That is better	That b'long more better
Who is that(it)	What man?
what is that?	What thing?

(2) Jinrickshaw

get me a rickshaw.	Catchee my one piece rickshaw.
stop	Man-man.
Put the rickshaw down.	Faung au lay.
Go to the Bund.	Bund(if that fails,try Whang-poo).
Nanking Road	Maloo;Doo-maloo.

(3) At an hotel

Get me some hot water.	Pay my hot water.
I want a bath.	My wanchee bath.
Is there a barber in the hotel.	barber have got?
I want some tea at once.	Catch tea chop-chop.
A tip	Kumshaw

(4) Shopping

How much is that?	How muchee?
Which is better,this or that?	What piece more better?
I'll give you two dollars for it.	My can pay two dollars.
Is that the genuine price?	That price b'long true?
I don't want that.	My no wanchee.

(5) At a Photographer's

I want these twelve plates developed.	Twelve piece wanchee wallop.
How much a plate?	One piece how much?
Can you send this to my hotel?	Hotel side can sendee?

이러한 피진 영어는 표준 영어를 잘 모르는 현지 중국인과 의사소통할 때 외국인이 사용했음이 분명하다. '머리말'에서 상하이[上海]나 그 밖의 다른 개항장을 방문하는 외국인들에게 "현지인들과 먼저 표준 영어로 말해 보고 만약 안 된다면 피진 영어로 말해야 한다. 표준 영어를 할 줄 아는 현지인들에게 피진 영어를 말하면 현지인의 자존심을 해칠 수 있다"라고 경고했다.

2.2. 피진 영어의 언어 특징 중 몇 가지 유의사항

(1) 어휘 측면에서 모자이크 현상이 눈에 띄는데, 이는 어휘가 여러 언어의 단어로 이루어진 것을 의미한다. 대부분의 영어 단어 외에 상하이[上海] 방언 단어, 관화 방언 단어, 웨[粤]어 단어, 포르투갈어 단어, 인도어 단어, 일본어 단어도 있다. 예(영문 해석은 원서에서 옮겨 썼고 중문은 필자가 보탬):

상하이[上海] 방언 단어:
Man Man 慢慢[mɛ mɛ] ← Wait a bit; stop
Auso 豪燥[ɦɔ sɔ] ← Be quick
Faung au lay[fã ɦɔ lɛ] Put the rickshaw down.
Dong sing[dã ɕiŋ] Be careful
Hongkew 虹口[ɦoŋ kʰɤ] ← Broadway.
Feranghi 法蘭西[faʔ lɛ ɕi] ← French Settlement
관화 방언 단어:
Chin-chin 請請 ← a greeting generally

Maloo 馬路 ← Nanking Road

상하이[上海]어와 관화 혼합어:

 Doo-maloo ← 大馬路(Nanking Road)

 Sz-maloo ← 四馬路(Foochow Road)

웨[粤]어 단어:

 Kumshaw 金沙 ← (a tip)

 鹹水妹 hàanhmséuimui ← handsome maid.

 康蓮馨花 ← Cornation

미상

 junk ← 沿海 모 방언 "船"(chueng)의 포르투갈어 발음

포르투갈어 단어:

 Marskee ← masque(Never mind)

 Joss pidgin ← dios(God)

 Comprador ← compra(to buy)

인도어 단어:

 shroff ← 式老夫[sɔʔ lɔ fu] (跑街 money dealer, money expert)

 tiffin ← (lunch)

 godown ← kadang(warehouse)

 coolie (unskilled workers in India, China and other parts of Asian)

 chit (a short official note such as a receipt, an order or a memo)

 lac (lace蕾絲, a very delicate cloth which is made with a lot of holes in it)

 marskee (never mind)

일본어 단어:

 Jinrickshaws/rickshaw ← 人力車

위에서 서술한 단어 Hongkew는 상하이[上海] 시내의 지명 '虹口'인데, 저자가 'Broadway'로 주석을 단 것은 이해하기 어려우며 아마도 당시에 '百老匯路[Broadway]'로 칭했을 것이다.

오늘날 '康乃馨'으로 번역하는 단어 '康蓮馨花'(←Cornation)는 『上海通俗語及洋涇濱』에도 보이나, 영어 어형으로 볼 때 이 단어가 상하이[上海]어에서 번역됐을 가능성은 크지 않다. 왜냐하면 상하이[上海]어에서 n 성모와 l 성모는 구별되고 영어의 na 음절이 l 성모인 '蓮'으로 번역될 수 없기 때문이다. 본고는 잠정적으로 이를 웨[粵]어 기원으로 나열했다.

오늘날 '蕾絲'로 번역되는 단어 Lac(鏤空飾邊, 주로 여성 의류에 사용됨)은 『上海通俗語及洋涇濱』에도 보인다. 이 책의 저자는 이 단어가 '蘭紗絲'로 번역하는 영어 lace(레이스)에서 유래했다고 생각했다.

'junk' 이 단어는 '바닥이 평평하고 돛이 직사각형인 일종의 중국 범선'을 가리킨다. 그 책 '머리말'의 설명에 따르면, junk는 포르투갈 상인이 중국 남방 연해에서 장사를 할 때 사용하던 현지 방언 '船'(chueng)의 포르투갈어 발음이다. 그러나 저자는 어느 지역 어느 방언에서 유래한 것이라고는 지적하지 않았다. '船'은 평성자이고 입성자가 아니며, 중국의 어떤 방언에서도 '-k' 운미로 끝날 수가 없다. 이 때문에 "junk이 연해 방언에서 유래한다"라는 의견은 의문을 가질 만하다. 인도네시아 모 방언에서 유래한다는 의견은 확인할 수 없다.

Jinrickshaws는 일본어 '人力車', 즉 인력거 혹은 삼륜차에서 유래했다. 이 단어는 피진어로 실제 사용될 때 첫 번째 음절을 생략하며, 일반적인 영어사전에서도 이 단어를 rickshaw로 기재한다. 이는 일본어에서 유래한 영어 외래어이다.

영어 중에서 coolie(cooly로도 씀)는 인도어에서 유래한 외래어이며, 중국에서 최초로 피진어에서 사용됐으며, 그 서면 형식 '苦力'는 '발음과 의미를 모두 번역[音義兼譯(loan blends)]'한 예라고 할 수 있다.

Marskee 이 단어도 『上海通俗語及洋涇濱』에서 찾아볼 수 있으며, maskee라고도 쓰는데, 저자는 인도어에서 유래했다고 메모했다.

이 책 피진어 문장 表單에 나오는 savvy, bime, bobbery, lolly 네 개 단어의 어원은 확인이 필요하다.

이 책에 수록된 피진 영어 문장 도표는 부록 2를 보라.

피진 영어 어휘는 몇 개의 역사 층위로 구분할 수 있다. 가장 이른 것은 포르투갈어인데, 이는 400년 전 포르투갈 상인들이 마카오 일대에서 사업을 했을 때 현지인들과 접촉하면서 생겨난 피진어에서 유래했다. 개항 후 나날이 더 번영하게 되자 마카오에서도 상하이 [上海]로 가 일하거나 아르바이트 하는 사람이 생겼으며, 그들이 원래 마카오에서 사용하던 피진어 어휘를 가지고 갔다. 두 번째 층위는 웨[粵]어로 마카오를 이어 광저우[廣州]에서 형성된 피진 영어에서 유래했다. 세 번째 층위는 상하이[上海] 개항 이후 더 많은 영어 어휘가 피진 영어에 유입됐다. 동시에 상하이[上海]어·관화·인도어 어휘도 피진 영어에 유입됐다. 관화 단어 'maloo'(馬路[큰 도로])는 장쑤성 북부 또는 산둥에서 일하는 인력거꾼에서 유래했다. 왜냐하면 '馬'자는 관화에서는 'ma'로 읽고 상하이[上海]어에서는 'mo'로 읽기 때문이다. 인도어 어휘는 상하이[上海]에서 일하는 인도 경찰과 그 밖의 다른 직업에 종사하는 이들로부터 유래했다.

(2) 어음 측면에서 가장 분명한 특징은 폐색음[塞音]·마찰음[擦音]·파찰음[塞擦音]으로 끝맺는 음절 뒤에 장모음이 첨가되어 중국어의 음절 구조에 부합한다는 점이다. 예: wanchee ← want; catchee ← catch; piecee ← piece; makee ← make; largee ← large; talkee ← talk; walkee ← walk; sendee ← send.

이 책 머리말에 따르면, 이러한 단어 뒤에 ee를 첨가하는 것은 100년 이후에 중국에 온 영국인들이 아닌, 초기에 중국에 온 포르투갈 상인 사이에서 먼저 사용됐다.

(3) 어법 측면에서는 영어 어법은 전혀 고려하지 않고 최대한 중국어 어법을 고려하려 했다. 세분하면 다음과 같이 세 가지의 명확한 특징이 있다.

첫째, 단음절 어근만 사용해 문장을 구성해서 형태 변화가 전혀 없다.

둘째, 3인칭 대사는 주격만 있고 목적격은 사용하지 않았다. 즉, 목적어의 위치에서도 주격만 사용했다. 예:

Talkee he. (Tell him.)

Talkee he come this side. (Tell him to come back.)

1인칭은 소유격 my만 사용했다. 즉, 주어와 목적어 위치에서 소유격만 사용했다. 예:

> My no savvy. (I don't understand.)
> My too muchee trouble fear makee rain. (I am afraid it is going to rain.)
> Pay my look see. (Just let me look.)
> Morning time talkee my 7 o'clock. (Call me at 7 o'clock.)

셋째, 영어의 piece (a part or section of something)를 중국어의 泛用 양사로 사용했다. 예:

> Talkee cook three piecee man dinner. (Tell the cook to prepare dinner for three.)
> Catchee my one piece rickshaw. (Get me a rickshaw.)
> Pay my two piecee. (I will take two of them.)
> Catchee carriage one piece pony. (Get me a carriage with one pony.)

넷째, 명사의 복수 형태를 거의 사용하지 않았다. 예:

> three piece man (three men).
> Two piecee (two pieces).

다섯째, 동사의 부정 형태는 'no+동사'이며, 'no'의 용법은 중국어의 '不'에 상응한다. 예:

>No do. (Don't do it)
>My no wanchee (I don't want that.)
>You no can do. (You cannot do it.)
>My no savvy. (I don't know.)

3. 결론

상하이[上海]가 개항한 후 100년 동안(1843-1949) 피진어와 외래어가 많이 발전했다. 피진 영어의 특징은, 어휘 측면에서 모자이크 현상이 눈에 띈다. 이는 어휘가 여러 언어의 단어로 이루어진 것이다. 어법 측면에서는 영어 어법은 전혀 고려하지 않고 최대한 중국어 어법을 고려하려 했다.

참고문헌

游汝杰·鄒嘉彦 2009 『社會語言學敎程』, 復旦大學出版社.
游汝杰 2009 『<上海通俗語及洋涇濱>所見外來詞硏究』, 載『中國語文』2009年第3期.
錢乃榮·許寶華·湯珍珠 2008 『上海方言大詞典』, 上海辭書出版社.
許晚成 1945 『上海通俗語及洋涇濱』, 『上海通』編輯部編輯, 上海龍文書店, 民國34年.
劉民鋼 2005 『上海的洋涇濱英語』, 載『吳語硏究』(第三屆國際吳方言學術硏討會論文集), 2005年4月, 上海敎育出版社.
Robert A. Hall, JR. 1944, *Chinese pidgin English grammar and texts*, Journal of the American Oriental Society, Vol. 64.

SHANGHAI

A HANDBOOK FOR TRAVELLERS AND RESIDENTS

TO THE

CHIEF OBJECTS OF INTEREST IN AND AROUND THE

FOREIGN SETTLEMENTS AND NATIVE CITY

BY

REV. C. E. DARWENT, M.A.

Minister of Union Church, Shanghai

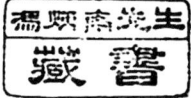   

WITH MAP AND 64 ILLUSTRATIONS

KELLY AND WALSH, LIMITED
SHANGHAI, HONGKONG, SINGAPORE, & YOKOHAMA

부록 1. 『旅居上海手冊』 겉표지

부록 2. Shanghai: *A handbook for travelers and residents*에서 수록한 피진 영어 문장 表單

English	Pidgin English
1. General	
That will do.	Can do.
That will not do.	No can do.
	(These have a very wide application)
That is better	That b'long more better
Who is that(it)?	What man?
What is that?	What thing?
Tell him.	Talkee he.
Give me that.	Pay me.
I don't want it.	My no wanchee
There.	That side.
Here	This side.
Please let me know.	Talkee my.
Just let me look.	Pay my look see.
Do you understand?	Savvy?
I don't understand.	My no savvy.
Can you tell me what this is?	What thing this b'long.
Go and see, and back and tell me.	You look see talkee my.
That won't do.	No b'long ploper(proper).
Where is it?	What side?
Where is that from?	What side catchee?
What o'clock is it?	What time?
I don't know.	My no savvy.

Wait a bit.	Man man.
Be quick.	Auso.
Come at once.	Come chop chop.
This is mine.	This b'long my.
Stop that.	No can do.
Never mind.	Marskee.
That is a bad job.	That b'long bad pidgin.
Business (or any kind of affair)	Pidgin.
Religion	Joss pidgin.
Is Mr. — at home?	Mas's have got?
Is mrs. — at home?	Mississy have got?
He(she) is not at home.	No have got.
Can you do this for me?	Can do?
Why not?	What fashion no can?
Go upstairs.	Go topside.
Go downstairs.	Go bottomside.
I have left my hat downstairs, go and get it for me.	Go catch hat downstairs.
Tell him to come back.	Tackee he come this side.
Tell him to come in the morning.	Tackee come morning time.
Do you mean it?	Tackee true?
What do you mean by that?	What fashion?
Afterwards (by and by).	Bime bye.
I will pay you late.	Bime bye makee pay.
I am afraid it is going to rain.	My too muchee fear makee rain.
I don't want to do this.	Too muchee trouble pidgin.

I want it like that.	Wanchee all same.
This is very good.	This b'long number one
How are you?	Chin-chin(a greeting generally)
Good-bye	
Tell the cook to prepare dinner for three to-day.	Talkee cook three pieceman dinner
If you cannot do it, I must get some one else.	S'pose you no can do, must catchee nother man.
Bother; to find fault with	bobbery.
If you don't do this, you will get trouble	S'pose no do, my makee largee bobbery.
2. Jinrickshaw	
Get me a rickshaw.	Catchee my one piece rickshaw.
Stop.	Man-man.
Put the rickshaw down.	Faung au lay.
Go to the Bund.	Bund (if that fails, try Whang-poo).
Nanking Road	Maloo; Doo-maloo.
Kiukiang Road	Nee-maloo.
Hankow Road	San maloo.
Foochow Road	Sz-maloo.
French Settlement	feranhi; Fa-lan-zi
Broadway	Hongkew.
Go quicker	Auso ti.
Be careful	doung sing.
3. At a hotel	
Get me some hot water.	Pay my hot water.
I want a bath.	My wanchee bath.

Is there a barber in the hotel?	Barber have got?
I want some tea at once.	Catch tea chop-chop.
A tip	Kumshaw
Show me my room.	What side my room?
Get me a washerman.	Catchee my one piece washerman.
Call me at 7 o'clock.	Morning time talkee my 7 o'clock.
I want to go for a walk.	My wanchee walkee.
Will you be sure to do it?	Can secure?
Get me a carriage with one pony.	Catchee carriage one piece pony.

4. Shopping

How much is that?	How muchee?
Which is better, this or that?	What piece more better?
I'll give you two dollars for it.	My can pay two dollars.
Is that the genuine price?	That price b'long true?
I don't want that.	My no wanchee.
This is what I want.	So fashion my wanchee.
That is too dear.	Too much dear.
Show me another kind.	Pay my look see 'nother fashion.
I will take two of them.	Pay my two piece.
Will it be cheaper to take two.	S'pose catchee two piece, can more cheap?
What is this used for?	What this b'long?
I don't like that.	No likee.
Is this the best quality?	This b'long more better.
Is that the lowest price?	No can cuttee?
I can't take any lower price.	True b'long bottomside, last time talkee.

Can you make allowance on damaged goods?	You can lolly my?
Is the bargain settled?	Can putee book.
5. At a Photographer's	
I want these twelve plates developed.	Twelve piece wanchee wallop.
How much a plate?	One piece how much?
Can you send this to my hotel?	Hotel side can sendee?

(李向玉 主編 『澳門語言文化研究』(2009), 澳門理工學院出版, 2011年1月, 235-250)

서양 선교사가 편찬한 최초의 중국어 방언 교과서 —『廣東土話文選』

A Chinese chrestomathy in the Canton dialect『廣東土話文選』은 서양 선교사가 편찬한 첫 번째 중국어 방언 교과서이자 중국어 방언학 역사상 첫 번째 방언 교과서이기도 하다. 내용이 매우 풍부한데, 본고는 이 책에 대해 대체적인 소개만 하고 외래어 문제만 심도 있게 논의하기로 한다.

1. 대방언별 최초 교과서 소개 및 비교

중국어 대방언별로 최초의 교과서는 모두 서양 선교사가 편찬했다. 서명·저자·출판연대는 표 1을 보라.

표 1. 대방언별 최초의 교과서

방언	연대	서명	저자
粵語	1841	A Chinese chrestomathy in the Canton dialect	裨治文(E. C Bridgman)
閩語	1841	First lessons in the tie-chiw dialect	W. Dean
吳語	1850	Lessons in the Shanghai dialect	秦右(B. Jenkins)
客家話	1869	First Lessons in the Reading and Writing the Hakka Colloquial	미상

표 1에서 웨[粤]어·민(閩)어·우[吳]어·하카[客家]어 교과서 1종씩 나열했는데, 그중 웨[粤]어·민(閩)어 교과서는 1841년에 출간됐고 출간연대는 약간 이를 것이며 틀림없이 아편전쟁 이전일 것이다. 중국어 방언 교과서는 '五口通商'[1] 약간 후에 대량으로 출간됐으며, 그 이전에 출간된 중국어 방언 교과서는 매우 드물었다.

웨[粤]어 교과서인 『廣東土話文選』은 마카오에서 출간됐는데, 편폭이 600여 면이나 된다. 민(閩)어 교과서인 『潮州土話初階』은 타이 방콕에서 출간됐는데, 현지에는 차오저우[潮州]에서 간 중국 이민자가 많다. 책 전체의 내용은 비교적 간략하며 60여 면밖에 되지 않는다. 본고는 『廣東土話文選』 연구에 초점을 맞추되 본론에 앞서 같은 시대의 『潮州土話初階』와 『上海土話功課』를 간략히 소개하기로 한다.

『潮州土話初階』의 겉표지는 그림 1을 보라.

William Dean, *First lessons in the Tie-chiw dialect*, 48p, Bangkok, 1841. 편자의 중문 이름: 璘爲仁. 1841년 12월 서문. 원서 저자는 네덜란드 한학원(Sinologisch Instituut, Leiden)에서 찾아볼 수 있다. 이 책 겉표지에 『潮州話』 한자 세 글자가 있는데, 서명은 『潮州土話初階』로 추측해서 번역했다.

서문에서 언급하기를, 광둥[廣東]성 서부 사람들은 차오저우[潮州]어를 이해하지 못하고 푸젠[福建]성 인근 지역 사람들은 어느 정도

---

1 [역자 주] 五口通商: 1842년, 청(淸)나라가 아편전쟁의 패배로, 난징[南京] 조약에 의하여 상하이[上海]·광저우[廣州]·푸저우[福州]·샤먼[廈門]·닝보[寧波] 등 다섯 개 항(港)을 통상항으로 개방한 것.

이해할 수 있다고 하지만, 양자 간의 차이는 매우 크고도 분명하다. 방콕에 있는 중국인 이민자가 약 25만에서 40만 명인데, 그중 2/3가 차오저우[潮州]어를 말한다. 차오저우[潮州]어와 현지의 타이어[泰語] 는 서로 차용 관계에 있다. 타이[泰]어가 차오저우[潮州]어에서 수사, 각종 도구명, 각종 야채명, 동사, 소품사(小品詞)를 포함해 많은 어휘를 차용했다. 이러한 단어는 전체적으로 차용됐거나 약간만 변동이 있을 뿐이다.

저자 딘(W. Dean; 璘爲仁)은 미국 기독교 침례교 선교사로서 처음에는 방콕의 차오저우[潮州] 출신 중국인 사회에서 선교하다가 1842년 아편전쟁 후에 동남아시아의 침례교 본부를 방콕에서 홍콩으로 옮기기로 결정하고 1843년 5월 홍콩에 차오저우[潮州]어를 사용하는 침례교회를 최초로 설립했다. 당시 차오저우[潮州]인은 중국과 타이[2] 간의 무역에 종사하고 있었는데, 많은 차오저우[潮州]인이 홍콩을 거쳐 왕래했다.

전체 책은 몇십 면으로 내용이 간략한 편이다.

본문 앞부분에 모음 목록이 있다. 모음 총 18개를 나열했으나 실제는 16개이며 그중 부호 3개가 같으며 다른 변이음을 나타내는 데에 사용된다. 각 모음의 실제 독음은 모두 영어 단어로 설명했다. 이에 모음 16개를 국제음성기호로 전사해서 다음과 같이 분류했다.

---

2 [역자 주] 시암[暹羅]은 타이[泰國]의 옛 이름이다.

단모음: aː a   oː o   iː i   uː u
                 eː (ei)   e
이중모음: ai   au   ou   ouː
비음(어미나 어두에 사용됨): ŋ
聲化韻: (성모나 운미로만 사용되고 단독으로 운모로 사용되지 않음) m

모음은 장단으로 구분되지만, 오늘날 차오저우[潮州]어의 모음은 장단을 구분하지 않으며 단음은 입성운을 가리킨다.

성모 목록과 성조 목록이 없다.

책 전체는 숫자, 단어와 구, 천문, 지리, 방위, 인체, 정신/지혜[心智], 질병, 친족, 인품, 건축, 가구, 문방구, 농기구, 항행, 인쇄, 문체, 중문 도서, 야생동물, 조류, 파충류와 곤충류, 금속, 나무와 과일, 채소, 요리법, 시간, 복장, 양사, 월일[每月日子], 사계, 1년 12개월, 1주의 매일 등 32개 단원으로 구성되어 있다. 각 단원은 어휘·구·문장만 수록했고, 영문을 먼저 제시한 후 한자를 제시했으며 마지막으로 차오저우[潮州]어를 제시했다. 『潮州土話初階』 본문 5면은 그림 2를 보라.

『上海土話功課』의 영문 서명은 *Lessons in the Shanghai dialect*(1850)이며, 젠킨스(B. Jenkins)가 저술했다. 이 책의 개관은 본서 연구편에 수록한 『19世紀中期上海話的後置處所詞』을 참고하라.

『客家土話讀寫初階』의 영문 서명은 *First Lessons in the Reading and Writing the Hakka Colloquial*(60p, Basel,1869, Printed for the Evangelical Missionary Society, C. Schultze, Printer)이다. 대부분의 편폭을 로마자 쓰

기 연습에 할애했다.

2. 『廣東土話文選』의 주요 내용과 학술적 가치

『廣東土話文選』(A Chinese Chrestomathy in the Canton Dialect)은 첫 번째 중국어 방언 교과서로서 중국어 방언사에서 이정표와 같은 학술적 가치를 가진다. 원서에는 중문 서명이 없으나 일본인 학자는 『廣東語模範文章注釋』·『廣東語句選』 등으로, 중국인 학자는 『廣東方言讀本』(顧鈞 2013)으로 번역한 바 있다. 필자는 『廣東方言讀本』로 번역하는 것이 적절하다고 생각한다.

이 책의 편자는 브리지만이다. 그는 중국에 온 첫 번째 미국인 선교사로 1830년 초에 광저우[廣州]에 왔다. 이 책은 1938년에 편찬됐으며 1841년에 마카오에서 출간됐는데, 8절지이고 698면이다.

저자가 1841년 6월 10일에 마카오에서 쓴 서언에 따르면, 이 책은 'Society for the Diffusion of Useful Knowledge in China (中國益智會)' 회원의 지원으로 저술하게 됐다. 쥬니어 모리슨(J. R. Morrison; 小馬禮遜)이 책 원고의 대부분을 읽고 수정했으며, Robert Thom이 '일용품'과 '무역' 부분을 작성했고, 윌리엄(Williams)이 '자연사' 부분과 그 외 짧은 단락을 작성했으며 색인도 편집했다. 이외에도 현지 학자들도 편찬을 도왔다. 본문 앞부분의 머리말에서 병음 표기법을 설명했다. 그중 '중국어 어법'이란 절에서 본서의 많은 부분을 Premare가 저술한 *Notia Linguae Sinicae*에서 가져왔다고 언급했다. 또한 레무사트(A. Remusat)가 저술한 Elemens de la Grammire Chinoise가 연구 방법 측면에서 더 유용했다고 생각했다. 본문은 언어학습편·인체편·친속편·인품편·일용편·무역편·공예편·장인편·경농편·육예편·수학편·지리지편·석학편·초목편·생물편·의학편·왕제편 17장으로 구성되어 있다. 각 편은 몇 부분으로, 각 부분은 몇 항목으로 구성되어 있다. 즉, 단어·구·문장을 항목으로 제시하되 각 항목은 영문, 한자, 광둥[廣東]어 병음 로마자를 대조했다. 또한 영문으로 비교적 어려운 항목에 주석을 달았다.

이 책 머리말의 내용은 매우 풍부하며 10절로 구성되어 있다. 1절에서는 본서의 집필 목표 세 가지를 언급했다. 첫째는 외국인이 중국어를 배우는 데 도움을 주는 것이고, 둘째는 현지인이 영어를 마스터하는 데 도움을 주는 것이며, 셋째는 로마자로 표기하고 광둥[廣東]어를 표현할 수 있는지를 알아보는 것이다. 관화와 민(閩)어 모두 사전을 출간해 학습에 도움을 준다고 지적했다. 그러나 중국인과 외국인이 광저우[廣州]에서 서로 의사소통하고 교류한 지가 이미 2세기가 넘었는데, 광저우[廣州]어 관련 간행물은 편폭이 짧은 모리슨의 『廣東土話字彙』(1829)를 제외하면 광둥[廣東]어를 배우는 학생들을 위한 다른 출판물은 없다. 본서의 출간이 많은 이들의 인정을 받고 학습자에게 유용하기를 희망한다. 2절에서는 광둥[廣東] 방언 글자를 설명했는데, 어음을 기록하는 데에만 사용할 경우는 '口' 자 편방을 많이 첨가했고(예: 喊·嘩·唥. '모든'이란 의미임) 상용 어휘를 기록할 경우는 '口'자 편방을 첨가하지 않아도 된다(예: 美土(Mr.)·先

土(cents))고 지적했다. 3절은 정자법으로서 단모음·이중모음·자음(子音) 33개 자모 혹은 자모의 조합 표기하는 것을 나열했다. 4절은 '부가 기호'이다. 모음에 장단의 구별이 있고 장음은 자모 위에 점 하나를 더해 나타냈다. 자모 상단에 쉼표를 더한 것은 불완전한 모음을 생략했음을 나타내고, 자모 상단에 거꾸로 쓴 쉼표는 h에 해당하는 유기음임을 나타낸다. 평상거입이 음양으로 구분된 8개 성조를 중국 전통 음운학의 권점법으로 나타냈다. 5절 '성조 설명'에서는 4성에 대한 『康熙字典』의 해설에 근거해 하나하나 상세하게 설명했다. 4성을 기준으로 133개 조로 구분하고 광저우[廣州]어의 모든 음절을 나열했으며, 각 음절은 하나의 글자로 대표했으며 글자 뒤에 광저우[廣州]어의 독음을 주석으로 달았다. 아울러 조별로 글자의 독음[字音]을 상세하게 설명했다. 마지막 단락에서는 광저우[廣州]어와 마카오어 간의 어음 차이를 지적했다. 6절은 '통용어', 즉 서면어 혹은 관화이다. 저자는 서면어의 초방언적 성격 및 그 유구한 역사를 지적했다. 아울러 관화의 모든 음절을 나열하고, 각 음절을 하나의 글자로 대표했으며, 글자 뒤에 먼저 관화 독음을, 그 뒤에 광둥[廣東]어 독음을 주석으로 달았다. 7절 '중국어 어법'에서는 어법 규율 몇 가지를 제시했다. 예로, 어순은 주어-동사-직접보어-간접보어 순이고, 수식어는 피수식어 앞에 위치한다 등이다. 또한 전통 어법 중에서 實字·虛字·死字·活字·起語詞·接語詞·歎語詞·歇語詞 등과 같은 몇 가지 개념을 해석했다. 8절 '중국 문헌'에서는 '사서(四書)'·'오경(五經)'을 『聖經』, 그리스·로마의 고문헌과 비교했다. 두 가지 유형의 문헌

목록을 소개하면서 한 유형은 서명과 저자만 나열했고, 다른 한 유형은 내용에 대해서도 간단히 소개했다. 개인 도서관과 정부 측의 공식 도서관이 모두 있다. 9절 '학생 도서관'에서는 '사고전서(四庫全書)'의 '경사자집(經史子集)' 4부를 기분으로 중문 도서를 분류하고 소개했다. 10절 '학습법'에서는 중국어 학습에서 어린아이가 언어를 배우는 것처럼 항상 '말하고 말하고 말하고, 읽고 읽고 읽고, 쓰고 쓰고 써야' 한다고 저자는 강조했다. 본서의 1장을 학습한 후 1500-1800자를 익히고 이 글자들을 『康熙字典』 214개 부수에 따라 분류하고 분석해야 한다. 중국어 교사, 모리슨[馬禮遜]의 『華英字典』이나 『康熙字典』의 도움으로 쉽게 이처럼 할 수 있다. 본서를 몇 장 숙독(熟讀)하면 『三國演義』와 '사서'를 읽을 수 있다. 본서와 이러한 책 두 권을 마스터한 후 개인적 취향에 따라 그 밖의 다른 서적도 선택해 읽을 수 있다.

전체 책의 단어와 어구는 모두 광둥[廣東] 토어를 채택했으며, 『農耕篇九·農本第三章』 같은 일부 장절만이 강희(康熙)의 『聖諭』 중의 하나인 "重農桑以足衣食(농업과 양잠을 중시하여 의복과 양식을 제공하다)"에 대한 옹정(雍正)의 상세한 설명으로 총 661자이다. 『六藝篇十·禮儀類第一章』은 『曲禮』 첫 번째 단락을 인용했다. 모두 문언문 원문을 사용했으며 광둥[廣東]어 주음을 덧붙였다. 따라서 이 책은 19세기 중반의 광둥[廣東]어의 어음·어휘·어법 연구에 매우 진귀한 자료이다. 동시에 이 책의 내용이 사회생활의 많은 분야를 언급하므로 19세기 중반의 광둥[廣東] 사회와 문화 연구에 있어 귀중한 자료이다.

서명 페이지는 그림 3을 보라.

『廣東土話文選』의 본문 1면은 그림 4를 보라.

본서가 출간되기 전에 광둥[廣東]어 학습용으로 사전 성격의 저작 두 권이 이미 출간됐다.

먼저 출간된 것은 Sir John Francis Davis의 *A vocabulary, containing Chinese words and peculiar to Canton and Macau and to the trade of those places*(『港澳商用詞彙集』; Macau: printed at the Honorable Company's Press. 1824. 77p. 15cm)이며, 편폭은 비교적 짧다.

두 번째는 로버트 모리슨(Robert Morrison)의 *A Vocabulary of the Canton Dialect*(『廣東省土話字彙』)인데, 600여 면(면번호 미기재)이며 동인도회사가 1828년에 마카오에서 출간했다. 이 책은 동인도회사가 주도적으로 출간한 것으로, 무역과 상업활동에 필요한 중문 단어와 문장 제공이 목적이다. 3책으로 구성됐는데, 제1책은 영어-중국어 어휘이고, 제2책은 중국어-영어 어휘이며, 제3책은 중문 단어와 문장이다. 저자 생졸연대: 1782-1834. 성조를 표기하지 않았다. 저자가 머리말에서 지적하기를, 선원들과 사업가들이 외국 상품명을 말하는 것이 천태만상이고 규칙도 없어서 외국어만으로 말하기도 하고 중문으로 번역하기도 하고 중문 반 영문 반을 사용하기도 했다. 전체 책의 내용이 풍부하고 편폭이 600여 면에 달한다. 겉표지는 그림5를 보라. 이 책은 모리슨[馬禮遜]이 편찬했는데, 裨治文이 『廣東土話文選』을 편찬할 때 이를 참고했다. 우리가 『廣東土話文選』을 연구할 때 『廣東土話字彙』를 비교에 활용할 수 있다.

3. 『廣東土話文選』 중의 외래어

3.1. 『廣東省土話字彙』와 『廣東土話文選』 외래어 비교

표 2. 『廣東土話文選』 중의 외래어

廣州話 독음	한자	영문 번역	원서 면번호
Mí sz'	美士	Mr.	導言2/236
Sín sz'	先士	cents	導言2/171
tát	噠	tart	160/130段
Pe tsau	啤酒	beer	161
Ch'á kú lut	搘古聿(律)	Chocolate	161
Kí lím	각주에 글자 없음	Cream	161
Ká fí	[㗎]啡	coffee	162
Kat lít kai	吉烈雞	Fowl cutlet	162
Ch'é lí	車厘	jelly	164
Pò tín	布顛	pudding	166/167
Tó shí	多時	toast	167
Pó lo héung	波羅香	Borneo	203(樟腦)
Pat kí	嗶嘰	Long-ells(biege)	238
Tá shan	打臣	dozen	253
ín chí	煙治	inch	254
Pong	磅	pound	255
Ho lán	荷嚼	Holland	203/243
Ying kat líkwŏk	英吉利國	England	203(㗎)
Mak sz kókwŏk	覓士哥國	Mexico	262
Mí lí kákwŏk	咪唎加國	America	262

Fat lán sai kwǒk	佛嚙西國	France	262
Au lò pá	歐羅巴	Europe	400
Á sai á	亞細亞	Asia	402
Á fí lí ká	亞非利加	Africa	402
Mí lí ká	美利哥	America	402
San Hò lan	新荷嚙	New Holland	402
Hí líp	希獵	Greece	410
Á lá pák	亞喇伯	Arabia	406
Á lán tik hoi	壓蘭的海	Atlantic	409
Lá t'ai náp	拉體納	Latin	411
Nó wá	那華國	Norway	411
Á lí mán	阿裏曼國	Germany	411
Mak sik kó	墨息哥國	Mexico	415
Piúi lú	飄而魯國	Peru	415
Cón ná dá	幹拿大國	Canadas	414
Fat lóng kí	佛郎機	Franks	417/418
San sai lán	新西蘭	New Zealand	

표 3. 『廣東省土話字彙』 중의 외래어

廣州話 독음	한자	영문 번역
Pay tsǎw	卑酒	Beer liquor
Pa lan ty tsǎw	罷嚙地酒	brandy
Li ko tsǎw	利哥酒	liquoer
Cho-co-lat	知古辣	Chocolate.
Ka fe	架啡	coffee

Ning mung	檸檬	lemon
Mung-suy	檬水	Lemon juice
Mong kwo	[吗]菓	Mango
Mong kwo fa	芒果花	Mango flower
Kăt leet chu yŏk	吉烈豬肉	pork cutlet
Kăt leet kei	吉烈雞	cutlet fowl
Poo teen	布顛	pudding
Ho lan tăw	荷囒荳	Holland peas; green peas
Ho lan shu	荷囒薯·番薯	Holland potatoes
Fa lan yun	佛囒仁	flannel
He chun cha	熙春茶	Hyson tea
Man ta la sze	孟打喇沙(啥)	mandras
Ying-kă-le-kwŏk-tai-pan	英吉利大班	The English chief
Po kăw	波球	Ball
Ta po	打波	To play at ball, or billiards
Făt-lan-sai-kwŏk	佛囒哂國	France
Mei-le-keen-kwŏk	米利堅國	American
Ying-kă-le-kwŏk	英吉利國	English nation
Ho lan kwŏk	荷囒國	Dutch
Găw nai yău	牛奶油	Butter

주: "중국인들은 크림(cream)과 버터(butter)를 모두 牛奶油[버터]라고 지칭하며, 이 둘 어느 것도 많이 사용하지 않는다. 버터를 단순히 牛奶油[버터]라고 부르는 경우가 많으며, 영어로 크림(cream)의 독음을 본떠 Kí lím이라고 말하기도 한다." Kí lím은 후에 '忌廉'으로 썼으며 지금까지도 줄곧 사용되어 있다. 『松江話』(1883)은 이 단어를 다음과 같이 번역했다.

克來沬 Ke-lai- mo. ENTREMETS; CREMES.

血告拉克來沬 Hieu-kao-la ke-lai- mo. Grème au chocolat.

후자 단어 중의 '血告拉'은 프랑스어 chocolat의 역음(譯音)이다. 이 두 단어는 후에 상하이[上海]에서 모두 널리 사용되지 않았다.

3.2. 『廣東土話字彙』와 『廣東土話文選』에서 보이는 외래어의 특징

이러한 외래어는 광둥[廣東]어로 번역했다. 채택한 광둥[廣東]어 음절은 영문 원문과 비슷하다. 예로, '吉'(Kat)자로 cutlet에서의 cut 혹은 England에서의 g를 대역(對譯)했고, '煙'(ín)자로 inch에서의 in을 대역했으며, '亞'(Á)로 Asia에서의 A를 대역했다. -p, -t, -k 운미로 끝나는 입성 음절은 대응하는 영문 음절로 대역했다. 예로, '吉烈'(Kat lít)으로 cutlet을 대역했고, '噠'(tát)으로 tart을 대역했으며, '的'(tik)으로 Atlantic에서의 tic을 대역했고, 독음이 아직 구개음화하지 않은 '嘰(ki)·機(kí)·咭(kä)'을 ge, k, g을 대역했다. 광둥[廣東]어의 來모와 泥모가 구분되지 않으므로 '波羅'(Pó lo)로 Borneo을 대역했다. 『澳門紀略』(1751)에서 수록한 'lemon'의 포르투갈어 발음의 한자 직음(直音)은 '利盲'이었는데, 이 또한 "來모와 泥모가 구분되지 않음"을 설명한다.

광둥[廣東] 방언 글자는 일반적인 한자 왼쪽에 '口'를 첨가하며, 이러한 글자로 영문도 번역한다. 예: '噠·啤酒·[喋]啡·[哗]菓·嘩嘰·佛嚹仁·罷嚹地酒·荷嚹·咪唎加國·[唝]咭唎國·佛嚹哂國'. 상하이[上海]에서 기원한 외래어는 '口'자 편방이 없다는 특징이 있다. 『上海話功課』(1850)는 coffee를 '口'자 편방이 없는 '加非'(ka-fe)로 기재했으나, 프랑스인·영국인은 '口'자 편방이 있는 咈嚂西人·英咭利人으로 기재해서 광둥[廣東]의 서법을 참고한 것이 분명하다.

3.3. 『廣東土話字彙』와 『廣東土話文選』에서 보이는 중국어 기원 영어 외래어

이러한 찻잎 중에는 녹차가 4종이고 홍차가 8종이다. 녹차는 안후이[安徽]성에서, 홍차는 푸젠[福建]성에서 유래한 것이다. 홍차의 영문명은 민(閩)어에서 번역됐는데, 표 4를 보라. 예로, '武彝'는 오늘날 샤먼[廈門] 발음으로 bu3 ji2로 읽으며 영문으로는 'Bohea'로 번역하는데, 양자가 가깝다. 광둥[廣東] 사람들은 광둥[廣東]어로 '武彝' 두 글자를 독음 'Mow e'로 읽는데, 이는 영어와 맞지 않음이 분명하다. 모리슨의 주해는 틀렸다. "Bohea-tea. the name is derived from the Chinese word mow-ee".

표 4. 중국 찻잎 명칭의 영역(英譯)

廣東話	중문	영문	원서 면번호	비고
Mow e cha	武彝茶	Bohea-tea	馬, 면번호 없음	紅茶, 出福建
Bak hò	白毫	Pecco	225	紅茶, 出福建
Hung múi	紅梅	hungmuey	225	紅茶, 出福建
Kong fú	工夫	Congo	裨, 225·229	紅茶, 出福建
Síu chung	小種	Souchong	裨, 225	紅茶, 出福建
Páu chung	包種	Powchong	裨, 225	紅茶, 出福建
Chü lán	珠蘭	Chulan	裨, 225	紅茶, 出福建
Kán puí	揀焙	Campoi	裨, 225	紅茶, 出福建
Hí	熙春	Hyson	裨, 225	綠茶, 出安徽
T'ün k'ai	屯溪	Twankay	裨, 225	綠茶, 出安徽
Tsung ló	松蘿	Sunglow	裨, 225	綠茶, 出安徽
He-chun-cha	熙春茶	Hysun tea	馬, 면번호 없음	綠茶, 出安徽

표 5. 각종 홍차 명칭의 廣東音·廈門音·英語 비교

紅茶名	廣東音	현 廈門音 (앞은 文讀, 뒤는 白讀)	英語
武彝茶	Mow e cha	bu3 ji2	Bohea-tea
白毫	Bak hò	peʔ7 ho3	Pecco
紅梅	Hung múi	hoŋ2 mũĩ2	hungmuey
工夫	Kong fú	kɔŋ1 pɔ1/hu1	Congo
小種	Síu chung	sio3/siau3 tsioŋ3/tsɪŋ3	Souchong
包種	Páu chung	pau1 tsioŋ3/tsɪŋ3	Powchong
珠蘭	Chü lán	tsu1/tsiu1 lan2/nũã2	Chulan
揀焙	Kán puí	kan3/kɪŋ3 pue2	Campoi

시춘[熙春]·툰시[屯溪]·쑹뤄[松蘿] 세 종류의 녹차는 환난[皖南]의 후이[徽]어 지역에서 유래했다. 그러나 이 세 종류의 녹차 잎의 영어 독음은 후이[徽]어와는 거리가 멀고 광저우[廣州]어와 가깝다. 툰시[屯溪]는 고 후이저우[徽州] 일대 찻잎의 제조와 집산 중심지였으며, 표 6에서 이 세 종류 차 명칭의 광저우[廣州]음·툰시[屯溪]음·영어를 비교했다. 영어는 광저우[廣州] 방언 음운체계에 근거해 번역했음을 알 수 있다. 예로, 臻섭 글자('屯')는 광저우[廣州]음에서는 운미 -n를 간직하고 있고 후이[徽]어에서는 운미가 탈락됐으며 영어에서는 -n 운미가 있다. 또 見계 3·4등 글자('溪')는 광저우[廣州]어음에서는 설근음(舌根音)을 간직하고 kh-로 읽는데 후이[徽]어에서는 구개음화하거나 설첨화(舌尖化)해서 tɕh- 혹은 tsh-로 읽으며 영어에서는 kay로 읽는다. 通섭('松')은 광저우[廣州]어에서는 여전히 uŋ로 읽고 후이[徽]어에서는 주요모음을 이미 전설 저모음 a로 읽으며 영어에서는 -ung로 읽는다. 이로 보건대, 당시 광저우[廣州] 사람들은 이러한 녹차의 중문 어휘를 광저우[廣州]음으로 읽은 반면 영국인들은 광둥[廣東]어 발음에서 이를 영어로 번역했음을 알 수 있다.

표 6. 각종 녹차 명칭의 廣東音·屯溪音·英語 비교

녹차 명칭	廣東音	현 屯溪音	영어
熙春	Hí ch'un	ɕi tɕyan	Hyson
屯溪	T'ün k'ai	tuːə tɕhie	Twankay
松蘿	Tsung ló	san lo	Sunglow

黃皮는 껍질이 황색인 일종의 중국 과일의 옛 명칭이다. 포르투갈 사람들은 이를 'vompit'이라고 번역했고, 『廣東土話字彙』에서는 'Wong pe'로 번역했고 『廣東土話文選』(446면)에서는 'Wong p'i'로 번역했다.

3.4. 외국 지명의 번역 문제

본 절은 동시대의 『油拉八國』・『廣東土話文選』・『海國圖志』책 세 권 간의 비교를 통해 외국 지명의 번역 문제를 논의하고자 한다.

먼저 『油拉八國』를 소개한다.

이 책은 세계지도집의 문자 주석일 것인데, 필사본이며 필자가 2008년 일본 간사이대학 아시아문화교류연구센터에서 영인했다. 전체 책은 총 97면으로 일부가 결여되어 완전하지 않으며, 유럽과 아시아, 즉 『油拉八國』와 『愛息阿』 두 부분으로만 구성되어 있다. 전체 서명은 알 수 없으나 지칭 및 설명의 편의를 위해 잠정적으로 『油拉八國』라고 명명하기로 한다. 전체 책은 상하이[上海] 토어로 작성됐으며 내용은 유럽과 아시아 두 대륙 각국의 지리와 인문 개설이며 외국 지명도 많이 언급했다. 저자는 틀림없이 상하이[上海] 현지 학자일 것인데, 책에서 "耶穌降下來"라고 자주 언급했으므로 기독교인일 가능성이 있으나 이름과 사적은 알려진 바가 없다. 책에서 말하길 "中國政令末・妒忌外國人個・格末許伊通商・只得五個海口・廣東・福建廈門・寧波・福建・上海". 그러므로 저작 연대는 1840년대 五

口通商 이후임이 틀림없다.

『海國圖志』60권, 후난[湖南]성 샤오양[邵陽] 출신 魏源 저, 도광(道光) 정미(丁未)년(1847) 서문 간행.

『海國聞見錄』, 푸젠[福建]성 퉁안[同安] 출신 陳倫炯 저, 청 옹정(雍正) 8년(1730) 간행. 『海國聞見錄』에 보이는 국명으로 영국[英圭黎/英機黎]·네덜란드[荷蘭]·프랑스[佛蘭西]·터키[多爾其]·러시아[俄羅斯]·포르투갈[葡萄牙]·스페인[是班呀(西班牙)]·프로이센(독일)[普魯社(德國)]·덴마크[呑因(丹麥)]·黃旗(德國) 등이 있다.

이에 『油拉八國』·『廣東土話文選』·『海國圖志』 책 세 권에 보이는 외국 지명 비교 목록을 나열했다. 표 7을 보라.

표 7. 『油拉八國』·『廣東土話文選』·『海國圖志』 외국 지명 비교

현 번역어	『廣東土話文選』	『油拉八國』	『海國圖志』
유럽[歐洲]	歐羅巴	油拉八/油羅巴	歐羅巴洲
아메리카[美洲]	美理哥	亞美利迦	墨利加洲
아시아[亞洲]	亞細亞	愛息阿·愛西阿/愛西亞	亞細亞洲
아프리카[非洲]	亞非利加	亞非利迦	利未亞洲
오스트레일리아[澳洲]		了司最利亞/了司脫來西亞	奧地利亞
시드니[悉尼]		息納	
뉴질랜드[新西蘭]	新西蘭	奴齊倫特	
폴리네시아[玻利尼西亞]		鮑衣尼西亞	
미국(美國)	咪唎加國	亞美利迦	彌利堅
캐나다[加拿大]	幹拿大		

멕시코[墨西哥]	貢士哥國	墨息哥國	墨西可/墨是科
영국(英國)	喎咭唎國	英吉利	英吉利
프랑스[法國]	佛囒西國	佛郎西	佛蘭西/佛朗西
독일[德國]	阿理曼國	酬美利	普魯社
네덜란드[荷蘭]	荷囒	好兒倫/合倫	荷蘭
이탈리아[意大利]	以(衣)大利國		意大裏/意大裏亞
스위스[瑞士]	瑞西國		
스페인[西班牙]	西班牙國	司陪嗯	大呂宋/斯扁
스웨덴[瑞典]	瑞典國	雖衣囬/雖遁	瑞丁/瑞典
포르투갈[葡萄牙]			葡萄亞/布路亞
폴란드[芬蘭]		分倫	
노르웨이[挪威]	那華國		那威
런던[倫敦]	倫敦	倫遁	
리버풀[利物浦]		立浮布而	
스코틀랜드[蘇格蘭]		四角倫	
아랍[阿拉伯]	亞喇伯		
그리스[希臘]	希獵	辦利克	

주1: 美理哥, 맨 처음 'Amerigo'라는 유럽인이 미국에 도착해 오래 거주했기 때문에 아메리카 혹은 미국이 'America'로 명명됐다. 미국 역사를 소개하는 裨治文의 중문 저작인 『美理哥合省國志略』(1936)에서 서명을 '美理哥合省國'로 미국을 지칭했다.

주2: Canada는 『廣東土話文選』에서는 '幹拿大'로 번역했고 상하이[上海]어로는 '加拿大'로 번역했다. 이는 상하이[上海]어 번역이 승리를 거둔 유일한 외국 국명인 것 같다.

표 9에서 알 수 있듯이, 외국 지명의 번역은 초기 단계에서 다양화되는 경향이 있었다. 즉, 동일한 지명이 지역에 따라, 출판물에 따라 번역이 달라지는 경우가 많았고, 심지어 동일한 지명이 같은 책 내에서 번역이 달라지기도 했다. 예로, 『海國圖志』에 보이는 (동일한) 지명의 각기 다른 번역들이다.

이탈리아[意大利]: 意大裏/意大裏亞/以他裏/以他裏/伊達裏/
羅汶/羅問/羅馬
스페인[西班牙]: 大呂宋/斯扁/西班亞/是班牙
포르투갈[葡萄牙]: 葡萄亞/布路亞/博多爾葛
프랑스[法蘭西]: 佛蘭西/佛朗西/佛郎機/拂蘭祭
스웨덴[瑞典]: 瑞丁/瑞典/"粵人謂之藍旗"
스위스[瑞士]: 璉國/雪際亞/蘇厄祭/吝因(來粵互市)
덴마크[丹麥]: 大尼國/丁抹/盈裏馬祿加/"來粵用黃旗"

이런 다양한 번역명은 지역과 언어 구조 자체의 경쟁 끝에 특정 번역명이 승리를 거두게 된다.

언어 구조 자체의 경쟁으로 말하자면, 일반적으로 음절 간략화의 규율이 있다. 다음절이라면 대부분 마지막에는 2음절로 변한다. 예: 歐羅巴 → 歐洲, 亞細亞 → 亞洲, 亞非利加 → 非洲, 咪唎加國 → 美國, 英吉利 → 英國, 佛囒西國 → 法國, 瑞典國 → 瑞典 등.

지역 간의 경쟁으로 말하자면, 광둥[廣東]성의 번역은 상하이[上海]의 번역에 비해 절대적인 우위로 승리를 거두고 상하이[上海]의 번역은 빠른 속도로 사라졌다. 예로, Asia는 광저우[廣州]어로는 '亞細亞'[Á sai á]로 번역하고 상하이[上海]어로는 '愛息阿'[ɛ ɕi a]로 번역했다. 각 번역 모두 영어 원음에 부합한다. 그러나 결국 인기를 얻게 된 것은 '亞細亞'였다. 『油拉八國』에서의 외국 지명 번역은 거의 모두 폐기되어 쓰이지 않는다.

4. 현대 중국어 외래어의 두 가지 방언 기원

현대 중국어에서 음역 외래어(지명 포함)의 기원으로 말하자면, 대부분 광저우[廣州] 방언과 상하이[上海] 방언을 거쳐 유입됐다. 일반적으로 '五口通商' 이전에 생긴 외래어는 광둥[廣東]어에서 유래했다. 예로, 본고에 보이는 '맥주[啤酒]·커피[架啡]·레몬[檸檬]·망고[芒果]·波球·嗶嘰·아시아[亞細亞]' 등이다. '五口通商' 이후에 생긴 외래어는 광둥[廣東]어와 상하이[上海]어 간에 번역이 다르다가 결국 중국어 서면어로 진입한 것은 상하이[上海]의 번역이었다(표 8을 보라).

표 8. 현대 중국어 외래어의 웨[粵]어와 상하이[上海]어 서법 비교

上海 서법	廣州 혹은 香港 서법	영문
色拉	沙律	salad
巧克力	朱古力	chocolate
三明治	三文治	sandwich
白蘭地	拔蘭地	brandy

車胎	車呔	tire
迪斯科	迪士高	disco
開司米	茄士咩	cashmoere
盎司	安司	ounce
馬達	摩打	motor
卡片	咭片	car
冰淇淋	忌廉	cream
沙發	梳發	sofa
高爾夫球	哥爾夫球	golf

맺음말

최초의 중국 방언 교과서인 『廣東土話文選』은 풍부한 내용, 상세한 주석, 방대한 규모로 인해, 동시대의 이후 다른 방언 교과서를 능가한다. 이 책은 19세기 중반 광둥[廣東]어의 어음·어휘·어법 연구에 매우 귀중한 자료이며, 19세기 중반의 광둥[廣東] 사회와 문화 연구에도 귀중한 자료이다.

외국 지명의 번역은 초기 단계에서 다양화되는 경향이 있으나, 다양한 번역이 지역과 언어 구조 자체의 경쟁을 거쳐 결국 특정 번역이 승리를 거두게 된다.

근대 중국어에서 나타난 외국 지명은 대부분 관화와 광둥[廣東]어를 거쳐 중문으로 번역되어 오늘날까지 널리 사용되고 있으며, 상하이[上海]어의 번역을 거친 외국 지명 중 오늘날까지 남아 있는 것은 지극히 적다.

참고문헌

顧鈞, 2013, 『美國人出版的第一部漢語教材』, 載『中華讀書報』2013年1月30日.
游汝杰, 2009, 『「上海通俗語及洋涇濱」所見外來詞研究』, 載『中國語文』2009年第3期, 261-269.
歐陽楠, 2012, 『中西文化調適中前近代只是系統──美國國會圖書館藏三才一貫圖研究』, 載『中國歷史地理論叢』27卷第3輯.

(본고의 초고는 "閩南語與西班牙語接觸研究及其他" 학술대회 논문으로 제출한 것이다(復旦大學中華文明國際研究中心深度研究 워크숍, 2013년 9월 28일).

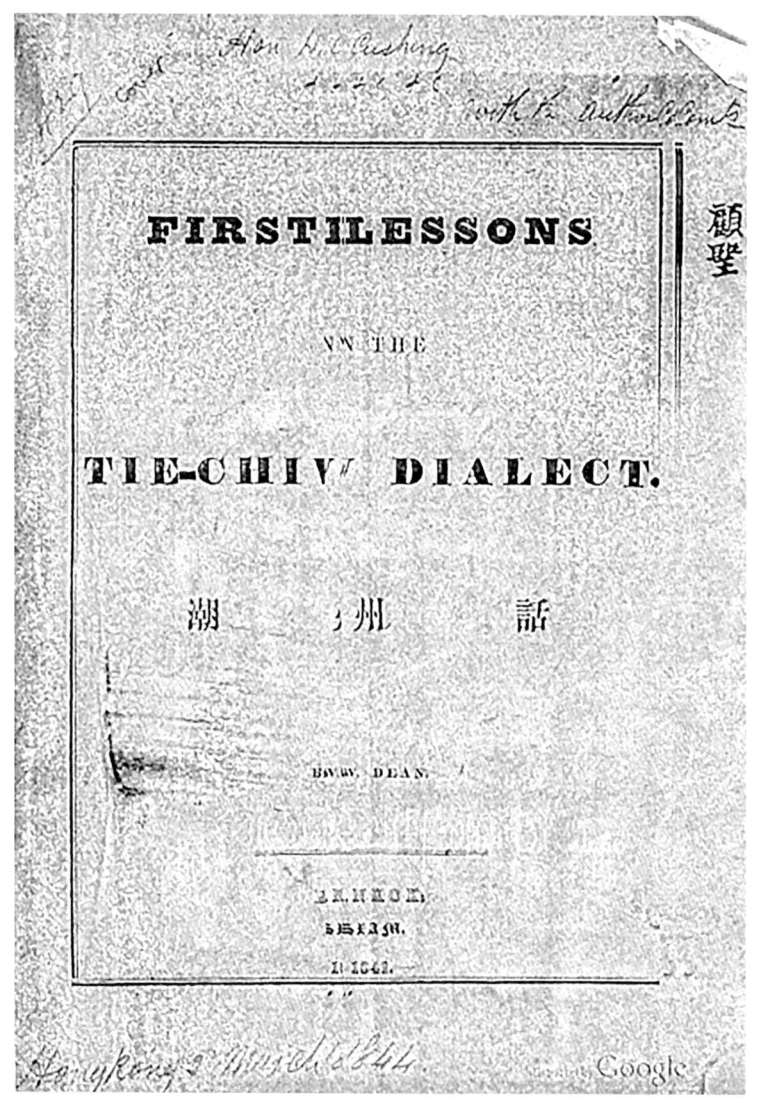

그림 1. 『潮州土話初階』 겉표지

WORDS AND PHRASES.

English	漢字	Romanization	English	漢字	Romanization	English	漢字	Romanization	English	漢字	Romanization
Ant	蟻	Hia	Inch	寸	Chun	Quick	快	Mey
And	而	Jur	In	於	I	Quiet	恬	Tiem
Blood	血	Huŏ	Jar	礶	Toine	Run	走	Chaou
Black	黑	Ou	Joint	節	Chāt	Rope	索	Sŏ
Cat	貓	Gniou	Knife	刀	Taw	Shelf	架	Key
Can	能	Oi	Know	知	Chai	Sock	襪	Buĕ
Dear	貴	Kui	Love	愛	Ai	This	這	Chi
Dog	狗	Kaou	Leg	腳	Kha	Talk	講	Kong
Ear	耳	Hi	Man	人	Nang	Uncle	叔	Chĕk
End	尾	Boe	Mat	蓆	Chĕ	Ulcer	瘡	Chuog
Fan	扇	Si	Nail	釘	T'eng	Valley	坑	Khey
Fish	魚	Hur	Night	夜	Mey	Virtue	德	Tĕk
Gold	金	Kim	One	一	Chĕk	Whip	鞭	Pın
Goat	羊	Ie	Of	之	Chu	Wheel	輪	Lun
Hen	雞	Koi	Pen	筆	Put	You	爾	Lur
House	厝	Chu	Pin	針	Chain	Yet	年	Ni

그림 2. 『潮州土話處階』 본문 5면

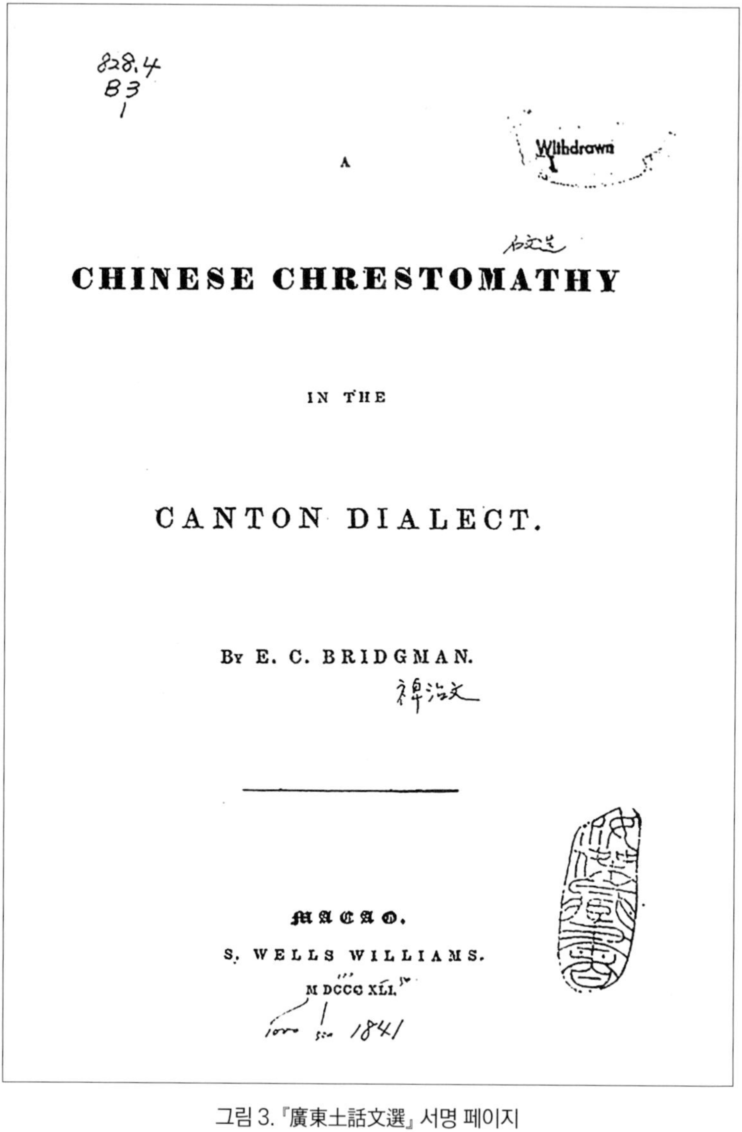

A

CHINESE CHRESTOMATHY

IN THE

CANTON DIALECT.

By E. C. BRIDGMAN.

MACAO.
S. WELLS WILLIAMS.
M DCCC XLI.

그림 3. 『廣東土話文選』 서명 페이지

CHINESE CHRESTOMATHY.

CHAPTER I.
STUDY OF CHINESE.

習　唐　話　篇　一
Tsáp, ,T'óng wá'; ,p'ín yat,.

Section First.
EXERCISES IN CONVERSATION.

習　言　第　一　章
Tsáp, ,ín; tai' yat, ,chéung.

1. Teacher! (says the learner; to whom the former replies,) You compliment me.	先生 好話	,Sín ,shang! 'Hò wá'!
2. I think of learning the Chinese language. Do you indeed?	我想學唐話㗎 你要學唐話吖	'Ngò 'séung hòk, ,T'òng wá' pó'. 'Ní íú' hòk, ,T'òng wá' ,mé?

Notes and Explanations.

Tsáp is composed of *two wings*, placed over *white*, which are supposed to indicate repetition, like the motion of a bird's wings when flying; hence it comes to mean exercise, practice. *T'óng*, the name of one of the most celebrated dynasties, is an appellative of the Chinese: *wá*, formed of *words* placed on the left of *tongue*, signifies speech, language, or to speak: *T'óng wá*, then, is the language of the Chinese. *P'ín* is one of the terms used to denote a chapter; *yat* means one or first; *p'ín yat* is chapter first. *I'n* is the common term for word, to utter words; *tsáp ín*, denotes practice in words, or exercises in conversation. *T'ai yat* is an ordinal; *tai*, formed of two parts, *bamboo* placed above *steps*, signifies number; *yat* is one; the two mean number one, or first. *Chéung*, formed of *sound* written above *ten*, indicates something perfect, a complete piece, as of music, or a section of a book.

,1. *Sínshang* is a phrase compounded of *sín*, before, and *shang*, born; hence it means a senior, a superior, a teacher. *Hò wá*, literally, well spoken, is a complimental phrase, equivalent to saying, I am unworthy of the excellent title you give me: *hò*, formed of *son* placed on the right of *daughter*, signifies good, excellent.

2. *Ngò* is the personal pronoun I, commonly used in conversation: *ní* is its correlative, used in like manner for the second person singular. *Séung*, having a *tree* for its

CHI. CHR.   1

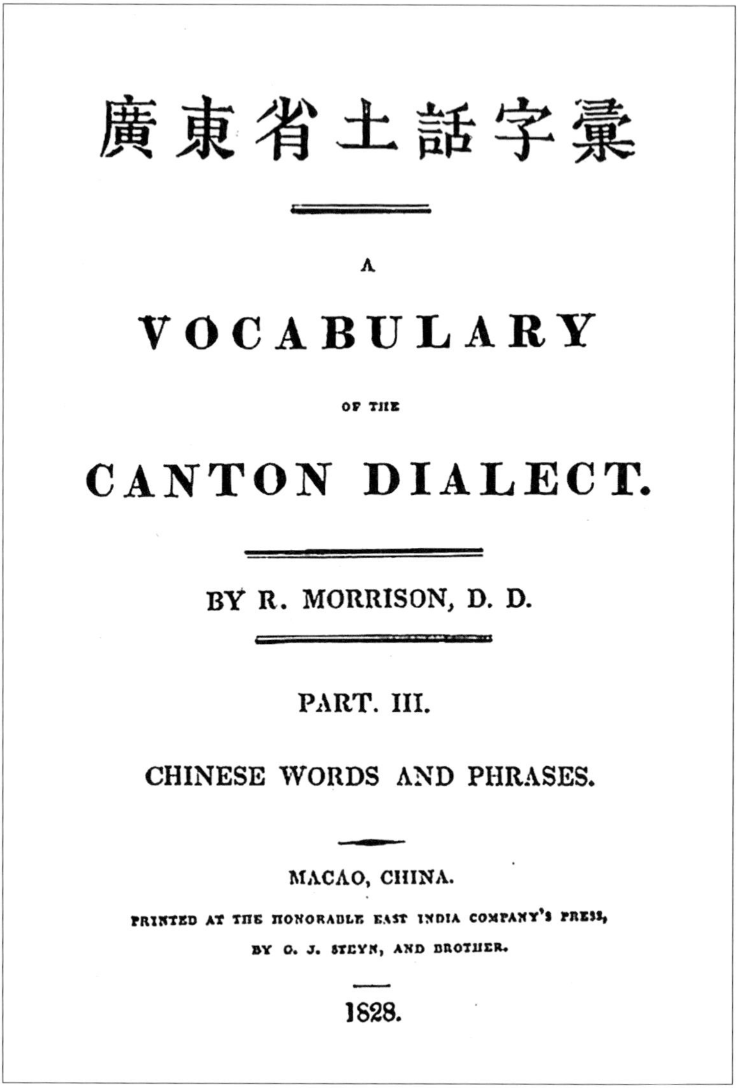

廣東省土話字彙

A
VOCABULARY
OF THE
CANTON DIALECT.

BY R. MORRISON, D. D.

PART. III.

CHINESE WORDS AND PHRASES.

MACAO, CHINA.
PRINTED AT THE HONORABLE EAST INDIA COMPANY'S PRESS,
BY O. J. STEYN, AND BROTHER.

1828.

그림 5. 『廣東土話字彙』 서명 페이지

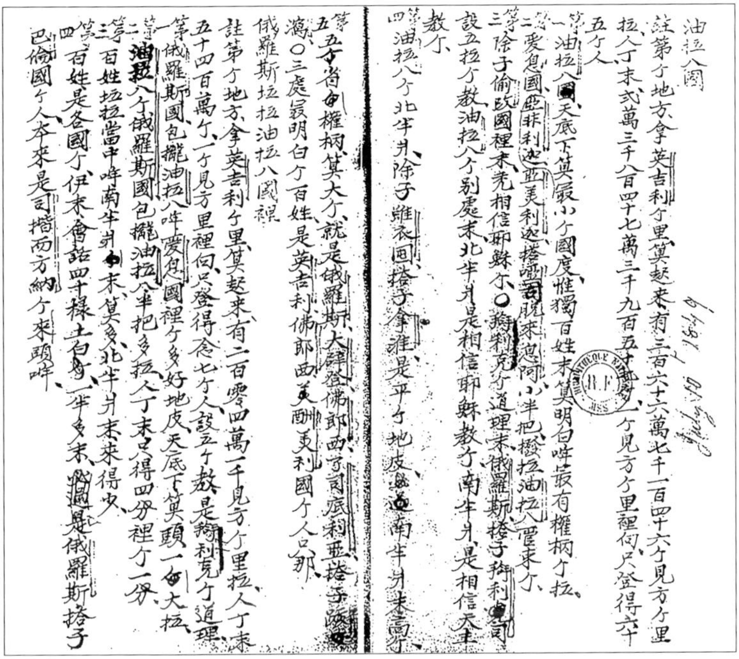

油拉八國

註第个地方拿英吉利个里箕起來有三百六十六萬七千一百四十六个見方个里

拉人丁末弍萬三千八百四十七萬三千九百五十四口一个見方个里裡向只登得六千

五个人

第一 油拉八國天底下箕最小个國度惟獨百姓末箕明白哼最有權柄个拉

第二 愛息國亞非利加亞美利加搭亞司脫來息阿小半把撥拉油拉八管束个

第三 除子偷欧國裡末弗相信耶穌个○狗利克个道理末俄羅斯搭子狗利克司

設立拉个教油拉八个別處末北半爿是相信耶穌教个南半爿是相信天主

教个

第四 油拉八个北半爿除子雖衣回搭子拿淮是平个地皮必道南半爿末高个

第五 五个當中權柄箕大个就是俄羅斯大辟登佛郎西司底利亞搭子必隆

濕○三處最明白个百姓是英吉利佛郎西美利國个人口那

俄羅斯拉拉油拉八國裡

註第个地方拿英吉利个里箕起來有二百零四萬一千見方个里拉人丁末

五十四百萬个一个見方里裡向只登得念七个人設立个教是狗利克个道理

第一 俄羅斯國包攏油拉八哼愛息國裡个多好地皮天底下箕頭一個大拉

第二 油拉八个俄羅斯國包攏油拉八半把多拉人丁末只得四分裡个一分

第三 百姓拉拉當中哼南半爿个末箕多北半爿末來得少

第四 百姓是各國个伊末會話四十樣土白个一半多末就是俄羅斯搭子

巴倫國个人本來是司搭而方納个來頭哼

그림 6.『油拉八國』1

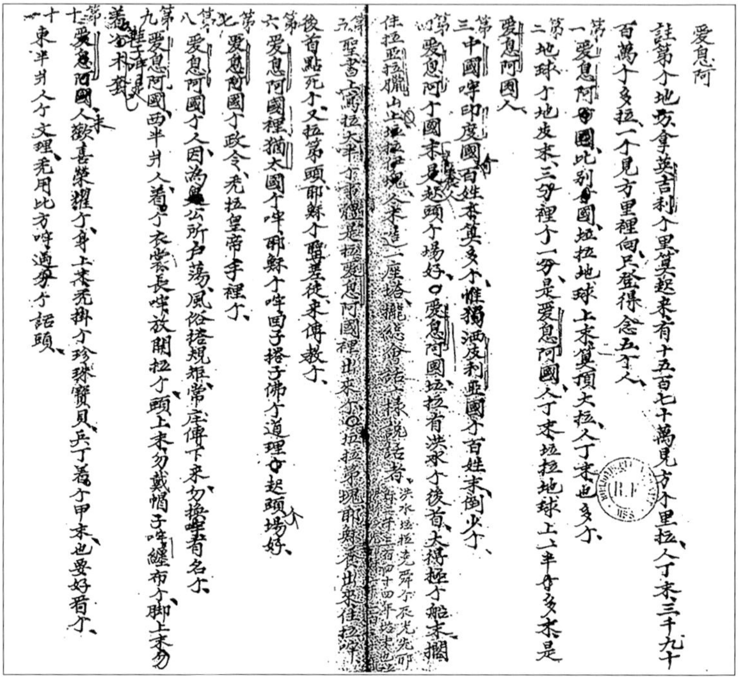
爱息阿
註第个地方拿英吉利个里算起来有十五百七十萬見方个里拉、人丁末三千九十
百萬个多拉、一个見方里裡向只登得念五个人、
第一 爱息阿啥國、比别个國、垃拉地球上末算頂大拉、人丁末也多个、
第二 地球个地皮末、三分裡个一分、是爱息阿國、人丁末垃拉地球上一半个多末是
爱息阿國人、
第三 中國哼印度國、百姓末算多个、惟獨西皮利亞國个百姓末倒少个、
第四 爱息阿个國末是起頭个場好、○爱息阿國垃拉有洪水个後首、大得極个船末擱
住拉亞拉腊山上垃拉个现今人末造一座塔、擺總合話一樣說話者、[illegible]
第五 聖書上寫拉大半个事體是垃拉爱息阿國裡出來个、○垃拉第現耶穌養出來住拉哼、
後首點死个、又垃第頭耶穌个門徒、来傳教个、
第六 爱息阿國裡、楠大國个哼、耶穌个哼回子搭子佛个道理个起頭場好、
第七 爱息阿國个政令、尭垃皇帝手裡个、
第八 爱息阿國个人因為無公所户蕩、風俗搭規矩、常庄傳下来勿换哼着名个、
第九 爱息阿國西半爿人着个衣裳長哼、放闊拉个頭上末勿戴帽子哼、纏布个、脚上末勿
着鞋子哼是着木拖
第十 爱息阿國人歡喜榮耀个、身上末尭掛个珍珠寶貝、兵丁着个甲末也要好看个、
十一 東半爿人个文理、尭用比方哼適意个話頭、

그림 7.『油拉八國』2

중국어 방언학에 대한 칼그렌의 공헌 및 관련 문제 연구

提要 본고는 칼그렌(B. Karlgren; 高本漢)의 『中國音韻學研究』가 중국어 방언학에 끼친 주요 공헌으로 처음으로 현대 방언의 어음으로 고음(古音)을 재구한 점, 처음으로 설첨모음 음성기호 ɿ ·ʅ·ʮ·ʯ을 제정한 점, ɦ 음성기호를 사용하기 시작한 점, 影모나 음절의 후색[喉塞] 운미를 나타내는 데에 ʔ을 사용하자고 처음으로 제창한 점, 간략 음성 표기와 엄밀 음성 표기의 개념을 확립한 점, 묄렌도르프가 처음 제창한 우-[吳]어의 지리적 범위를 확인한 점 여섯 가지를 꼽았다. 본고는 이와 관련된 방언학 문제도 논의했다.

關鍵詞 高本漢 『中國音韻學研究』 漢語方言學 舌尖元音 濁喉擦音

스웨덴 출신의 언어학자 칼그렌(Karlgren, Klas Bernhard Johannes)의 획기적인 걸작 『中國音韻學研究』(*Etudes sur la phonologie chinoise*, Leyde, Stockholm, and Gotembourg, 1915-1926)이 중국 언어학에 끼친 공헌은 여러 측면이다. 본고는 중국어 방언학에 끼친 이 책의 공헌 및 관련 문제를 논의하기로 한다.

1. 처음으로 현대 방언의 어음으로 고음(古音) 재구

　　처음으로 현대 방언 어음으로 고음을 재구함으로써 방언 연구의 학술적인 가치를 크게 향상시켰다. 칼그렌은 중고음 체계에 따라 3,125개 방언 자음(字音) 목록을 배열하고, 글자마다 그가 재구한 중고음을 주석으로 달아 특정 방언에서 특정 글자의 독음 및 중고음과의 관계를 쉽게 찾아봄으로써 방음(方音) 간의 차이를 비교하고 고금 어음의 변천을 연구하는 데에 편리하게 해 '方音字彙'의 본보기를 세웠다. 내용상 '方言點·字目·中古音·方音' 네 부분으로 구성되어 있으나, 그림1과 같이 방음(方音)은 성조의 유형이나 음가를 표기하지 않았다.

　　베이징대학의 『漢語方音字彙』와 같이, 오늘날의 '方音字彙'도 내용상 '方言點·字目·中古音·方音' 네 부분으로 구성되어 있으며, 칼그렌의 저서와 다른 부분은 중고음에 음운 지위와 반절만 나열하고 중고음의 재구 음가를 표기하지 않았다는 점이나, 표 1과 같이 각 자음(字音)에 조류(調類)는 모두 표기했다.

　　칼그렌 이전의 중국학자들은 기본적으로 고문헌과 고문자만으로 고음을 연구했고, 방언의 어음 자료를 이용하는 경우는 적었다. 다만 그들이 한자를 사용해 기입한 방언의 성운조 배합표, 즉 이후의 단음자 목록에 해당하는 운도(韻圖)를 편제했다는 점은 확실하다. 예로, 민난[閩南]음 『拍掌知音』은 그림 2와 같다.

그림 2에서 우측 판구(版口)¹ 밖은 15개 성모이고, 상단 판구 밖은 8개 성조이며, 운목(韻目)은 중봉(中縫)²에 있고, 판심(版心)³ 중의 각 글자는 하나의 음절을 대표한다.

이전 서양 선교사의 관련 저작에서는 일반적으로 영문 자모로 음절을 표기한 방언별 동음자 목록이었으나(예: 孟國美[P. H. S. Montgomery]의 *Introduction to the Wenchow dialect*(『溫州方言入門』, 1893, 그림 3)), 방언과 고음을 결합한 연구는 매우 적었고 체계적이지도 않았다.

그림 3 중에서 표의 좌측은 음절이고, 상단은 성조이며, 표 중간에는 이 음절로 읽히는 한자를 열거했다.

요약하면, 칼그렌 이전에는 '方音字彙'를 작성한 이가 없었다. 후에 나온 『方言調査表格』(1930)와 각종 '方音字彙'는 칼그렌의 운표(韻表)와 고대 등운도(等韻圖)를 참고해 만든 것이다.

2. 처음으로 설첨모음 음성기호 ꭒ, ꭓ, ꭕ, ꭖ 제정

칼그렌이 언급하기를 "중국만의 특별한 발음을 나타내는 새로운 자모가 몇 개 있는데 마찬가지로 런델(Lundell)과 상의한 후 첨가했으며, 이러한 방언 자모는 이탤릭체로 했다." (중국어 역본 142-

---

1 [역자 주] 판구(版口): "옛 책에서, 책장의 가운데를 접어서 양면으로 나눌 때에 그 접힌 가운데 부분.=판심."
2 [역자 주] 판심(版心)의 정중(正中), 즉 둘로 접은[二折] 절선(折線).
3 [역자 주] 판심(版心): "옛 책에서, 책장의 가운데를 접어서 양면으로 나눌 때에 그 접힌 가운데 부분.≒판구."

143, 이하 '중역본') 143면에서 "칼그렌은 중국 발음을 위해 ꭥ·ꭥ̣·ɿ·ʅ 네 가지 자모를 특별히 첨가하고 번역문에서도 그대로 사용했으나 이탤릭체로 하지는 않았다. 또한, 이후의 모든 책에서 '方言字母(방언자모)'라고 언급한 부분은 번역문에서 '嚴式音標[엄밀 음성기호]'로 바꿔 칭했다."라는 역자의 각주가 있다.

칼그렌이 지적하기를, "설첨모음이 유럽 언어에서는 드물지만, 중국 언어에서는 많다. 한 종류는 설첨전모음인데, 가장 쉬운 발음법은 자음 z를 발음할 때 구강의 마찰을 경감시킬 수 있을 정도까지 혀와 잇몸 중간의 통로를 조금 느슨하게 하는 것이다. 또 한 종류는 설첨후모음인데, 자음 z를 발음할 때 그 통로를 동일하게 느슨하게 하는 것이다."(197면) 이 단락의 말의 의미는, 설첨모음의 발음 부위와 발음 방법이 앞 자음(z)의 발음 모양과 관련이 있다고 말하는 것 같다.

설첨모음이 유럽 언어에서는 드물기 때문에 당시 서양 선교사들은 이러한 어음을 어떻게 기록해야 하는지에 대해 일치된 결론을 내릴 수 없었다. 선교사별 차이는 표 2를 보라.

표 2. 설첨 성모 음성기호 비교 목록(199면)

선교사	ɿ	ʅ
Vissiere(跟BEFEO)	eu	e
Couvreur	eu	eu
四川 선교사	e	e

러시아어 병음 표기법	ы	ы
Mateer	ï	ï
Parker	z	ï
Kuühnert	y	i
Wade	ŭ	ih

데이비스(Davis)와 실스비(Silsby) 등은 sɿ, tsɿ을 s, ts, 즉 설첨모음을 영기호, 바꿔 말하면 설첨모음이 전치한 자음이 자연스럽게 연장된 결과라고 생각했다.

칼그렌은 언급하기를, "ɿ은 설첨전모음으로 높고 긴장되어 있으며 입술이 열려 있거나(0) 넓으며(1), 관화· 양저우[揚州]·우[吳]어·웨[粵]어에 있고, 산터우[汕頭]·일본에도 있을 것이다. 예는 순수한 구강 모음에 한정되며 개음절(開音節)⁴ s, z 뒤에서만 보인다(예: 베이징[北京] sɿ)."(197면). 이 단락에 대해 역자의 각주가 있다. "우후[蕪湖]에는 이러한 제한이 없다(예: 米 mɿ, 李 lɿ)." 역자가 생각하기를, "이 설첨모음의 설정에 더 동의하게 하는 음성학적인 이유도 있다. 환베이[皖北]의 여러 방언처럼, 지시[績溪]현의 런리[仁裏]촌에서는 일반 방언에서 사용되는 i운이 ɿ이 되어 低·梯이 tsɿ·tshɿ로 읽혀 茲·雌와 동음이다. 그러나 지시[績溪]현의 시내에서는 低·梯가 비록 ɿ운과 합병하고 t, th 성모도 간직하여 tɿ, thɿ를 이루나 茲·雌와 동음이 아니므로 ɿ가 자음이 아니라 운임을 알 수 있다."(33-34).

---

4   [역자 주] 개음절(開音節): 운미가 없거나 모음인 음절을 가리킨다.

역자는 또 지적하기를, "ʮ는 영어·독일어·프랑스어의 tʃ, tʃʷ, ʃ의 입술이 바깥쪽으로 내밀려져 있는 것처럼, ʯ와 ʮ의 중간 성격으로 입술이 바깥으로 오므려지는 원순모음이다. 쑤저우[蘇州]와 셴양[咸陽]에서 이러한 모음을 발견했다(예: 知 tsʮ)"(199-200).

이런 설첨모음 네 개의 성격을 논의해 보자. 성모 발음이 연장된 결과일까 아닐까?

자오위안런이 이후에 출간한 저작인 『音位標音的多能性』(Chao 1934)에서 말하기를, "중국어 음절 [tʂɿ]·[tʂʰɿ]·[ʂɿ]·[ʐɿ]·[tsɿ]·[tsʰɿ]·[sɿ] 중의 모음은 전치한 자음의 발음이 연장된 결과이다. 이러한 음절을 주음부호 ㄓ·ㄔ·ㄕ·ㄖ·ㄗ·ㄘ·ㄙ로 쓸 때 이러한 부호는 자음을 나타내는 것이지만, 사람들은 모음의 존재도 의식할 수 있다. 따라서 이 또한 영부호(零符號)로 실제 어음을 나타내는 일종의 방법이다."(Martin Joos 1958: 43).

만약 이러한 설첨모음 네 개가 단지 앞의 자음이 연장된 결과라면, 우후[蕪湖]의 '米 m̩, 李 l̩'와 지시현 런리촌의 '低 n̩, 梯 tʰn̩'와 같은 이러한 발음이 완베이[皖北]·쑤베이[蘇北]·쑤난[蘇南]에 있고, 란인[蘭銀] 관화의 진청[金城] 지역에 시리즈를 이루는 이런 부류의 발음이 있는 현상을 어떻게 설명할 수 있겠는가(예: 융덩[永登] 방언: 弊 p̩⁵, 皮 pʰ̩², 歷 h̩⁵, 米 m̩³, 泥 m̩¹, 帝 t̩⁵, 體 tʰ̩³)?(錢曾怡 2010). 각 선교사의 표기가 다르다. '低'를 예로 들면, ti ,n, tij, tiᶻ 등이다. t는 폭파음(爆破音)이므로 연장할 수 없다. 필자가 조사한 장쑤[江蘇]성 남부 리수이[溧水]어와 가오춘[高淳]어는 단모음 i와 y 뒤에 모두 이런 유형의 음이 있다(예: 連 li¹¹, 舉 tɕy³³). 만약 li¹¹을 발음하는데 억지로 h로 쓸 수는 있지만, tɕy는 어떻게 하든 tɕʅ혹은 tɕʮ로 쓸 수 없다. 이렇게 하면 y의 음색을 없앨 수도 있기 때문이다. 필자의 표기는 'li:ᶻ'와 'tɕy:ᶻ'이다. :는 장음을 나타내고, z는 마찰을 나타낸다. 기타 같은 유형의 발음도 관례대로 처리할 수 있다(예: mi:ᶻ, ti:ᶻ 등). Parker도 z로 ʅ을 나타냈으며, 자오위안런도 『常州方言』이란 글에서 ʅ가 음절을 이루는 z라고 여겼다(趙元任 1970). zʅ 또한 j로 어음의 연장을 나타낼 수 있다. 미국의 블룸필드(L. Bloomfield)가 ij로 영어의 장음 i를 나타냈다.

만약 설첨모음이 독립적인 모음이라고 생각한다면 그것의 발음 방법과 발음부위는 어떻게 묘사해야 하겠는가?

3. 음성기호 ɦ 사용의 시작

이 음성기호는 프랑스어 버전에서 원래 우측이 직선의 동그라미이고 음절의 좌측 상단에 표기했다. 중역본에서는 윗부분이 구부러진 현재 통용되는 h로 고쳤다. 칼그렌이 말하기를, "ɦ는 후부(喉部) 유성음이다. 이 발음과 모음과의 구분은 기류를 내쉴 때 비교적 강하고 명확하다는 점에만 있다. 그것이 모음 앞에서만 보이기 때문에 중국 방언을 묘사할 때 그것을 모음으로 시작하는 일종의 '강세'(stress)로 하고 ' 기호로 나타내는 이도 있다(예: 'a). ɦ이 모음 구성 요소의 하나임을 인지하지 못하고 그 밖의 다른 발음, 다시 말해 후두(喉頭) 유성 마찰음으로 여기는 것 또한 간편할 뿐만 아니라 논리에 완전히 부합한 방법이다. 이는 ɦ가 귓속말 때의 모음이 아닌, 뒤에 나올 모음 소리를 예상하여 발음되는 것과 같다. 그래서 ɦ의 첫 번째 구성 요소에 대해, 나는 초점이 호흡할 때 잠깐의 힘에만 있으며, 이 힘은 이 구성 요소가 자음(子音)의 성격을 가지도록 할 수 있다고 생각한다. 우리는 처음에 나오는 모음의 음색을 모두 고려하지 않고, 이 음색이 뒷 모음 a의 음색이 미리 설정된 것이라고 생각할 수 있다."(195면). 이 단락으로 볼 때, 칼그렌이 ɦ가 유성 자음(子音)이라는 것인지 아니면 모음의 구성 요소라는 것인지 명확하지 않은 듯하다.

후에 자오위안런이 ɦ의 성격을 이처럼 논술하면서 말하기를, "우[吳]어 중에서 [ɦ] 음소의 특징은 기류가 일반적인 발음보다 더 강하며, 구강과 비강 측면에서는 발음상의 특징이 없고, 발음하는 이가 어떤 발음을 하는 동시에 자유자재로 [ɦ]를 동반하므로 a형의 [ɦ]도, e형의 [ɦ] 등이 있게 된다. 심지어 [m]형의 [ɦ]도 있다. 예로, [ɦm](嘸)와 [m̩-ma](媽媽) 중의 [m]은 대립된다. 그러나 이 모든 것이 이론적으로 [ɦɑ]의 [ɦ]와 [ɑ]를 두 개의 다른 음소로 간주하는 것에 지장을 주지 않는다."(Chao 1934) 또 말하기를, "匣모 글자의 상하이[上海] 독음은 평상시의 서법은 [ɦæ]처럼 먼저 자음(子音)을 쓴 후에 모음을 쓰지만, 거꾸로 들어도 마찬가지로 [ɦæ]와 비슷하며 보통 모음 [æ]에 중성 성격의 [ɦ]가 보태진 것이 아니다."(趙元任 1930). 그는 [ɦ]가 초분절음소라고 여겼던 것 같다. 이룽[李榮]은 후에 간단한 청취 실험을 해서 위에서 서술한 자오위안런의 관점을 더욱 확증했다(李榮 1986).

ɦ의 성격과 용법을 한번 논의해 보자.

칼그렌 이래로 우[吳]어 영성모의 표기법은 상당히 혼란스럽다. 칼그렌의『中國音韻學硏究』중의『方音字彙』는 개구(開口)·합구(合口)의 영성모를 ɦ로 표기했다. 그러나 제치(齊齒)·촬구(撮口)의 경우는 ɦ로 표기하기도 하고(예로, '賢'의 원저우[溫州] 발음과 상하이[上海] 발음은 모두 ɦiie이고, '縣'의 원저우[溫州] 발음은 ɦye이며 상하이[上海] 발음은 ɦiœ이다), 표기하지 않기도 했다(예로, '夜'은 원저우[溫州] 발음에서 i로 표기했고 상하이[上海] 발음에서는 ia⁵로 표기했다). 영성모는 모두 영표기이므로(550면) '移'의 원저우[溫州] 발음과 상하이[上海] 발음 i는 영표기이다. 자오위안런의『現代吳語的硏究』에서 匣·喩(제치·촬)모 두 개 성모에 대해 다섯 지점(징장[靖江]·장인[江陰]·창수[常熟]·쿤산[昆山]·바오산[寶山] 솽차오둔[霜草墩])은 j로 표기했고 나머지 지점은 ɦ로 표기했다. 바오산[寶山]과 마찬가지로 솽차오둔[霜草墩]에서는 j로 표기하지만 뤄디엔[羅店]에서는 ɦ를 사용한다.『江蘇省與上海市方言槪況』(1960) 이후, 북부 우[吳]어를 연구하는 저작에서는 개구·제치·합구·촬구호 상관없이 영성모를 일률적으로 ɦ로 표기했다.『浙江吳語分區』(傅國通 등, 1985)도 이와 같다. 그러나『漢語方音字彙』(2003)에서는 개·합은 ɦ-로, 제·촬은 j을 사용했다. 예로, 蘇州音: '鞋 ɦɒ², 移 ji², 湖 ɦəu², 餘 jy²'. 정장상팡의『溫州音系』(1964) 이래의 원저우[溫州]어 저작에서는 개구는 ɦ-로, 제치·촬구는 j를 사용했다(원저우[溫州]에는 합구 영성모가 없다). 우[吳]어 영성모에 대한 묘사는 내용상 일치하지 않는다.

음성학에서 ɦ의 성격 및 용법에 대해서는 더 연구가 필요하다.

국제음성기호 자음(子音) 목록에서 ɦ는 유성 후두 마찰음에 나열되어 있으며, 무성 후두 마찰음인 h와 대응되어 분절음으로 처리했다. 중국어 방언에서 '개제합촬' 앞에서 유성음 영성모의 엄밀 표기는, 일반적으로 ɦ-(개구), j-(제치), w-(합구), ɥ-(촬구)이다. 뒤의 세 개는 모두 반모음이며, 맨 앞의 ɦ는 유성 마찰음 혹은 초분절 음소로 양자의 성격이 다르다. 만약 ɦ로 그 외 반모음 세 개를 교체할 수 있다고 생각하는 것은 논리상 성립되지 않는다.

자오위안런과 리룽[李榮]은 음성 실험으로 ɦ가 모음 앞의 성모가 아님을 증명했지만, 그들이 사용한 실험 자료가 모두 개구호 운모이므로 ɦ가 합구호·제치호·촬구호와 결합할 때에도 상황이 동일하다고 설명할 수 없다. 영어의 weed, yield 이 두 단어의 어두 자음(子音)은 확실히 달라 서로 교체할 수도 없고 ɦ로 대신할 수도 없다. 광저우[廣州]어의 w와 j은 두 개의 다른 성모이며(影 jɪŋ³ ≠ 永 wɪŋ³), 우[吳]어의 wu²(河)와 ji²(移)도 상황이 동일하다.

원저우[溫州] 방언의 ɦ-와 j-는 두 개의 독립된 성모 음운으로서 서로 교체할 수 없다(예: 猴 ɦau³¹ ≠ 遊 jau³¹; 狹 ɦa²¹² ≠ 藥 ja²¹²). 원저우[溫州] 방언의 i 개음은 짧아서 음운 귀납 시 i 개음을 소홀히 할 수도 있다. 만약 이 음운 귀납법을 채택한다면 이 두 글자의 발음 차이는 분명히 성모의 차이가 초래한 것이다.

필자는 개제합촬과 상관없이 영성모를 일률적으로 ɦ-로 하는 것은 틀렸으며, ɦ-(개구), j-(제치), w-(합구), ɥ-(촬구)을 네 가지 다른 성모로 간주하는 것이 비교적 합리적인 방법이라고 생각한다.

4. 影모와 후색[喉塞] 운미에 ʔ 사용을 처음으로 제창

처음으로 ʔ(아래에 가로선 없음)으로 影모 혹은 음절의 후색 운미를 나타내기를 제창했다. 그러나 이 책의 "方言字彙"에서는 전치든 후치든 상관없이 사실상 이 음성기호를 사용하지 않았다.

aʔ 이러한 음절에 대해, 당시 선교사들은 개음절로 생각해 ā로 나타내기도 했고, 폐음절로 생각했으나 ah로만 나타내거나 ap, at, ak로 대체하기도 했다(예로, 에드킨스(J. Edkins) 등의 상하이[上海]어 저작).

ʔ의 성격과 용법에 대해서는, 칼그렌의 논술이 이미 정론이 됐다고 할 수 있다. 그가 말하기를, "ʔ은 후색음이다. 발음의 (폭발음) 성모의 위치에서, ʔ은 독일어 eeke처럼 당연히 '모음으로 시작하는' 중국어 글자, 좀 더 정확하게 말하자면 모음 앞에 다른 구강 자음(子音)이 없는 글자에서 흔히 볼 수 있을 것이다. 이 폭발음은 중국어에서 전혀 중요하지 않다. 왜냐하면 ʔ의 존재 여부는 완전히 개인적인 것이기 때문에 우리는 전혀 기억하지 않는다. 그러나 끝맺는 폐색음은 위의 그 발음에 상응하는 폐음(閉音)으로 중국어에서 중요한 위치를 차지한다. ʔ은 운미의 폐음 p, t, k처럼 실제적으로는 발음의 휴지(休止)이며, 모음에 연결되어야만 비로소 들린다. 성대가 갑자기 닫혀서 공기의 통로가 완전히 차단된 상태에서 부드럽게 살짝 풀어야 폭발되지 않는다. 영국의 음성학자는 이러한 후부 폐색음을 'glottal stop'이라 명명했다."(195면).

후의 방언학 저작은 이 후색음과 관련하여 칼그렌의 관점, 서법,

용법을 계속 사용했다. 음절 앞의 ʔ는 일반적으로 표기하지 않고 방언에서의 영성모도 영기호로 표기하지 않거나 Ø로 표기할 수 있다. 그러나 예외도 있을 수 있다. 예로, 역주(譯註)에서 언급한 "그러나 타이산(台山)의 ʔ은 분명하다(예: 厭 iem, 店 ʔiem)." 또 다른 예로, 우[吳]어의 차탁(次濁) 성모 두 세트를 설명할 때 후색 자질을 띠는 세트는 흔히 ʔm, ʔn, ʔŋ, ʔȵ, ʔl로 표기한다. 음절 말의 ʔ는 반드시 표기해야 한다. 왜냐하면 -p, -t, -k로 끝을 맺는 입성과 다름을 나타내야 하기 때문이다. 또한, 같은 방언에서 -ʔ이 음소로서의 가치가 있는데도 만약 표기하지 않는다면 음소 간의 혼란을 야기할 수도 있다. 예로, 상하이[上海]어의 '李' [li6]와 '立' [liʔ8]"는 발음도 다르고 의미도 다르므로 양자 모두를 li로 표기할 수는 없다. 『中國音韻學研究』의 『方音字彙』에서는 운미 ʔ를 전혀 표기하지 않았다(예: 상하이[上海]어 '杰/傑' dzi). 동시에 웨[粵]어와 민(閩)어의 운미 -p, -t, -k는 일률적으로 표기했다. 이는 분명 불합리하다. 아마도 당시 방언학계와 음운학계에서 우[吳]어 입성의 후색 운미 유무 문제에 대한 인식이 철저하지 않았기 때문일 것이다. 자오위안런의 『現代吳語的研究』(1928)도 ʔ을 사용하지 않아 운모 목록에서 입성 운미는 표기된 바가 없다. 이렇게 하면 -ʔ가 있는 우[吳]어와 -ʔ가 없는 우[吳]어의 특정 입성 글자를 구별할 수 없게 된다(예: '甲'를 昆山話는 kaʔ로 읽고 원저우[溫州]어는 ka로 읽는다.). 이는 분명히 불합리하다. 그러나 '吳音單字表'라는 절에서 후색 운미 유무와 상관없이 그는 영어 자모 -q로 입성을 나타냈다. 이후에 출간된 방언학 저작에서는 일률적으로 -ʔ로 후색 운미를 나타냈을 뿐만 아니라 형태도 하단에 가로선이 없는 ?로 칼그렌이 표기한 것과 동일하다(예: 袁家驊『漢語方言槪要』(1960),『江蘇省和上海市方言槪況』(1960)). 1951년 버전부터『國際音標表』에서 이 음성기호의 형태는 하단에 가로선이 있는 ?이었다. 오늘날 방언학 저작에서 통용되는 것이 바로 하단에 가로선이 있는 ?이며, 하단에 가로선이 없는 ?는 후색이 비교적 약한 ?에 사용됐다.

5. 간략 음성표기와 엄밀 음성표기의 개념 확립

칼그렌 이전의 선교사가 중국어 방언을 묘사할 때 사용했던 것은 모두 간략 음성표기였으며, 칼그렌이 사용한 것은 스웨덴 방언학의 창시자인 런델(Lundell)이 창안한 '스웨덴 방언 자모', 즉 엄밀 음성표기였다. 그가 말하기를, "나는 현지인의 구음(口音)에서 (중국 방언) 24개 유형을 연구했기 때문에 이러한 엄밀 음성표기로 그들의 발음을 나타낼 수 있었다." "그래서 이러한 (간단한 자모로 표기한) 간략 음성기호는 비과학적이며 불확실하다. 그중 각 글자는 실제로 분별하기 쉬운 여러 개의 발음을 나타낸다. 예로, a는 서로 다른 모음 a, A, ɑ, 프랑스어의 전설[開] a, 중설[中] a, 후설[關] a를 포함한다."(143면)

그 이전 선교사의 중국어 방언학 저작에서는 간략식과 엄밀식을 구분하지 않고 기본적으로 엄밀식 음성표기였다.

『現代吳語的硏究』가 바로 엄밀식 음성표기법을 채택했다. 예로,

징장[靖江]과 장인[江陰] 모두 æ와 ɒ 운모가 있으나, 징장[靖江]의 이 두 개의 운모는 개구도가 약간 높아 장인[江陰]과 차이가 있으며, 저자는 엄밀식 음성기호로 양자 간의 차이를 묘사했다. 만약 간략식 음소로 음성을 표기했다면 양자 간의 차이는 드러나지 않았을 것이다. 필자가 보건대, 오늘날 방언학 저작(단편 논문 외) 중에서 『當代吳語的研究』와 『江淮官話和吳語邊界的方言地理學研究』만이 자오위안런의 엄밀식 표음 전통을 비교적 잘 계승했다.

음성기호의 간략-엄밀 문제에 대해서도 한번 논의해 보자.

간략 표음(broad transcription)은 각종 방언의 음소만 표기하여 비교적 적은 음성기호와 부가 기호를 사용할 수 있다. 엄밀 표음(narrow transcription)은 하나의 방언의 음소를 표기할 뿐만 아니라 그것의 변이음도 자세하게 표기해야 하므로 비교적 많은 음성기호와 부가 기호를 사용해야 한다. 음성의 기록과 분석은 엄밀 표음을 하는 것이 제일 좋다. 각 음소 변이음을 엄밀하고 상세하게 표기하고 묘사해야만 비로소 이에 근거해 음운체계를 정리할 수 있다. 차이가 비교적 작은 인근 방언의 어음을 구별하고자 하면 더욱이 엄밀 표음이 필요하다.

성·운·조 목록상의 음성기호는 음소의 변이음이 아닌 음소를 대표해야 한다. 성·운·조 목록이란 바로 방언의 음소 체계이다. 같은 음소가 다른 음소 변이음을 가질 수 있으며, 운이 동일한 글자도 변화가 빠른 것도 있고 변화가 느린 것도 있을 수 있다. 자음(字音)은 실제 발음에 근거해 기록하고, 음운체계는 음소로 귀납한다.

예: 상하이[上海] 진산[金山] 방언

성모 ɸ, β는 변이음이 두 개씩 있다(ɸ(ɸ·f), β(β·v)). e·əŋ·əʔ운과 결합할 때는 양순음[雙唇音] ɸ·β로 읽고(예: 父 βu, 灰 ɸe, 昏 ɸəŋ, 忽 ɸəʔ), 그 밖의 다른 운과 결합할 때는 순치음(唇齒音) f·v로 읽는다(예: 飛 fi, 房 vɑ). 성·운·조 목록상에 기재된 것은 음소 ɸ, β뿐이다.

성모 c, cʰ, ɟ, ç, ɲ는 각각 변이음이 두 개씩 있다(c(tɕ·c), cʰ(tɕʰ·cʰ), ɟ(dʑ·ɟ), ç(ɕ·ç), ɲ(ȵ·ɲ)). 촬구호·제치호 중의 iẽ·i·iɿʔ운과 결합할 때는 설면전음(舌面前音) tɕ·tɕʰ·dʑ·ɕ·ȵʰ로 읽고(雞 tɕi, 區 tɕʰ, 權 dʑø, 戲 ɕi, 橘 tɕyøʔ), 그 밖의 다른 운과 결합할 때는 설면중음(舌面中音) c·cʰ·ɟ·ç·ɲ로 읽는다(斤 ciɐŋ, 吃 cʰiʌʔ, 橋 ɟio, 憲 çe). 성·운·조 목록상에 기재된 것은 음소 c·cʰ·ɟ·ç·ɲ뿐이다.

음소 변이음은 동음자 목록에 보존되어 있을 수 있다.

엄밀 표음법으로 기록한 각 글자의 실제 독음(음소 변이음)은 동음자 목록에 보존되어 있을 수 있다. 예로, 상하이[上海] 신좡[莘莊] 방언의 e운은 다양한 변이음이 있으며, 이는 동음자 목록에 보존되어 있다. 표3에 보인 바와 같다(游汝杰 2014: 313-31).

『上海地區方言調查研究』(游汝杰主編 2014)의 표2 "上海莘莊方言同音字表中的e韻(節選)"(pp.313-314)를 참고하라.

표 3. 상하이[上海] 신좡[莘莊] 방언 동음자 목록 중의 e운 (발췌)

e / ɪ / ɨ / eˈ / ei

pe⁵³	杯悲/搬ʔb邊鞭編pɪ⁵³
pe⁵⁵	扁匾蔽pɪ⁵⁵
pe³⁵	變貝新派背～誦/半ʔb
pʰe⁵³	潘坯土～·毛～房偏
pʰe³⁵	配判片騙pʰɪ³⁵
be²³	陪培賠裴倍備伴拌叛絆
be³¹	盤
ʋe	(匣母字)
ʋe³¹	完
me³¹	瞞饅棉綿mɪ³¹
me²³	梅枚媒每煤妹滿面～條
te⁵³	堆(/ʔd/)
te³⁵	對店(/ʔd/)典點抵tɪ³⁵(/ʔd/)
tʰe⁵³	推貪天
tʰe⁵⁵	舔
de³¹	甜田填
de²³	貸代袋隊電
ne²³	內
le²³	雷累積～·連～類廉鐮斂戀(這組聽感上有非常明顯的ɨ·e感覺)

현재 많은 연구자들이 현지 조사를 할 때 간략 표음법('음소 표음

법')으로 표기한다. 이렇게 하면, 당연히 성·운·조 목록과 동음자 목록을 귀납하는 것은 매우 간편하지만, 묘사가 부정확하고 방법도 엄밀하지 못하다. 연구자 중에는 비록 엄밀 표기를 하지만 성·운·조 목록과 동음자 목록은 모두 음소 표음을 하기도 한다. 이렇게 하면, 많은 자음(字音)의 실제적인 차이를 덮을 수 있어 비록 문자로 설명하며 보완하더라도 효과가 동음자 목록에 직접 표기하는 것에 미치지 못한다.

6. 묄렌도르프가 처음 제창한 우[吳]어의 지리적 범위 확인

『中國音韻學硏究』는 방언의 분류 문제를 전문적으로 논하지는 않았으나 저자가 자신이 연구한 방언을 나열했을 때 방언 분류에 대한 그의 견해를 엿볼 수 있다. 즉, 관화 방언은 "北京·山西·甘肅·陝西·河南·四川·漢口·南京 등지의 총칭이다; 吳語: 上海(松江府)·溫州(溫州府)·寧波(寧波府); 閩語: 福州(福州府)·廈門(泉州府)·汕頭(潮州府); 粵語: 廣州(廣州府)·客家(특별히 자잉[嘉應]주"(149면). 그는 묄렌도르프(P. G. Von Möllendorff)의 중국어 방언 계보관을 이어받아 원저우[溫州]어가 우[吳]어에 속한다는 관점을 확인했다.

동서양 방언학자 중에서 독일 출신의 묄렌도르프가 맨 먼저 언어학적 관점으로 중국의 중국어 방언을 전면적이면서고 체계적으로 분류하고 지역 구분했다.

묄렌도르프가 저술한 『現行中國之異族語及中國方言之分類』(穆麟德 1896)는 중국어 방언을 네 개의 대부류로 구분했다(괄호 안의 숫자는 사용 인구수임). A 粤語: 廣東(1500만); 客家(500만). B 閩語: 漳州(廈門·福建話)(1000만); 潮州(汕頭·福佬)(500만); 福州(500만). C 吳語: 溫州(100만); 寧波(2500만)(紹興·台州); 蘇州·上海(1800만)(徽州). D 官話: 北部·中部·西部(30000만).

칼그렌이 비록 묄렌도르프가 "難懂易懂的標准"으로 방언을 구분하는 것에 동의하지 않았지만, 실제 방언 분류 측면에서는 상하이[上海]어·원저우[溫州]어·닝보[寧波]어가 우[吳]어에 귀속되고 하카[客家]어·광저우[廣州]어가 웨[粤]어에 귀속된다는 묄렌도르프의 분류법을 계승했다.

유의할 점은, 우[吳]어 여부를 구분 짓는 공인된 주요 표준, 즉 묄렌도르프가 처음으로 제기한 옛 유성음 보존 여부이다. 우[吳]어에 내린 그의 정의는 "이런 유형의 말은 타타르 세력이 침입하기 이전의 관화를 대표할 수 있다. 그들은 5개의 성조를 가지며, 운미 k, t, p, m이 없으며, 간혹 b, d, g와 병존하는 분명하지 않은 k가 있다. 언어학 연구에 특히 중요하다. 더욱이 일본의 소위 오음(吳音)의 기초가 됐다." 자오위안런은 30년 후에 "幇滂並·端透定·見溪群 삼분법을 우[吳]어의 특징으로 간주하고" 우[吳]어의 지리적 범위를 확정했는데, 그 표준은 묄렌도르프와 일치한다. 오늘날 이른바 우[吳]어의 지리적 범위는 묄렌도르프가 맨 먼저 확정했고 칼그렌 등의 서양 선교사가 계승했으며 마지막으로 자오위안런이 확인했다. 자오위안런

이후에 우[吳]어의 지리적 범위는 일부 지역에 대해서만 수정했다(游汝杰 2008).

자오위안런이 현대적 의미의 중국어 방언학의 창시자라고 한다면 칼그렌은 선구자라고 할 수 있다.

참고문헌

北京大學中文系語言學敎硏室(2003), 『漢語方音字彙』, 北京: 語文出版社.
傅國通等(1985), 『浙江吳語分區』, 『杭州大學學報』增刊.
江蘇省方言調查指導組(1960), 『江蘇省與上海市方言槪況』, 南京: 江蘇人民出版社.
李榮(1986), 『溫嶺話"咸淡"倒過來聽還是"咸淡"』, 『方言』第2期: 106.
穆麟德(1896), 『現行中國之異族語及中國方言之分類』, 原文載 *China Mission Year Book*, 譯文載『歌謠周刊』89號, 1925年5月3日.
錢乃榮(1992), 『當代吳語的硏究』, 上海: 上海敎育出版社.
錢曾怡(2010), 『漢語官話方言硏究』, 濟南: 齊魯書社.
游汝杰(主編)(2014), 『上海地區方言調查硏究』, 上海: 復旦大學出版社.
游汝杰(2008), 『早期西儒的漢語方言分類和分區硏究』, 載復旦大學漢語言文字學科 『語言硏究集刊』委員會編, 『語言硏究集刊』(第五輯), 上海: 上海辭書出版社, 89-101.
袁家驊(1960), 『漢語方言概要』, 北京: 文字改革出版社.
趙元任(1928), 『現代吳語的硏究』, 淸華學校硏究院叢書第四種.
趙元任(1930), 『聽寫倒英文』, 載『史語所集刊』第二本第二分: 205-223.
鄭張尙芳(1964), 『溫州音系』, 『中國語文』第1期.
P. H. G. Von Möllendorff(1893), *Introduction to the Wenchow Dialect*, Shanghai: Kelly & Walsh, 294.
R. V. Simmons·石汝杰·顧黔(2006), 『江淮官話與吳語邊界的方言地理學硏究』, 上海: 上海敎育出版社.
Yuen-ren Chao(1934), The Non-uniqueness of Phonemic Solutions of Phonetic Systems, In *Bulletin of the Institute of History and Philology Academia Sinica*. Vol. 4. Part 4: 363-397.
Yuen Ren Chao(1970), The Changchow Dialect, *Journal of American Oriental Society*. 90. 1.

(復旦大學『語言硏究集刊』第17輯, 上海辭書出版社, 2017年1月, 33-46)

果 攝 平·上 去　　547

歌

	1	4	5	10	14	16	20	21	23
例字	歌	可	蛾	何	挪	羅	多	拖	駝
古音	ka	k'a	ŋa	ɣa	na	la	ta	t'a	d'a
高麗	ka	ka	a	ha	na	na	ta	ta	t'a
漢音	ka	ka	ga	ka	da	ra	ta	ta	tɤ
吳音	ka	ka	gu	ga	na	ra	ta	ta	da
安南	ka	k'a	ŋa	ha	ɲa	la	ɖa	t'a 另	ɖa
廣州	ko	ho	ŋo	ho	no	lo	to	t'o	t'o
客家	ko	k'o	ŋo	ho	no	lo	to	t'o	t'o
汕頭	ko	k'o	ŋo	ho	no	lo	to	t'o	t'o
福州	ko	k'ɔ	ŋo	hɔ	nɔ	lo	tɔ	t'o	tɔ
溫州	ku		ŋ	ɦu		lu	tu	t'u	du
上海	ku	k'u	ŋu	ɦu		lu	tu	t'u	du
北京	ko	k'ə	ə	xə	no	lo	to	t'o	t'o
開封	kɯ	k'ɯ	ɣɯ	xɯ	no	lo	to	t'o	t'o
懷慶	kɯ	k'ɯ	ɣɯ	xɯ		lo	to	t'o	t'o
歸化	ko	k'ɔ	ŋɡɔ	xɔ		lɔ	tɔ	t'ɔ	t'ɔ
大同	ko	k'o	no	xo		lo	to	t'o	t'o
太原	ko	k'o	ɣo	xə	io	lo	to	t'o	t'o
奧縣	ko	k'ə	ŋɡə	xə		lə	tə	t'ə	t'ə
太谷	ko	k'ə	ŋɡə	xə	no	lo	to	t'o	t'o
文水	kɯ	k'ɯ	ŋɡɯ	xɯ	ndɯ	lɯ	tɯ	t'ɯ	t'ɯ
鳳台	kua	k'ua	ɣua	xua		lo	to	t'o	t'o
蘭州	ko	k'o	no	no	ro	lo	to	t'o	t'o
平涼	ko	k'o	ŋo	xo	no	lo	to	t'o	t'o
西安	ko	k'o	ŋo	xo	no	lo	to	t'o	t'o
三水	ko	k'ə	ŋə	xə	lo	lo	to	t'o	t'o
四川	ko	k'o	o	xo	lo	lo	to	t'o	t'o
南京	ko	k'o	o	xo	lo	lo	to	t'o	t'o

歌。[ka]: 2 哥, 3 箇; '歌' 文 ku*; '哥' 同 kɯ, 文 ku; '箇' 客* 汕* 溫* kai, 麗 kɛ(拼作 käi)。──[k'a]: '可' 溫泅* k'ɔ。──[ŋa] 6 俄, 7 鵝, 8 我, 9 餓; '鵝' 汕 go, 福 ŋie*; '我' 福 ŋuai*, 北* 封懷鳳 uo, 川 ŋo; '餓' 汕 go。──[ɣa] 11 河, 12 荷, 13 賀; '何荷' 汕 o*; '河' 福 ɔ; '賀' 客 fo。──[na]: 15 那; '挪' 溫 no, 泅 no, 懷歸同 鳳泅溫 na, 奧 ndɐ; '那' 字到處讀 -a (官話專讀 -a, 餘爲又讀)。──[la]: 17 籮, 18 蘿, 19 羅, '羅' 泅 lɔ* [相當於國音 lau]。──[ta]: '多' 泅 ta*。──[t'a]* 22 他; 安另 '他'; '拖' 福 t'ua*, 安未祥; '他' 全國大都讀 t'a, 北 t'o* 限於文言。──[d'a]: 24 駝; '駝' 廣 t'ai*, 汕 tua, tai, 福 tuai*, 文 tuɯ, 谷 tye (參考合口), 北 川京 to (其餘官話讀送氣)。

그림 1. 『方言字彙』1면

표1.

字目 / 中古音 / 方言点	巴 伯加 假开二 平麻帮	*疤 *邦加 假开二 平麻帮	八 博拔 山开二 入黠帮	拔 蒲八 山开二 入黠並	把把斓 博下 假开二 上马帮	爸① 捕可 果合一 上果並	*坝塌塈 *必驾 假开二 去祃帮	把刀把 必驾 假开二 去祃帮
北京	⊂pa	⊂pa	⊂pa	⊂pa / ⊂pa	⊂pa / ⊂pai 口	pa⊃	pa‘	pa⊃
济南	⊂pa	⊂pa	⊂pa	⊂pa	pa⊃	pa⊃	pa⊃	⊂pa
西安	⊂pa	⊂pa	⊂pa	⊂pa	⊂pa	pa⊃	pa⊃	pa⊃
太原	⊂pa	⊂pa	pa⊃	pa⊃	⊂pa	pa⊃	pa⊃	pa⊃
武汉	⊂pa	⊂pa	⊂pa	⊂p'a	⊂pa	⊂pa	pa⊃	pa⊃
成都	⊂pa / ⊂p'a 俗	⊂pa	pa⊃	pa⊃	⊂pa	⊂pa	pa⊃	pa⊃
合肥	⊂pa	⊂pa	pæʔ⊃	pæʔ⊃	⊂pa	⊂pa	pa⊃	pa⊃
扬州	⊂pa / ⊂p'a 俗	⊂pa	pæʔ⊃	pæʔ⊃	⊂pa	⊂pa	pa⊃	pa⊃

字目 中古音 方言点	巴 伯加 假开二平麻帮	*疤 *邦加 假开二平麻帮	八 博拔 山开二入黠帮	拔 蒲八 山开二入黠並	把(把柄) 博下 假开二上马帮	爸 捕可 果合一上果並	*坝 *必驾 假开二去祃帮	把(刀把) 必驾 假开二去祃帮
苏 州	⊂po / ⊂bo俗	⊂po	po⊃ʔ	baʔ⊃	⊂pp文 / ⊂po白	⊂pp	po⊃	⊂po
温 州	⊂po / ⊂bo俗	⊂po	po⊃ / puo⊃	bo⊃	⊂po	⊂pa	po⊃	⊂po
长 沙	⊂pa	⊂pa	⊂pa	p'a⊃ / pa⊃	⊂pa	pa⊃	pa⊃	pa⊃
双 峰	⊂po / po⊃	⊂po	⊂pa / ⊂po	p'a⊃	⊂po	⊂po	po⊃	po⊃
南 昌	⊂pa	⊂pa	pat⊃	p'at⊃	⊂pa	pak⊃	pa⊃	pa⊃
梅 县	⊂pa	⊂pa	pat⊃	p'at⊃	⊂pa	⊂pa	pa⊃	⊂pa
广 州	⊂pa / ⊂p'a俗	⊂pa	pat⊃	pat⊃	⊂pa	⊂pa	pa⊃	⊂pa

字目\中古音\方言点	巴 伯加 假开二 平麻帮	*爸 *邦加 假开二 平麻帮	八 博拔 山开二 入黠帮	拔 蒲八 山开二 入黠並	把(把類) 博下 假开二 上马帮	爸① 捕可 果合一 上果並	*坝(坝类) *必驾 假开二 去祃帮	把(力把) 必驾 假开二 去祃帮
阳江	⊂pa ⊂p'a俗	⊂pa	pat⊂	pa⊃文 pa²⊃白	⊂pa	pa⊃	pa⊃	⊂pa
厦门	⊂pa	⊂pa	pa⊂文 pue?⊂白	pua⊂文① pui?⊂白	⊂pa文 ⊂pe白	pe⊃ ⊂pa	pa⊃文 pe⊃白	pa⊃
潮州	⊂pa	⊂pa	poi?⊂	puek⊂文 poi?⊂白	⊂pa文 ⊂pe白	⊂pe ⊂pa	pa⊃	pa⊃
福州	⊂pa ⊂pa俗	⊂pa	pai?⊂	pa²⊂文 pei²⊂白	⊂pa	pa²⊃ ⊂pa	pa⊃	⊂pa
建瓯	⊂pa ⊂pa俗	⊂pa	pai⊃	pa⊃文② ⊂pai白	⊂pa	pa²⊃	pa⊃文 pue⊃白	pa⊃

① pua?⊂白。 ② ⊂pi俗。 ③ 又*必驾切,假开二去祃帮。 ④ "伯"训读,博陌切。

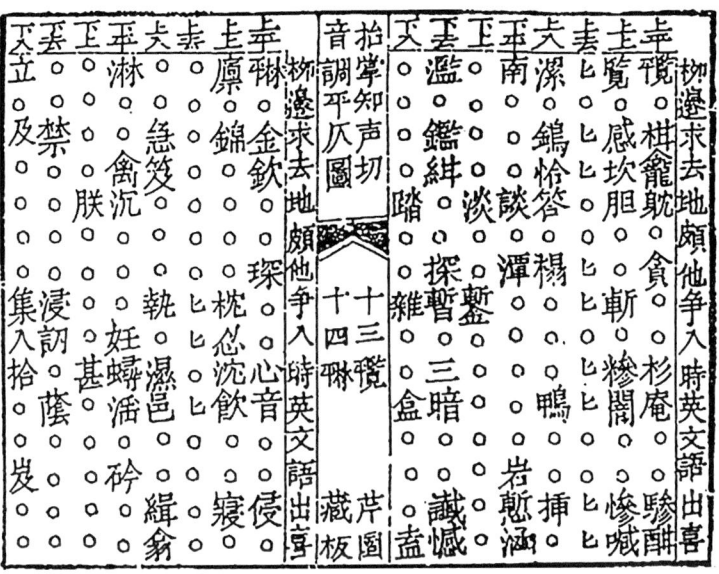

그림 2. 『拍掌知音』1면

SOUND TABLE.

音切反

[* Means that the Sound in that Tone is in use but has no Character.]

	平聲 Bing-sing.	上聲 Ziô-sing.	去聲 Ch'ü-sing.	入聲 Zaih-sing.
1. a	挨	矮	...	阿押鴨壓
2. ha	哈	喊蟹	...	喝瞎
3. 'a	閒孩鞋鹹	限	陷	匣狹
4. cha	...	...	...	酌著脚爵
5. ch'a	...	...	...	却鵲
6. dja	...	...	...	若着
7. fa	番蕃翻繙	反	泛販	...
8. va	凡煩藩攀	犯	飯萬	...
9. ia	...	...	...	約
10. ya	*	...	...	藥
11. ka	奸街間姦 堦繫	減揀解	芥戒界解 監鑑	甲夾革隔嗑 胛胳
12. k'a	慳	卡楷檻	欿	恰客
13. ga	啣	*	*	*
14. kwa	關	拐	怪慣	...
15. kw'a	寬	...	快	...
16. gwa	懷	*	凡	...
17. la	拉藍攔蘭 籃欄	頒攬欖	賴遛爛癩 纜	辣蠟

그림 3. 『温州方言入門』 음절 목록 1면

『溫州話入門』 중의 선택의문문

1. 서언

본고는 아래에서 서술할 100여 년 전 서양 선교사의 방언학 저작에 근거해서 원저우[溫州]어의 일반 의문문을 논의했다. 이 책은 *Introduction to the Wenchow Dialect*이며, P. H. S. Montgomery가 저술하고 Kelly& Walsh 유한회사가 1893년에 상하이[上海]에서 출간했다. 총 294면, 양장, 세로 22cm(P. H. S. Montgomery, *Introduction to the Wenchow Dialect*, Shanghai: Kelly & Walsh, Limited. 294p, 1893. 22cm). 필자가 아는 바에 따르면, 이 책은 현재 日本天理大學圖書館·日本東京大學綜合圖書館·일본동양문고·北京圖書館·뉴욕공공도서관·中國社會科學院語言所資料室에 소장 중이다. 이 책은 원래 중문 번역명이 없어서 지금 『溫州話入門』라고 번역했다. 책에는 저자의 중문 이름도 없었는데, 정장상팡이 원저우[溫州] 세관 명부를 조사하고 고찰한 것에 근거하면 P. H. S. Montgomery의 중문 이름은 孟國美이다.

저자의 신원에 대한 표지의 설명에 따르면, 저자는 황실 세관 직원이며, 공식적인 중문 직함은 수무부[水務司]이다. 전체 책은 서언, 주석(성조 설명), 일자다음, 단모음과 이중모음, 성조 기호, 본문 40과, 단어 색인, 양사, 익히기 쉬운 문장(구), 친족 호칭, 어휘 총목록 총 13

개 부분으로 구성되어 있다. 調類는 숫자로 나타냈다.

저자는 1892년 12월 29일에 서문을 작성했다. 서문에 따르면, 이 책은 원저우[溫州]에 거주하는 외국인을 위해 편찬한 것으로, 그들이 현지 방언을 대략 알도록 도움을 제공하는 데에 목적이 있다. 책 중의 40과 단원은 『語言自邇集』에서 번역한 것으로, 저자의 선생님이자 현지 학자인 천메이성[陳梅生]이 관화를 원저우[溫州]어로 번역했다. 문장 단위로 번역한 탓인지 딱딱하고 원저우[溫州]의 구어 습관과 맞지 않는 문장이 많이 보인다. 현지에서 선교한 W. E. Soothill(蘇惠廉) 목사가 편찬 작업에 의견을 제시하고 원고도 교정했으며, 낱글자의 성조도 설명했다. 이책의 서명 페이지는 그림 1을, 147면은 그림 2를 보라.

필자는 책 전체 각 부분의 문장과 구를 검토하고 그중 일반 의문문을 추출하여 본고 연구의 자료로 삼았다. 각 문장이나 구는 세 가지의 문자로 작성됐는데, 첫째는 영문이고 둘째는 병음의 교회 로마자이며 셋째는 한자이다. 원서에서 저자가 만약 특정 음절에 기재할 적합한 한자가 없으면 짧은 세로선으로 나타냈다. 독자들이 읽기 편하도록 필자는 한자로 작성했으며 각괄호 안에 원서에서 사용한 로마자로 주음했다. 본고에서 각 예문은 영문과 한자 두 가지 서법만 기록했으며 로마자로 서법한 문장은 생략하고 나열하지 않았다. 동음자의 원저우[溫州]어 함의는 맨 처음 나왔을 때 주해를 달았다("案"). 예문 마지막 부분에 괄호 안의 숫자는 원서에서 해당 예문의 면번호이다.

2. 유형

책 전체에 보이는 선택의문문은 총 51개 문장이며, 未然體 선택의문문과 已然體 선택의문문 두 부류로 구분할 수 있고, 다음과 같이 각 부류는 소부류 몇 개로도 구분할 수 있다.

2.1. 未然體 선택의문문

2.1.1. 動詞+否

(1) Tell me is that man's pronunciation as good as yours? My pronunciation is not very good.

你侃[kha]我講許[he]個人個[ge]口音有你該能[kih-nang]好否[fu]?我個[ge]口音唔有[n-nao]何乜[ga-nyie]好顯[shie]. (47)

(2) Do you understand the whole of it? There are portions of it that I do not understand. There are also some characters that I do not know.

你惡[oh]懂著否?有徠[le]不懂個[ge], 阿有徠[le]字眼我不識. (52)

(案: 惡, 都; 徠, 些. '不'는 훈독자(訓讀字)이며 '否'로 쓸 수 있다.)

(3) Do you remember all the characters in the book? I do not remember them all.

許[he]本書底[de]個[ge]字眼惡[oh]記著否?不惡oh記著. (52)

(案: 底, 裏.)

(4) Is the honored grandfather well? Is the honored respected one well?

令祖爺好否?令尊翁好否? (127)

(5) Does that man Li write better than you or not? How should I know whether he is good or not, we have not heretofore had a trial?

許[he]個姓李個[ge]會寫字眼比你好徠[le]否?我峕難[tsz-nah]好曉的其好不好? 向來我惡[oh]未伉[k'ou]其賭過. (131)

(案: 其, 他. 可寫作'渠'; 伉, 跟·和.)

(6) What do you say to my accompanying you?

我陪你去用著否? (137)

(7) Is what is said right or not?

說[shwoh]是否? (225)

(案: '說'是文讀詞, 白讀詞是'講'.)

(8) Do you hear or not? Can you make out (what is said)?

你聽出否? (229)

(9) Is it done this way?

是該能[kih-nang(h)]妝[chao]否? (237)

(案: 妝, 做.)

(10) Is it still there? Is he still alive?

其還是搭[da]否?(248)

(11) Can you remember or not?

你會記牢否? (229)

(12) Is he at home or not?

其是屋底[de]否? (323)

2.1.2. 動詞+也+否

(1) Did he go in a chair?He went in a chair.

其坐轎去阿否?其是坐轎去. (43)

(案: 阿, 也.)

(2) Has he buying horses?Yes, he bought two horses

其買馬阿否? (43) 噢[ao], 買兩頭馬. (43)

(3) Have you any thing matter with you? No, I am week ,but not ill.

你身底[de]有病阿否?病是唔冇[n-nao]個[ge]. 但是我身體虛弱個[ge]. (95)

(4) Do you move so slowly because you have something the matter with you? No, it is that when a man is old he is week both in the back and limbs.

你該能[kih-nang]慢慢走, 是身底[de]有病阿否?不是, 是人老爻[goa], 腰腿軟爻[goa]. (95)

(案: '不'는 훈독자이므로 '否'로 쓸 수 있다. '阿'의 본자(本字)는 '也'이며 독음은 '阿'와 같다.)

2.1.3. 動詞+也+動詞

(1) Is the house you live in large? I live in three small rooms.
你住個[ge]屋宕大阿小? 我住個[ge]三小間. (37)
(案: 屋宕: 房子. '小'是訓讀字, 本字是'瑣'.)

(2) If I tell him to copy will he be able to do so? There is no reason why he should not.
我叫其抄寫, 其會妝[chao]來阿妝[chao]不來. (53)

(3) Tell me, do you understand him when he speaks?
我問你眙[tshz], 其個[ge]說[shwoh]話你聽得[de]出阿聽不出. (53)

(4) Has he got on boots or shoes? He has got on boots.
其著靴阿著鞋呢[ne]?著靴. (72)

(5) Are you in the habits of wearing boots or shoes? When at home I wear shoes, when I go to the yamen I wear boots.
你要著靴阿著鞋呢[ne]?我宿[shoh]屋底[de]著鞋, 走衙門[de]著靴. (72)

(6) Which do you prefer using when you wash your hands, cold water or boiling water?
Both are bad; cold water is too cold, boiling water is too hot; warm water is the best.
你洗手愛用冷水阿愛用湧湯呢[ne]?兩樣惡oh不好, 冷水太冷, 湧湯太熱, 熅個[ge]水最好. (72)

2.1.4. 動詞+不(否)+動詞

(1) Did you like that man? I do not like any of those men.

許[he]個人你喜歡不喜歡?許徠[he-le]人我惡[oh]不喜歡. (43)

(2) Does he understand the local dialect? I have heard people say that he does not.

其土話懂不懂?我聽見講其不懂. (52)

(3) Does he understand the written characters? That he does. He knows four or five thousand characters.

其字眼識不識?識顯個[shie-ge]. 識到四五千字. (53)

(4) What sort of temper has he? His temper is quick but he is not a bad fellow.

其脾氣好不好?其個[ge]性是緊顯[shie], 人是還好. (185)

(5) Is that affair true or not?

許[he]起事幹實在不實在? (238)

(6) Are you certain to come?

你到底行來不行來? (238)

(7) Is it this fashion or not?

是能[nang]不是能[nang]? (225)

(8) Do you understand what he says? Stammering as he does, I can not make out one word.

其個[ge]說[Shwoh]你懂著懂不著?其該能[gi-nang]大舌講, 我一句惡[oh]聽不出. (118)

(9) Can you swim? I can swim but I can't swim very far.

你會泅不會?泅是會泅, 遠顯個[shie-ge]泅不去. (147)

(10) Could you swim across the river? It is too wide for me to swim across.

該[kih]條江你泅得[de]過泅不過?江闊顯[shie], 我泅不過去. (147)

(11) Do you know how to sew? I do not.

你會做針子不會?我不會個[ge]. (76)

案: 否定詞'否', 作者用訓讀字'不'轉寫.

2.1.5. 是+動詞+(停頓)+是+動詞+(呢)

(1) Did you come on foot, or on horseback? I came on horseback.

你是走來個[ge], 是騎馬來個[ge]呢[ne]?我是騎馬來個[ge]. (46)

Did the man with the gun make his appearance designedly or by accident? Probably by accident, but I am not sure.

(2) 帶排槍個[ge]許[he]個人是特特能[nang]走來個[ge], 還是湊巧走來個[ge]呢[ne]?不曉的, 只[tsÁz]怕是湊巧走來個[ge]. (110)

2.1.6. 動詞+麼

(1) Don't you yet know the ways of these yamen people? Even

if the father of one of them were to go to law ,they would want money just the same.

你還不曉得許倈[he-le]衙門人個[ge]脾氣麼[moa]?就是其大家自個[ge]阿伯走去打官司, 阿是一色要其銅錢個[ge]. (181)

(2) Is that clock correct?

許[he]個時辰鍾准個[ge]麼? (189)

2.2. 已然體 선택의문문

2.2.1. 有+唔+冇

(1) Are there any mules or donkeys here? There are some donkeys but no mules.

該裏[kih-li]騾啊['a[h]]驢兒有唔冇[n-nao]? 驢兒有是有, 驢唔冇[n-nao]. (43)

(2) Are there any more?

還有唔冇[n-nao]? (225)

2.2.2. 動詞+罷+未

(1) Have you lit the lamp? I lit it but he blew it out.

你燈點起罷未?我點起罷, 其吹爻[goa]. (62)

(2) Have you found a teacher? I have.

你尋著先生罷未?尋著罷. (46)

(3) Have you done reading that book yet? I have read four-

fifths of it.

許[he]本書你眙[ts'z]完罷未?十分我眙[ts'z]過八分罷. (51)

(4) Have you eaten your meal? I have not yet eaten.

你飯喫罷未?我還未喫. (229)

(5) Is it completed?

妝[choa]起罷未? (233)

(6) Is the food ready? It is being prepared.

(7) 看配[koa-phai]妝[choa]起罷未?是搭[da]妝[choa]. (238)

3. 토론

(一) 현대 원저우[溫州]어와 비교하면, 가장 큰 차이는 두 가지이다. 첫째는 '動詞+麼'가 시내에서는 이미 사용되지 않으며 교외에서는 남아 있다. 끝부분의 '麼'는 '否定詞+語氣詞'의 합음(合音)일 가능성이 크다. 둘째는 '動詞+阿(也)'를 새로 더했다. 이 격식은 본래 있던 '動詞+也(阿)+否'의 축약형으로 끝부분의 '否'를 생략했다.

(二) 원저우[溫州]어 및 그 밖의 우[吳]어에는 보통화의 '嗎·吧'로 끝을 맺는 것에 대응하는 전형적인 是非 의문문이 없다.

'動詞+不(否·勿·麼)'는 선택의문문이다.

'阿+動詞'는 是非 의문문이다.

(三) 원저우[溫州]어 선택의문문 '動詞+也+動詞' 문형의 유래.

'動詞+也+動詞'는 '動詞+也+否+動詞'에서 유래했다.

㈣ 의문문의 역사적 층위 문제에 대해.
同義異構. 層次疊合. 年代分層.

부록:

로마자 버전『馬太福音』(1902) (앞의 8장)에 보이는 일반의 문문(이미 한자로 번역함)

誰人指點你大家躲避將來個發怒? (第3章8第8行)

你反到我該裏麼(moa)? (第3章第14行)

鹽若失乏味道, 還用何乜把渠鹹提起呢? (第5章第13行)

若是你大家愛死愛死你個人, 有何乜報應[貝+甘]你呢? (第五章第46行)

收田糧個人也否是該能做麼? (第五章第46行)

若是單門請字兄弟個安, 有何乜好似別人呢? (第五章第47行)

收田糧個人也否是該能做麼? (第五章第47行)

生命豈否是比口糧貴重厘? (第六章25行)

身體豈否是比衣裳貴重厘麼? (第六章25行)

你大家人豈否是比渠更貴重麼? (第六章26行)

你大家當中誰人擔心掛能夠把自個長短加湊一尺呢? (第六章27行)

你大家詧難也爲衣裳擔心掛呢? (第六章28行)

所以勿用擔心掛, 講, 我大家用何乜喫?何乜喝?何乜著? (第六章31行)

還覺否著自個眼有棟梁是底?

你大家當中誰人若是渠兒子求餅, 反[貝+甘]一粒石頭渠呢? (第七章第9行)

還是求魚反[貝+甘]一條蛇渠呢? (第七章第10行)

何況你大家在天上個父會把好物事賜[貝+甘]求渠個人? (第七章第11行)

刺蓬底好摘葡萄否? (第七章第16行)

□刺底好摘無花果否? (第七章第16行)

我大家豈唔冇奉你個名頭傳敎麼? (第七章第22行)

奉你個名頭把鬼趕出麼? (第七章第22行)

奉你個名頭做許多奇事麼? (第七章第22行)

로마자 버전 『馬可福音』(1892) (앞의 6장)에 보이는 일반의문문(이미 한자로 번역함)

我大家伉你有何乜相幹?你來□滅我大家麼? (第一章24節)

其人會赦罪呢? (제2장제7節)

你個門徒否禁食是爲何乜呢? (제2장제18節)

陪伴個人能夠禁食麼? (제2장제19節)

你大家沃冇讀過麼? (제2장제25節)

渠大家安息日訾難會做否可以做個事幹呢? (제2장제25節)

撒旦訾難能夠趕出撒旦呢? (第三章第23節)

誰人是我個兄弟呢? (第三章第33節)

你大家否明白該能比方麼? (第四章第3節)

訾難能夠曉得統統個比方呢? (第四章第3節)

又講, 神個國, 我大家嘗難能比方呢?好用何乜表出來呢? (第四章第30節)

先生, 我大家命就失爻, 你也勿顧著麼? (第四章第39節)

嘗難會但瑣呢? (第四章第40節)

你大家還唔有信心麼? (第四章第40節)

該個到底是誰人連風搭海也聽從渠? (第四章第41節)

勿用勞動先生呢? (第五章第35節)

嘗難會吵鬧啼哭呢? (第五章第39節)

該個人從若宕得著該個事幹呢? (第六章第2節)

該個所賜[貝+甘]渠個是何乜聰明呢? (第六章第2節)

渠手裏所做該能個奇事是何乜意思呢? (第六章第2節)

該個否是做木老師麼? (第六章第3節)

否是馬利亞個兒·雅各·約西·猶大·西門個兄弟麼? (第六章第3節)

我求何乜好呢? (第六章第24節)

(未刊)

홉슨의 『廣東對話』에서 본 19세기 중엽 광둥의 언어·문화·사회

鄒嘉彦 著, 游汝杰 譯

서언

언어학과 인류학의 초학자로서 필자가 1973년 파리에서 東方學 학회에 참가한 후 연구를 위한 원시 자료 수집에 깊은 관심을 가지게 됐다. 파리에서 꽤 수확이 있었고, 후에 다행히 라이덴 (Leiden)을 다시 방문했으며, 라이덴(Leiden)의 한 고서점에서 느슨하게 장정된 노트를 봤는데 첫 페이지에 인쇄된 제목이 『廣東對話』였다. 내용은 웨[粤]어 구어의 서면 기록으로 영문 번역이 있었으며, 홉슨(B. Hobson; 合遜)이 1850년에 작성한 서언도 있었다. 이것은 필자가 원시 자료 수집이란 수확 중의 하나였으며, 즉시 이 자료들을 가지고 샌디에고로 돌아왔다. 필자는 당시에 캘리포니아 대학교(La Jolla)에서 언어학을 가르치고 있었다. 연구 결과가 매우 흥미로웠는데, 왜냐하면 이 자료들이 중국의 의의 있고 중요한 시기에 대한 흥미로운 정보를 담고 있을 뿐만 아니라, 필자가 2년 전에 쓴 중국어의 역사 문법 관련 논문의 결론을 증명했고 적절한 시기에 후속 연구 계획을 시작할 수 있게 했기 때문이다. 대학원생이었을 때 중국어 텍스트를 컴퓨터에 입력하는 데에 전념했으며, 1980년대 중반에는 『廣東對話』도 컴퓨터에 입력하고 싶었다. 당시에는 실현하는 데에 어려움이 있었고, 통상적이지 않은 방언 한자를 만들어야 했으며, 무엇보다 이러한 자료의 신뢰 여부를 확인해야 했다. 글자를 만드는 것 기술적인 문제로서 시간만 있으면 해결할 수 있다. 필자는 자료의 신뢰성을 확증하기 위해 화난[華南] 지역의 선교사 저작을 읽기 시작했다. 몇 차례의 노력 끝에 홉슨의 배경에 대해 많이 이해하게 됐으나, 그가 저술한 『廣東對話』에 대해서는 결정적인 증거를 찾을 수 없다가 런던선교협회 공문서 연구할 기회가 생기게 됐는데, 마이크로필름 리더기 화면에서 갑자기 필자가 네덜란드에서 읽은 것과 완전히 일치한 홉슨의 저작을 발견했을 때 비로소 『廣東對話』의 신뢰성을 확증하게 됐다.

1. 『廣東對話』 및 19세기 중엽 중국에서의 지위

19세기 중기는 중국사와 세계사에서 모두 주목할 만한 시기이다. 왜냐하면 이 시기에 인구가 가장 많은 중국이 가장 유구한 역사와 끊임없이 부단한 문명을 보유하다가 세계를 직면하면서 오랫동안 지속되어 온 오만함에서 갑작스레 깨어났기 때문이다. 또한 이 시기는 중국이 봉건국가에서 현대국가로 발전하는 더딘 과정의 전환점이기도 했기 때문에 이 발전 과정은 150년이 지난 오늘날 새로운 정점에 도달했다. 메이지[明治] 시대 일본이 겪었듯이, 자발적이지 않은 상황에서 서양과의 접촉이 크게 강화되었으며, 이러한 접촉은 획기적인 변화를 일으키는 데 큰 역할을 했다. 이러한 중대한 변화는 언어에도 반영된다. 왜냐하면 일본에서 그랬던 것처럼 현지 사람들이 외국 문화를 수정하더라도 새로운 관념의 출현과 성숙은 언어에 상응하는 흔적을 종종 남기기 때문이다. 베이징[北京] 궁궐에서 대외정책을 수립할 당시, 직접 외국과 교섭한 남방은 이미 유리한 지리적 위치를 모두 점유했는데, 특히 주강삼각주(珠江三角洲)는 외국과의 접촉이 가장 많아 그에 따른 것은 사회의 변화였다. 주강삼각주는 아랍·인도·페르시아·말레이시아·몽골·포르투갈·베트남 등 국가의 대외 무역 상인에게 잘 알려져 있으며, 몇백 년의 역사를 가진다. 역대의 상인과 마찬가지로, 그들의 원동력은 돈을 빨리 버는 것이며, 눈앞의 이익을 고려하는 것이 현지 사회와 문화에 관심을 가지는 것보다 훨씬 더 컸다.

18세기 말 동인도회사가 광둥[廣東]에 거점을 마련한 후 오랜 시간이 지나서야 비로소 또 다른 유형의 외국인이 주강삼각주에 등장했는데, 그들은 개신교 선교사였다. 서양의 상인과 관리는 사회 변화로 기회를 만들었고, 선교사는 실행자의 역할을 했다. 전자는 중국의 문호를 강제로 개방하고 중국인들이 아편에 중독되도록 유인해 이익을 도모하는 데에 전념했다. 후자는 개방된 문호를 통해 중국인의 영혼을 구해 영생하게 하고자 했다. 이 목표를 달성하기 위해 그들은 모든 수단을 동원해 전례 없는 깊이로 중국을 이해하고 파악하고자 했다. 기존의 천주교 선교사가 줄곧 상류층을 대상으로 했던 것과 달리, 개신교 선교사는 풀뿌리에서 출발해 성공을 거뒀다. 그들이 가장 크게 성공한 점은, 의료 봉사를 통해 초보적인 '개인 관리'를 이뤘고, 중국어 특히 방언 학습을 통해 일반인과 접촉하기 시작했다. 동시에 또한 그들이 알고 있는 중국을 서양에 알렸는데, 이러한 정보는 역으로 서양인이 중국에서 계속 이익을 얻도록 도움이 됐다. 비록 처음 50년 동안은 남방의 교회선교회에서 개종한 사람의 수가 매우 적었지만, 존 페어뱅크(John Fairbank)의 언급에 따르면 개신교 선교사는 이중적인 역할을 했다. 첫째는 서양의 영향력 범위를 확대한 것이고, 둘째는 그들이 열성적으로 주창하는 '중국 부흥'을 추진한 것이다. 의심할 여지 없이 그들은 중국 사회 변혁에 촉매 역할을 했으나, '중국 부흥'[1]이라는 장기적인 과정에 대한 그들의 공헌은 그들에게만 국한된 것도 아니며 어디에서나 볼 수 있는 것도 아니다. 왕경우[王賡武]가 주목하기를,[2] 해외 거주 중국인도 이 두 가지 측면에서 중요한 공헌을 했을 뿐만 아니라, '중국 세력 범위 확대' 및 '중국 부흥'의 대리인이자 '새로운 정치 문화'의 전파자 역할을 계속할 수 있을 것이다. 그러나 수잔 바넷(Suzanne Barnett)이 생각하기를, 선교사들이 줄곧 수십 년 동안 문화의 '중개자'로서 축 역할을 발휘해 왔다. 이러한 중재자 역할을 맡는 것은 전혀 쉽지

---

1   Barnett and Fairbank(1985, 18).
2   王賡武(1994, 15).

않다.³ 청(淸)나라 조정은 외국인과 외국인 대상 서비스업과의 접촉을 완고하게 거절하고 쇄국정책을 시행했다. 모리슨(Robert Morrison; 馬禮遜)⁴이 예를 들며 언급하기를, 임기응변하는 선교사들은 청(淸)나라 조정의 법률의 적용을 받지 않는 해외 이주 중국인들과 일찍부터 접촉했는데 이 기회를 이용해 중국 정부의 통제를 받지 않는 동남아시아 화교 사회에 파고들어 측면에서 중국에 '침투'했다.⁵ 선교사들도 이 때문에 큰 대가를 치렀고,⁶ 많은 이들이 아편 밀매업자들과 도덕적인 갈등을 겪었으며,⁷ 아편 밀매의 결과로 영국이 중국에 전쟁을 선포했다. 당시 많은 중국인이 계약 노동자가 되거나 '賣猪仔'로 납치되어 아득히 먼 해외의 변방으로 가 중노동을 했다. 당시 지방의 고위 관료들이 살해되거나⁸ 체포될 수도 있었고,⁹ 광저우[廣州]는 3년 넘게 영국과 프랑스에 의해 점령당했으며,¹⁰ 당시에는 선교사와

---

3   Barnett and Fairbank(1985, 서언).
4   Towsend and Ride(1957).
5   Barnett and Fairbank(1985, 13).
6   현지에서 사망한 이가 전체의 절반을 차지한다. 통계 수치는 MacGillivray(1905) 참조.
7   예를 들어, 런던선교회 선교사 존 메드허스트(John Medhurst)는 아편을 운반하는 중국 배를 타고 중국으로 가기보다 차라리 우회해서 중국으로 가기를 원했다. 본고의 주제로 저작을 집필한 닥터 홉슨도 전권대사 보링(Bowring) 홍콩 총독에게 장문의 청원서를 썼다.
8   마카오 총독.
9   광둥[廣東]·광시[廣西]성 총독, 주12 참고.
10 1858년부터 시작, 주12 참고.

관련 있는, 개혁을 주장하는 태평천국운동도 일어났다.[11]

선교사들이 작성한 서면 자료에는 큰 변화와 빠른 변혁을 겪고 있는 사회의 성격과 상황에 대한 직접적인 정보가 많이 포함되어 있으며, 중문 문헌에서는 얻을 수 없는 세부 사항과 관점도 많이 포함되어 있다. 이 자료들을 통해 순수한 남방 방언 구어의 실제 용례를 볼 수 있으며, 남방의 문화적·사회적·정치적 상황의 세부 사정, 당시 중국 남방이 동남아시아 및 북미와 이미 상당히 접촉하고 있었음을 알 수 있다. 본고는 그중 대표적인 인물 하나를 중점적으로 논의하기로 한다.

2. 편찬자와 그 시대

필자는 소수의 예비 후보자 중에서 의사인 벤자민 홉슨(Benjamin Hobson; 合遜)을 선정했다. 그는 1816년 1월 2일 영국 노샘프턴(Northampton) 웰퍼드(Welford)에서 출생했으며 향년 57세로 1873년에 사망했다. 그의 부친은 독립 목사이다. 홉슨은 1835년에 런던대학교에 입학해 의학을 공부했으며, 1838년에 졸업하며 의학 학사 학위를 취득했다. 1839년 23세의 나이에 두 번째 학사 학위인 외과 학사 학위를 받았다. 그는 의사학회의 회원이 됐고, 목사 안수를 받고 얼마 되지 않아 런던선교협회[倫敦會]에서 중국으로 파송했다. 1839

---

11 주14 참고.

년 12월 30일, 그는 젊은 아내 제인 애베이(Jane Abbay)와 함께 마카오에 도착했는데, 당시 중국과 영국은 대치 상황이 처음으로 최고조에 달한 제1차 아편전쟁(1839-1942)이 진행 중이었다. 1839년부터 1859년까지 홉슨은 중국에서 기본적으로 의료 선교사로 활동했다. 외국인을 혐오하는 중국과 서양의 상호 관계로 말하면, 이 20년은 다사다난한 시기로서 당시 서양은 식민지 확장에 열중해 있었다. 영국과 중국 간에 심각한 적대감이 최고조에 달했을 때, 그는 수년에 걸쳐 광저우[廣州]에 번영하는 병원을 설립하고 서양의 이른바 '생리학'과 '외과학'과 관련된 중요한 저작 여러 권을 중문으로 출간해 서양의 의약학 지식을 중국에 처음으로 소개했다. 그가 집필한 첫 번째 의학서는 생리학에 관한 책인데, 독자들이 좋아하고 판로가 좋아 잘 팔려서 여러 번 중쇄했다. 이 책은 광둥[廣東]·광시[廣西]성 총독인 예밍천[葉名琛]의 후원으로 출간됐다.[12] 예밍천은 린저쉬[林則徐] 총독 등 청(淸)나라 조정의 다른 대신들을 따라 중국에 끼치는 서구의 영향력에 저항했다. 이 저항운동과 후에 발생한 아편전쟁 간에는 필연적인 관계가 있었으며, 아편전쟁의 결과로 홍콩은 영국 식민 통치의

---

12   그는 1847년부터 1851년까지 광둥[廣東]성 순부, 1851년부터 1858년까지 광둥[廣東]·광시[廣西]성 총독을 역임했다. 1858년 예밍첸은 광저우[廣州]에서 5,000명의 강력한 영국과 프랑스 원정군에 의해 체포됐고, 나중에 캘커타에서 구금됐으며, 1859년 캘커타에서 사망했다. 프랑스와 영국이 점령해 광저우[廣州]가 함락된 것에 대해 책임이 있어, 많은 역사학자가 그를 연약한 총독으로 생각한다(예는 Fu 1966 참조). 다만 요즈음 예밍첸 문제에 대해 우호적으로 해석하는 새로운 경향도 있다(Wong 1976). 허쉰의 서양 의학 관련 논저의 출간을 예밍첸이 지원한 것으로 볼 때, 그가 중국 근대사와 현대화에 기여한 공헌은 신중하게 재평가되어야 한다.

대상이 됐다.

중국 다방면에 걸친 홉슨 박사의 공헌을 크게 과소평가했는데,[13] 이는 주로 그 밖의 다른 유명 인사들이 그의 명성을 가렸기 때문이다. 예로, 저명한 모리슨은 중국 근대사에서도 상당한 지위를 가질 뿐만아니라 근대 중국어 연구사에서도 꽤 명성이 있다. 사실, 홉슨은 첫 번째 아내가 세상을 떠난 후 모리슨의 딸 레베카(Rebecca)와 결혼해 모리슨의 사위가 됐다. 모리슨은 1834년에 세상을 떠났고 모리슨이 세상을 떠난 지 10여 년 후에 그들이 결혼했으니, 모리슨이 살아 있었다면 자랑스러워했을 것이다. 모리슨의 아들인 존 로버트 모리슨(John Robert Morrison)은 1842년부터 홍콩 서기를 역임했을 뿐만 아니라 1843년 29세에 말라리아에 걸리기까지 Jardine Matheson의 서면 및 구어 통번역가로 일했다.

중국 해안에 도착한 후, 홉슨은 처음부터 언어 공부도 빨랐을 뿐만 아니라 중국 업무 공부도 부지런했다. 하루 중에서 두 시간을 "외래환자 진찰에 할애하는 것을 제외하고 나는 모든 시간과 에너지를 언어 학습에 쏟았고, 저녁 식사 후에도 일정 시간을 운동에 할애했는데, 저녁 식사 후의 시간을 몸을 움직이는 데에 사용하면 편안하다. 홉슨 여사는 매일 몇 시간씩 방언을 배웠으며 진보도 빨랐다."

---

13   그가 23세에 중국에 간 것은 이례적이었고, 23세에 의사 자격을 취득한 것은 더 이례적이었다. 예로, 최초로 중국에 온 모리슨 박사는 1807년 25세의 나이로 중국에 도착한 것이었다. 상세한 내용은 Towsend and Ride(1957)을 참조하라. 홉슨의 부고에 따르면, 그는 처음에 버밍엄대학교에서 공부한 후 런던대학교에서 공부했다.

이것은 그가 도착한 지 1년쯤 후인 1840년 11월 9일 런던선교사협회 제출을 위해 작성한 그의 언어 학습 관련 보고서이다. 그가 광저우[廣州]에 설립한 병원에 신경 쓸 시간은 분명히 충분하지 않았다. 1848년 그는 매일 오전 9시 30분부터 오후 3시 30분까지, 즉 6시간[14] 동안 최소 200명의 외래환자를 진료해야 했다.

동시대의 중국 유명 인사였던 량파[梁發]는 홉슨의 업적에 매우 탄복해서 다음과 같이 평했다.[15]

"중국어를 배우러 오는 당신의 동포 중에는 중년이 많은데, 그들은 혀가 이미 굳어 중국어 배우기가 어렵습니다. 그러나 그들이 책 쓰는 법을 배울 때에는 너무 빨리 배워 그들이 쓴 내용을 중국인들이 이해하기 어렵습니다."

량파는 중국의 저명한 복음 전파자이며, 이 단락은 런던선교사협회에 제출한 그의 보고서에서 발췌한 것인데 선교사들의 중국어 학습 상황을 보고하는 것으로 1841년 11월 1일에 작성했다. 그러나 한

---

14 [역자 주] 원서의 4시간을 6시간으로 수정했다.
15 량파의 성은 '梁'이며, Leong로 표기했는데 Liang으로 표기하는 이도 있었다. 그는 1817년에 말라카의 개신교 교회에서 모리슨의 젊은 동역자인 밀리안 목사의 집례 하에 세례를 받은, 중국 최초의 기독교 개종자였다. 량파는 1822년 중국선교협회에서 모리슨 목사에 의해 안수를 받은 중국 최초의 개신교 목사이다. 홍시우췐[洪秀全]은 량파로 인해 기독교로 개종했다. 그는 태평천국의 난의 지도자였으며 량파가 쓴 유명한 소책자『勸世良言』을 읽었다. 흥미로운 점은, 량파의 아들이 광둥[廣東]·광시성 총독의 통역사였는데, 당시에 영향력이 상당히 있던 China Repository를 출간한 미국 선교사 엘리야 브리지먼(Elijah Bridgeman)에게서 영어를 배웠다. 량파의 신원에 대해서는 McNeur(1934)를 참조하고, 량파의 도덕의식의 이지(理智)적 기초에 대한 훌륭한 논의는 Bohr(1985)를 참조하라.

가지 지적할 점은, 홉슨은 그 해 25세밖에 되지 않아 나이 많은 동료에 비해 언어 학습에 분명히 우세했다. 모리슨의 상황도 비슷했다. 그는 더 운이 좋게도 1807년 중국에 가기 전에 2년 동안 런던대학교에서 중국어를 공부할 수 있었다.

닥터 홉슨이 중국어에 열정이 있었음을 알 수 있는 다른 행적도 있다. 다른 선교사들이 런던선교사협회에 쓴 보고서는 중문으로 된 문구가 거의 없지만, 홉슨이 1848년 6월 22일에 작성한 보고서에는 '金利埠'와 '觀音' 이러한 한자가 있다. '진리부[金利埠]'는 그의 병원이 위치한 광저우[廣州] 서쪽 교외의 시장 지명이고, '관음(觀音)'은 여성 보살의 이름이다. 광저우[廣州] 병원 관련 후속 보고서에 그가 저술한 1856년 초판의 『生理學論集』을 언급했다. 그가 특별히 지적하기를, "중국에서 논문을 쓰다 보면 새로운 전문용어를 발견할 수도 있다. 중국어에 간혹 없는 명사는 가능한 한 빨리 음역해야 한다. 출간을 맡기기 전에 번역한 명사가 명확하고 정확한지 주의를 기울여야 한다. 검열 및 참고용뿐만 아니라 새로운 단어의 통일을 위해서도 과학과 예술 전문용어 사전은 필수적이다."

중국에서 서양 약품 명칭을 20가지밖에 모른다고 지적한 적이 있으므로 그는 틀림없이 연구를 많이 했을 것이다.[16] 그는 또한 자신이

---

16 닥터 홉슨은 중국인 동역자를 두고 저작을 출간했다. 자신의 동역자를 "그가 성취하려는 임무에 매우 적합한 현지 학자이다. 쑤저우[蘇州]에서 우연히 만난 에드킨스(J. Edkins) 목사가 친절하게 추천해 받아들였다."라고 칭했다. 그가 동역자의 이름을 숨긴 것은 아마도 그의 안전을 고려한 처사일 것이다. 왜냐하면 당국이 외국인에게 중국어를 가르치는 중국인을 엄중하게 처벌했고, 외국인도 무역 외에는 중국에서

저술한 『生理學』(500부 인쇄) 뒷면에 이중 언어 전문용어 대조 목록을 첨부했다. 의심할 여지 없이, 이러한 노력은 이후 그가 1856년 상하이[上海]에서 출간한 중국 최초의 『英漢醫藥詞典』 출간에 토대를 마련했다.

홉슨의 주요 사역은 의료 선교사이지만[17] 중국의 언어, 특히 웨[粵]어 연구에도 의미 있는 공헌을 많이 했다. 1850년에 자랑스럽게도 자신의 병원 산하의 석판 인쇄소로 일련의 언어 연구 노트를 출간하며 『廣東對話』라고 칭했다. 출판사의 목표는 중문으로 기독교 문헌을 출간하고 대중화하는 것이었다. 이렇듯 출판사의 존재 이유는 정당했고, 그는 이 기회를 이용하여 "특별히 우수한"[18] 웨[粵]어 학습 자료 시리즈, 특히 선교사에게 유용한 자료를 발행했다. 그는 서문에서 이러한 자료가 1841년에 이미 다 준비됐다고 언급했다. 분명한 것은, 그 자신과 다른 독자들이 이 자료들을 높게 평가했다.[19]

편찬 방식 측면에서, 지도 성격을 가진 이러한 자료는 중국 내 다른 언어들이 수백 년 전에 채택했던 자연 교수법을 따랐다.[20] 이는

다른 직업에 종사하는 것이 허용되지 않았으며, 외국인은 분리되어 지정된 주거지역 내에서만 거주할 수 있었다.

17 Balme(1921), Lovett(1899).
18 『廣東對話』導言.
19 1841년 1월 런던선교사협회에 제출한 Bridgeman의 연례 보고서에 따르면, 선교사 13명이 광둥[廣東]어를 배우고 있었고 단지 2명만이 관화를 배우고 3명은 푸젠[福建]어를 배우고 있었기 때문에, 긴급히 필요해서 이러한 광둥[廣東]어 교육 자료를 인쇄·발행하려고 했을 것이다.
20 『老乞大』는 늦어도 명나라부터, 어쩌면 더 이전부터 한국인·몽골인·만주인 혹

형태 변화와 어법에 기초한 방법과 다르며, 후자는 다른 선교 단체와 천주교에서 선호했다. 이 자료에는 아래 서문에 설명한 바와 같이 중국 문화와 문명 구조를 반영하는 정보도 포함되어 있었다. 이 교수 자료들의 행간에서 명확히 알 수 있는 것은, 닥터 홉슨이 자신이 채택하지 않은 방법에 대해서도 매우 잘 알았다는 점이다. 그의 개인적인 파일 중에는 손으로 제본된 자료 세트가 있는데, 『口語短語』라는 제목으로 700개의 구를 포함한다.[21]

아마도 서두르느라 구 항목에 일부 실수가 있을 수도 있으나, 두 유형의 말뭉치 언어는 대체로 일관성이 있다.[22]

은 기타 민족을 가르치는 데 사용된 유명한 언어 교과서이다. 이 책은 문답 형식을 채택하고 있으며 다량의 구어 자료도 제공한다. 자세한 내용은 T'sou(1989)와 Yang(1969)를 참조하라.

21 각 페이지는 두 개의 열로 구분되고 각 열에는 일반적으로 14개의 항목이 포함되어 있으며, 항목별 영문 주석(흔히 직역)은 수기(手記)한 중문 항목 위에 배치되어 있다. 총 26.5면에 700개 항목을 수록했으며, 각 항목은 글자 수에 따라 적은 것에서 많은 것 순으로 배열하여, 2자 단어부터 9자 단어까지 모두 있고 10자 단어 1개 항목은 가장 마지막에 배열되어 있다. 이러한 문구는 그의 중문 선생님에게서 나왔거나, 혹은 평소에 중국인 동료 및 환자들과 접촉하면서 축적된 것 같다. 연관성이 있는 중문과 영문 항목을 먼저 같은 그룹 혹은 의미 단위를 이루는 여러 그룹에 배열한 다음 수공으로 장정한 것으로 볼 때, 그는 본래 관용어 선집을 편찬하고자 하는 생각이 있었던 것 같다. 26면이 대화의 면수와도 거의 같으니, 아마도 그가 "상용 관용어 선집"을 대화와 함께 편집해 대조하며 사용하고 싶었을 것이다.

22 이러한 "구어 관용어" 중에는 광저우[廣州]에서 사용하는 웨[粤]어에서는 발견되지 않는 몇 가지 예외가 있다. 예: '攏總'(모든, 일체) 1) 掃攏總樓板(掃所有地板), 2) 攏總個人(所有人). 이 2음절 단어는 『廣東對話』에는 나오지 않으며 특정 민(閩)어에서만 사용하는 단어인데, 말라카를 비롯한 동남아시아의 화교들도 흔히 사용한다. 『廣東對話』에서는 일률적으로 "一總"를 사용했다. 근대 광저우[廣州]어 중에 웨[粤]어 하위 방언에서 유래한 어휘가 있다는 사실은 놀라운 일이 아니다. 아래를 참조하라.

『口語短語』는 복습과 기억에 도움이 되므로 실용적이며, 『廣東對話』는 언어와 문화 입문 교과서에 가깝다. 어쨌든 이 두 유형의 다른 교수법은 초기 선교사에게 모두 의미가 없지 않았다.

일반적으로 그렇듯 『廣東對話』를 누가 기획했는지는 알려지지 않았지만, 닥터 홉슨에 따르면, 그는 "중국 출신의 학식 있는 학자"로서 "필사원이나 편찬자로서 모리슨 박사를 도왔다." 1860년에 쓴 글의 각주에서 그는 『中庸』(Eclectic)이라는 제목을 『중국 출신의 학식 있는 학자와의 대화 — 중국인의 종교·정령·요괴·윤회 등 신앙에 관한 관점』이라고 언급했다. 그 자신이 소장한 중쇄본에 손으로 쓴 구절이 있다. "홉슨이 그를 중국어 교사로 초빙했고, 그도 홉슨에게 정보를 제공했으며, 일반 대중이 읽을 수 있는 글을 번역했다."

잡지에 게재된 글은 주로 『廣東對話』의 1장부터 7장까지의 자료를 바탕으로 작성한 것이며, 중국 문화에 대한 닥터 홉슨의 주석이 있었는데, 기독교 신앙으로 말하자면 중국이 이미 성숙했다고 결론을 내렸다. 『廣東對話』 중의 자료를 보면 당시 서양인이 중국에 대해 어떻게 느꼈는지를 대략 알 수 있다. 왜냐하면 그가 작성한 주석이 의미 있고 진실하며 신뢰할 수 있기 때문이다.

『廣東對話』에서 볼 수 있는 수많은 예는 우리가 얻을 수 있는 최초의, 주목할 만한 현대 웨[粤]어 자료이며,[23] 이는 중국 방언, 특히 남방 방언 연구에 있어 매우 귀중하다. 이에 대해 아래에서 자세히

---

23 오늘날 이른바 '粤劇'는 20세기 초까지도 웨[粤]어로 공연하지 않았다.

설명하기로 한다. 마찬가지로 가치 있는 것은, 『廣東對話』에서 볼 수 있듯이 중국과 서양의 적대적인 접촉 중에서 광저우[廣州]의 정부·문화·사회 구조에 대한 자세한 정보이다. 그중 놀랍도록 이상하면서도 흥미로운 자료는, 무슬림 장례 관습, 죽어서 천국에 갈지 지옥에 갈지 어떻게 결정하는지(단지 소문일 뿐이며 정확하지 않음), 현대의 홍콩과 청(清)나라의 관복(官服) 스타일이다. 그리고 분명히 더 중요한 내부 정보가 있는데, 예컨대 총독과 순무(巡撫)[24]에게 지급하는 막대한 노후 수당, 과거시험 관련 제도·과정·결과, 문관 심사의 기본 요구 사항이며, 이러한 측면은 이후 영국에도 영향을 미쳤다.

위에서 언급한 매우 흥미로운 관찰로 인해, 『廣東對話』의 원시 정보를 제공한 이가 누구인지에 대한 의문이 제기됐다. 그('그녀'가 아닐 가능성이 큼)는 교육을 잘 받았을 뿐만 아니라 광둥[廣東]의 최고위 관료들과 매우 가까웠을 수 있다. 왜냐하면 그래야만 각종 유형의 내부 정보를 얻을 수 있을 뿐만 아니라, 베이징[北京]의 청(清)나라 조정의 상황을 잘 알고 영어에도 정통할 수 있기 때문이다. 왜냐하면 이러한 정보를 일반 교사에게 맡기고는 자신이 반란 혐의로 기소되고 더 나아가 처벌을 받는 이는 어디에도 없기 때문이다. 이러한 사람은 당시 광저우[廣州]에 매우 적었다. 위에서 량파라는 이름을 이미 언급했다. 그는 분명히 영국 선교사들과 한편이 되어 이미 중국 당국의 감시를 받고 있었으며, 그 결과 누구라도 신고하거나 체

---

24 [역자 주] 청(清)나라의 지방 행정 장관.

포하지 못하도록 말라카(Malacca)로 돌아갔다. 그 혹은 그의 아들이 관련되어 있다 해도 놀랄 일이 아니었다. 그의 아들은 결국 브리지먼(Bridgeman)에게서 영어를 배워 표준 영어를 쓸 줄 알아서 광시[廣西]·광둥[廣東]성 총독의 통번역을 담당했다. 그러나 홉슨의 공헌에 대해 종합적으로 평가한 것처럼, 이 사람을 확인하려면 추가적인 연구가 필요하다.

의심할 여지 없이, 개인 간의 관계는 우호적일 수 있지만 국가 간의 관계는 단언하기가 어렵다. 이는 1858년 6월 26일 톈진[天津]에서 체결하고 1860년 10월 24일 베이징[北京]에서 비준하고 각서를 교환한, 주의를 기울인 이가 거의 없는, 『英中天津條約』[25]의 두 조항에서 엿볼 수 있다.[26]

> Article 50:
> All official communications, addressed by the Diplomat and Consular Agents of Her Majesty the Queen to the Chinese authorities, shall, henceforth, be written in English. They will for the present be accompanied by a Chinese version, but it is understood that, in the event of there being any difference of

---

25 영국과 중국 간에 체결된 평화·우호·무역 및 해운 조약은 이 시기에 체결한 4개의 불평등 조약 중의 하나였다. 나머지 3개 조약은 프랑스·미국·러시아와 각각 체결한 것으로, 이 3개국은 영국과 마찬가지로 더 많은 특혜적인 조건을 체결해야 한다고 주장했다.

26 중국·일본·필리핀 연대표(홍콩, 1877)를 참조하라.

meaning between the English and Chinese text, the English Government will hold the sense as expressed in the English text to be the correct sense. This provision is to apply to the Treaty now negotiated, the Chinese text of which has been carefully corrected by the English original.

Article 51:
It is agreed, henceforward the character 夷 "I" (barbarian) shall not be applied to the Government or subjects of Her Britannic Majesty, in any Chinese official document issued by the Chinese authorities, either in the capital or in the provinces.

第五十款
一. 嗣後英國文書俱用英字書寫, 暫時仍以漢文配送, 俟中國選派學生學習英文·英語熟習, 即不用配送漢文. 自今以後, 凡有文詞辯論之處, 總以英文作爲正義. 此次定約, 漢·英文字詳細較對無訛, 亦照此例.

第五十一款
一. 嗣後各式公文, 無論京外, 內敘大英國官民, 自不得提書夷字.

제50조의 중국어와 영어 간의 불균형이 다른 세 교전국인 프랑스·미국·러시아가 각각 체결한 『天津條約』에서는 나타나지 않으며, 이 『天津條約』의 체결은 '태평천국(太平天國)의 난'의 결과였다. 중국

어 버전과 영어 버전²⁷의 주요 차이는 매우 아이러니하다. 특히 제50조에서 말하기를, "본 조약에서 중국어와 영어 문장이 상세하고 정확하며 동일하게 적용된다." 더 아이러니한 것은, 150년 후 중국 정부가 홍콩에 대한 주권 행사를 회복한 1997년 7월 1일에 공포된 홍콩특별행정구 기본법에서는 중문 버전만이 효력을 갖게 됐다(중국어 버전에만 근거하게 됐다).²⁸ 동시에 홍콩은 최근 몇 년간 사법 영역에서 이에 근거해 중문과 95% 이상 주민의 모국어인 웨[粵]어 구어의 법률적 지위를 인정했다. 즉, 홍콩 법원에서는 영어와 "동등한" 언어이다.²⁹

---

27 중문 버전에는 "중국이 영문을 배우고 영어가 능숙해지도록 학생을 선발해 파견하면 굳이 중문을 배합할 필요가 없다."라는 흥미로운 문장이 첨가되어 있다. 두 번째 문단의 첫 번째 절 뒤에 "잠정적으로 중문으로 배합한다."를 첨가했다. 중문 버전의 이러한 세부 지침은 일반적이지 않고, 전문 번역의 요구 사항에도 부합하지 않을 뿐만 아니라 중국 정부의 '중국과 서양 간 접촉 금지' 정책에도 위배된다. 이는 중국인의 영어 학습 장려와 그것의 합법화를 위해 영어 버전 집필자의 중문 고문(顧問)이 이러한 말을 첨가했을 수도 있다고 사람들의 추측을 일으켰다. 30년 이후 의화단(義和團) 운동이 일어나자 비로소 영어 학습의 중요성을 인식하고 이를 합법화했다. 당시 미국 정부에 대한 배상금을 재미(在美) 중국 유학생을 지원하는 데에 사용했다. 최초의 중국 '노벨상 수상자'인 두 학생을 포함해 예일대학교와 다른 학교에서 유학했다.

28 1984년 『中英關於香港問題的聯合聲明』에서 중문과 영문이 동등한 지위임을 언급했다. 성명에서 두 유형의 텍스트가 동등한 권위를 가지고 있음을 언급했다. "1984년 베이징[北京]에서 복제한 중문과 영문 두 텍스트는 동등한 권위를 가진다." 그러나 1990년에 공포된 『香港特別行政區基本法』의 영문 텍스트는 참고용일 뿐이며, 권위 있는 영문 텍스트를 제공하지도 않았다. 중문과 영문 간 지위의 역전과 유관한 자세한 분석은 T'sou(1986)을 참조하라."

29 T'sou(1986).

위에서 언급한 제51조는 외교사상 이례적인 것으로, 다른 『天津條約』을 참조하지 않고 검사의 어조로 "허용되지 않는다"라고 적혀 있다. 이는 중문으로 유럽인들을 '야만인[夷]'이라고 부르는 것이 그들에 대한 경멸임을 유럽인들 알아차렸고, 영국 정부와 중국 주재 영국 관료들이 이 문제를 엄중하게 받아들이고 심지어 중대한 조차지 문제 및 중국에 요구하는 배상 문제와 동일시했음을 분명히 반영한다. 이러한 배상금의 액수는 광둥[廣東]성의 연간 세입을 초과한다.[30] 외국인들이 인식하는 중국인의 심리 상태는 스코틀랜드 출신의 사진가로 19세기 마지막 25년 동안 중국 관련 촬영과 집필로 활동한 존 톰슨(John Thomson)의 작품에서 간략하게나마 엿볼 수 있다. 그가 말하기를,

> "중국인과 뿌리 깊이 박혀 있는 그들의 미신 사상을 잘 아는 사람은 필자가 수행하려는 과업이 어렵고도 위험하다는 것을 쉽게 이해할 것이다. 어떤 곳에서는 지금껏 백인종을 본 적이 없으나 문인이나 지식인들은 그들 사이에서 이러한 관념을 키웠다. 각종 마귀[魔鬼]를 조심하고 피해야 하지만 '양놈[番鬼]'을 깡그리 피할 필요는 없다. '양놈'은 인간의 모습을 하고 있으며, 자신의 이익을 위해 혼자 생활하며, 늘 시력에 의존해 세상에 숨겨진 보물을 찾는다. 그래서 필자는

---

30 이 책 11장에서 언급하기를, 광둥[廣東]성의 연간 세입은 은화 200만 냥이 안 되는데, 프랑스는 은화 200만 냥을 배상하도록 요구했고, 영국은 은화 450만 냥을 배상하도록 요구했는데 그중 200만 냥은 원정대에 쓰였다.

은밀하면서도 신비한 풍수(風水) 대가라는 명성을 누리고 있
다. 필자의 카메라는 검은색의 신기한 기계로 간주된다. 초
자연적이며 강력한 시력과 결합해 필자에게 바위와 산을 꿰
뚫고 현지인의 영혼을 투시할 수 있는 힘을 부여한다. 검은
색의 예술로 신기한 사진을 찍는데, 이 사진이 사람의 에너
지를 너무 많이 찍어 불과 몇 년 안에 죽게 할 수도 있다."[31]

　더 아이러니한 일도 있다. 먼저, 중국 관료들은 다른 선택의 여지가 없는 상황에서 조약에 서명했지만 이후 문서에서 유럽인을 가리키는 특정 형용사인 '夷[야만인]'[32] 사용을 멈추지 않았다는 것이다. 이 조약을 다루는 영국 관료들도 이 사실을 알고 있었던 것 같다.[33] 그 다음으로, 톰슨이 일찍감치 위의 언급에서처럼 관찰했음에도 불구하고, 한 세기 이상 지난 후에도 홍콩에서는 유럽인과 중국인이 여전히 반농담으로(대부분 상황에서) 구어체로 특징을 나타내는 형용사 '鬼'를 사용해 유럽인을 지칭한다.[34]

31　톰슨(Thomson)의 저작(1873-1874, 1982년 재판) 중의 머리말을 참조하라. 톰슨(Thomson) 자신이 홉슨 및 다른 선교사들과 이미 'Chinaman'이라는 단어를 사용했다는 점은 주목할 만하다.

32　Thomson(1982)은 유럽인에 대한 중국인의 불신이 먼저 도착한 포르투갈인의 좋지 않은 행위에 기인한다고 지적했다.

33　영국인들이 중국 관료 사회의 세부 사정을 잘 알고 있었던 만큼, 오래전에 이미 알고 있었음이 틀림없다. 그래서 여기엔 오묘한 점이 없지 않다. 추측할 수 있는 것은, 영국인이 조항의 관련 내용으로 인해 전쟁을 시작한 것이 아니라는 점이다. 그렇다면 왜 이 조항을 추가했을까?

34　중국인들이 유럽인 동료 앞에서는 이 단어를 거의 사용하지 않지만, 유럽인들은 이

3. 19세기 광저우[廣州]의 사회와 문화

『廣東對話』는 19세기 중국에서 가장 중요한 무역항을 훌륭히 꿰뚫어 봤는데, 그중 일부 측면은 현대 사회와 관련이 있거나 문화적 특성의 보존 혹은 지속을 위한 기초로 간주할 수 있기에 특별히 언급할 만하다.

홍콩의 공식적인 중문 직함은 광둥[廣東]성의 관직을 참고해 신중하게 제정됐다. 식민지 통치 시대에 당국은 최고 장관을 중국 성급(省級)의 최고 장관인 '순부'로 칭하지 않고 '순부'의 상급자이자 두 개의 성(省)을 관할하는 '총독'(예: 광둥[廣東]·광시[廣西] 총독)으로 칭하는 수사법을 사용했다. 그의 부관(副官)은 처음에는 '식민서기[殖民秘書]'로 칭해졌고 후에는 '서기장[主任秘書]'으로 개칭됐다. 당시 자그마한 홍콩에서는 중요한 일이 전혀 없었으나, 그의 중문 직함 '布政司'는 광둥[廣東]성 관직의 훨씬 높은 직위와 같았다. 흥미로운 점은, 1997년 이후 홍콩의 중문 직함은 중국 공무원 체계에서 대응하는 관료 직위보다 훨씬 낮았다.

양렴은(養廉銀), 즉 반부패 대책은 관료의 급여와 관련이 있으므로 오늘날에도 다방면으로 관심을 끌고 있다. 표1에 청(淸)나라 조정 고위 관료의 연봉과 연 수당의 양렴은을 나열한 것이다. 총독과 순부의 양렴은은 각각 그들의 기본급의 139배와 100배이다. 이 두 최고

단어로 서로를 지칭하거나 중국인 동료 앞에서 이 단어를 사용하는 경우는 많이 볼 수 있다.

위직 관료의 양렴은의 합은 은화 5,000냥으로 성 전체 연간 세입의 2.5%에 해당하며 프랑스가 요구한 배상금 혹은 영국이 요구한 배상금의 절반에 해당한다. 제1차 아편전쟁이 끝난 지 17년 후인 1860년 제2차 아편전쟁이 종식됐을 때, 프랑스와 영국 양국은 위에서 언급한 배상금을 제안했다.[35] 더 흥미롭게도, 성 전체 연간 세입이 관료들의 봉록과 비교할 때 매우 적다. 포정사(布政司)의 양렴은은 순부의 절반 정도이며, 안찰사(按察司)는 약간 적다. 표에 세관 감독관과 무관의 양렴은을 기재하지 않은 점은 주목할 만하다.

표 1. 양렴은과 급여

	관직 등급	급여(每年銀兩)	양렴은(每年銀兩)
1	總督	180	25,000
2	巡撫	150	15,000
3	布政司[36]	150	8,000
4	按察司	130	6,000
5	鹽運司	130	5,000
6	道台	105	3,800
기타			
7	學院	150-180[37]	4,500

---

35 주30 참조.
36 청(淸)나라와 홍콩의 포정사(布政司).
37 (1)·(2)와 직급이 동일하다(12. 15B 참조).

8	海關監督	150-180[38]	?[39]
9	兵備道	105	3,000
10	知府	105	2,400 or 2,000
11	州	80	1,600 or 1,000
12	知縣[40]	45	1,500, 1,000, 800 or 600

『廣東對話』에서 상세하게 설명한 많은 예절이 이미 사라졌다. 결혼식으로 말하자면, '[歸寧]'이나 '回門',[41] '過大禮'[42]는 오늘날 결혼식에서도 여전히 언급되지만, '醮酌'[43]·'拜鴈'[44]·'送房'[45]과 '暖房飯'[46]은 이미 기억에서 흐려졌다. 장례식에서 '捍狗棍'[47]와 '過(生死)河'[48]는 아

---

38 (1)·(2)와 직급이 동일하다(12. 15B 참조).
39 이 민감한 직위의 양렴은에 대해서는 설명하지 않았으며, 鹽運司 또한 마찬가지로 민감한 직위이다.
40 잡관(雜官)도 양렴은이 있었으나 액수는 언급하지 않았다.
41 (14. 23A 衆兄弟拜見新翁·新郎, 然後新郎引入房內, 侍候新婦, 因此名爲探房, 是日仍用花轎, 送新婦回家拜父母, 名爲歸寧, 俗叫回門, 另具好多燒猪·羊·酒等物送去.)
42 (14. 9B 必要先過大禮, 然後至娶.)
43 (14. 15B 上頭之後, 男家就醮酌其子.)
44 (14. 20B 轎夫就將轎門除開, 大妗新人入屋, 同新郎交拜於堂上, 俗名拜雁, 因此設木雁一雙在上, 取其不亂群之意.)
45 (14. 21B 談笑一回, 然後又再送新郎入房, 俗名叫做送房, 各人就辭回家咯.)
46 (14. 20D 堂上就擺設筵席款待人客, 堂下就吹彈歌唱, 燈燭輝煌, 到人客散席之後, 另設一席在新人房, 行合卺禮, 俗名暖房飯.)
47 (15. 20C 初做第一旬, 又名頭旬, 所有親屬, 應該著孝嘅人, 就於是日成服, 孝子粗麻袍·束麻帶·穿草鞋·戴麻布帽, 帽邊吊三個綿花球, 名爲三梁冠, 手擔一枝短杖, 俗名捍狗棍.)
48 (15. 13A 世俗傳說陰間有一條河, 死後必要經過嘅, 因此燒衣服, 俾死者替換咁意思.)

직도 있을 수 있지만, '揞口',⁴⁹ '緊棺',⁵⁰ '喊飯'⁵¹는 더 이상 일반적이지 않다. 교육 측면에서는 '大科'⁵²와 '解元'⁵³의 차이가 더 이상 명확하지 않으며, '大總裁'⁵⁴(10.9A)는 현대 사회에서 이미 변해 CEO를 가리킨다. 현대에 매우 인기가 있는 의약학은 고대에는 지위가 전혀 높지 않았다. "가령 저자에게 자녀나 조카가 있는데 공부는 하나 진전도 없고 장사도 배우고 싶어 하지 않고 의학을 배우고 싶어 한다면, 문리[書理]에 밝고 맥에 정통하며 신중하게 약을 쓰고 임상 경험이 많은 의사를 선택해야 하며, 이러한 의사를 스승으로 모셔야 한다."⁵⁵

당시 광저우[廣州]에 나타난 무슬림과 그들의 풍습, 그리고 상세하게 기재한 과거시험, 교육 제도, 의료 행위는 모두 살펴볼 만하다. 요컨대 『廣東對話』는 거의 타임캡슐에 가깝다고 할 수 있다.

4. 19세기 중기 광저우[廣州]의 언어

허쉰의 『廣東對話』에 기재된 150년 전 광저우[廣州]에서

---

49 (15. 18B 好衣服之後, 又俾一粒銀珠, 放入死者口內, 俗叫揞口, 又有一個枕頭, 名爲雞鳴枕, 放穩棺內, 然後請屍入棺.)
50 (15. 18D 又俾紅緞被周身蓋密, 咁至釘棺蓋, 俗名緊棺.)
51 (15. 19B 朝晚供獻茶·飯, 如生時一樣, 妻·子跪在靈前哭喊, 俗名喊飯.)
52 (10. 4A 定例三年, 考選各省秀才一次, 名爲鄉試, 亦系叫做大科.)
53 (10. 6B 此後換戴金頂, 俗名叫做中舉, 第一名稱爲解元.)
54 (10. 9A 皇上命四個學士尚書做主考, 稱爲大總裁.)
55 (13. 3A 假如筆者有子佢讀書, 不能上進, 又唔願學貿易, 但想學醫道, 咁就要選擇一位明白書理, 曉暢脈訣, 謹愼用藥, 臨症亦多, 咁嘅醫生, 拜佢爲師.)

사용한 웨[粵]어는 오늘날에도 광저우[廣州] 사람들도 이해할 수 있다. 그러나 어휘와 어법 구조 측면에서는 차이가 약간 있다. 이 책의 한자 수는 총 15,194개이며 개별 한자 1,341자를 포함한다. 그중 오늘날 일반적으로 사용하지 않는 15개(부록 혹은 표3 참조)는 이 책만의 고유한 것이거나 그 시대에 사용됐을 수도 있다고 볼 수 있다.

『廣東對話』를 무작위로 훑어보더라도 그 즉시 지난 150년 동안 다음과 같은 세 가지 주요 측면의 언어적 변화를 발견할 수 있다. 1) 단어 사용의 변화, 2) 어휘의 변천, 3) 새로운 어법 현상의 출현, 특히 의문문의 형태가 성숙해지는 경향이었다. (역주: 아래 예시 뒤의 괄호 안의 숫자는 원서의 장절과 문답의 순서를 나타내며, Q는 question, 즉 질문을, A는 answer, 즉 답변을 나타낸다.)

신조어

乜誰 (1. 15Q)	≅	邊個(誰)
乜講究 (1. 14Q)	=	點意思(什麼意思)
爲乜事 (2. 9Q)	=	點解(爲什麼)
一總 (2. 8Q)	=	通通, 所有
通省	=	全省(今已罕用. 但這種用法的"通"仍見於半黏著的詞"通街·通巷"(整條街·整條巷).
但凡 (3B)	=	凡系(無論何時)
曉 (1. 4A)	=	識(知道)
曉得 (3. 12A)	=	知道(知道)
聞 (1. 5Q)	=	聽聞(聽見)

共 (4. 5Q)　　　＝　同(動詞)(一共, 合計)
自後 (16. 8)　　　＝　後來
起首 (2. 4A)　　　＝　開始
其始 (14. 6Q)　　　＝　開始
有名色 (14. 14A)　＝　有名氣
去歸 (15. 10C)　　＝　歸去(家裏)(回家)
去遠 (15. 24A)　　＝　遠去

대명사는 쓰이[四邑] 방언과 일치성이 크며, '一總'부터 민난[閩南] 방언의 성분을 볼 수 있다.[56] 위에서 언급한 '通'처럼, 일부 용법의 사용이 축소됐다. 관화 구어와 동일한 단어도 있다. 예: 但凡·其後·及後·共(동사). 문법에서 매우 흥미로운 역순 현상들이 있다. 동사 '去'와 관련 있는 구조에 "去遠"(지금의 웨[粵]어: 遠去), 去歸(家)(回家)가 있다.

『廣東對話』가 조사자와 응답자 간의 질의응답 형식을 채택했으므로 질의응답의 어법적, 화용적 구조를 살피는 데에 매우 좋은 자료를 제공한다.

이 자료는 15개의 장에 285개의 질문과 답변 세트로 구성되어 있다. 이 질문들은 크게 두 가지 유형으로 구분할 수 있다. 첫째 유형은 긍정을 나타내는 yes로 혹은 부정을 나타내는 no로 대답할 수 있다[예: 1. 23Q 有食物祭冇呢?(有沒有供祭祀的食物?)] 둘째 유형은 "是·有" 혹은

56　'攏總'도 있다. 주22 참조.

"不是·沒有"로 대답할 수 없으며, 질문에 나타나지 않은 의미정보를 대답에서 제공해야 한다(예: 특정인의 직업) (예: 3. 14Q 佢做啲乜工夫呢?(他們是做什麼工作的?). 첫째 유형인 '是非 의문문'은 43개 문장이 있고, 둘째 유형인 '의미정보' 의문문은 215개 문장이 있다. 청취자가 관련 정보를 제공하기를 기대하나 뚜렷하게 명시하지 않는 의문문도 있으며, 이는 『廣東對話』의 특성 때문이다.

'是非 의문문' 43개는 두 유형으로 구분할 수 있다. Ia 유형인 '중립적 是非 의문문' 32개와 Ib 유형인 '비중립적 是非 의문문' 11개이다. 예로, 위의 예 1. 23Q는 중립적이다. 즉, 답변에 대한 질문자의 요구 사항은 중립적이다. 반면, 예 14. 2Q "唔系自己揀擇嘅咩?"(不是可以自己選擇的嗎?)은 질문자가 스스로 선택할 수 있기를 원하기 때문에 비중립적 의문문이다.

『廣東對話』에 등장하는 모든 어말 의문 조사[語氣詞]는 오늘날의 광둥[廣東]어에서도 기본적으로 여전히 사용되고 있지만, 그 용법과 분포는 간과할 수 없는 변화를 발생했다. 표2에 모든 유형의 의문 조사를 나열했다.

표 2. 의문 조사의 분포와 의문문의 유형

의문문 유형	어말 의문 조사	표기	백분율
有冇	"le" 呢	22	8.4
有冇	"aa" 呀	3	1.2
(別的)V-neg-V	"le" 呢	8	3

(別的)V-neg-V	"aa" 呀	3	1.2
系唔系	"le" 呢	7	2.7
系唔系	"aa" 呀	0	0
嗎	"ma" 嗎	5	1.9
特殊疑問句	"le" 呢	176	64
特殊問句	"aa" 呀	37	14.2
總共		261	100

是非 의문문에 실질적인 변화가 발생했다는 점을 지적해야 한다. 그중 가장 대표적인 것은 매우 중요한 '後縮減(post-reduction)'를 통해 군더더기 정보를 간략화하여 의문문 형식을 더 어법화하는 것이다. '後縮減' 현상은 중국 내 언어에서 이전에는 찾아볼 수 없었으나, 세계 절대 대부분의 언어에서는 보편적으로 나타난다.

원문에 인쇄상의 오류가 많은데, 이는 조판 담당자의 낮은 교양 수준으로 야기됐을 것이다. 별자(別字) 연구도 매우 흥미롭다. 표 3A와 3B에는 이러한 오자를 나열했다.

표 3A. 別字表

序	原文	正字	原文出處
1	[吖+貝]	咩	2. 8Q, 4. 8Q, 4. 9Q, 4. 17Q, 5. 14Q, 5. 17Q, 10. 6Q, 11. 18Q, 13. 2Q, 13. 8Q & 14. 2Q
2	野	嘢	全部
3	個的·個宗	嗰啲·嗰宗	全部·嗰宗
4	你·筆者地	你·筆者哋	全部

5	黎	嚟W	全部
6	賖銀	賺銀	2. 18A
7	寔首·實	實首	3. 15A, 5. 19Q & 5. 21A; 5. 15A, 4A & 11. 12A
8	噲	會	5. 20A & 9. 21
9	首餙	首飾	14. 10A & 14. 13A
10	粧	妝	14. 12A, 14. 13Q, 14. 13A
11	著	著]	14. 21A, 15. 8B, 15. 12A
12	筍B	筍	2. 12A
13	嘛	[口+銉]	13. 7A
14	胗	診	13. 13A, 13. 15C, 13. 15D (13. 3B, 13. 15B, 13. 21A 原文用診)
15	蔴	麻	15. 20C, 15. 22A
16	裡	裏	15. 16A(裱密裏便)
17	翻 / 番	番	14. 19
18	呌	叫	2. 8Q
19	一	一總	2. 8Q
20	眞	眞	3. 3A

표 3B. 錯字

序	原文錯字	正字	例句
1	知到	知道	3. 12A, 10. 15A, 11. 4A & 15. 9Q
2	歛	殮	全部
3	兩傍	兩旁	14. 21A, 15. 19C
4	拎	拎	2. 20A, 15. 16A
5	止係·止用	只係·只用	4. 9A & 10. 12B; 14. 18A
6	炮像	炮仗	5. 23B

7	僯省	鄰省	6. 4B
8	得間	得閒	13. 3B
9	針炙	針灸	13. 7A
10	浙江	浙江	10. 81A
11	住趾	住址	13. 15B
12	隻亡	雙亡	14. 14A
13	梅酌	媒妁	14. 26A, 14. 26B
14	錯聲	諧聲	8. 5A
15	養廉	養廉銀	12. 14C
16	扣	叩	13. 15B(叩門而入)
17	阿	啊	6. 8, 10. 16 & 11. 5

참고문헌

Archives of the London Missionary Society (also microfische).
The Hobson Archive. Wellcome Institute, London.
Balme, H. 1921. *China and Modern Medicine: A Study in Medical Missionary Development*. London Missionary Society, London.
Barnett, S. W. & Fairbank, J. K. 1985. *Christianity in China: Early Protestant Missionary Writings*. Harvard University Press: Cambridge, Massachusetts.
Bohr, P. R. 1985. "*Liang Fa's Quest for Moral Power*", in Barnett and Fairbank (1985) 35-46.
Chao, Y. R. 194 *Cantonese Primer*, Cambridge: Harvard University Press.
Cheung, S. (張洪年) 1970. 香港粵語語法的研究, 香港中文大學.
Cheung, S. 2001. "The Interrogative Construction: (Re)constructing Early Cantonese Grammar" in H. Chappell (ed) *Sinitic Grammar: Synchronic and Diachronic Perspectives*, New York: Oxford University Press, Oxford. 191-231.
Cheung, Y. S. 1974. Negative Questions in Chinese. *Journal of Chinese Linguistics*. 2(3): 325-339.
Fu, Q. X. (傅啟學) 1966. 中國外交史, 台北, 三民書局.
Huang, Z. D. (黃正德) 1988. 漢語正反問句的模塊語法, 中國語文 4: 247-64.
Jing, C. (竟成) 1988. 漢語和藏緬語的一種是非問句, 民族語文, 2-35-8.
Lovett, R. 1899. *The History of the London Missionary Society 1795-1895*. Henry Frowde: London.
MacGillivray, 1905. *A Century of Protestant Missions in China(1807-1907)*. Christian Literature Society for China. San Francisco.
McNeur, G. H. (1934). *China's First Preacher: Liang A-fa*. Shanghai: Kwang Hsueh Publishing House, Oxford University Press, China Agency.
Ni, D. B. (倪大白), 1982. 藏緬, 苗瑤, 侗泰諸語言反語疑問句結構的異同, 語言研究

1: 249-58.

Qian N. R. (錢乃榮), 1992. 當代吳語研究, 上海: 上海教育出版社.

Rao, B. C. (饒秉才), 1990. 廣州詞彙和語法的主要特點, 王力先生紀念文集, 446-63.

Ride, L. 195 *Robert Morrison: The Scholar and the Man*. Hong Kong University Press.

Rockefeller Foundation. China Medical Commission. 1914. *Medicine in China*, New York.

Thomson J. 1982. *China and Its People in Early Photographs: An Unabridged Reprint of the Classic 1873-1874 Work*. New York: Dover Publications.

Townsend, W. J. 1888. *Robert Morrison: The Pioneer of Chinese Missions*. S. W. Partridge & Co.: London.

T'sou, B. K. 1972. "On Re-ordering in Diachronic Syntax", Papers from the Chicago Linguistics Society Meeting, 591-612.

T'sou, B. K 1976. *A Concordance of the Lao-Qi-Da*, Tokyo.

T'sou, B. K. (鄒嘉彥) 1981. 有關近代漢語「順裁」·「逆裁」結構演變的探究, 中國語言學會, 首屆學術討論會, 成都.

T'sou, B. K. 1986. *The Language Bomb*. Longman: Hong Kong.

T'sou, B. K. 1989. "Teaching Chinese to Non-Native Speakers in the 14th Century: Explorations in Methodology". *Proceedings of the 1989 International Seminar on Chinese Language and Its Teaching in the World*. Singapore. (Ed. C. Y Chen), Chinese Language Society, Singapore. 670-671.

Wang, G. W. (王賡武) 1994. Upgrading the Migrant: Neither Huaqiao nor Huaren. Keynote paper, International Society for the Study of Chinese Overseas Conference, Hong Kong, December 1994.

Wang, W. S. Y. 1965. Two Aspect Markers in Mandarin Language, 41: 457-70.

Wong, J. Y. 1976. *Yeh Ming-ch'en: Viceroy of Liang Kuang 1852-58*. Cambridge University Press: Cambridge (Chinese Translation by 區洪, 『西廣總督葉名琛』, 北京中華書局, 1984.

Wu, M. Y., Li, H. X., and Zheng, P. H. 1992. 國史縱編, 雅美出版社(修定版).

Yang, L. S. 1969. *Excursions in Sinology*. Cambridge: Harvard University Press.

Yip, V. and Mathews, S. 1993. *A Introductory Grammar of Cantonese*.

Yue-Hashimoto, A. (餘靄芹) 1992. 廣東開平方言的中性問句中國語文40周年紀念刊 4: 279-86.
Yue-Hashimoto, A. 1993. Comparative Chinese Dialectal Grammar: Handbook for Investigators. *Collection des Cahiers de Linguistique d'Asia Oriental* No. 1, Paris.
Zhang, M. (張敏) 1990. 漢語方言反復問句的類型研究, 北京大學博士研究生學位論文.
Zhu, D. X. (朱德熙) 1985. 漢語方言裏的兩種反復問句. 中國語文, 1: 10-20.

(復旦大學『語言研究集刊』第三集, 上海辭書出版社, 2006年 7月, 371-389)

로마 소장 1602년 친필 원고본 민난[閩南]어—스페인어 사전
— 중국과 서양의 초기 언어접촉 —例[1]

馬西尼 (사피엔차로마대학교 동방학과)

游汝杰 譯

제요

16세기 말부터 극동 지역에서 선교로 인해 중국인과 접촉한 서양인들은 거의 모두 중문 사전을 편찬하겠다고 공언하거나 계획했다. 이후 뛰어난 중문 사전 편찬이 사람들의 장기적인 목표가 됐고, 20세기 초가 되어서야 모리슨[莫利遜]이 저명한 5권짜리 사전을 출간했다.

선교 활동으로 인해 서양인들은 현지 언어를 연구하는 실용적인 기본 공구서가 필요했다. 필자가 가장 먼저 부딪친 문제는 이러한 외국 어음을 어떻게 기록하고 암기용 어휘 목록을 만드는가였다. 마테오 리치(Matteo Ricci; 利瑪竇)는 카타네오(Lazzaro Cattaneo; 郭居靜) 등

---

[1] 본고의 초고는 "Masteriali Lessiocgrafic sulla linggua cinese readatti dagli occidentali fra '500 e '600: I dialetti del Fujian"(in Cina, Roma 2000, 53-79)라는 제목으로 이탈리아어로 게재됐다.

의 선교사들의 도움으로 유기음 기호와 성조 기호를 포함해 관화를 위한 신뢰할 수 있는 병음 방안을 제정했다.

이 방안 약간 수정되어 1623년 항저우[杭州]에서 출간된 트리고(N. Trigault; 金尼閣)의 『西儒耳目資』에서 채택됐다. 이후 몇백 년 동안 이 책에 사용된 관화 병음방안이 줄곧 표준 병음 표기법으로 간주됐다.[2]

그런데 마테오 리치가 마카오를 거쳐 중국에 오기 전부터 필리핀 선교사들은 중국어와 중문을 배우기 위해 이미 열심히 노력하고 있었다. 1565년부터 17세기 초까지 필리핀에 도착해 선교하던 아우구스티누스회, 도미니크회, 예수회 등 대다수 선교회는 좋은 사전을 편찬하겠다고 이미 공언했다. 첫 번째 사전은 『中國語言詞彙集』(*Arte y Vocabulario de la lengua China*)이며, 스페인의 아우구스티누스회의 Martin de Rada(1533-1578)가 편집했다고 전해진다. 그는 1575년과 1576년 두 차례 푸젠[福建]성을 여행했다고 언급했다. 안타깝게도 그가 편찬한 사전은 실전되어 다른 사전과 마찬가지로 서명만 남아 있다.[3]

---

2   Ricci, Ruggieri, Cattaneo의 관화 로마자 병음 체계에 관해서는 Yang, Paul Fu-mien S. J.를 참조하라. "The Portuguese-Chinese Dictionary by Matteo Ricci: A Historical and Linguistic Introduction", *Proceedings of the Second International Conference on Sinology. Section on Linguistics and Palaeography*. Taipei: Academia Sinica, 1989; F. Masini, "Some preliminary remarks on the study of Chinese lexicographic materials prepared by Jesuit missionaries in the XVIIth century", in F. Masini (ed.), *Western Humanistic Culture Presented to China by Jesuit Missionaries*, Rome, 1996, 235-245; Joseph A. Levi, *Dicionario Portuguese-Chinese de Mateo Ricci*, University Press of the South 1998. 『西儒耳目資』 관련 중문·일문·영문 서지 목록은 주8, 馬西尼의 『一些初步看法…』를 참조하라.

3   Miguel López de Legazpi의 탐험에 관해서는 다음을 참조하라. N. P. Cushner,

이 시기에 편찬된 사전은 몇 권만 남아 있다. 그중 하나는 현재 로마 안젤리카(Angelica) 도서관에서 소장 중이며, 저자는 스페인 예수회인 페드로 키리노(Pedro Chirino; 1557-1635)이다. 이 원고는 1602년에 저자가 필리핀에서 로마로 가져간 것이다. 이것은 노트에 작성된 원고로서 총 88면이며(그중 83면에만 텍스트 있음), 중문 단어 수백 개 항목이 있으며 특정 민난[閩南]어 및 상응하는 카스티야(Castilian) 스페인어 주음(注音)도 있다. 이 단어들은 중국과 서양의 초기 언어접촉을 연구하는 데 있어 매우 유용하다. 또한 당시 민난[閩南]어의 어음과 어휘 특징을 연구하는 데도 쓰일 수 있다. 원고 중의 한자는 교육 수준이 낮은 이가 쓴 것이므로 처음으로 나타난 일부 간필자(簡筆字)의 검증하는 데에도 유용하다.

스페인의 도미니크회는 아우구스티누스 수도회에 이어서 필리핀에 와서 선교했다. 그들은 1578년에 도착해 1626년에 이르러서야 떠났는데, 그 당시 타이완에 상륙하고자 온갖 방법을 찾다가 1642년에 네덜란드가 타이완을 점령한 후에 최종적으로 중국 본토로 옮겼다.[4] 그들이 그곳에서 만난 이들은 푸젠[福建] 사람들이었고, 도미니

Spain in the Philippines, Institute of Philippine Culture, Ateneo de Manila, Quezon City 1971; P. Fernandez, *History of the Church in the Philippines(1521-1898)*, Navotas Press, Metro Manila 1979; H. de la Costa, *The Jesuit in the Philippines 1581-1768*, Harvard University Press 196. 필리핀에 관련 자료, 특히 페드로 키리노(Pedro Chirino) 관련 메모를 필자가 이용하도록 허락해 주신 줄리아노 베르투치올리(Giuliano Bertuccioli) 교수께 감사드린다.

4 J. Dehergne, "L'ile Formose au XVIIe sièle", in *Monumenta Nipponica* 4, 1941, 270-27.

카회는 민난[閩南]어의 로마자 병음 방안을 처음으로 제정했다.

스페인 도미니카회는 16세기 말과 17세기 초에 각종 종교 문헌에 이러한 로마자 병음 방안을 사용했다. 처음에 필리핀에 있다가 후에 중국 본토로 간 도미니카회는 중국어 어휘 관련 저작 16권을 편찬했다. 우리가 알고 있는 서명이 이 16권뿐이다. 그중 민난[閩南]어가 아닌 저작은 잠시 논외로 하고, 그중의 민난[閩南]어 저작의 상황만 간략히 언급하기로 한다. 위에서 언급한 바와 같이, 민난[閩南]어 관련 저작은 가장 초기의 것이다. 왜냐하면 선교사들과 접촉한 최초의 중국인이 푸젠[福建] 사람들이었기 때문이다.

이 저작들의 서명은 다음과 같다.

a) *Vocabulario Sinico*, (Diccionario espan)ol-chino vulgar)[5] Miguel de Benavides(1550-1605) 저.

b) *Dictionarium Sinicum*, (Diccionario chino)[6] Domingo de Nieva(1563-1606) 저.

c) *Vocabulario Chino*,[7] Juan Cobo(?-1592)[8] 저.

---

5 Streit, op. cit., vol. IV, p.358, J. M. Gonzáles, *Historia de las Missiones Dominicanas de China*, Madrid 1967, vol. V, p.386.

6 Streit, op. cit., vol. IV, p.364, J. M. Gonzáles, op. cit., vol. V, p.391.

7 Streit, op. cit., vol. IV, p.472, J. M. Gonzáles, op. cit., vol. V, p.386.

8 이 선교사들에 관한 행적은 다음 자료에서도 보인다. *Diego Aduarte, Historia de la Provincia del Santo Rosario de la Orden de Predicatores en Filipinas, Japón y China*, Zaragoça 1693, now edited by M. Ferrero, C. S. I. C., Madrid 1963. 그중 몇 명의 행적은 다음 자료에서도 보인다. F. Mateos, "Apuntes para la Historia de la Lexicografa Chino-Espan)ola", in M. Ariza, Salvador, A. Viudas ed., *Actas del I Congreso*

아래에 나열한 민난[閩南]어 사전도 있는데, 서명만 알 뿐 저자에 대해서는 대부분 모른다.

그중 5종은 마닐라 산토 토마스 대학교 아카이브에서 발견했다. 이 5종 중 2종은 1941년 제2차 세계대전 때 훼손됐다. 문제없는 다음의 몇 종만 현재 남아 있다.

(1) *Diccionario chino-espanol*.

(2) *Diccionario espanol-chino*.

(3) *Vocabulario de la lengua espanola-china*[9].

(4) 1종은 프랑스 국가 서지 목록에 보이고, 서명은 *Dicionario de la legua Chin-cheo*이며 1609년에 작성됐다. 처음에는 레무사트(A. Remusat)의 장서(藏書)이다가 후에 Stanislas Julien이 소장(所藏)했고 마지막으로 L. d'Hervey de Saint Denis[10]가 소유했다.

(5) 1종은 대영박물관 도서관(Add 25. 317, ff. 2a-224b)에 보이며, 서명은 Bocabulario de lengua sangleya por las letraz de el A. B. C.이고, 마지막으로 Heinrich Julius Klaproth의 장서이다가 1863년 7월 11일

International de Historia de la Lengua Espanola, Cáceres, 30 de marzo - 4 de abril de 1987, Arco-Libros. S. A, pp.927-941.

9   J. M. Gonzáles, *Historia de las Missiones Dominicanas de China*, Madrid 1967, vol. V, pp.412-414. 곤잘레스(González)는 마닐라의 산토 토마스 대학교 아카이브에 있는 사전 세 권이 각각 t. 215, t. 216, t. 214로 서명되어 있다고 지적했다.

10   A. Remusat, *Mélanges Asiatiques*, vol. II, Paris 1826, pp.90-93; Cordier, op. cit., col. 1629. Courant, Chinois.

에 대영박물관에서 구입했다.[11]

(6) 1종은 로마의 안젤리카 목록에 보인다. 서명은 *Dictionarium Sino-Hispanicum*이며, 필리핀의 스페인 예수회 선교사인 Pedro Chirino가 저술했다.[12]

앞의 3종은 서명만 남아 있으며, 뒤의 3종보다 훨씬 이전에 편찬됐을 것이다.

(5)는 현재 대영박물관 도서관에 소장 중이며, P. Van der Loon이 이 사전을 연구하고 설명한 바 있다. 이는 중국어 민난[閩南]어―스페인어 카스티야어 사전으로 한자가 거의 없으며, 약 300개 음절을 기록했는데, 유기음과 비음은 표기했으나 성조는 대부분 표기하지 않았다. P. Van der Loon은 1605년 마닐라에서 인쇄한 *Doctrina christiana en letra y lengua china*에 사용된 로마자 병음 방안을 자세하게 연구했으며, 바티칸 도서관에서 원본을 찾았다(Riserva, V, 73, ff. 33, 중문 부분만 있음). 또한 대영박물관에서 본 도서관 소장 원고 2종을 찾았다. 또한 같은 기록 보관소에는 위에서 언급한 Bocabulario와 두 개의 Dictrina 사본이 있었는데, 하나는 로마자 병음과 스페인어 번역문이 있었고(25. 317, ff. 239a-279a), 다른 하나는 로마자 병음만 있었다(25. 317, ff. 281a-313a).[13]

---

11 Cordier, op. cit., col. 1632.
12 "The Manila Incunabola and Early Hokkien Studies", in *Asia mayor* XII, pp.95-186. cf. Part II, p99.
13 Ivi, pp.143-186.

P. Van der Loon은 *Dictrina*에 보이는 언어가 민난[閩南] 지역의 차오저우[潮州]어임을 이미 확정했으며, *Dictrina*와 *Bocabulario*의 저자가 *Dictionarium Sinicum*의 저자이기도 한 Domingo de Nieva라고 믿었다(위의 표에서 b 참조).

P. Van der Loon에 따르면, 도미니카회 회원들이 비록 사전 편찬을 담당했으나, 중문을 읽을 수는 없었다. 그러나 그들이 처음 만든 로마자 병음 방안은 매우 체계적이었다. 그들은 서로 다른 조치(調值)를 나타내는 기호 7개(표2), 유기음을 나타내는 윗첨자 h 기호 1개, 비음을 나타내는 사선 부호 1개를 포함해 부가적인 발음 기호 13개를 사용했다.

위에 언급한 가장 마지막 사전인 (6)은 도미니카회가 아닌 예수회 선교사가 편찬한 것이다. 아는 바에 따르면, 이것은 16세기 후반 이래로 예수회 선교사가 편찬한 유일한 비관화 사전이다. 마테오 리치와 미켈레 루게리가 편찬한 저명한 중국어-포르투갈어 사전이 10년 전에 출간되지 않았더라면, 이것이 최초의 중국어-외국어 사전이 되었을 것이다.[14]

---

14 이 친필 원고는 로마의 예수회 역사 아카이브에 보관되어 있다가 1934년 Pasquale D'Elia가 찾아냈다(*Dizionario portoghese-cinese*). D'Elia와 양푸몐[楊福綿]은 이 친필 원고가 Ricci와 Ruggieri가 1583-1588년에 광둥[廣東]성의 자오칭[肇慶]에서 쓴 것을 Ruggeri가 로마로 가져간 것이라고 여겼다. ARSI, *Jap.-Sin.* I, 198, ff. 32-156. 馬西尼『一些初步看法…』, p.239, n.9.

1. Pedro Chirino와 그의 사전

로마의 Biblioteca Angelica에 소장 중인 *Dictionarium Sinico-Hispanicum*(Ms. Ital.-lat. n.60)[15]은 스페인의 예수회원인 페드로 키리노(Pedro Chirino; 1557-1635)가 편찬한 것이다. 1557년 Ossuna에서 출생해 1580년 안달루시아(Andalusia) 지방에서 예수회 수도사로서 수습 기간을 시작했고, 선교 사업을 위해 미국으로 파송되어 선교하기를 요청했지만 승인되지 않았으며, 후에 헤레스 델라 프론테라(Jerez della Frontera)에서 사도 사역을 시작했다. 1589년, 예수회 회장/수장인 클라우디오 아쿠아비바(Claudio Acquaviva)의 지시를 필리핀인에게 전달하라는 지시를 받았는데, 필리핀에 거주하는 스페인인들의 교육 문제를 해결하기 위해 마닐라에 있는 예수회 거주지/사무소[the Jesuit Residence]를 단과대학으로 바꾸라는 것이었다. 그는 1590년 마닐라에 도착해 몇 가지 선교 활동에 참여했고, 이후에 세부(Cebu)의 예수회 단과대학[Jesuit college] 학장으로 임명됐다. 그는 1595년부터 세부에 있는 중국인의 관념을 바꿔 그들을 예수회로 개종시키고자 중문을 배우기 시작했다.[16] 당시 키리노가 작성한 보고서에서 알 수

---

15 친필 원고의 전체 제목은 다음과 같다. "*Dictionarium Sinico-Hispanicum quo P. Pedro Chirino Societatis Jesu Linguam Sinensium in Filipinis addiscebat ad convertendos eos Sinenses qui Filipinas ipsas incolunt, et quadraginta millium numerum excedunt. Quem R. mo D. Mons. Sacristæ obesequia ergo ipsemet Petrus suppliciter obtulit prid. Cal. Aprilis 1604.*" E. Narducci, *Catalogus codicum manoscriptorum praeter Graecos et Orientales in Bibliotheca Angelica*, vol. 1, Roma 1893, p.21, cit. also in Van der Loon, art. cit., p.98.

16 1604년의 보고서에서는 키리노가 현지에 중국인이 약 200명 있다고 언급했으나,

있듯이, 마닐라 총독이 세부로 파견한 젊은 중국인 신도 돈 루이스 데 로스 마리나스(Don Luis de los Marinas)의 도움으로 그는 얼마 되지 않아 중문으로 가르칠 수 있었고 또한 1596년에는 첫 번째 그룹의 중국인에게 침례를 베풀 수 있었다.[17] 1602년, 필리핀 부성장(副省長)의 대리인으로 로마에 파견되어 필리핀에서의 선교 사업에 대해 아쿠아비바에게 보고했다. 키리노는 이 기회에 보고서를 상세하게 작성했으며, 예수회 회장/수장은 이 보고서를 *Relaci de Islas Filipinas i de lo que en ellas trabaiado los Padres de la Compan)ia de Jésus*라는 제목으로 바로 출간했다.[18] 또한 이 기회에 자신이 편찬한 사전의 친필 원고를 로마로 가져가 교회 서기관[同事]이자 유명한 장서가(藏書家)인 아우구스티누스 추기경 안젤로 로카(Augustinian Cardinal Angelo Rocca)에게 제출했다. 그의 개인 장서(藏書)는 후에 Biblioteca 서고(書

사전의 서언에서는 40만 명이 있다고 언급했다.

17   "Con estar sólo se ejercitaban nuestros ministerios en nuestra iglesia con Espan)oles y con indios con harta frecuencia, y predicaba muy ordinario en la catedral. De más desto viendo el barrio de los Chinos desta ciudad, donde había más de doscientos, con solo un cristiano, y que no habia quien los administrase, estando ellos muy dispuestos para recibir nuestra santa fe, si hubiese quien se la ensen)ase, me apliqué á estudiar y á aprender su legua, de que ellos se alegraron mucho, y acudían muchos dellos todos los días á hora sen)alada, á darme lición, con que tomé algo della, que me bastó para comenzarlos á doctrinar: á lo cual me ayudó mucho el Gobernador Don Luis de las Marin)as, que de Manila me envío un mozo muy hábil desta nación, cristiano, que me ayudaba á catequizar los que se habían de bautizar…", P. Chirino, Relación…, Manila 1969, p.69. de la Costa, op. cit., pp.166-167, 200, 222.

18   Roma, Estevan Paulino, 1604, pp.196. Rist. Manila 1969.

庫)가 됐으며 결국 세계 최초의 공공 도서관 중 하나가 됐다.[19]
키리노는 1601년에 마닐라로 돌아가 1635년 9월 16일에 마닐라에서 세상을 떠났다.[20]

---

19 서문에 따르면, 키리노는 1604년 3월 5일에 *Relación de Islas Filipinas*를 완성했고, 얼마 지나지 않은 3월 31일에 이 친필 원고를 로카(Rocca) 추기경에게 헌정했다. 왜 예수회 선교사가 사전의 친필 원고를 아우구스티누스 추기경에게 건넸을까? 가능한 해석은, 이 추기경이 박학다식한 학자이자 언어학 전문가이고, 최초로 공식적으로 출간된 『聖經』(1590)의 편집자였기 때문에 키리노의 *Relación* 출간에 어느 정도 도움을 제공했을 것이다. 사실, 1595년까지 줄곧 로카 추기경은 수년간 바티칸 인쇄소를 주관했을 뿐만 아니라 Estevan Paulino나 Stephanum Paulinum을 포함해 로마의 모든 주요 인쇄소와 관련이 있었기 때문에, 키리노의 *Relación*과 로카 추기경의 책 중 적어도 한 권이 위에서 언급한 인쇄소에서 출간됐다. 키리노가 로카 추기경에게 사전을 건넨 것이 로마에서 출간되기를 희망하는 마음에서였다고 추측할 수 있다. 로카 추기경이 익명의 소책자에서 이 친필 원고에 대해 언급한 부분이 있다. *Bibliotheca Angelica litteratorum litterarumque amatorum commoditati dicata Romae in aedibus augustinianis*, Romae, apud Stephanum Paulinum, 1608, where on page 86 he wrote: Codices ex cortice arundinea Sinis conscripti, & Siniacè item Sinis impressi cum dictionarium Sinohispanico manuscripto. 이 친필 원고는 안젤리카 도서관의 첫 번째 목록에 보이지 않는다. *Index Manoscriptorum Bibliotheca Angelica autorum et materiarum odine alphabetico dispositus*. A Padri Basilio Rassegnier, 1734(ms. 2393). 그러나 Guilelmus Bartolomei가 1847년에 편집한 다음 목록에는 보인다(ms. 1078, f. 48V). 도서관의 일반적인 역사와 Rocca 관련 문헌에 대해서는 다음을 참고하라. P. Munafò e N. Muratore, *La Biblioteca Angelica*, Istituto Poligrafico e Zecca dello Stato, Roma 1989.

20 키리노의 생평(生平)과 행적은 위에서 서술한, 필리핀 내 기독교 선교 활동 참고서와 관련해서는 다음의 저작에도 보인다(Archivo Biográfico de Espan)a, Portugal e Iberoamérica, II/229, 353, 354에서 인용). M. Méndez Bejarano, *Diccionario de Escritores, Maestros y Oradores naturales de Sevilla*, Girones, vol. I, Sevilla 1922, n. 672; F. Rodriguez Marin, *Nuevos datos para las Biografias de cien escritores de los siglos XVI y XVII*, Tip. de la Revista de Archivos, Bibliotecas y Museos, Madrid 1923, ad indicem.

2. 저작 원고

저작 원고(21.8×16.6cm)는 종이 88장으로 합본됐으며, 그중 83장과 표지에만 글자가 있다. 양장본이 좌측에서 우측으로 읽는 관습에 따라, 면 번호는 좌측에서 우측으로 우측 상단 모서리에 연필로 적었다. 그래서 글자가 있는 각 면은 중문 서적의 관습에 따라 책의 우측 면에만 나타나지만, 면 번호는 좌측 면의 우측 상단 모서리에 표시했다. 이 현상은 설명하기가 쉽다. 면 번호는 중문 서적의 서사(書寫) 관습이 우측에서 좌측인 것을 모르는 서양인이 추가한 것이다.

종이 한 장당 한 면에만 글자가 있고, 71면만 예외로 양면에 모두 글자가 쓰여 있다. 71(a-b), 72, 73, 74면은 필체도 다르고 정서법도 나머지 부분과 다르다. 예로, '水'('agua')은 *Chuy*로 표기했으나, 3면에서는 *Chui*로 표기했다.

글자마다 모두 카스티야어 번역이 있는데, 번역문은 좌측에, 중문 주음은 우측에 썼다. 다음절 단어는 형태소에 따라 하나하나 카스티야어로 번역했는데, 이는 중문 다음절 단어를 구성하는 형태소와는 분명히 어떤 관련도 없다. 일부 단어의 주음은 주석으로 설명한 중문 글자와 전혀 맞지 않다. 사실상, 주석한 부분은 구어 중 단어의 어음이나(예로 29면의 첫째 단어는 *sai fu* 師傅이다), 같은 면과 그다음 면에는 '匠'로 끝맺는 단어가 많은데 '匠'의 주음도 *sai fu*이다. 또 어떤 경우에는 같은 한자에 다른 어음으로 주석하기도 했다. 예로, 26면의 '一'은 로마자 병음 표기법으로 표준음 'su' 혹은 구어 어음

*chit*와 *cheg*가 있다.

이 사전에 있는 단어와 구는 다른 기준에 따라 편제되어 있다. 표1을 보면, 첫째 열은 면 번호, 둘째 열은 내용, 셋째 열은 각 면의 글자 수, 넷째 열은 단음절 단어 수, 다섯째 열은 2음절 단어 수, 여섯째 열은 3음절 단어 수, 일곱째 열은 구와 문장의 수, 여덟째 열은 단어의 총수(總數), 아홉째 열은 문장의 수이다(셋째 열의 글자 수와 비교해 보라). 표1의 하단에는 각 열의 총수를 나열했다. 특별히 명시하지 않았으면, 각 단어·구·문장은 먼저 중문으로 썼고, 다음으로 로마자 병음을 썼으며, 마지막으로 카스티야 스페인어로 썼다. 모든 단어·구·문장은 위에서 아래로, 오른쪽에서 왼쪽으로 중문 서사 관습으로 작성됐다.

표1에서 알 수 있듯이, 이 사전(또는 '메모')은 글자 1,920개, 단어 966개를 포함하며, 그중 단음절 단어 639개, 2음절 단어 304개, 3음절 단어 17개가 있고, 이외에 구 6개, 문장 104개도 있다(이러한 문장을 구성하는 단어의 수에 따라 분류하지 않음). 단음절 단어, 2음절 단어, 3음절 단어 간의 비율은 17·18세기 다른 중국어 방언 문헌에서의 통계 결과와 일치한다.[21] 위의 숫자는 대략적인 설명으로만 여길 수 있다. 왜냐하면 단어(단음절·2음절·3음절 등)인지, 구인지 혹은 문장인지

---

21 F. Masini, *The Formation of Modern Chinese Lexicon and its Evolution toward a National Language: The Period from 1840 to 1898*, Monograph No. 6 of the *Journal of Chinese Linguistics*, Berkeley, 1993, p.121, n. 2. 중문 역본: 馬西尼著·黃河清譯 『現代漢語詞彙的形成—十九世紀漢語外來詞研究』, 漢語大詞典出版社, 1997年.

특정 견해를 확정하는 것은 늘 매우 어렵기 때문이다.

　표1에서 알 수 있듯이, 편집자의 의도는 독자들로 하여금 단계적으로 심화시켜 이 언어를 잘 익히도록 하는 것이다. 일반적인 글자로 시작하여 열대 지방에서 흔히 볼 수 있는 사물·동물·식물로 이어진다. 단지 처음 몇 면은 자형(字形)에 따라 배열하여 부수가 같은 단어가 함께 배치되어 있다. 처음의 다섯 면은 서로 다른 부수 다섯 개에 따라 면을 나눠 부수별로 각각 한 면을 차지했다. 즉, 첫째 면은 '鐵', 둘째 면은 '木', 셋째 면은 '水', 넷째 면은 '火', 다섯째 면은 '土'이다. 여섯째 면부터는 의미 유형으로 편제되어 있어, 편집자가 이 사전을 서면어가 아닌 구어 학습을 위한 입문서로 삼도록 의도했음을 알 수 있다. 또 지적할 점은, 이 사전이 수록한 어휘와 문장으로 보건대 외국의 개념 혹은 관념을 나타내는 단어나 구도 없고, 페드로 치리노의 본국과 그의 종교적 신앙도 언급하지 않았다.

　이 사전에 있는 글자는 분명히 교육받지 않은 중국인이 쓴 것이다. 일부 부수의 서법이 전후로 일치하지 않는다. 예로, 부수 '犭'이 종종 '亻'과 혼동되기도 한다. 정체자(正體字) 대신 간필자를 사용하는 경우가 많다. 예로, '旧'로 '舅'를 대체하고(f. 21), '鉄'로 '鐵'를 대체했다(f. 1). 후자의 현상은 매우 흥미롭고 특별히 주의할 만하다. 이 사전 중의 일부 간필자는 중국 문자학사의 공식적인 정식 문헌에 훨씬 후에야 등장했다.

예로, 현대 사전학 참고서에 따르면[22] '旧'는 아래에 열거한 세 가지 글자(舊·臼·舅)의 간략화한 형태이다. 키리노의 사전에서는 세 번째 글자인 '舅'만 사용됐다.[23] '鉄'는 '鐵'이 간략화한 형태인데 『正字通』 및 『雍熙樂府』 중의 시 한 수에 최초로 보인다. 『雍熙樂府』는 1566년에 출간됐으며, 연대가 키리노의 사전보다 단지 몇 년 이르다.[24]

표 1. 키리노 사전의 내용 설명

I	II	III	IV	V	VI	VII	VIII	IX
1	"金"자가 편방인 글자	20	20				20	
2	"木"자가 편방인 글자	20	20				20	
3	"水"자가 편방인 글자	20	20				20	
4	"火"자가 편방인 글자	20	20				20	
5	"土"자가 편방인 글자	20	20				20	
6	動物	21	17	2			19	
7	魚	27	9	9			18	
8	蟲	23	17	3			20	

---

22 『漢語大字典』, 湖北辭書出版社, 四川辭書出版社, 武漢, 成都, 1986-1990, 8卷; 『漢語大詞典』, 上海辭書出版社, 1986-1994, 13卷. 이 사전들에서는 역사상 간화자(簡化字)가 처음 등장한 것에 대한 정보가 전혀 없다. 『中文大辭典』(中華學術院印行, 台北, 1973年, 1980년 중쇄, 10卷, 『宋元以來俗字譜』에서 수록한 많은 간화자 포함. 『宋元以來俗字譜』는 류푸[劉復]·리자루이[李家瑞], 1930년 초판, 1957년 중쇄, 6,240개 簡化字 포함.)

23 『中文大詞典』, 14,052개 항목.

24 『中文大詞典』, 41,220개 항목; 『漢語大詞典』 第11卷, 1232면; 『漢語大詞典』 第6卷, 4187면.

9	蟲	26	10	8			18	
10	天氣	20	20				20	
11	物件	22	18	2			20	
12	物件	20	20				20	
13	物件	23	11	7			18	
14	植物和水果	12	12				12	
15	植物和水果	22	10	6			16	
16	植物和水果	18	14	2			16	
17	植物和水果	27	4	10	1		15	
18	人體各部分	16	16				16	
19	人體各部分	22	18	2			20	
20	人體各部分	24	16	4			20	
21	親屬關系	24	16	4			20	
22	親屬關系	24	16	2			18	
23	代詞·色彩	18	12	3			15	
24	布料	19	13	3			16	
25	布料	31	5	8	2	1	16	
26	數詞1—10, 以及從20—100的十位數	28	10	9			19	
27	別的數詞·度量衡	28	12	8			20	
28	各類名稱	25	9	8			17	
29	職業(以"匠"結尾的14個)	32		16			16	
30	職業(以"匠"結尾的5個)	15		6	1		7	
31	性質形容詞	16	16				16	
32	形容詞和動詞	16	16				16	
33	形容詞和動詞	16	16				16	
34	形容詞和動詞	17	15	1			16	

35	動詞	16	16			16	
36	動詞	16	16			16	
37	動詞	17	15	1		16	
38	動詞短語(as如"完了")	32		16		16	
39	動詞或形容詞短語	26		13		13	
40	11個動詞短語和1個動詞	22	2	10		12	
41	動詞短語	24		12		12	
42	動詞短語	24		12		12	
43	11個動詞短語和一個名稱	24	1	10	1	12	
44	句子	41					12
45	句子	27					6
46	句子(只有一個有翻譯)	29					6
47	句子(只有一個有翻譯)	33					8
48	句子(沒有翻譯)	28					5
49	句子公司	36					5
50	句子(沒有翻譯)	28					7
51	詞和動詞短語	23		5		5	4
52	句子	28					6
53	句子	27					5
54	8個詞和1個短語	20		8	1	9	
55	各種名稱	18	4	7		11	
56	各種名稱(7個以"食"爲偏旁的字)	21	7	4	2	13	
57	7個不同的名稱和2個句子	22		7		7	2
58	各種名稱	18	8	5		13	
59	各種名稱(4個以"手"爲偏旁的字)	20	4	8		12	
60	7個含"打"字的句子和另一個句子	20		7		7	1

61	各種名稱和短語	20		7		7	2
62	各種名稱和短語	24	7		1	8	1
63	各種名稱(其中8個以"相"開頭)	23	1	11		12	
64	各種名稱(其中5個以"相"開頭)	22		11		11	
65	基本方位詞和季節名稱	13	11	1		12	
66	形容詞和名稱	20	20			20	
67	各種名稱(其中3個以"相"開頭)	20	5	6		11	1
68	句子	27					3
69	各種名稱	20	1	5	3	9	
70	各種名稱	19	1	6	2	9	
71	右邊:句子	30			1	1	5
72	左邊:不加注音和釋義的單音節詞	10	10			10	
73	左邊:不加注音和釋義的單音節詞	20	20			20	
74	左邊: 單音節詞, 部分有注音和釋義	20	20			20	
75	動詞短語	22			1	1	6
76	短語和句子	20	2	4	2	8	1
77	句子	27			2	2	4
78	句子	32					6
79	句子, 只有第一個有部分翻譯	35					5
80	句子, 有的有翻譯	36					4
81	句子和兩個詞, 有的有翻譯	27		2		2	4
82	句子, 有的有翻譯	34					5
83	句子和詞, 有的有翻譯	27		3	2	5	2
	總計	1920	639	304	17	966	104

열 내용: I. 면 번호; II. 내용; III. 해당 면에 보이는 글자 수; IV. 단음절 단어 수; V. 2음절 단어 수; VI. 3음절 단어 수; VII. 구의 수; VIII. 단어 총수; IX. 문장의 수

3. 로마자 병음 체계

키리노의 로마자 병음 체계는 기호 사용 측면에서 다음의 몇 가지 특징이 있다.

유기음은 'h'을 폐색음 /p/, /t/, /c/, /ç/, /q/ 뒤에 매우 체계적으로 사용했다(/ph/, /th/, /ch/, /çh/, /qh/). Van der Loon이 연구했던 *Doctrina*와 1607년에 출간한 *Bocabulario*도 'h'로 유기(有氣) 자질을 나타냈다. 중국의 예수회 선교사가 후에 편찬한 다른 사전이나 어휘학 문헌에서는 기호 위에 그리스어 자모를 사용하거나 기호 앞에 '을 사용했으며, 나중에는 '을 기호 뒤로 옮겨 유기 자질을 나타냈다. 사용한 방법이 웨이드-자일[威妥瑪]이나 프랑스 극동 아카데미[the Éole Françise d'Extrême-Orient]와 병음 표기법이 완전히 같다.

성조에 대한 체계적인 표기법은 없었던 것 같으나, 어떤 경우에는 부가적인 기호를 사용하기도 했다. 아마도 이는 성조 표기를 위한 최초의 노력이었을 것이다. 예로, sia에 성조를 더하면 sià 城, siā 錫, siá 社 세 개 음절이 된다. 민(閩)어의 세 가지 주요 차방언(次方言; 廈門話·潮州話·福州話)과의 비교를 통해 다음과 같이 가정할 수 있다. 짧은 가로선이 위에 있으면 음입(陰入)을, 긴 가로선이 아래에 있으면 양입(陽入)을 나타내며 '〵'이 위에 있으면 양평(陽平)을 나타낸다. 어떤 경우는 지그재그로도 표현하는데 아마도 음거(陰去)를 나타내기 위해서일 것이다(예: 線).[25] 단지 열 몇 개 음절만이 성조 기호를 사

---

25   각 성조의 조치는 현대 민(閩)어의 샤먼[廈門]어와/혹은 차오저우[潮州]어의 조치에

용했기 때문에 위의 서술은 가설일 뿐이다.

표 2. 성조 기호

聲調	年代	平聲		上聲	去聲		入聲	
		陰	陽		陰	陽	陰	陽
Chirino	1604		/	₩/	₩		₩	-
Doctrina / Bocabulario	1607	/	-	₩	₩/	/₩	Y	人
西字奇蹟[26]	1605	-	/₩	₩	/		₩/	
西儒耳目資	1623		/₩	₩	/		₩/	

이 사전에서 채택한 로마자 병음 체계는 표3과 표4를 보라. 표3은 성모 목록이며, 먼저 대략적인 음가를 제시했으며 뒤의 괄호 안은 키리노의 성모 기호이다. 표4는 운모 목록이며, 표에서의 운모는 키리노가 사용했던 운모를 수정한 것이다(필자는 당시 음가를 재구할 생각이 없다). 현재 그 음운을 당시의 기타 민(閩)어와 아직 비교하지 않았으므로 필자는 각 어음의 실제 음가를 확정할 생각이 없다. 키리노가 세부에 있었을 때 다른 민(閩)어를 사용하는 이들과 접촉했던 것

근거해 수정했다. 『漢語方音字彙』第二版, 北京大學大學中國語言文學系·語言學敎研室編, 文字改革出版社, 1989年.

26 『西字奇蹟』은 마테오 리치가 저술하고 1606년 베이징[北京]에서 처음 출간한, 간결한 교과서이다(총 6면). 전체 책은 세 가지 성경 이야기로 구성되며, 모두 중문으로 번역했고 로마자 병음으로도 표기했다. 『西儒耳目資』는 트리고(N. Trigault; 金尼閣)가 한원[韓雲]과 왕정[王徵]의 도움을 받아 쓴 것으로 1626년 항저우[杭州]에서 출간됐다. 馬西尼의 『一些初步想法…』·『歐洲出版的第一本中文詞典』 및 이 두 저작에서 열거한 상세한 목록을 참조하라.

같다. 그러나 반드시 지적해야 할 점은, 키리노의 로마자 병음 체계는 P. Van der Loon이 연구했던 로마자 병음 체계 간에는 차이가 있다.[27]

키리노 사전의 성모와 운모표

표 3. 성모

Voiceless unaspirated	p (p)	t (t)	ts (ch)	k (c, ç, qu)
Voiceless aspirated	p' (ph)	t' (th)	ts' (ch)	k' (qh)
Voiced	b (b)		dz (tz)	
Nasals	m (m)	n (n)		g (ng)
Fricatives			s (s)	
Approximant				h (h)
Sonorants		l (l, d)		

표 4. 운모

	-b	-c	-g	-m	-n	-ng	-p	-r	-t
a		ac		am	an	ang	ap	ar	at
ai									
ao									
au									
e		ec	eg			eng			et
ee									

---

27 이와 관련 있는 민(閩)어의 어음 특징 대부분은 다음의 두 저작에서 찾아볼 수 있다. 『漢語方音字彙』第二版, 北京大學大學中國語言文學系·語言學教研室編, 文字改革出版社, 1989年; 袁家驊等著『漢語方言概要』, 第二版, 文字改革出版社, 北京, 1983年.

	b	c	g	m	n	ng	p	t
ei								
i				im	in	ing	ip	it
ia	iab			iam	ian	iang	iap	
iao								
iau								
ie					ien	ieng		iet
io						iong		
iu								
o		oc	og			ong		
oa				oam	oan			
oai								
oe								
ou								
u					un			ur
ua				uam				
ue								
uei								
ui				uim	uin			uit
uia				uiam				
uio								

4. 맺음말

　당시 중국의 학술계에서 이러한 혹은 다른 민(閩)어의 로마자 병음 체계에 이미 주의를 기울였다고 설명할 근거는 없다. 종교 서적의 병음 표기에 쓰이는 실용적 목적으로 제정됐거나(예: 1605년의 *Doctrina*), 현지인들에게 복음을 전파하고 언어를 연구하기 위해 병음 표기법을 제정한 것이다(예: 키리노의 로마자 병음 체계, 1607년의 보카불라리오(*Bocabulario*에 사용된 병음 표기법). 이 체계들은 머지않아 이를 제정했던 예수회와 도미니코회에 의해 버려졌고, 그들은 얼마 지나지 않아 본토로 가서 결국 천주교로 개종한 학자들이 사용하는 언어인 관화를 위한 병음 체계 제정, 사전과 어법서 편찬에 주력했다. 이런 상황은 19세기 초까지 계속됐는데, 그때 개신교 선교사들은 남방 언어를 연구하고 각종 서로 다른 로마자 병음 체계를 창안하는 데에 헌신했다. 이러한 병음 체계 중에서 민난[閩南] 백화 글자만이 오늘날까지도 줄곧 널리 대중화되어 푸젠[福建]성의 일부 현지인들은 이러한 백화 글자를 여전히 알고 있다.[28]

(鄒嘉彦·游汝杰 主編 『語言接觸論集』, 上海教育出版社, 2004年3月, 211-234)

---

28 민난[閩南] 백화 글자 관련해서는 『紹介流行悠久的閩南白話字』(『語文建設通訊』, 홍콩, 1994, 45, 72-79)을 참고하라.

초판 후기

『19세기 후반에서 20세기 전반까지 중국 내 서양 선교사의 방언 성경과 방언학 저작 목록 고찰[19世紀後半期至20世紀前半期來華西洋傳敎士方言聖經和方言學著作書目考述]』이 본서의 더 적절한 서명이고 조사하고 연구한 대체적인 범위일 것이나, 서명이 너무 길면 끝까지 읽기가 어려울 수 있으므로 부득이하게 『서양 선교사의 중국어 방언학 저작 목록 고찰[西洋傳敎士漢語方言學著作書目考述]로 줄였습니다.

필자는 서양 선교사의 방언학 저작을 조사하는 데에 뜻을 품고서 대학원 재학 시절, (시간이 비록 이미 1/4 세기 가까이 지났으나 이 원대한 꿈은 만리장정(萬里長征)의 한 걸음을 뗀 것입니다) 세상에 잊히고 먼지투성이가 될 뻔한 이런 문헌들을 조사·연구하고, 집록(輯錄) 겸 고찰한 상세한 목록을 편찬하여 향후 연구의 기초를 마련했습니다. 지금 보건대, 한 사람의 학문적 능력으로는 이런 큰 뜻을 실현하는 것이 절대 불가능합니다. 앞으로 우[吳]어 관련 문헌을 더 많이 공부하는 것이 필자의 계획이며, 본서 제7장[1]이 이를 초보적으로 시도한 것입니다. 본서의 출간이 동종업계의 언어학 연구자들에게 방향을 제시하

---

1 즉 증보판의 '연구편' 제1편 『西洋傳敎士著作所見上海話的塞音韻尾(서양 선교사 저작 중 상하이[上海]어의 폐색음 운미)』이다.

는 지침이 되고, 중국과 외국의 문화교류를 위해 상세하면서도 확실한 정보를 제공할 수 있기를 기대합니다.

서양 선교사의 중국 방언 성경과 방언학 저작은 중국 국내외 도서관에 흩어져 소장 중으로 필자 한 사람의 힘으로는 전부 다 조사하고 수집하기가 어려우므로, 독자분들께서 주저함 없이 보충하고 고찰 부분에 대해서도 조언해 주시기를 바랍니다.

언어학은 인기가 없는 분야이고 본서의 서지 목록은 인기 없는 중에서 더 인기가 없다고 할 수 있을 텐데, 다이자오밍[戴昭銘] 총서 편집장께서 승인해 주시고 헤이룽장교육출판사[黑龍江敎育出版社]에서 출판해 주셔서 집필을 마무리하는 이때 더없이 감명 깊어 이에 감사의 말씀을 전합니다.

2001년 이른 봄

증보판 후기

본서의 초판은 원제(原題)가 『西洋傳敎士漢語方言學著作書目考述』이며 헤이룽장교육출판사[黑龍江敎育出版社]에서 2002년에 출간했습니다. 이전에는 이러한 초기 서양 선교사의 방언학 저작을 찾기가 어려웠습니다. 다방면으로 생각하고 노력을 기울인 결과, 학술 기금의 지원을 여러 차례 받아 국내외 주요 도서관을 다니며 이러한 저작을 찾았고 서지 목록을 편찬했으며 그중에서 9,000여 면을 복사했습니다. 특별히 언급할 점은, 당시에 문헌 조사 및 연구를 위해 여러 차례 해외에 나갔다는 것입니다. 비록 국내외로 여러 연구 기금의 지원을 받았지만, 출국과 비자 신청이 쉽지만은 않았습니다. 다행히 엔디미온 윌킨슨(Endymion Wilkinson; 魏根深) 중국 주재 유럽연합[EU] 대사께서 추천서를 써 주셔서 출국도, 일도 가능하게 되어 깊이 감명 받았습니다. 미국 위스콘신 대학교의 장훙밍[張洪明] 부교수와 뉴욕 바룩 칼리지(Baruch College)의 위즈창[余志强] 교수께서도 초청장을 써 주셨습니다. 최근 몇 년 동안은 인터넷의 발달로 인해 이러한 귀중한 자료의 전자 버전 중 일부는 드디어 온라인에서 쉽게 얻을 수 있게 됐습니다. 특히 방언 성경이 그렇습니다. "백방으로 찾아다녀도 찾을 수 없었는데 손쉽게 찾게 됐다[踏破鐵鞋無覓處, 得來全不

費功夫]"¹는 감탄을 자아내게 합니다.

  이 책의 초판이 나온 후에도 계속해서 이러한 저작들을 찾아 나셨습니다. 최근 들어 성이민[盛益民]도 이에 큰 관심을 보였는데, 젊고 유망하며 이전에 접해보지 못했던 문헌을 찾아냈을 뿐만 아니라, 개정 원고를 꼼꼼히 읽고 교정 작업에도 힘써 주어 대단히 감사합니다. 이외에도, 천중민[陳忠敏]·스루제[石汝杰]·좡추성[莊初昇]·린쑤어[林素娥]·치쟈야오[祁嘉耀] 등 학우의 도움을 받았고, 장메이란[張美蘭]·장쟈싱[張嘉星]·차오시레이[曹西蕾]·라마르(C. Lamarre; 柯理思)·위안진[袁進]의 저작에서도 얻은 바가 매우 많았습니다. 지금까지의 성과는, 방언 성경이 약 100종 늘었고 다른 방언학 저작도 약 50종 늘었으며 일반 간행물도 200여 종 늘었고, 이를 모두 증정본에 증보했습니다. 그렇지만 이러한 저작들을 모두 수집하는 것이 어려움을 스스로 잘 알고 있습니다. 특히 그중의 '일반 간행물'은 일반 도서관의 소장 목록에 있지 않으며, 설령 서지 목록을 알고 있더라도 온라인상에서 다운로드할 수 있는 원서의 PDF 버전도 매우 적어 얼마 없습니다.

  증정본은 서지 목록의 '고찰편' 외에도 과거 몇 년 동안 이와 관련 있는 필자의 연구 논문과 번역문을 포함하며, 이를 '연구편'으로 통칭했습니다. 증정본의 편폭이 초판에 비해 거의 배가 늘었습니다. 이러한 저작을 찾아다니는 작업은 아직 끝나지 않았고, 연구 작업은

---

1 [역자 주] "쇠 신발이 다 닳도록 찾아다녀도 찾을 수 없더니, 별로 힘들이지도 않고 우연히 찾다[踏破鐵鞋無覓處, 得來全不費功夫]"라는 의미의 속담이다.

이제 시작 단계에 불과하므로 후속 세대가 계속해서 노력해 주기를 간절히 바랍니다. 졸저의 오류 및 누락 부분에 대해 독자 여러분의 지적과 가르침을 부탁드립니다.

2019년 봄
상하이[上海] 징밍화위안[景明花園] 징쓰자이[靜思齋]에서

지은이

유루제[游汝杰]

푸단대학[復旦大學] 중문과 박사지도 교수.
우어[吳語] 연구실 주임, 중국언어학회 이사.
푸단대학 중문과 박사.

주요 관심 분야:
중국어방언학, 사회언어학, 문화언어학 등.

옮긴이

신아사(申雅莎)

이화여자대학교 중국문화연구소 연구교수.
베이징대학[北京大學] 중문과 박사.

주요 관심 분야:
중국어음운사, 대조언어학, 계량언어학, 명명학 등.

경성대학교 한국한자연구소 번역총서 8

서양 선교사의 중국어 방언학 저작 목록 고찰(증보판)
(원제 西洋傳教士漢語方言學著作書目考述(增訂本))

초판1쇄 인쇄 2025년 4월 15일
초판1쇄 발행 2025년 4월 30일

지은이	유루제[游汝杰]
옮긴이	신아사(申雅莎)
펴낸이	이대현
편집	이태곤 권분옥 임애정 강윤경
디자인	안혜진 최선주 김다윤
마케팅	박태훈

펴낸곳	도서출판 역락
출판등록	1999년 4월 19일 제303-2002-000014호
주소	서울시 서초구 동광로 46길 6-6 문창빌딩 2층 (우06589)
전화	02-3409-2060
팩스	02-3409-2059
홈페이지	www.youkrackbooks.com
이메일	youkrack@hanmail.net

ISBN 979-11-6742-891-2 94720
      979-11-6742-333-7 94080(세트)

사전 동의 없는 무단 전재 및 복제를 금합니다.
파본은 구입처에서 교환해 드립니다.
정가는 뒤표지에 있습니다.

이 저서는 2018년 대한민국 교육부와 한국연구재단의 지원을 받아 수행된 연구임
(NRF-2018S1A6A3A02043693)